특수교육학개론

김희규 · 강정숙 · 김은영 · 김의정 · 김주영 · 김형일 · 박계신 · 오세철
옥정달 · 정동일 · 정동훈 · 정해진 · 채희태 · 홍은숙 · 황복선 공저

Special Education

학지사

머 · 리 · 말

지난 수십 년간 급격한 양적 성장을 거듭해 온 우리나라의 특수교육은 최근 다양한 분야에서 많은 변화를 요구받고 또 실제로 변화를 경험하고 있다. '특수교육이란 무엇인가?'라는 학문 정체성에 대한 논의에서부터 '특수교육은 무엇이어야 하는가?'라는 시대적 당위에 대한 물음과 '특수교육은 어떻게 해야 하는가?'라는 질적 방법론에 이르기까지 다양한 문제에 대한 답을 요구하고 있다. 뿐만 아니라 특수교육의 전달체계와 교사양성 체계라는 현실적 구조에 대한 논의도 매우 다양한 영역에서 복합적으로 진행되고 있다. 이런 와중에 「장애인 등에 대한 특수교육법」이 2007년에 제정되어 2008년부터 시행되기에 이르렀다. 「특수교육법」이 새롭게 제정되었다는 것은 이처럼 특수교육 전반에 대한 다양한 사회적 요구가 제도적으로 반영되었고 그와 함께 새로운 변화의 기반이 마련되었음을 의미한다.

이러한 변화와 위기의 시기에 특수교육학개론을 집필하여 출판한다는 것은 한편으로는 매우 의미 있는 일이지만 다른 한편으로는 무거운 책무감이 없는 것도 아니다. 새로 제정된 법에 맞추어 새롭게 개론을 펼쳐야 하는 것도 부담이려니와 과거와 현재를 동시에 조명하면서 우리 앞에 놓여 있는 미래라는 시간을 이 책이 선도해야 하기 때문이다. 개론은 대개 특정 학문 분야의 입문서로 활용된다. 누군가에게 새로운 세계를 소개하는 일의 간단치 않음은 개론을 강의해 본 사람이라면 모두 느낄 것이다. 무엇보다 행간의 언어로 전달되는 내용이기에 독자의 책 읽기를 방해하는 서술 형식을 피하는 것에서부터 입문서로서 내용이 함축적이면서도 주요 골자를 효율적으로 전달하는 것에 이르기까지 세심하게 구성하고 전개해야 한다는 것을 잊지 않아야 했다.

이 책은 특수교육 관련 교사가 되고자 하는 대학생과 특수학급 또는 통합학급에서 교육의 책임을 맡고 있는 교사에게 좋은 지침서가 될 것이다. 특수교육 분야와 관계를 맺고 있는 심리학자, 의사, 치료사, 사회복지사와 장애 당사자의 부모에게도 도움을 줄 수 있기를 소망한다.

15명의 집필진이 각각 자신의 전공 영역에 따라 한 장씩 집필을 맡아 주었다. 모두 3부로 구성되어 있는데, 1부에서는 장애 영역을 초월하여 특수교육 및 특수교육대상 학생 전반에 대한 이해(채희태)와 그들의 통합교육(김의정)을 다루었다. 2부에서는 특수교육 대상학생의 영역별 이해를 위하여 시각장애(정동일), 청각장애(옥정달), 정신지체(김형일), 지체장애(오세철), 정서 · 행동장애(황복선), 자폐범주성장애(박계신), 의사소통장애(강정숙), 학습장애(김희규), 건강장애(김주영), 발달지체(홍은숙), 영재아동(김은영) 분야로 나누어서 특수교육 대상학생의 특징 및 교육방법을 살펴보았다. 3부에서는 특수교육대상의 특성에 따른 교육방법 및 공학, 관련 서비스를 다루기 위해 특수교육 공학(정해진)과 특수교육 관련 서비스(정동훈)를 개론 구성에 포함함으로써 특수교육 지원체계를 살펴보았다.

바쁜 중에도 특수교육 전반의 변화에 따른 특수교육학개론의 새로운 집필 필요성에 동감해 준 집필진에게 감사를 드린다. 아울러 15명이라는 적지 않은 집필진에게 일일이 독려하며 원고를 모아 책으로 출간하는 일을 도와주신 학지사 김진환 사장님과 편집부 여러분의 수고에 심심한 감사를 전한다.

2010년 8월

저자 일동

차 · 례

제2부 특수아동의 이해

제3부 특수교육 공학 및 관련 서비스

제 1 부

특수교육의 이해

• 제 1 장 •

특수교육과 특수아동의 이해

| 주요 학습 과제 |

1. 특수교육 전달체계의 큰 흐름이 기관 중심에서 아동의 요구 중심으로 진행된 것이 갖는 의미를 이해한다.
2. 「장애인 등에 대한 특수교육법」에 신설된 항목을 중심으로 우리나라의 특수교육 진행 방향을 살펴본다.
3. 우리나라의 특수교육 당면 과제와 해결을 위한 방향을 모색한다.
4. 특수교육과 관련 서비스의 협력적 관계구도를 이해한다.
5. 특수교육의 목적과 필요성을 살펴본다.

모든 사람은 동등하게 교육받을 권리를 가진다. 신분이나 개인의 능력, 그 밖의 어떠한 이유로도 개인의 교육받을 권리를 제한할 수 없다. 특별한 교육적 요구를 가진 장애아동도 당연히 교육 기회에 대한 평등한 권리를 가진다. 개인의 교육받을 권리 실현을 위하여 헌법을 비롯한 많은 관련 법령들은 제도적 기반을 마련하고 있다. 그러나 이러한 법적 선언에도 불구하고 특수한 교육적 요구를 가진 아동을 위하여 적절한 교육을 제공한다는 것은 매우 어려운 과제가 아닐 수 없다. 이러한 과제를 안고 있는 특수교육의 학문적 과정은 그 시작부터 항상 쉽게 풀리지 않는 다음의 질문에 대하여 답을 찾는 과정이라고 할 수 있다. 특수교육은 무엇인가? 특수교육은 무엇을 할 수 있는가? 특수교육은 무엇을 해야 하는가? 특수교육의 정체성과 역할에 대한 이러한 질문은 시대와 사회적 상황의 변화에 따라 각기 다른 답을 요구하기도 한다. 통합교육 시대가 열린 오늘날의 특수교육은 장애인교육에 눈뜨기 시작하던 초기의 특수교육 역할과는 분명 다르다.

이 장에서는 이러한 질문에 대한 시대적 · 사회적 상황에 맞는 적합한 접근을 위하여 특수아동 및 특수교육의 이해에 필요한 기본 개념과 관점, 역사와 법제도의 변화 등에 대하여 살펴보고, 최근 법 개정에 따른 특수교육의 향후 과제까지 다루고자 한다.

1. 특수교육의 이해

인간은 사람과 사람 사이의 관계 속에서 태어나 그 속에서 언어와 행동, 생활양식을 배우며 인간의 격을 형성해 간다. 교육은 인간 형성의 전 과정에 지속적으로 개입하여 인간됨을 이루고자 하는 행위라고 볼 수 있다. 교육(敎育)의 한자어 구성을 보면 '매를 가지고 아이를 길들인다(敎)'와 '갓 태어난 아이를 살찌게 한다(育)'는 뜻으로 이루어져 있다. 즉, '교육'은 피교육자를 갈고 연마시켜 가치 있는 인간으로 기르는 것이라고 할 수 있다. 서양에서 교육을 뜻하는 'pedagogy'는 그리스어 'paidos'(어린이)와 'agogos'(이끈다)의 합성어이며, 'education'은 라틴어 'e'(밖으로)와 'ducare'(끌어낸다)의 합성어다. 따라서 피교육자의 잠재적 가능성을 끌어내어 드러나게 하는 활동이라고 이해할 수 있다.

특수교육(special education) 역시 이와 동일한 교육이념을 설정하고 있다. 그러나 특수교육은 용어에서 암시하듯이 일반교육(general education)의 보편적 방법론과 구분되는 '특수한' 이론적－실제적 방법론이 요구되는 교육이다. 즉, 특수교육에서 '특수'라는 개념에는 일반교육의 방법론으로는 교육목표에 도달할 수 없는 장애학생의 독특한 교육적 요구, 훈련된 교사, 조절된 교육 장소, 교수 방법 및 내용, 교육환경, 교육목표 등 교육과정 전반의 특수성(한현민, 2001)이 내포되어 있다. 따라서 특수교육은 특수아동의 독특한 교육적 요구에 맞게 설계된 교육이라고 간략하게 요약할 수 있다. 그러므로 특수교육은 장애의 특수성 때문에 붙여진 명칭이 아니라 교육대상이 갖는 교육적 요구와 교육 여건이 특별하기 때문에(한현민, 2001) 붙여진 명칭이라고 이해하는 것이 바람직하다.

1) 특수교육의 정의

우리나라는 1977년 12월 31일에 정부 주도로 특수교육을 진흥하기위하여「특수교육진흥법」(법률 제3053호)을 제정 · 공포한 이래 1994년에 이를 전면 개정하였으며, 2007년 5월 25일에는「장애인 등에 대한 특수교육법」(법률 제8483호)으로 대체 공포하였다.

특수교육의 정의를 역사적으로 살펴보면 시대별로 특수교육이 다르게 정의 되어

〈표 1-1〉 우리나라 특수교육의 법적 정의

법 령	정 의	강조점
특수교육진흥법 (1977)	특수교육이라 함은 특수교육기관에서 제3조에 규정된 특수교육대상자에게 점자 · 구화 및 보장기 등을 사용하여 교육교정(이하 "요육"이라 한다) 및 직업보도(輔導)를 하는 것을 말한다.	특수교육기관 중심의 교육
특수교육진흥법 (1994)	특수교육이라 함은 특수교육대상자의 특성에 적합한 교육과정 · 교육방법 및 교육매체 등을 통하여 교과교육 · 치료교육 및 직업교육 등을 실시하는 것을 말한다.	특수아동의 장애 특성 중심의 교육
장애인 등에 대한 특수교육법(2007)	'특수교육'이라 함은 특수교육대상자의 교육적 요구를 충족시키기 위하여 특성에 적합한 교육과정 및 관련 서비스 제공을 통하여 이루어지는 교육활동을 말한다.	특수아동의 교육적 요구 중심의 교육

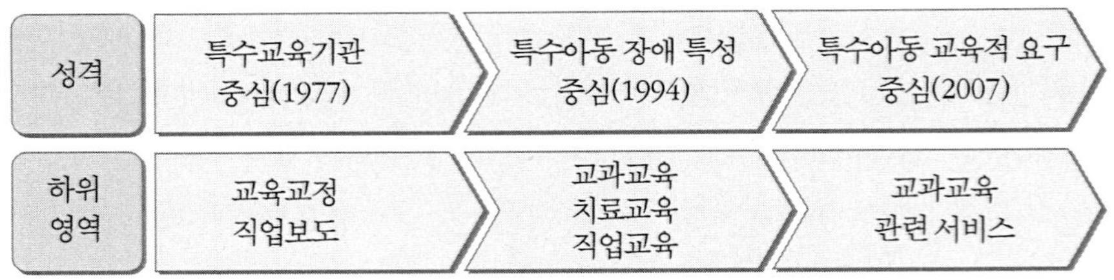

[그림 1-1] 특수교육 정의 및 하위 영역의 변천

왔음을 알 수 있다(〈표 1-1〉, [그림 1-1] 참조).

「특수교육진흥법」(1977)에서 규정한 특수교육은 "특수교육기관에서 실시하는 교육"이었다. 「개정 특수교육진흥법」(1994)에서는 특수교육을 "특수교육대상자의 특성에 맞는 교육"으로 정의하고 있다. 그리고 「장애인 등에 대한 특수교육법」(2007)에서는 "특수교육대상자의 교육적 요구를 충족시키기 위한 교육"이라고 정의하였다. 이러한 법적 정의의 변화를 통하여 우리나라 특수교육의 전달체계가 특수교육기관 중심에서 장애 중심으로, 그리고 대상아동의 교육적 요구 중심으로 발전해 왔음을 알 수 있는데, 이는 최근 국제사회의 특수교육 동향과 일치하는 것이라고 할 수 있다(채희태, 2006).

특수교육의 법적 정의가 변화하면서 특수교육의 내용 역시 변화되어 왔다. 과거 「특수교육진흥법」에서는 특수교육의 내용이 주로 교과교육, 치료교육, 직업교육 영역에서 강조된 반면, 「장애인 등에 대한 특수교육법」에서는 특수교육 재구조화 논의와 함께 관련 서비스가 강조되면서 교과교육과 관련 서비스가 특수교육의 내용 영역으로 설정되었다. 아울러 과거에 특수학교에서 이루어지던 치료교육은 치료지원의 형식으로 관련 서비스에 포함되었다. 「장애인 등에 대한 특수교육법」에서 신설된 관련 서비스의 정의에서는 관련 서비스를 특수아동 교육의 효율성 제고를 위한 교육복지 지원으로 규정하며 다음과 같이 명시하고 있다.

> 관련 서비스라 함은 특수교육대상자의 교육을 효율적으로 실시하기 위하여 필요한 인적·물적 자원을 제공하는 서비스로서, 상담지원·가족지원·치료지원·보조인력지원·보조공학기기지원·학습보조기기지원·통학지원 및 정보접근지원 등을 말한다(제1장 제2조 제2항).

따라서 「장애인 등에 대한 특수교육법」에 나타난 특수교육의 정의는 특수아동의

독특한 교육적 요구를 충족시키기 위하여 설계된 교수(instruction)로서, 특수교육 대상자의 특성에 맞는 교과교육과 특수교육의 효율성을 높이는 각종 지원을 통하여 이루어지는 교육활동이라고 요약된다.

2) 특수교육의 목적 및 필요성

특수교육의 필요성은 독특한 교육적 요구를 가진 교육 수요자의 요청에 대한 국가의 당연한 대답에서 비롯된다. 오늘날 독특한 요구를 가진 학생들은 더 이상 비정상적으로 취급되거나 일반으로부터 격리되지 않는다. 현대의 특수교육은 이러한 장애학생을 위하여 정교한 대안교육 프로그램을 제공해야 하며, 장애학생과 그 부모는 이러한 특수교육의 필요를 법적으로 보호받아야 한다. 그리고 이러한 일련의 교육과정으로는 다음과 같은 결과를 얻을 수 있어야 한다(김원경, 한현민, 2007; 신현기 외, 2005).

- 독립적인 생활: 자신의 생활을 독립적으로 선택하고 조절할 수 있는 삶을 살 수 있어야 한다.
- 직업생활: 생산적인 활동을 통하여 수입을 창출하고 가계생활을 영위하며, 나아가 지역사회에 기여할 수 있어야 한다.
- 사회통합: 지역 공동체의 한 일원으로서 그 사회에 통합되어야 한다.

이러한 특수교육의 궁극적 목적을 실현하기 위해서는 기본적으로 장애 당사자, 즉 장애학생과 부모가 법적 · 제도적 지원 아래 있어야 하며, 특수교육 서비스를 구안하고 전달하는 관련자들에게는 다음과 같은 지원의 책임이 부여되어야 한다(Algozzine & Ysseldyke, 2006).

- 개별화교육 프로그램(individualized education programs: IEP): 학생의 독특한 학습 요구에 맞추어 계획된 학교 프로그램
- 정당한 법절차(due process): 비장애학생과 동일한 장애학생의 법적 권리 보장
- 평가절차에서의 보호(protection in evaluation procedures: PEP): 장애학생의 법적 권리에 대한 편견 없는(unbiased manner) 결정

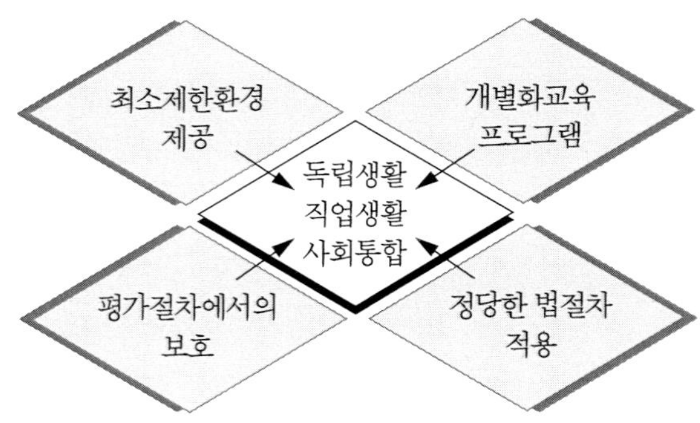

[그림 1-2] 특수교육 목적과 목적 실현을 위한 지원체계

- 최소제한환경(least restrictive environment: LRE): 비장애학생에게 제공되는 것과 동일한 교육적 환경 제공([그림 1-2] 참조)

특수교육의 궁극적인 목적은 장애인의 잠재력을 최대한 계발하여 그들이 독립적인 개체로서 일반사회에 주류로 참여하도록 하는 사회통합의 실현이라고 할 수 있다. 이러한 목적이 실현되기 위해서는 모든 장애인이 인간으로서의 존엄성을 존중받아야 하며, 법률이 보장하는 교육을 받을 권리가 확보되어야 한다(김승국, 2001; 김홍규, 이호정, 2009). 이처럼 특수교육은 장애를 가진 개인이 직업을 가지고 독립적으로 사회에 통합되기 위한 개인 · 교육적 차원의 필요와 이를 보장해야 할 책임이 있는 국가 · 정책적 차원의 필요이며, 나아가 인간 존엄의 시대가 요구하는 시대적 필요이자 장애인의 사회적 생산활동을 가능하게 하는 경제적 차원의 필요이기도 하다.

3) 특수교육의 배치 유형

생활공간은 인간의 존재적 가치에 의미 있는 영향력을 행사한다. 장애 유무를 떠나서, 인간은 자신의 활동공간에서 자신의 행동을 형성하고 조절하며 발달시키게 된다. 이 생활공간에서 사회적 교류가 일어나고 사회적 정서가 형성되며 개인이 완성되어 간다. 이러한 면에서 특수교육 요구를 가진 아동에게 제공되는 교육의 장은 아동의 발달에 중요한 의미를 지닌다. 아동이 가진 고유한 특성과 교육적 요구는 그 사회의 교육정책 및 행정적 여건 등과 연동되어 다양한 형태의 교육적 배치를

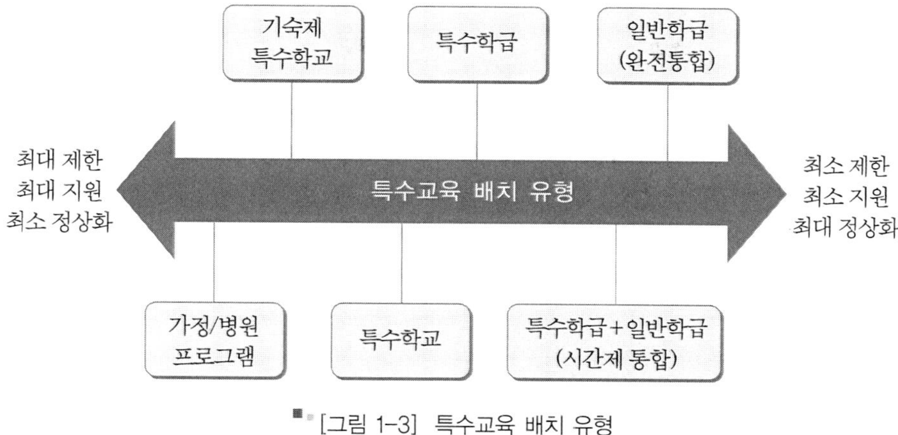

[그림 1-3] 특수교육 배치 유형

결정하는 요소가 된다. 장애아동의 교육적 배치는 시대정신의 변화에 따라 다른 모습으로 변화되어 왔는데, 전체적인 흐름은 장애아동을 비장애아동과 분리하여 교육하려는 경향에서 점차적으로 통합하여 교육하는 방향으로 진행되어 왔다. 이는 오늘날 장애아동의 교육적 배치 원칙으로 자리 잡았다.

특수교육대상에게 제공되는 교육의 형태는 완전히 분리된 교육환경부터 완전히 통합된 교육환경까지 다양하다. 전통적으로 '중증장애일수록 분리된 환경으로, 경증장애일수록 통합된 환경으로' 배치되어 교육이 이루어졌다. 통합환경으로부터 분리된 정도에 따라 특수교육의 배치 형태를 단계별로 분류해 보면, ① 가정이나 병원 또는 시설에서의 교육, ② 기숙제 특수학교에서의 교육, ③ 특수학교 교육, ④ 일반학교라는 한 공간 안에 존재하지만 일반학급과는 분리된 전일제 특수학급 교육, ⑤ 일반학급과 특수학급에서 시간제로 운영되는 시간제 특수학급 교육, ⑥ 일반학급에서 일반아동과 함께 제공되는 일반교육 등으로 나누어진다([그림 1-3] 참조).

미국의 「장애인교육법(IDEA)」에는 특수아동에게 교육환경 배치와 서비스를 제공할 때 주어지는 환경이 제한되거나 빈약해서는 안 되며, 불가피하게 주어지는 제한도 최소화시켜야 한다는 점을 강조한 최소제한환경 원칙이 명시되어 있다. 아동의 교육적 요구는 존중되어야 하며, 아동이 자신의 세계를 지적 · 신체적으로 탐색하려는 능력에 대한 제한은 최소화되어야 한다. 즉, 지원 프로그램과 함께 일반학급에서 성공적으로 기능할 수 있는 아동이 지원 프로그램의 부재 때문에 특수학급이나 특수학교에 배치되어서는 안 되며, 병원시설에서 지속적으로 의료보호를 받아야 하는 중도장애아동이라 할지라도 일반아동과 함께 수용되도록 함으로써

환경의 제한을 최소화해야 한다.

우리나라의 경우 특수아동의 배치와 관련하여 최소제한환경과 같은 원칙을 법적으로 제시하고 있지는 않으나, 장애아동이 장애 유형 및 정도에 따라 차별받지 않고 또래와 함께 개개인의 교육적 요구에 적합한 교육을 받도록 통합교육을 명시하고 있다(「장애인 등에 대한 특수교육법」 제1장 제2조 제6항). 더불어 배치의 우선순위에서 지역과 통합된 교육환경을 최우선으로 하여 ① 일반학교의 일반학급, ② 일반학교의 특수학급, ③ 특수학교에서 교육을 받을 수 있도록 하였다(제3장 제17조). 그리고 이동의 어려움이나 운동기능의 심한 장애로 각 학교에서 교육받기 곤란하거나 불가능하여 복지시설 · 의료기관 또는 가정 등에 거주하는 특수교육대상자의 교육을 위하여 순회교육을 실시하도록 명시하였다(「장애인 등에 대한 특수교육법」 제4장 제26조).

2012년 기준, 우리나라 특수교육 대상학생은 8만 5,012명이다. 이들의 현재 배치 현황을 보면 특수학교 및 특수교육지원센터 29.3%, 특수학급 52.3%, 일반학급 18.4%로 특수교육 전달체계가 특수학급 중심으로 되어 있다(교육과학기술부, 2012). 그러나 통합교육이 점차 강조되면서 법적으로도 특수아동의 일반학교 배치를 보장할 뿐만 아니라 배치의 우선순위도 일반학교의 통합교육 환경–일반학교의 특수학급 환경–특수학교 순으로 정함으로써 특수아동의 일반학급 배치가 지속적으로 늘어나고 있다(이소현, 박은혜, 2006).

최소제한환경의 원칙에 따른 특수아동 배치나 아동의 일반학급 배치 경향은 통합교육 확대를 위한 필수조건이기는 하지만 통합교육 또는 특수교육의 성공을 위한 충분조건이라고 볼 수는 없다. 일반학교 체제에서 특수교육이 성공하기 위해서는 소위 '일반'과 '특수'라는 분리된 두 부류가 사회심리적, 물리적, 교수적으로 어우러질 수 있어야 한다. 정동영(2006)은 특수교육이 일반교육 체제에서 성공하기 위하여 개선되어야 할 세 가지의 요인을 다음과 같이 정리하였다.

- 사회심리적 요인: 일반학생, 일반학생의 부모, 일반교육교사들의 장애학생에 대한 인식과 태도
- 물리적 환경 요인: 장애학생의 일반학교 접근과 이동을 허용하는 시설 · 설비와 교재 · 교구
- 교수적 요인: 장애학생의 접근, 참여 및 학습 성과가 고려된 교육과정과 교수 활동

특수교육의 법적 배치 형태가 특수교육 전달체계의 외형을 유지하는 틀이라면, 이와 같은 세 가지 요인은 일반교육 체제에서 특수교육이 교육으로서 기능하게 하는 통합체적(인적-물리적-교육적) 요인이라고 볼 수 있다.

2. 특수아동의 이해

1) 특수아동의 정의

모든 인간은 성장의 동력을 가지고 태어난다. 현대 발달심리학은 아동의 일반적인 발달과정을 단계적으로 제시함으로써 특정 연령대에서 '정상'이라 여겨지는 발달의 보편적 범주를 설정하였다. 소위 이러한 발달의 보편적 범주에 들지 않는 아동을 '보편적 범주'에 들어 있는 아동과 구분하여 특수아동이라고 지칭한다. 그러나 이러한 구분의 타당성에 대한 학문적 논쟁은 여전히 진행 중이다. 장애를 이해하는 두 가지의 대표적인 접근방법은 장애를 '의학적으로 이해할 수 있는 하나의 실상'으로 보고 개인의 손상을 강조하는 관점과 '장애는 사회적인 기대를 개인에게 전가하는 낙인(labeling)'이며 '제도, 정치·경제와 같은 사회적 상황에 의해 조건화된 것'이라는 사회구성주의적 측면을 강조하는 관점으로 나뉜다(김성애, 홍은숙 역, 2004; 채희태, 2005). 모든 인간은 각기 다른 사회·물질적 환경의 영향 아래서 자신의 타고난 성향을 가지고 역동적으로 반응하며 존재한다. 따라서 그 발달은 매우 개인적인 과정이라고 할 수 있다. 완전히 동일한 행동 양상을 보이는 장애도 없을 뿐더러 그 원인과 현상도 매우 다양하다. 따라서 이처럼 특별한 교육적 요구를 가진 다양한 아동에 대하여 보편 타당하면서도 명확하게 진술하기란 어려운 일이다(Bundschuh, 2003).

분명한 것은 장애아동은 일반아동과는 다른 정신·사회·신체적 발달의 고유성을 가지는데, 그들의 잠재력을 개발하기에는 보편적 일반교육 프로그램보다는 그들에게 맞는 개별화된 교육과 교육의 성과를 극대화하도록 돕는 관련 서비스가 필요하다는 것이다. 따라서 특수아동(exceptional children)은 이처럼 "신체적인 특성이나 학습능력이 규준과 크게 달라서 개별화된 특수교육이 필요한 아동"(김진호 외 역, 2009)이라고 할 수 있다.

미국을 비롯한 일부 국가에서는 이 보편의 범위를 크게 벗어나는 양극 집단인 장애아동(handicapped children)과 우수아동(gifted children)을 특수교육의 대상으로 삼기도 하지만, 우리나라에서는 장애를 가진 아동만을 특수교육의 대상으로 삼는다. 각 사회마다 장애인 교육 및 복지정책, 편의시설, 의료기술의 발달 정도에 따라 개인의 특성을 수용하는 폭이 다를 것이며, 잠재력이 개발되는 정도도 다를 것이고, 또 개인이 실제로 느끼는 불편의 정도도 차이가 날 것이다. 이런 관점에서 볼 때 정상과 장애, 중증장애와 경증장애 등의 개념을 상대적으로 이해하지 않고 절대화시키는 것은 위험할 수 있다. 실제로 세계보건기구(WHO)는 장애의 개념에 대한 다원적 접근을 위하여 장애를 손상, 무능력, 불이익의 세 가지 개념으로 나누어 상황에 따라 다르게 표현한다.

- 손상(impairment): 신체기관 또는 심리 기능이 감소되거나 신체의 구조가 상실된 경우
- 무능력(disability): 신체 · 심리적 손상에 의해 일상적 생활이나 과제 수행이 어렵거나 불가능한 경우
- 불이익(handicap): 손상이나 무능력에 의해 개인이 겪는 불이익이 발생할 경우

이와 같은 세 가지 개념은 모두 '장애'라는 통합적 개념 아래 혼용되는 경향이 있지만, 개념을 엄밀하게 적용하여 각기 달리 사용되기도 한다. 즉, '손상' 되었다고 하여 반드시 '무능력' 한 것은 아니며 그에 따라 항상 '불이익' 이 따른다고 볼 수는 없다. 예를 들어, 휠체어를 이용해서 이동해야 하는 지체장애아동의 경우 이동이 자유롭지 못하다는 사실은 분명히 장애(손상 또는 무능력)이지만, 사회체계가 아동의 이동권을 보장하고 시설 접근성을 충분히 지원한다면 그들의 불이익은 그만큼 감소될 것이다. 뿐만 아니라 이 아동의 경우 지적 능력을 요구하는 교실 내 학습 상황에서 지체장애는 무능력도 불이익도 아니다. Hartmann(1979)은 이러한 요소들을 감안하여 장애를 다음과 같이 상대적 개념으로 정의하였다.

> 개인이 외부적, 사회환경적 제반 여건의 취약에 의해 생활에 제한을 받게 되는 경우와 신체적, 심리적, 지적 기능의 손상으로 일상자립생활 또는 사회생활에 어려움을 겪게 되는 상태 모두를 포함한다.

장애의 법적 정의는 흔히 장애가 사회적 차별이라는 집단적 행위에서 기인할 수 있다는 것을 간과한 채 장애를 오로지 개인의 기능상실로만 보려는 경향을 가지기도 한다. 「장애인 등에 대한 특수교육법」(2007)에서도 장애의 사회적 관점보다는 개인 내적 문제인 개인의 손상을 중심으로 특수아동을 정의하고 있다. 즉, 장애 영역을 신체적, 심리적, 지적 기능의 손상에 따라 10개로 나누고 이러한 장애를 지닌 사람 중 '특수교육을 필요로 하는 사람으로 선정된 사람'을 특수교육대상자로 정의하였다(제1장 제2조 제3항). 그러나 실제로 '특수교육을 필요로 하는 사람'의 범주에는 '장애인'만 포함되는 것이 아니며, 장애 위험에 노출되어 있는 아동(at risk children)을 비롯하여 사회적으로 열악한 환경에 있는 이주외국인 가정의 자녀, 학대피해아동, 약물복용아동, 비행아동, 학습부진아동도 개별화된 적절한 교육(appropriate education)이 필요한 만큼 특수교육대상의 범위가 확대되어야 한다. 뿐만 아니라 이러한 장애 발생이 사회적 환경과 밀접한 관련이 있음을 함께 고려해야 한다. 2008년부터 시행되고 있는 「장애인 등에 대한 특수교육법」은 아직 진단이 어려운, 장애 위험에 노출된 학령전 아동을 특수교육대상에 새롭게 포함시키고 발달지체(developmental retardation)로 규정하였다(뒤의 〈표 1-2〉 참조). 장애로 진단되기 전, 특히 학령전 아동을 장애 위험 아동으로 분류하는 것은 장애 유형의 조기결정에 따른 부정적 영향을 줄일 수 있을 뿐 아니라 조기발견 및 교육지원이 가능하다는 장점이 있다. 그러나 장애 위험 아동은 학령전 아동에만 제한된 개념이 아니며, 일반학급에서 학습문제를 보이는 학업 실패 위험이 있는 아동이나 특정 장애로 진단될 가능성이 높은 아동에게도 해당된다(김진호 외 역, 2009). 그러므로 조기교육적 지원이라는 관점에서 특수교육대상에 대한 외연 확대가 요구된다.

특수아동을 이해하는 데 간과해서는 안 될 중요한 요소는 그들의 발달 가능성에 대한 신뢰와 교육적 성과에 대한 기대를 저버려서는 안 된다는 것이다. 학업성취를 위한 과제 수행에서 특수아동은 또래의 일반아동과 차이를 보이는 것이 사실이지만 인간발달의 관점에서는 유사한 점이 더 많다. 그러나 교사와 부모 그리고 장애아동 자신까지도 항상 일반아동과의 다른 점에 더 관심을 집중시켜 온 경향이 있다. 미래의 특수교육은 아동 개인이 가진 장애보다는 아동의 잠재력과 '할 수 있음'에 교육의 초점이 맞추어짐으로써 사회의 독립적 일원으로 육성될 수 있도록 교육의 성과가 가시화되어야 할 것이다.

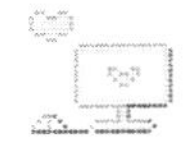

2) 특수아동의 분류

전통적으로 특수아동을 분류할 때는 장애의 특성 또는 개인의 손상을 중심으로 그 영역을 나누었다. 「장애인 등에 대한 특수교육법」(2007)에서는 우리나라의 특수교육대상을 ① 시각장애, ② 청각장애, ③ 정신지체, ④ 지체장애, ⑤ 정서·행동장애, ⑥ 자폐범주성장애, ⑦ 의사소통장애, ⑧ 학습장애, ⑨ 건강장애, ⑩ 발달지체의 10개 장애 영역으로 분류하였다. 「특수교육진흥법」(1994)과 비교하여 대상자의 명칭이 일부 변경되었으며 장애 영역이 세분화되고 확대되었다(〈표 1-2〉 참조).

특수아동을 장애 영역별로 분류하고 집단화하는 것이 미치는 다측면적 영향 때문에 장애 영역별 명칭 사용의 문제는 여전히 찬성과 반대 입장으로 대립되고 있다. 명칭 사용의 윤리적·정서적 측면을 고려할 경우, 개인으로 하여금 할 수 있는 것보다는 할 수 없는 것에 초점을 맞추게 하는 문제와 낙인의 문제, 아동의 자존감 형성에 부정적 영향을 주는 문제, 사회적 참여와 통합을 어렵게 하는 문제 등을 야기한다. 그러나 이러한 장애 영역별 분류 및 집단화는 행정적, 학문적, 교육적 측면

〈표 1-2〉 장애 영역 분류에 대한 「장애인 등에 대한 특수교육법」(2007)과 「특수교육진흥법」(1994)의 비교 및 변경 사항

특수교육진흥법 (1994)	장애인 등에 대한 특수교육법(2007)	변경 사항
시각장애	시각장애	변경 없음
청각장애	청각장애	
정신지체	정신지체	
지체부자유	지체장애	지체 '부자유'를 지체 '장애'로 명칭 변경
정서장애 (자폐 포함)	정서·행동장애	정서장애를 정서·행동장애로 명칭 변경하고 자폐장애를 제외함
언어장애	의사소통장애	언어장애를 좀 더 포괄적인 개념인 의사소통장애로 명칭 변경
학습장애	학습장애	변경 없음
건강장애	건강장애	
	발달지체	장애 유형의 진단 및 결정이 어려운 학령전 장애 위험 아동을 대상으로 영역 신설
	자폐범주성장애	자폐범주성장애를 정서장애에서 분리하여 독립된 장애 영역으로 신설

에 많은 편리함을 제공하기도 한다. 아동의 학습이나 행동의 차이를 영역별로 인식할 수 있도록 하여 그에 따라 대처하게 해 주며, 장애 영역별 개념화를 통하여 전문가들의 연구와 의사소통을 수월하게 하고, 법적 · 행정적 조치 및 혜택을 집단별로 적용하기에도 용이하다(김진호 외 역, 2009). 「장애인 등에 대한 특수교육법」에서는 〈표 1-3〉과 같이 특수교육대상자의 선정 기준을 장애 영역별로 제시하고 있다. 이러한 법적 제시는 특수교육의 적격성을 부여하는 근거가 되기는 하지만 특수교육 서비스의 질을 높이는 것과 직접적인 상관관계를 보장해 주는 것은 아니다. 그와 함께 선정 기준에 대한 신뢰성 논란이 진행 중이며, 비명칭적 접근방법에 대한

〈표 1-3〉 「장애인 등에 대한 특수교육법 시행령」(2008)의 특수교육대상자 선정 기준

장애 범주	정 의
시각장애	시각에 의한 학습 수행이 곤란하여 특정 광학기구 · 학습매체 등을 통하여 학습하거나 촉각이나 청각을 학습의 주요 수단으로 사용하는 사람으로 맹과 저시력이 이에 속한다. 가. 맹은 시각계의 손상이 심하여 시각기능을 전혀 이용하지 못하는 상태 나. 저시력은 보조공학기기의 지원 등을 받아야만 시각적 과제를 수행할 수 있는 상태
청각장애	교육적 성취에 불리한 청력손실을 지닌 사람으로서 농과 난청이 이에 속한다. 가. 농은 청력손실이 심하여 보청기를 착용해도 청각에 의한 의사소통이 불가능하거나 곤란한 상태 나. 난청은 잔존청력을 가지고 있으나 보청기를 착용해야 청각을 통한 의사소통이 가능한 상태
정신지체	지적 기능과 적응 행동상의 어려움이 함께 존재하여 교육적 성취에 어려움이 있는 사람
지체장애	기능 · 형태상 장애를 가지고 있거나 몸통의 지지 또는 팔다리의 움직임 등에 어려움을 겪는 신체적 조건이나 상태로 인해 교육적 성취에 어려움이 있는 사람
정서 · 행동장애	지적 · 감각적 · 건강상의 이유로 설명될 수 없는 학습 무능력, 또래나 교사와의 대인관계 어려움, 일반적인 환경하에서 보이는 부적절한 행동이나 감정, 전반적인 불행감이나 우울, 또는 학교나 개인 문제에 관련된 신체적인 통증이나 공포를 나타내는 경향이 장기간에 걸쳐 현저하게 나타나 교육적 성취에 불리한 상태에 있는 사람
의사소통장애	다음 중 한 가지 이상의 영역에서 결함을 보임으로써 의사소통에 어려움을 초래하여 특별한 교육적 조치를 필요로 하는 사람 가. 수용언어나 표현언어 능력이 인지능력에 비하여 현저하게 떨어지는 사람 나. 조음능력에 현저한 결함을 보임으로써 의사소통 결함을 초래하는 사람 다. 말 유창성에 현저한 결함을 보임으로써 의사소통 결함을 초래하는 사람 라. 기능적 음성장애를 보임으로써 의사소통 결함을 초래하는 사람

학습장애	개인 내적 요인으로 인하여 듣기, 말하기, 주의집중, 지각, 기억, 문제 해결 등의 학습기능이나 읽기, 쓰기, 수학 등 학업성취 영역에서 현저하게 어려움이 있는 사람
건강장애	심장장애 · 신장장애 · 간장애 등 만성질환으로 인하여 3개월 이상의 장기입원 또는 통원치료 등 계속적인 의료적 지원이 필요하여 학교생활과 학업 수행 등에 있어서 교육적 지원을 지속적으로 받아야 하는 사람
자폐범주성장애	구어 및 비구어 의사소통과 사회적 상호작용의 문제를 보이고 관심, 행동, 활동의 제한적이고 반복적이고 상동적인 특성으로 인해 환경이나 일과의 변화에 저항을 보임으로써 교육적인 성취 및 일상생활 적응을 위하여 도움을 필요로 하는 사람
발달지체	신체, 인지, 의사소통, 사회 · 정서 또는 적응 기술의 영역에서 또래에 비해 현저하게 발달이 지체됨으로써 특별한 교육적 조치가 필요한 영아 및 9세 미만의 아동

조심스러운 제안이 거론되고 있다(김진호 외 역, 2009).

3. 우리나라 특수교육의 발전

1) 특수교육의 시작

우리나라 최초의 특수교육 관련 기록은 유길준의 『서유견문』에 소개된 서양의 특수교육을 소개한 글이다. 유길준은 1881년에 일본을 방문하고 이어 1883년에 미국에서 유학한 후 1889년 『서유견문』을 집필하면서 치아원(痴兒院), 맹인원(盲人院), 아인원(啞人院) 등을 소개하였다(김정권, 김병하, 2002).

현대적 의미에서 실제로 특수교육이 시작된 것은 미국인 감리교 선교사이자 의사인 Rosetta Sherwood Hall이 1894년 평양에서 맹인 여아를 위하여 기숙사를 마련하고 점자교육과 생활훈련을 하면서부터다. Hall은 1900년 맹인 여아들을 기숙사 근처의 정진소학교에 입학시켜 일반아동과 함께 교육받게 하였는데, 학교교육으로서 특수교육의 시작은 이때부터라고 할 수 있다. 일부 학자들은 세종 27년(1445)에 젊고 영리한 맹인 10여 명을 선발하여 3일에 한 번씩 점술교육을 실시하였다(임안수, 1987)는 기록을 근거로 특수교육의 출발점을 15세기로 삼아야 한다고 주장하기도 한다. 하지만 역사적 연속성의 결여라는 차원에서 체계적 교육의 시효로 보기는 힘든 점이 있다.

이후 1903년에 Moffet에 의해 평양 남맹아학교가 설립되고 1912년에는 조선총

독부에 의해 제생원이 설립되었는데, 이는 각각 국립서울맹학교와 국립서울선희(농)학교의 전신이 되었다. 한국인에 의해 설립된 최초의 특수학교는 1935년 이창호 목사가 평양에 설립한 광명맹학교다. 그 외에도 1964년 연세대학교 세브란스 소아재활원 초등학교에서 지체장애학교, 1966년 정신지체아동을 위한 대구보명학교, 1983년 정서 · 행동장애아동을 위한 대구덕희학교 등이 소위 '시초'라고 불리는 역사적인 특수학교들이다.

한편 초등학교 내 특수학급 설치에 대한 기록은 1937년 서울 동대문국민(초등)학교의 신체 허약아를 위한 양호학급에 대한 것이 시초이며, 그 후 1968년 서울 월계국민(초등)학교에 약시학급이 설치된 것 등에 대한 기록이 있다. 오늘날과 같은 특수학급 설치는 1970년대에 들어와서 서서히 확대되기 시작하였는데, 그 직접적인 동기는 1969년 중학교 무시험 입학제도 시행에 따른 중학교 내 우열반 편성 논의가 초등학교 내 특수학급 설치문제에 영향을 미쳤기 때문으로 보고 있다. 중학교 특수학급 설치는 1984년(경상북도 내 공립중학교 10개교), 고등학교 특수학급은 1996년(전남 보성실업고등학교), 그리고 유치원 특수학급은 1998년부터 설치되기 시작했다(여광응, 2003). 일반학교 내 특수학급 설치에서는 시행 초기부터 특수학급의 질적 개선문제가 제기되었으며, 양적으로 급속히 팽창한 오늘날에 이르기까지 다양한 특수학급 운영의 효율화를 위한 노력이 계속되고 있다.

2) 특수교육교사 양성의 시작

특수교육교사는 1950년 국립맹아학교의 3년제 사범과와 1954년 서울맹아학교의 1년제 보통사범과에서 처음으로 양성하기 시작하였으나 1964년에 폐지되었다(국립서울맹아학교, 1973; 김승국, 2001 재인용). 1961년 한국사회사업대학(현 대구대학교 전신)에서 특수교육과를 설치하여 처음으로 대학 정규과정에서 특수교육교사를 양성하게 되었다. 그리고 1970년 중반부터 서서히 특수교육과 설치대학이 늘어나면서 교사 배출이 증가되기 시작하였다.

지면에 소개하지 못한 특수교육의 역사에 대하여는 M. A. Winzer의 『특수교육의 역사: 격리에서 통합으로(*The History of Special Education: From Isolation to Integration*)』(1993)와 김병하의 『특수교육의 역사와 철학』(2003)을 통하여 지식의 지평을 넓히기를 바란다. Winzer는 그의 저서에서 특수교육의 발전 방향이 암흑기

인 고대부터 중세, 근・현대를 관통하며 격리에서 분리, 분리에서 부분통합, 부분통합에서 완전통합으로 진행한다고 하였다. 또한 김병하는 역사의 서술에만 그치지 않고 성찰적으로 특수교육의 역사를 고찰함으로써 특수교육의 과거와 현재를 해석하는 방법론을 제시해 주고 있다.

4. 특수교육 관련 법규의 제정

1) 「특수교육진흥법」 제정(1977)

우리나라 특수교육의 법률적 기반은 1977년 「특수교육진흥법」이 제정되면서 처음으로 마련되었으며, 이는 특수교육의 발전과 변화의 가장 큰 계기가 되었다. 「특수교육진흥법」 제정 당시에는 1949년 제정되었던 「교육법」(법률 제86호)이 단일 법률로 존재하고 있었을 뿐이어서(김원경, 한현민, 2007) 특수교육이 법적으로 보호받을 수 있는 장치가 없었다. 특수교육진흥법의 시행과 함께 국・공립의 특수교육기관에 취학하는 아동의 무상교육이 가능하게 되었으며, 사립특수학교는 국가로부터 특수교육에 필요한 경비를 보조받게 되었고, 특수교육대상자가 각 학교에 입학하고자 할 때에 입학 거부나 불이익한 처분을 받지 않도록 법적 장치도 만들어졌다. 시・도교육위원회에는 특수교육대상자 판별위원회를 두게 되었으며, 특수교육교원의 자질 향상을 위한 연수교육이 강화되었다. 1988년 개정된 교육법이 시행되면서 특수교육기관의 학급당 학생 수가 20명 이하에서 15명 이하로 하향 조정되었고, 그 후 1990년(2차 개정), 1994년(3차 개정), 1997년(4차 개정)까지 개정을 거듭하면서 장애아동의 완전취학과 의무교육 기회 확대, 무상교육 범위 확대, 통합교육 기회 확대, 직업진로교육의 실시 등에 대한 법적 근거를 마련하게 되었다(김승국, 2001; 김홍주 외, 2005). 그러나 「특수교육진흥법」은 초・중등교육 중심으로 규정되어 있어 장애영・유아 및 장애성인을 위한 교육지원에 대한 규정이 미흡하며, 국가 및 지방자치단체의 특수교육 지원에 대한 구체적인 역할 제시가 부족하여 법의 실효성 담보에 한계가 있다는 지적을 받아 왔다(김은주, 2008).

2)「장애인 등에 대한 특수교육법」 제정(2007)

한 세대 동안 우리나라 '특수교육 기회 확대'를 위한 정책의 기반이 되어 왔던 「특수교육진흥법」은 2007년 4월 30일 폐지되었고, '특수교육 내실화 정책'으로의 전환을 위하여「장애인 등에 대한 특수교육법」이 입법되었다.「장애인 등에 대한 특수교육법」이 교육 수요자를 비롯한 사회 전반의 요구를 다 반영하기에는 한계가 있고 제도 운영에도 많은 어려움이 따를 것이라는 지적도 있으나, 법률의 취지에서는 장애인의 교육권을 신장하려는 의지를 읽을 수 있다. 법률의 주요 내용은 특수교육의 기회 제공을 넘어서 영아부터 성인까지 생애 주기별로 교육을 지원하는 것을 골자로 하고 있다. 특히 특수교육대상자에 대한 유치원 · 초등학교 · 중학교 및 고등학교 의무교육 연한 확대(제3조), 취학 편의를 고려한 특수교육기관의 지역별 · 장애 영역별 균형 설치 및 운영(제6조), 통합교육 내실화를 위한 교원의 자질 향상(제8조), 중앙특수교육운영위원회 구성 및 운영(제10조), 특수교육지원센터 설치 · 운영을 통한 특수교육대상자의 조기발견, 진단 · 평가, 정보관리, 특수교육 연수, 교수-학습 활동 지원, 특수교육 관련 서비스 지원, 순회교육(제11조), 장애의 조기발견 체제 구축 및 장애영아의 무상교육(제14조), 특수교육대상자의 배치 및 교육(17조)과 통합교육 계획 수립(제21조), 개별화교육지원팀 구성(제22조), 진로 및 직업교육 지원(제23조), 학급 설치 및 교사 배치 기준의 상향조정을 통한 교육의 질 제고(제27조), 특수교육 관련 서비스 제공(제28조), 대학의 장애학생 지원을 위한 장애학생지원센터 운영 및 장애인에 대한 고등교육 강화(제29, 30, 31조), 장애인에 대한 평생교육 지원(제33, 34조) 등의 조항들은「특수교육진흥법」에 비해 특수교육대상자의 교육권에 대한 법적 · 제도적 장치가 전체적으로 더욱 견고해졌음을 보여준다.「특수교육진흥법」과「장애인 등에 대한 특수교육법」의 주요 내용들 중에서 쟁점이 될 만한 내용들을 비교하면 〈표 1-4〉와 같다.

「장애인 등에 대한 특수교육법」이 2008년부터 '교육특별법'으로 새롭게 시행됨으로써 우리나라의 특수교육 관련 법규는 이제「헌법」 제31조와, 이 규정에 의한 「교육기본법」(제18조),「초 · 중등교육법」 제7절(제55~59조) 등의 '교육기본법'과 함께 특수교육대상자의 교육권을 법으로 보장하는 양대 법률을 이루고 있다. 그 밖에「장애인복지법」 제18조(교육)의 규정과「장애인 고용 촉진 및 직업 재활법」 제9조(직업지도)의 규정도 특수교육과 직 · 간접적으로 연관되어 있는 법률이다. 이러

〈표 1-4〉 「특수교육진흥법」과 「장애인 등에 대한 특수교육법」의 주요 쟁점 비교

<table>
<tr><th colspan="2">구 분</th><th colspan="2">특수교육진흥법</th><th colspan="2">장애인 등에 대한 특수교육법(시행 2008. 5)</th></tr>
<tr><td colspan="2">교육 수권</td><td colspan="2">• 의무교육: 초 · 중학교
• 무상교육: 유 · 고등학교(전공과)</td><td colspan="2">• 의무교육: 유 · 초 · 중 · 고등학교 (※ 보육시설 내 유아도 각각 의무교육으로 간주)
• 무상교육: 3세 미만 영아 · 전공과</td></tr>
<tr><td rowspan="2">특수 교육 대상</td><td>선정</td><td colspan="2">• 시각장애, 청각장애, 정신지체, 지체부자유, 정서장애(자폐성 포함), 언어장애, 학습장애, 건강장애, 기타의 9항목
• 장애 + 특수교육 필요
• 선정 신청 → 특수교육운영위원회 심의 → 대상자 선정 → 통보</td><td colspan="2">• 시각장애, 청각장애, 정신지체, 지체장애, 정서 · 행동장애, 자폐성장애, 의사소통장애, 학습장애, 건강장애, 발달지체, 기타의 11항목
• 장애 + 특수교육 필요
• 선정 신청 → 특수교육지원센터 진단 · 평가 → 특수교육운영위원회 심사 → 대상자 선정 → 통보</td></tr>
<tr><td>배치</td><td colspan="2">• 지정 배치 시 고려 순서: 통합교육 실시 일반학교 → 특수학급 → 특수학교 → 타 시 · 도 특수학교</td><td colspan="2">• 지정 배치 시 고려 순서: 일반학교의 일반학급 → 일반학교 특수학급 → 특수학교</td></tr>
<tr><td colspan="2">치료 교육</td><td colspan="2">• 정의: 장애로 발생한 결함을 보충, 생활기능 회복 교육활동
• 영역: 심리치료, 언어치료, 물리치료, 작업치료, 보행훈련, 청능훈련 및 생활적응훈련 등
• 지도자: 특수학교 교사(치료교육) 표시 자격자와 담임교사</td><td colspan="2">• 정의: 특수교육 관련 서비스 중 치료지원
• 치료지원 내용: 물리치료, 작업치료(학교교육이 아닌 외부 전문가 지원의 의미)
• 지도 또는 지원자: 물리치료 및 작업치료는 국가 수준의 자격 소지자, 그 외는 교사</td></tr>
<tr><td colspan="2" rowspan="3">개별화 교육</td><td>법</td><td>• 각급 학교의 장은 특수교육대상자의 능력 및 특성에 적합한 개별화교육 방법 강구 · 능력 계발</td><td rowspan="3">법</td><td rowspan="3">• 정의: 장애 유형, 특성에 적합한 교육 목표, 방법, 내용, 특수교육 관련 서비스 등이 포함된 교육
• 학교의 장은 개별화교육지원팀 구성
• 보호자, 특수교육교원, 일반교육교원, 진로 및 직업교육 담당교원, 특수교육 관련 서비스 담당인력 등
• 매 학기 개별화교육계획 작성
• 전학 또는 진학 시 14일 이내 개별화교육계획 송부
• 특수교사는 위 업무 지원 · 조정
• 필요 사항은 규칙으로 정함
• (차별 금지) 개별화교육지원팀에의 참여 등 보호자 참여에서의 차별 · 위반 시 300만 원 이하 벌금</td></tr>
<tr><td>시행령</td><td>• 개개인에 대한 교육방법 포함된 개별화교육계획 작성, 보호자 의견진술 기회 보장
• 매 학년 전 계획 작성(학기 중 배치 시 30일 이내 작성)</td></tr>
<tr><td>시행규칙</td><td>• 학교 단위 개별화교육위원회 운영
• 위원 수 5~10인 구성 · 운영, 필요 사항은 학칙에 명시
• 계획 작성 시 인적사항, 현재 학습수행 수준, 장단기 교육목표, 시작 및 종료 시기, 교육방법, 평가계획 등 포함</td></tr>
<tr><td colspan="2" rowspan="3">특수교육 교사의 자질</td><td>법</td><td>(특수학교 교원의 자질 향상)
• 교원의 자질 향상을 위한 교육 · 연수를 정기적으로 실시</td><td rowspan="3">법</td><td rowspan="3">(교원의 자질 향상)
• 특수교육교원의 자질 향상 위한 교육 · 연수를 정기적으로 실시
• 일반학교 교원의 통합교육 지원을 위한 교육 · 연수를 정기적으로 실시</td></tr>
<tr><td>시행령</td><td>• 제13조(특수교육에 관한 연수) 교육감이 교원연수 실시 때는 통합교육을 위한 특수교육 내용 이수(※ 관련: 법 제15조[통합교육])</td></tr>
<tr><td>시행규칙</td><td>• 교육 · 연수 연 1회 이상 실시</td></tr>
</table>

출처: 김원경, 한현민(2007)에서 수정.

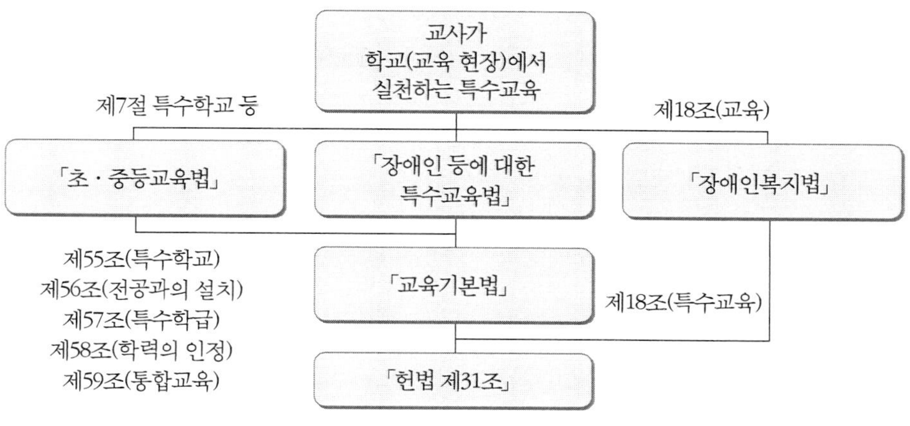

[그림 1-4] 한국 특수교육 존립의 법률적 기반

출처: 김원경, 한현민 (2007)에서 수정.

한 특수교육의 법률적 근거를 요약하면 [그림 1-4]와 같다(김원경, 한현민, 2007).

5. 특수교육지원센터의 설립과 의의

우리나라는 2001년에 16개의 특수교육지원센터를 설립하기 시작해 2008년 기준 전국에 180개의 특수교육지원센터가 지역교육청, 특수학교 또는 특수학급 설치 학교 중심으로 운영되고 있다. 「장애인 등에 대한 특수교육법」이 시행됨으로써 시설 확보 및 전담인력 배치 등에 대한 법적 근거가 마련되었고, 따라서 지역사회 중심으로 실질적인 특수교육을 지원하기 위한 기반이 마련되었다.

특수교육 전달체계에서 특수교육지원센터의 의미는 무엇보다 장애학생의 다양한 배치 형태에 따른 적절한 교육서비스 제공(윤점룡, 2001)과 통합교육의 효율성 제고를 위한 특수교육 전달체계의 허브 역할일 것이다(이효자, 2002). 이와 같은 역할을 좀 더 구체적으로 보면 다음과 같다.

- 일반학급에 통합된 장애학생에게 적절한 특수교육적 지원
- 일반학교 내 특수학급에 대한 관리 및 지원
- 장애영 · 유아의 조기발견과 지원, 적절한 교육대책 및 가족지원
- 장애인의 고등교육과 평생교육, 즉 성인교육에 대한 대책 마련

- 특수교육 서비스 전달을 위한 일선 담당기관과 영역별 서비스 간 연계적 협력 시스템 구축
- 일선 행정기관의 기능 강화 및 전문인력 배치에 효율성 배양

그동안 특수교육운영위원회가 이와 같은 지원 과제를 수행하도록 되어 있었으나 그 기능의 한계를 여실히 보여 주었다. 따라서 앞으로 특수교육정책위원회는 교육정책 결정과 집행을 심의하는 역할만 수행하고 특수교육 현장지원 역할은 특수교육지원센터가 수행함으로써 특수교육 전달체계를 새롭게 구축하자는 것이 특수교육지원센터의 설립 취지라고 할 수 있다. 이러한 변화는 특수교육 전달체계가 통합교육을 위하여 재구조화되는 과정에서 보이는 세계적인 추세로 이해할 수 있다. 미국의 경우 1960년대를 전후로 특수교육 전달체계가 '기관 중심'에서 아동의 '교육적 요구 중심'으로 재구조화되면서 통합교육 시대를 열었고, 전통적으로 특수교육 전달체계가 매우 확고하게 기관(특수학교) 중심으로 구조화되어 있는 독일의 경우에도 1970년대 후반에 통합교육 논의가 진행되기 시작하면서 느린 속도이지만 특수교육지원센터 중심으로 교육체제가 변하고 있다.

「장애인 등에 대한 특수교육법」에서는 특수교육지원센터를 하급 교육 행정기관별로 설치·운영하도록 규정하고 다음과 같은 수행 업무를 규정하였다.

- 특수교육대상자 조기발견 및 특수교육 지원에 관한 홍보계획 수립 및 다양한 매체를 활용한 홍보(법 제14조 제1항)
- 진단·평가 및 특수교육 지원내용 작성(법 제14조 제4항)
- 치료지원 운영(법 제8조 제2항)
- 학습보조기기, 보조공학기기, 학습 교재·교구 등의 대여 또는 보급(법 제28조 제4항)
- 순회교육 지원(법 제25조)
- 장애아동 가족상담 및 가족지원(법 제28조 제1항)
- 통합교육 지원(법 제21조)
- 진로 및 직업 교육 지원(법 제23조)
- 장애영아 교육지원(법 제18조)
- 유관기관과의 협력 또는 연계체제 구축을 통한 지원(법 제14조, 제23조)

- 특수교육대상자의 정보관리, 특수교육교원, 통합교육교원, 학부모, 보조인력 연수(법 제11조)

이와 같은 지원기능을 수행하기 위해서는 특수교육지원센터에 특수교육교사, 관련 서비스 담당인력, 직업교육 교사, 심리진단 전문가, 행동지원 전문가, 상담사, 사회복지사, 가족지원 전문가, 특수교육 관련 분야 연구원, 보조공학 전문가, 사무직원 등이 배치되어야 한다(국립특수교육원, 2005). 그리고 특수교육지원센터가 통합교육의 질적 개선에 긍정적 역할을 수행하기 위해서는 다음과 같은 통합교육의 기본 원칙에 충실해야 한다.

- 대상학생이 거주 지역 내 일반학교의 구성원이 되도록 지원
- 일반학급에서 비장애 또래와 동일한 교육권을 가질 수 있도록 지원
- 장애학생이 물리적 통합은 물론 일반학교 교육과정에 통합되도록 지원
- 분리교육보다 높은 수준의 교육 질을 제공할 수 있도록 통합교육 지원
- 지역사회 계몽을 통하여 장애에 대한 인식 개선
- 장애학생이 통합환경에서 교육적 지원을 받을 수 있도록 학교환경, 관련자 협력팀 등의 준비를 지원
- 학령기의 통합교육 경험이 성인기 직업생활과 거주, 사회통합으로 이어지도록 전환교육적인 지원

6. 특수교육의 향후 과제

우리나라의 특수교육은 양적 성장의 속도가 빨랐던 만큼 많은 질적 개선을 위한 과제들을 안고 있다. 특수교육의 효율성 제고를 위해서 주어진 일반적 과제들로는 조기중재와 학령전 특수교육이 더욱 보편화되어야 하는 문제, 성인 사회로의 원활한 전환을 위한 초·중등교육의 내실화, 특수교육 대상아동의 동등한 교육받을 기회와 잠재력 계발의 기회 제공을 위한 통합교육의 확대 및 질적 향상 등이 여전히 기본 과제로 남아 있다(박승희 외, 2007; 김원경 외, 2009).

그리고 새로운 특수교육법의 제정에 따른 과제들도 안고 있다. 무엇보다 특수교

육법에 담은 세부 내용의 실행을 위하여 우선적으로 인적자원 및 예산의 확보, 교육 현장 관련자들의 관심과 협력을 이끌어 내어야 한다. 그리고 법 적용에서 유의해야 할 몇 가지 요소들도 고려해야 한다. 유 · 초 · 중 · 고등학교의 특수교육대상자 의무교육 및 3세 미만 영아의 무상교육은 특수교육대상의 교육권을 보장하고자 하는 취지에도 불구하고 영 · 유아의 조기진단에 의한 차별의 문제가 있고 진학 대신 취업을 원할 경우에 발생할 수 있는 진로 선택권이 제한을 받을 수 있다. 그리고 의무교육을 위한 재원 확보가 미비할 경우 발생할 수 있는 교육의 질 저하, 또는 교육 공백의 문제도 예방해야 할 것이다.

또한 치료교육의 폐지가 특수교육의 기능 축소로 진행되어서는 안 될 것이다. 특수교육은 개별화교육, 교육과정, 교수방법, 교수환경 등의 중요한 요소를 포함하는 교수(instruction)로서의 기능뿐만 아니라 중재(intervention)로서의 기능, 즉 잠재적인 문제에 대하여 조기에 중재하는 예방적 중재, 기능 수행에 필요한 기술 수행을 돕는 교정적 중재, 대체기술을 교수하는 보상적 중재 등의 기능도 가진다(김진호 외 역, 2009). 이러한 중재는 치료지원 서비스라기보다는 특수교육의 고유 기능인 만큼 특수교육과정에 포함시키는 문제가 논의되어야 할 것이다.

그 외에도 특수교육대상 범위에서 법정 장애 영역에 속한 아동뿐만 아니라 장애 위험 아동이나 결손가정, 이주민가정 자녀 중 지원이 필요한 아동도 특수교육대상자에 포함함으로써 교육 사각지대에 있는 대상아동을 위하여 특수교육대상자의 외연을 확대해 나가야 할 것이다.

마지막으로 통합교육이 강조되고 있는 현 추세에서 특수교육과 일반교육의 협력은 특별한 교육적 요구를 가진 대상아동에게 질 높은 교육을 제공하기 위하여 불가피한 과제다(김진호 외 역, 2009). 일반교육교사와 특수교육교사 간 협력교수 전략 개발이나 보조공학 사용상의 지원문제, 공동 사례 연구 및 기술 개발 등을 통하여 특수교육의 성과를 극대화시켜야 할 것이다.

요약

특수교육은 일반교육의 보편적 방법론으로는 교육의 효율성을 극대화하기 어려운 장애학생을 위하여 그들의 독특한 교육적 요구에 맞게 설계된 교육이다. 특수교육의 과정은 궁극적으로 장애학생이 독립적으로 자신의 생활을 영위할 수 있도록 잠재력을 최대한 계발하여 지역사회의 일원으로 살아갈 수 있도록 하는 것을 목표로 삼는다.

이러한 특수교육의 목적을 실현하기 위해 최소로 제한된 교육환경과 개별화된 교육 프로그램, 편견 없는 법적 절차의 적용 및 권리 보장 등의 지원이 이루어져야 한다. 우리나라는 특수교육 전달체계의 효율화를 위하여 2007년 「장애인 등에 대한 특수교육법」을 제정함으로써 장애 영역을 새롭게 10개 영역으로 정비하였으며, 각 장애 영역에 맞는 관련 서비스를 제공함과 아울러 특수교육지원센터를 운영하여 통합교육의 효율성을 높이고자 하였다.

그러나 특수교육의 짧은 역사에 비해 양적 성장의 속도가 빨랐던 만큼 우리나라의 특수교육은 질적 개선을 위한 많은 과제를 안고 있다. 교육 내실화를 위한 현실적인 법 적용의 문제를 비롯하여 일반교육과의 협력체계 구축, 현장과 연계된 교사 양성과정 체제 마련, 특수교육 연구 기반의 확립 등 산적한 과제들이 특수교육에 대한 이해의 지평이 넓어질수록 두드러지고 있다.

참고문헌

교육과학기술부(2005). 특수교육연차보고서.

교육과학기술부(2012). 2012 특수교육통계.

국립서울맹학교(1973). 개교 60주년. 서울: 국립서울맹학교.

국립특수교육원(2005). 특수교육지원센터 운영 방안 연구.

김병하(2003). 특수교육의 역사와 철학. 대구: 대구대학교출판부.

김승국(2001). 특수교육학. 서울: 양서원.

김성애, 홍은숙 역(2004). 특수교육심리학. 서울: 양서원.

김은주(2008). 장애인 등에 대한 특수교육법의 주요 내용과 향후 과제. 특수학교(초등) 1급 정교사 과정I. 국립특수교육원 부설 원격교육연수원.

김원경, 한현민(2007). 2007 특수교육법의 쟁점과 과제. 특수교육저널: 이론과 실천, 8(4), 95-140.

김원경, 허승준, 추연구, 윤치연, 박중휘, 이필상, 김일명, 조홍중, 문장원, 서은정, 유은정, 김자경, 이근민, 김미숙, 김종인, 이신동(2009). 최신특수교육학(2판). 서울: 학지사.

김정권, 김병하(2002). 사진으로 보는 한국 특수교육의 역사(1894~2002). 서울: 특수교육.

김진호, 박재국, 방명애, 안성우, 유은정, 윤치연, 이효신 역(2009). 최신특수교육. 서울: 시그마프레스.

김홍규, 이호정(2009). 최신특수교육학. 서울: 양서원.

김홍주, 여용운, 강수균, 이점조(2005). 개정 특수교육학. 서울: 교육출판사.

박승희, 장혜성, 나수현, 신소니아(2007). 장애관련 종사자의 특수교육입문. 서울: 학지사.

신현기, 변호걸, 김호연, 정인호, 전병운, 정해동, 강영택(2005). 특수교육의 이해. 서울: 교육과학사.

여광응(2003). 특수아동의 심리학적 이해. 서울: 학지사.

윤점룡(2001). 특수교육지원센터 설치의 목적과 기본방향. 국립특수교육원, 현장특수교육 11 · 12월호, 18-21.

이소현, 박은혜(2006). 특수아동교육(2판). 서울: 학지사.

이효자(2002). 특수교육지원센터의 활성화 방안. 특수교육 전문직 워크숍. 국립특수교육원.

임안수(1987). 한국맹인직업사연구. 단국대학교 특수교육연구소, 시각장애자교육연구, 1-1.

정동영(2006). 특수교육의 이해. 학교 보건 담당교사 직무연수 자료. 충청북도 단재 교육연수원(미발행).

채희태(2005). 구성주의적 장애 이해와 그 특수교육학적 적용: 학습-장애 문제를 중심으로. 특수아동교육연구, 7(3), 179-199.

채희태(2006). 독일 특수교육체제에 따른 통합교육 의미 탐색: 미국과의 비교를 중심으로. 특수교육학연구, 41(3), 251-274.

채희태 외(2006). 충남지역 특수교육지원센터 운영실태 조사 및 활성화방안 모색. 나사렛대학교 재활인력혁신사업단(미발행).

한현민(2001). 특수아동과 특수교육. 서울: 도서출판 특수교육.

장애인 등에 대한 특수교육법(일부개정 2008. 2. 29. 법률 제8852호)

특수교육진흥법(전문개정 1994. 1. 7. 법률 제4716호)

Algozzine, B. & Ysseldyke, J. (2006). *A practical approach to special education for every teacher: Fundamentals of special education.* Thousand Oaks, CA: Corwin Press.

Bleidick, U. (1977). *Einf hrung in die Behindertenp dagogik.* BdI. M nchen: K sel Verlag.

Hartmann, N. (1979). *Handbuch der Behindertenp dagogik.* Band I. K sel.

Winzer, M. A. (1993). *The History of Special Education: From Isolation to Integration.* Washington, DC: Gallaudet University Press.

• 제 2 장 •

통합교육의 이해와 실제

| 주요 학습 과제 |

1. 통합교육은 어떻게 발전되어 왔는지를 알아본다.
2. 우리나라 통합교육의 법적 근거를 알아본다.
3. 우리나라 통합교육의 법적 정의가 의미하는 바를 살펴본다.
4. 통합교육을 저해하는 주요 요인을 살펴본다.
5. 성공적인 통합교육을 실현하기 위해 요구되는 주요 과제를 알아본다.

통합교육은 오늘날 특수교육 분야의 주요 동향 중 하나다. 우리나라를 비롯하여 세계적으로 통합교육이 강조되면서 일반학교에서 비장애아동과 함께 교육을 받고 있는 장애아동의 수가 점차 증가하고 있는 추세다. 2010 특수교육 연차보고서에 따르면 최근 5년간 일반학교에 배치되어 통합교육을 받고 있는 특수교육대상학생이 매년 증가하고 있는 것(2006년, 62.8%; 2007년, 65.2%; 2008년, 67.3%; 2009년, 68.3%; 2010년, 69.9%)으로 나타났으며(교육과학기술부, 2010), 이러한 현상은 앞으로도 지속될 것으로 전망된다. 전체 특수교육대상학생의 70%가 통합교육을 받고 있는 시점에서 국가와 특수교육 분야는 이러한 현상에 대해 능동적으로 대처해야 하는 중차대한 과제를 안고 있다. 이에 제3차 특수교육 발전 5개년 계획('08~'12)에서는 학령기 아동의 통합교육 내실화를 도모하기 위해 일반학교에 배치된 특수교육대상학생의 지원 확대, 일반교육교원의 특수교육 전문성 강화, 특수교육교원의 통합교육 역량 강화, 특수교육대상학생 학력평가제 및 평가조정제 도입, 범국민 대상 장애인식 개선 등을 주요 과제로 선정하여 추진 중에 있다(교육과학기술부, 2008a).

이렇듯 통합교육은 시대적 흐름이며 현재 특수교육이 직면한 과제라 할 수 있다. 따라서 이 장에서는 통합교육에 대한 이론적 이해 및 특수교육대상학생의 의미 있는 수업 참여와 나아가 교육현장에서 성공적인 통합교육의 실행을 위해 요구되는 주요 과제에 대해 살펴보고자 한다.

1. 통합교육의 이해

통합교육에 대한 개괄적인 이해를 돕기 위해 통합교육의 발전과정에 대해 간략하게 살펴보고, 아울러 우리나라 통합교육의 법적 근거와 현행 특수교육법에 명시된 통합교육의 정의가 지닌 의미에 대해 알아본다.

1) 통합교육의 발전과정

통합교육의 역사는 그다지 길지 않다(이소현, 박은혜, 2006). 역사적으로 볼 때 불

과 40년 전만 하더라도 장애를 가진 아동은 공교육 대상에서 제외되었거나 비장애 아동과는 다른 분리된 교육환경에서 교육을 받았다. 그러나 장애인에 대한 새로운 철학적 이념의 도입, 새로운 법의 제정 등을 포함한 국제 사회의 다양한 움직임에 영향을 받아 통합교육의 실시가 가속화되어 왔다. 다음에서 통합교육의 발전과정에 대해 살펴보기로 한다.

(1) 정상화 원리

통합교육은 정상화 원리(the principle of normalization)라는 철학적 이념에서 대두된 새로운 교육적 사조다(신현기, 최세민, 유장순, 김희규, 2005). 이 원리의 철학적 이념은 1959년 덴마크 사람인 Bank-Mikkelsen에 의해 대두되었으나, 정상화(normalization)라는 용어는 1969년 스웨덴 사람인 Bengt Nirje에 의해 최초로 소개되었다(Biklen, 1985). 몇 년 후 Wolf Wolfensberger는 정상화 원리를 미국에 소개하고 이러한 원리를 장애인 복지 분야에 적용할 것을 촉구하였다(Wolfensberger, 1972, 1995).

정상화 원리는 북유럽 스칸디나비아 반도의 국가들에서 정신지체인들의 시설 보호를 반대하며 정신지체인도 일반인들의 환경과 가장 유사한 환경에서 살아야 한다는 것을 강조한 이념이다(송형우, 2007). Ericsson(1985)에 따르면, 19세기 중반 스웨덴에서는 오늘날 우리가 정신지체인이라고 부르는 사람들을 위해 대규모의 시설을 지어 이들을 위한 서비스를 제공하기 시작하였다. 당시의 의도는 정신지체인들이 지역사회에 적응하는 데 어려움이 있으므로 시설에서 이들의 요구에 적합한 서비스를 체계적으로 제공하여 이들을 일반 사회로 복귀시키고자 하는 데 있었다. 그러나 100년이라는 시간이 흐르는 동안 이러한 시설이 정신지체인들을 사회로부터 고립시키는 목적으로 사용되고 있었다. 뿐만 아니라 정신지체인들에 대한 부정적인 시각이 사회 전반에 만연하게 되었고, 설상가상으로 나라에 경제적인 위기가 가중되면서 시설에 거주하는 정신지체인들의 삶의 질이 심각한 수준으로 떨어지는 결과를 낳았다. 이러한 상황에서 정신지체인들이 '좋은 삶'을 영위할 수 있는 사회를 만들어야 하는 필요성이 제기되었고, Nirje는 정신지체인들의 삶에 대한 자신의 입장을 주장하게 되었다. Nirje(1985)가 주장한 정상화란 장애를 가진 사람들의 일상생활 조건과 삶의 패턴을 가능한 한 정상적인 환경과 비슷하거나 동일하게 만들어 주는 것을 의미한다.

이러한 정상화 원리는 당시에 장애인들을 시설에 수용하던 현상과는 대치되는 이념이다. 정상화 원리는 국제 사회에 장애인들의 시설 수용에 대한 강한 비판을 불러일으키는 계기가 되었으며, 수용시설에 있던 장애인들을 지역사회로 이동시키게 되는 결과를 낳았다(Johnson, 1998). 이러한 사회적인 움직임을 탈수용시설화(deinstitutionalization)라고 한다. 탈수용시설화 정책으로 그동안 수용 시설에서 보호를 받던 장애인들이 지역사회로 나오게 되는 긍정적인 면도 있었으나, 사후 대책의 부족으로 인하여 장애인이 거리에서 걸식하게 되는 등 부정적인 결과를 초래하기도 하였다. 정상화 원리는 장애인들의 사회로의 통합을 촉구했을 뿐 아니라 장애아동의 통합교육에도 영향을 미치게 되었으며, 특히 1975년에 제정된 미국의 전 장애아동교육법(the Education for All Handicapped Children Act; Public Law 94-142)의 6대 원리 중 하나인 최소제한환경이라는 개념을 탄생시키게 되는 계기가 되었다.

(2) 최소제한환경(least restrictive environment[LRE])

앞에서 언급한 바와 같이 미국의 전 장애아동교육법이 제정되기 전에는 대부분의 장애아동들은 특수학교나 일반학교 내 특수학급에서 분리 교육을 받았다. 특히 중도 장애아동들은 교육의 대상에서 제외되었거나 공립 특수학교보다는 사립 특수학교나 사립 시설 등에서 교육을 받았다(Nietupski, 1995). 그러다가 장애아동교육법이 제정되면서 장애아동들의 공교육권이 보장되었을 뿐 아니라 장애아동들이 일반학교에서 비장애아동들과 함께 교육을 받을 수 있는 최소제한환경의 원리를 규정하는 계기가 되었다. 최소제한환경이란 가능한 한 장애아동들이 비장애아동들과 함께 일반학급에서 교육을 받는 것을 의미하지만 모든 장애아동들이 일반학급에서 비장애아동들과 함께 교육을 받아야 함을 뜻하는 것은 아니다(Bos & Vaughn, 2002; Smith, 2007). 장애의 특성이나 정도에 따라 장애아동들은 일반학급에서 특별한 지원 없이 교육을 받기도 하고, 일반학급 내에서 특수교육 교사의 지원을 받기도 하며, 일반학급 내에서 주로 교육을 받되 교육적 요구에 따라 학습도움실에서 특별한 지원을 받기도 하고, 일반학교 내 특수학급에 배치되어 일정한 시간 동안 일반학급에 통합되기도 하고, 특수학교나 병원, 혹은 집에서 특수교육을 받기도 할 수 있다는 것을 의미한다(Smith, 2007; Vaughn, Bos, & Schumm, 2003). 그러나 교육환경은 장애아동의 성취도나 사회성 발달 정도에 따라 유동적이어야 하며

최소제한환경의 규정은 장애아동들을 제한적인 환경에 배치했다가도 가능한 빠른 시일 내에 보다 덜 제한적인 환경으로 옮겨야 하는 것을 강조하고 있다.

1975년에 법제화된 최소제한환경의 원리는 지금까지 지속되어 오고 있다. 2004년에 개정된 미국의 「장애인교육법」(the Individuals with Disabilities Education Improvement Act[IDEA])에 따르면 최소제한환경이란 장애를 가진 아동이 최대한 비장애아동과 함께 교육을 받아야 한다는 것을 말하며, 일반학급 내에서 장애아동에게 필요한 다양한 보충적 지원이나 서비스를 제공하였는데도 불구하고 장애 특성이나 장애 정도로 인하여 교육적인 성취가 어려울 경우에만 일반학급으로부터 분리할 수 있다는 것을 의미한다(U.S. Department of Education, 2005). 즉, 개정된 미국의 「장애인교육법」에서는 장애아동들이 일반학급 내에서 교육을 받는 것을 전제로 하되, 꼭 필요한 경우에 한하여 이들을 분리하여 교육해야 한다는 것을 강조하고 있다.

이처럼 최소제한환경이 법제화됨에 따라 1970년대 중반부터 미국의 교육현장에서 장애아동의 통합교육이 실시되기 시작하였다. 이후 최소제한환경 규정은 시대의 정치 · 사회 · 경제적 영향으로 교육현장에서 다양한 형태로 실천되었으며, 이와 함께 최소제한환경을 지칭하는 다양한 용어들도 생겨났다. 1970년대에는 주류화, 1980년대에는 일반교육주도, 그리고 1990년대 와서는 통합으로 불려지게 되었다. 통합교육을 지칭하는 용어의 변천과 그 의미를 살펴보면 다음과 같다.

① 1970년대: 주류화

주류화(mainstreaming)라는 용어는 최소제한환경에서 발생된 개념이지만 이 용어 자체는 미국 전 장애아동교육법에서는 찾아볼 수 없다. 주류화는 1970년대에 장애아동들에게 최소제환환경을 제공하기 위해 교육현장에서 실시된 개념이며, 비주류인 장애아동들을 주류인 비장애아동들의 교육환경으로 보내어 교육하고자 하는 의도에서 생겨난 개념이다. 주류화는 장애아동들을 비장애아동들과 함께 교육시키기 위한 일환으로 장애아동들을 학교생활의 일부 시간 동안 일반학급에 통합시키는 것에 목적을 두고 있다(Friend & Bursuch, 2002). 예를 들어, 장애의 정도가 가벼워 최소한의 지원으로 일반학급의 활동에 참여할 수 있을 경우에는 가능한 많은 시간을 일반학급에서 보내도록 하였으나, 장애의 정도가 심한 아동의 경우에는 주로 점심시간, 쉬는 시간, 또는 체육을 포함한 예체능 시간 등에 국한하여 비장애아동들과 함께 시간을 보내도록 하였다. 이처럼 장애아동들이 얼마만큼의 시간을 일반학급에서 보내느냐 하는 것은 장애아동들의 특수교육적 요구에 따라 결정되었다고 볼 수 있다. 주류화는 특수교육적 요구가 많은 장애아동들의 경우에는 일반학급보다는 특수학급이 적절하다는 것과 특수학급이 이들의 독특한 교육적 요구를 충족시키는 데 가장 적합한 교육환경이라는 것을 전제로 하고 있다(Friend & Bursuch, 2002).

② 1980년대: 일반교육주도

1986년 Madeleine Will에 의해 주창된 일반교육주도(regular education initiative [REI])는 교육계에 있어 하나의 획기적인 개혁을 시도한 것이다. Will은 이전까지 허용되었던 특수교육과 일반교육의 분리된 교육체계의 부적절함과 불필요함을 내세워 모든 장애아동들이 일반학급에서 교육받을 것을 주장했다(Mercer & Mercer, 2002). 1980년대에 일반교육주도는 중도 장애아동들보다는 경도 장애아동들의 학업 성취를 향상시키기 위한 노력이라 시작된 개념으로 볼 수 있으며, 일반교사와 특수교사가 협력하면 장애아동과 비장애아동을 포함한 모든 아동들을 일반학급에서 교육할 수 있다는 것을 내세우고 있다. 그러나 일반교육주도는 현장에서 호응을 얻지 못하고 특수교육과 관련된 학술지나 전문인들 사이에서 주로 논의되다가 사라졌다(Heflin & Bullock, 1999). 뿐만 아니라 일반학급에서 장애아동들에게 적절한 교육적 서비스를 제공한다는 것을 전제로 한 일반교육주도는 현실성 혹은 실현 가능성을 감안하여 특수교육전문가들 사이에서도 적지 않은 비평을 받아 왔다(Fuchs & Fuchs, 1991). 그러나 일반교육주도를 주장함으로써 일반학급에서 교육을 받는 장애학생의 수가 늘어나게 되었으며(Heflin & Bullock, 1999), 이후 통합 또는 완전 통합의 움직임을 촉구하는 계기를 마련하게 되었다(Mercer & Mercer, 2002).

③ 1990년대~현재: 통합

일반교육주도의 영향으로 1990년대에는 새로운 통합교육의 움직임이 시작되었는데 이것이 통합이다. 통합(inclusion)이란 장애아동들을 일반학급에 배치하고, 이들에게 필요한 교육적 서비스를 일반학급 내에서 제공하는 것을 말한다(Stainback & Stainback, 1992). 통합이 주류화와 다른 점은 주류화는 특수교육의 연계적인 서비스(continuum of services) 체계를 지지하지만 통합은 연계적인 서비스를 지지하지 않는다는 점이다(Mercer & Mercer, 2002). 통합은 부분통합(partial inclusion) 또는 완전통합(full inclusion)으로 이해되고 있고 부분통합이나 완전통합의 두 경우 모두 일반학급이 장애아동들의 원적학급이다. 부분통합은 장애아동들의 원적학급은 일반학급이나 필요에 따라 이들을 특수학급 등으로 데리고 와서 교육을 제공하는 것이다. 완전통합은 장애아동들이 일반학급에서 모든 시간을 보내는 것을 의미한다. 통합을 주장한 사람들은 일반학급이 경도 장애아동들뿐 아니라 중도 장애아동들에게도 최적의 교육환경임을 강조하였다. 특히 통합의 움직임은 중도 장애아동들의 사회성 발달에 초점을 두고 있으며 중도 장애아동들이 일반학급에서 비장애아동들과 함께 생활하면 이들의 사회성 발달이 크게 향상될 것이라는 점을 강조하고 있다(Fuchs & Fuchs, 1994). 그러나 많은 특수교육 전문가들은 완전통합이 모든 장애학생들에게 적절한 교육환경이라는 것에는 동의하지 않는다. 현재에도 통합의 움직임은 계속되고 있으나 그 효과는 지속적으로 논란의 대상이 되고 있다. 특히 실증적인 자료에 근거하기보다 윤리적인 정당성을 주장하는 완전통합의 문제점은 여러 특수교육관련 연구가들에 의해 지적되어 왔고, 많은 전문가들은 장애아동들의 교육환경은 그들의 독특한 요구에 의해 결정되어야 한다고 주장하고 있다(Fuchs & Fuchs, 1994).

이처럼 통합교육의 개념은 지난 35년 동안 전문가들에 의해 다양하게 이해되어 왔을 뿐만 아니라 시간이 흐름에 따라 그 개념 또한 변천되어 왔다. 통합교육이 실시된 초기에는 장애아동들이 특수학급에서 주로 교육을 받고 일부 교과목이나 일과 시간에 비장애아동들과 상호작용을 하는 것을 통합교육으로 간주했다. 그러나 장애아동들이 여전히 많은 시간을 특수학급에서 보냈기 때문에 비장애아동들이 장애아동들을 그들 학급의 구성원으로 간주하지 않았다. 그로 인해 장애아동들은 일반학급에 대한 소속감을 가지지 못했다. 이러한 문제점의 해결방안으로 장애아동들을 일반학급에 배치하고 그들의 교육적 요구에 따라 학습도움실(resource room)에서 개별학습을 받게 함으로써 학업성취도를 높이려고 노력하였다. 이런 통합교육이 점차 완전통합으로 발전되어 왔다.

3) 우리나라 통합교육의 법적 근거

우리나라 통합교육의 역사는 그다지 길지 않다. 역사적으로 볼 때 장애를 지닌 사람들은 사회로부터 소외되고 공교육으로부터 제외되어 왔다. 그러나 1977년 12월 31일에 「특수교육진흥법」(법률 제 3053호, 이하 구 특수교육법이라고 함)이 제정 · 공포됨에 따라 우리나라에서는 최초로 특수교육대상자의 공교육권이 보장되기 시작하였다. 이는 국가가 우리나라 특수교육의 진흥을 위해 노력하고자 하는 강한 의지가 법으로 표출된 것으로 볼 수 있다(김병하, 2006). 그럼에도 불구하고 최초의 특수교육은 특수학교나 시설 등 분리 중심의 교육이었다. 그러나 1994년에 구 특수교육법이 전면 개정되면서 법 제2조 제6항에 통합교육에 대한 정의를 추가하여 우리나라 최초로 통합교육에 대한 법적 근거를 마련하는 계기가 되었다.

이후 구 특수교육법은 2007년 5월 25일에 「장애인 등에 대한 특수교육법」(법률 제8483호, 이하 현행 특수교육법이라고 함)으로 제명을 바꾸어 제정 · 공포되면서 통합교육에 대한 규정을 더욱 강화하였다. 현행 특수교육법 제1조(목적)에는 '국가 및 지방자치단체가 장애인 및 특별한 교육적 요구가 있는 사람에게 통합된 교육환경을 제공하고……(하략)' 라고 규정되어 있다. 이는 현행 특수교육법이 통합교육을 지향하는 법이라는 것에 대한 강한 의지를 표명한 것이다(교육과학기술부, 2008b). 이어 동법 제2조 제6항에는 새로운 통합교육의 법적 정의가 명시되어 있으며, 제21조(통합교육) 제1항~제3항에서는 각급학교의 장이 통합교육의 이념을 실현하기 위해 노력해야 하며 교육과정의 조정, 보조인력의 지원, 학습보조기기의 지원, 교원연수 등을 포함한 통합교육계획을 수립 · 시행해야 하는 것을 규정하고 있다. 또한 2008년 5월 26일에 공포 · 시행된 현행 특수교육법의 시행령 제16조(통합교육을 위한 시설 · 설비 등) 제1항~제2항에서는 일반학교의 장이 통합교육을 실시하기 위해 마련해야 하는 시설 및 설비 기준에 대해 규정하고 있다. 〈표 2-1〉은 현행 특수교육법 및 동법 시행령에 명시된 통합교육 관련 조항이다.

〈표 2-1〉 현행 특수교육법 및 동법 시행령에 명시된 통합교육 관련 조항

[법] 제1조(목적)

이 법은 「교육기본법」 제18조에 따라 국가 및 지방자치단체가 장애인 및 특별한 교육적 요구가 있는 사람에게 통합된 교육환경을 제공하고 생애주기에 따라 장애유형 · 장애정도의 특성을 고려한 교육을 실시하여 이들이 자아실현과 사회통합을 하는 데 기여함을 목적으로 한다.

[법] 제21조(정의)

6. "통합교육"이란 특수교육대상자가 일반학교에서 장애유형 · 장애정도에 따라 차별을 받지 아니하고 또래와 함께 개개인의 교육적 요구에 적합한 교육을 받는 것을 말한다.

[법] 제21조(통합교육)

① 각급학교의 장은 교육에 관한 각종 시책을 시행함에 있어서 통합교육의 이념을 실현하기 위하여 노력하여야 한다.
② 제17조에 따라 특수교육대상자를 배치 받은 일반학교의 장은 교육과정의 조정, 보조인력의 지원, 학습보조기기의 지원, 교원연수 등을 포함한 통합교육계획을 수립 · 시행하여야 한다.
③ 일반학교의 장은 제2항에 따라 통합교육을 실시하는 경우에는 제27조의 기준에 따라 특수학급을 설치 · 운영하고, 대통령령으로 정하는 시설 · 설비 및 교재 · 교구를 갖추어야 한다.

[시행령] 제16조(통합교육을 위한 시설 · 설비 등)

① 일반학교의 장은 법제21조 제2항에 따라 통합교육을 실시하는 경우에는 특수교육대상자의교내 이동이 쉽고, 세면장 · 화장실 등과 가까운 곳에 위치한 66제곱미터 이상의 교실에 특수학급을 설치하여야 한다. 다만, 배치된 특수교육대상자의 수 및 그 학교의 여건 등을 고려하여 시 · 도 조례로 정하는 바에 따라 44제곱미터 이상의 교실에 학급을 설치할 수 있다.
② 일반학교의 장은 법제21조 제2항에 따라 통합교육을 실시하는 경우에는 배치된 특수교육대상자의 성별, 연령, 장애의 유형 · 정도 및 교육활동 등에 맞도록 정보접근을 위한 기기, 의사소통을 위한 보완 · 대체기구 등의 교재 · 교구를 갖추어야 한다.

4) 우리나라 통합교육의 법적 정의

통합교육의 학문적 정의는 많은 학자들에 의해 다양하게 정의되어 왔으며, 합의된 정의를 도출하는 데는 상당한 어려움이 있다. 그러나 우리나라 통합교육의 법적 정의를 구 특수교육법과 현행 특수교육법을 중심으로 살펴보면 다음과 같다. 구 특수교육법 제2조 제6항에서는 통합교육을 '특수교육대상자의 정상적인 사회적 능력 발달을 위하여 일반학교에서 특수교육대상자를 교육하거나 특수교육기관의 재학생을 일반학교의 교육과정에 일시적으로 참여시켜 교육하는 것'으로 정의하였다. 이를 해석하자면, 통합교육의 목적이 특수교육대상자의 교육적 요구에 적합한 교육을 제공하기보다는 특수교육대상자의 사회적 능력을 발달시키기 위한 것임을 알 수 있다. 또한 통합교육의 범위를 특수교육기관의 재학생을 일반학교의 교육과정에 일시적으로 참여시켜 교육하는 것부터 특수교육대상자를 일반학교에서 교육하는 것까지 포함시킨다는 것을 알 수 있다. 즉, 구 특수교육법에 명시된 특수교육대상자의 통합교육 수준은 물리적 통합[1]과 사회적 통합[2]인 것을 알 수 있다.

그러나 현행 특수교육법 제2조 제6호에서는 통합교육을 '특수교육대상자가 일반학교에서 장애유형 · 장애정도에 따라 차별을 받지 아니하고 또래와 함께 개인의 교육적 요구에 적합한 교육을 받는 것'으로 정의하고 있다. 이 정의는 다음과 같은 의미를 지닌다. 첫째, 통합교육의 대상은 특수교육대상자이며 현행 특수교육법 제15조에서 규정하는 시각장애, 청각장애, 정신지체, 지체장애, 정서 · 행동장애, 자폐성장애, 의사소통장애, 학습장애, 건강장애, 발달지체, 기타 대통령령이 정하는 장애 중 하나를 지니고 있으며 특수교육을 필요로 하는 사람이다. 둘째, 통합교육의 범위를 일반학교에서 또래와 함께 교육을 받는 것으로 규정함으로써 구 특수교육법에 포함되었던 특수학교에 재학 중인 학생이 일시적으로 일반학교의 교육과정에 참여하는 형태의 단순한 물리적 통합은 제외하고 있음을 알 수 있다. 또한 통합교육을 동일한 공간에서 또래와 함께 교육을 받는 것으로 규정함으로써 특수교육대상학생이 학교의 구성원으로 수용되는 사회적 통합을 추구하는 것으로 볼 수 있다. 셋째, 장애유형 · 장애정도에 따라 차별을 할 수 없다는 것을 규정하여 특수교육대상학생이면 누구나 통합교육을 받을 수 있다는 것이다. 이는 통합교육의 대상이 경도 장애를 지닌 특수교육대상학생뿐 아니라 중도 · 중복 장애를 지닌 특수교육대상학생도 포함될 수 있다는 것을 의미한다. 마지막으로, 현행 특수교육법에서는 통합교육의 목적을 특수교육대상학생이 자신의 개별적인 교육적 요구에 적합한 교육을 받는 것에 두고 있다. 즉, 현행 특수교육법에서는 특수교육대상학생의 교육적 통합[3]에 중점을 두고 있다. 이는 특수교육대상학생이 통합교육 장면에서 수업에 의미 있게 참여할 때 현행 특수교육법에서 요구하는 통합교육을 실시한다고 할 수 있으며, 이에 대해 국가, 지방자치단체, 그리고 현장교사는 이에 대한 책무가 있

---

1) 물리적 통합: 장애아동을 비장애아동이 있는 학급에 배치하는 것

2) 사회적 통합: 장애아동과 비장애아동 및 학교 내에 있는 성인과의 사회적 관계를 형성하도록 촉진하는 것

3) 교육적 통합: 장애아동의 교육적 요구에 따라 교육하는 것(Ryan & Paterna, 1997; Villa, Thousand, Meyers & Nevin, 1996; Wilson, 1999)

음을 뜻하는 것으로 이해할 수 있을 것이다.

2. 통합교육의 실제

통합교육을 성공적으로 이끌기 위해서는 일반교사 및 특수교사의 역할이 무엇보다도 중요하다(김영숙, 2005). 특히 통합교육은 교사들에 의해서 주도된 것이 아니기 때문에 통합교육의 실시가 교사들로부터 저항감을 불러일으킬 수 있기 때문이다(Fuchs & Fuchs, 1994). 이 절에서는 여러 가지 통합교육과 관련된 문제점이 있지만 그중 통합교육의 내실화에 직접적인 영향을 미치는 일반교사와 특수교사 관련 문제점과 해결방안에 대해 살펴보고자 한다. 아울러 성공적인 통합교육의 실현과 특수교육대상아동들이 수업에 의미 있게 참여하기 위해 요구되는 주요 과제에 대해 알아보고자 한다.

1) 통합교육의 문제점 및 해결방안

통합교육이 실시되면서 교육현장에서 이를 저해하는 다양한 문제점이 발생해 왔다. 이러한 문제점에 대한 해결방안을 마련하는 것은 통합교육을 성공적으로 실현하는 데 있어 필수적이다. 다음에서 일반교사의 통합교육에 대한 인식 및 태도, 일반교사를 위한 통합교육 관련 교육 및 연수, 일반교사와 특수교사의 협력에 관한 문제점과 해결방안에 대해 살펴보기로 한다.

(1) 일반교사의 통합교육에 대한 인식 및 태도

통합교육이나 장애학생들에 대한 일반교사의 부정적인 인식 및 태도는 통합교육을 실시하는 데 걸림돌이 된다(박혜진, 이승희, 2008). 통합교육에 대한 일반교사의 부정적인 시각은 대체로 장애학생들에 대한 편견이라기보다는 일반교사들이 이들의 다양한 요구를 충족시킬 수 없다는 생각에서 오는 경우가 많은 것으로 나타났다. 또한 일반교사들은 통합교육으로 인해 오는 많은 변화들에 대해 그다지 긍정적이지 못한 것으로 나타났다. 예를 들어, 일반교사와 특수교사의 협력교수(collaborative teaching) 그리고 장애학생들과 관련된 문서 처리의 증가 등은 일반교사의 통합교육에 대한 부담을 가중시키고 있다(Heflin & Bullock, 1999).

교육현장에서 통합교육의 효과를 기대하기 위해서는 무엇보다 일반교사가 장애학생들을 일반학급에 소속된 구성원으로 인식하는 것이 필요하다. 일반교사가 비장애학생들을 자신들이 담당해야 할 학생으로 보고 장애학생들은 특수교사의 책임으로 본다면 통합교육의 진정한 의미를 상실한 것이다(박승희, 2003). 통합교육 장면에서는 일반교사와 특수교사가 특수교육대상학생들을 공동의 책임으로 보는 것이 마땅하다. deBettencourt(1999)에 따르면, 일반교사들이 장애학생들을 교육하는 데 필요한 전문성을 갖출수록 장애학생들에 대한 태도가 긍정적으로 변화된다고 보고하였다. 뿐만 아니라 일반교사들은 통합교육을 위한 적절한 지원이 주어진다면 자신의 학급에서 장애학생들에게 통합교육을 시도할 의지가 있다고 지적하였다(Heflin & Bullock, 1999).

(2) 일반교사를 위한 통합교육 관련 교육 및 연수

Schumm과 Vaughn(1991)의 연구 결과에 따르면, 많은 일반교사들은 자신들이 장애학생들을 위한 적절한 수업계획 및 교수를 제공할 지식과 기술이 있는지에 대해 의구심을 보인 것으로 나타났다. 이는 일반교사를 양성하는 대학교의 교육과정이나 현직 교사 연수에서 특수교육대상학생들을 교육하는 데 필요한 적절한 교육이 이루어지지 않고 있는 것과도 관련이 있다고 볼 수 있다. 현재 우리나라의 일반교사 양성 프로그램에서도 장애학생들을 평가하고 교육하는 데 요구되는 수업은 거의 이루어지고 있지 않고 있다(이소현, 박은혜, 1998). 통합교육 현장에서 주도적인 역할을 담당해야 할 일반교사들의 전문성 부족은 성공적인 통합교육을 저해하는 요소 중의 하나다.

그러므로 일반교사들의 통합교육에 대한 이해를 넓히고 이들을 대상으로 장애학생들에게 효과적인 교수방법과 전략들에 관한 교육을 실시하여야 한다. 특히 일반교사 양성 프로그램에서는 예비교사들이 특수교육과 관련된 과목을 이수하고 현장실습을 하도록 하는 등 보다 나은 통합교육의 실시를 위해 체계적인 노력이 필요하다(이소현, 박은혜, 1998). 뿐만 아니라 현재 통합학급을 담당하고 있는 일반교사를 위한 특수교육 관련 연수 또한 시급하다(권현수, 2007; 김현진, 강옥려, 2008; 도성화, 전헌선, 2003). 현재 우리나라는 이러한 문제점을 해결하기 위해 예비 일반교사들이 대학에서 장애아동을 이해할 수 있는 교과목을 필수로 이수하도록 하고 있으며, 현

직 일반교사들을 대상으로 통합교육 관련 연수를 실시하고 있다(교육과학기술부, 2009a). deBettencourt(1999)의 연구결과에 의하면 일반교사가 특수교육과목을 많이 이수할수록, 특수교사와 많이 협력할수록, 장애학생들을 가르치는 데 필요한 교수방법과 전략을 많이 터득하는 것으로 나타났다. 이러한 결과는 일반교사 양성 프로그램의 재구성 및 현직 일반교사들을 대상으로 하는 통합교육 연수의 중요성을 더욱 부각시키고 있다.

(3) 일반교사와 특수교사 간 협력

성공적인 통합교육의 필요충분조건 중 하나는 일반교사와 특수교사의 협력이다. 그럼에도 불구하고 일반교사와 특수교사의 협력에 걸림돌이 되는 요소들이 많이 있다. 그 예로는 협력할 시간의 제한, 행·재정적 지원의 부족함, 역할분담의 혼동, 책임감 회피 등을 들 수 있다(Dieker & Barnett, 1996; Schumm & Vaughn, 1992).

통합교육의 실시로 인해 일반교사와 특수교사의 역할과 책임에 변화가 일어났다(박승희, 1996). 전통적으로 교사는 누구의 도움이나 협력 없이 자기가 담당하는 학생들을 교육하는 데 주력해 왔다. 그러나 통합교육 체계에서는 일반교사나 특수교사가 모든 학생에 대해 공동 주인의식을 가지고 서로의 전문성을 공유하고 협력함으로써 장애학생들이 잘 적응하도록 지원하고, 그들에게 적절한 교육을 제공할 수 있도록 요구하고 있다. 이러한 교사 간의 협력을 촉진하기 위해서는 관리자의 도움이 절실하다. 관리자는 일반교사와 특수교사가 통합학급의 수업을 위해 함께 계획할 수 있는 시간을 확보해 줄 수 있으며, 통합교육 지원인력의 고용과 그에 따른 적절한 교수적 자원들을 제공할 수 있기 때문이다(박승희, 2003). 또한 통합교육 장면에서 일반교사와 특수교사의 협력이 원활하게 이루어지려면 자신들의 역할과 책임에 대한 협의를 하는 것이 필요할 것이다(최승숙, 2004).

2) 성공적인 통합교육을 위한 과제 I: 교육과정적, 교수적, 환경적 수정을 중심으로

통합교육의 실시로 말미암아 많은 특수교육대상아동들이 비장애아동과 함께 교육을 받고 있기는 하나 실질적인 수업 참여는 잘 이루어지고 있지 않고 있는 실정이다. 특수교육대상아동들의 독특한 교육적 요구를 반영하여 교육과정적, 교수적,

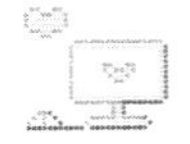

환경적 수정이 이루어졌을 때 이들의 성공적인 통합교육을 기대할 수 있을 것이다. 다음에서 교육과정적, 교수적, 환경적 수정에 대해 살펴보고자 한다.

(1) 교육과정적 수정(curricular adaptations)

통합학급에는 다양한 능력과 교육적 요구를 지닌 아동들이 함께 수업에 참여하고 있다. 그러나 통합학급의 현실은 이러한 아동들의 개별적 요구를 반영하기보다는 일반교육과정에 근거하여 수업이 진행되고 있다. 경도 장애를 가진 특수교육대상아동이라 하더라도 비장애아동과의 수행 능력의 차이로 통합학급에서 이루어지는 교육과정을 그대로 적용할 경우 수업에 대한 동기가 저조할 것이며 개별화교육계획의 목표를 달성하기가 어려울 것이다. 또한 중도 · 중복 장애학생이 통합된 경우에는 일반교육과정을 그대로 적용하는 것이 거의 불가능한 경우가 많을 것이다. 그러므로 특수교육대상아동들의 교육목표 달성과 의미 있는 수업 참여를 위해 일반교육과정이 수정될 필요가 있다. 일반교육과정의 수정은 보충적 교육과정, 간이화된 교육과정, 기능적 혹은 대안적 교육과정을 포함하며 이에 대한 설명은 다음과 같다(Janney & Snell, 2004).

첫째, 보충적 교육과정(supplementary curriculum)은 주로 경도 장애를 지닌 특수교육대상아동들에게 적용되며 비장애아동과 함께 일반교육과정에 전적으로 참여하되 특정 교과에 대한 학습을 보충하거나 교과 이외에 사회성 기술과 같이 일상생활에 필요한 기술을 보충적으로 지도하는 것을 말한다. 예를 들어, 수학학습장애를 지닌 아동의 경우 비장애아동들과 함께 수학 수업을 받는다고 하더라도 그것만으로는 개별화교육계획에 따른 목표를 달성하기가 어려울 때 수학 수업을 추가로 제공하는 것이다. 또한 이 학생의 사회성 기술이 부족한 경우에는 협동학습(cooperative learning)을 할 때 사회성 기술을 높일 수 있도록 미니 레슨(mini-lesson)을 통해 역할놀이(role-play)를 하게 하는 것이다.

둘째, 간이화된 교육과정(simplified curriculum)은 경도나 중도장애를 지닌 특수교육대상아동들에게 적용되며 이들의 교육적 요구에 따라 이들의 학년보다 아래 학년의 교육과정을 적용하거나 동학년 교육과정에서 몇 개의 중요한 개념과 기술을 우선적으로 선택하여 가르치는 것을 말한다. 예를 들어, 초등학교 5학년 정신지체아동이 초등학교 1학년 수학 교육과정을 학습하는 경우다. 또한 사회 교과목의 경우, 이 학생의 능력을 고려하여 대단원의 목표 중에서 일부를 선택하여 지도하는

것을 들 수 있을 것이다.

셋째, 대안적 교육과정(alternative curriculum)은 대부분 중도나 중복장애를 지닌 특수교육대상아동들에게 적용되며 일반교육과정이 이들의 장애 정도나 특성에 의해 적절하지 않다고 판단되었을 때 일반교육과정과는 별개로 지역사회 생활에 필요한 기능적 기술에 초점을 둔 대안적 교육과정을 제공하는 것을 말한다(우리나라의 경우 특수교육대상아동을 위해 국가차원의 특수학교교육과정이 있으므로 일반교육과정의 적용이 부적절할 때, 통합교육 장면에서 대안적 교육과정으로 특수학교교육과정을 적용할 수 있을 것이다.). 이러한 경우, 특수교육대상학생들이 통합학급에 있다고 하더라도 비장애아동들과는 전혀 다른 교육 내용을 학습하고 있다고 볼 수 있다.

(2) 교수적 수정(instructional adaptations)

교수적 수정은 통합학급에 있는 특수교육대상아동들에게 교육과정을 효과적으로 가르치고, 이들이 수업에 의미 있고 적극적으로 참여하도록 도와주는 데 목적이 있다(Vaughn Gross Center for Reading and Language Arts, 2003). 특히 교수적 수정은 장애학생의 교육적 요구에 따라 특정 수업시간에 주어진 과제를 완수할 수 있게 도와주기 위해 반드시 필요하다. 즉, 장애학생이 수업에 참여하고 있지 않거나 수업 참여를 거부하는 경우 교사는 교수적 수정의 필요성을 깨달아야 한다. 교수적 수정은 다양하게 이루어질 수 있으나 여기에서는 교수 집단, 교수 방법, 교수 자료, 교수 활동의 수정에 대해 설명하고자 한다.

첫째, 교수 집단의 수정은 특수교육대상아동들이 통합학급에서 학습 목표를 효과적으로 달성할 수 있도록 도와주기 위해 교수 시 사용하는 아동 집단을 수정하는 것을 의미한다(신현기 외, 2005). 교수 집단 수정의 예로는 대집단 교수, 소집단 교수(협동 학습), 또래 교수, 교사와 학생 간의 일대일 교수 등을 들 수 있다.

둘째, 교수 방법의 수정은 교수 전달 방법을 장애학생의 요구에 적합하게 수정하는 것을 말한다(Vaughn Gross Center for Reading and Language Arts, 2003). 예를 들어, 특수교육대상학생에게 비장애학생들보다 새로운 기술이나 개념을 교수할 때 시범을 한 번 더 보여주거나, 연습할 기회를 추가적으로 부여하는 것, 수업속도를 조정하는 것 등을 들 수 있다.

셋째, 교수 자료의 수정은 특수교육대상아동들에게 새로운 기술과 개념을 교수하거나 이전에 가르친 기술과 개념을 강화할 때 사용하는 보충 교수자료 및 보조

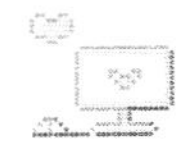

공학 기기의 사용을 말한다. 예를 들어, 읽기학습장애아동의 읽기 유창성을 향상시키기 위해 녹음교과서를 제공하는 것, 쓰기 학습장애아동이 작문을 할 때 손으로 쓰는 대신 컴퓨터 사용을 허락하는 것, 저시력아동에게 확대 독서기를 제공하는 것, 소근육이 잘 발달되지 않은 지체장애아동을 위해 비장애아동들이 사용하는 구체물의 크기보다 큰 구체물을 사용하여 받아올림이 있는 덧셈 문제를 해결하도록 하는 것이다.

넷째, 교수 활동의 수정은 교사가 통합학급에 있는 아동들의 수업참여를 높이고, 새로운 기술과 개념을 가르치기 위해 선택한 교수 활동 또는 전략이 특수교육대상아동들에게 적합하지 않은 경우 교수활동 또는 전략 자체를 수정하는 것을 의미한다. 예를 들어, 통합학급에 있는 아동들의 읽기 유창성을 높이기 위해 파트너 읽기(partner reading)를 교수 활동으로 선택하였지만 이 활동이 정서 · 행동장애아동에게는 적절하지 않을 수도 있다. 만약 정서 · 행동장애아동이 파트너와 함께 읽기 활동을 수행하는 대신 장난을 치려고 한다면 이 전략은 자신뿐 아니라 파트너의 학업성취에도 부정적인 영향을 줄 수 있기 때문이다. 이러한 경우 교수 활동을 수정하여 교사가 이 아동의 짝이 되거나 이 아동이 혼자 녹음교과서를 따라 읽도록 하여 읽기 유창성을 향상시킬 수 있을 것이다.

(3) 환경적 수정(environmental adaptations)

교수 환경의 수정은 특수교육대상아동들이 수업에 참여할 수 있도록 사회적, 심리적, 물리적 환경을 변화시켜 주는 것을 의미한다. 예를 들어, 소그룹 학습활동 시 장애아동에 대한 긍정적 인식을 가지고 있는 급우를 함께 참여하게 하는 사회적 환경 수정이 있을 것이다. 또한 특수교육대상아동에게 1인 1역을 주어 학급 구성원으로 소속감을 갖도록 도와주는 심리적 환경 수정이 있다. 물리적 환경을 수정하는 방법으로는 주의가 산만한 정서 · 행동장애를 지닌 특수교육대상아동에게 칸막이가 달린 책상을 제공하거나 앞줄에 앉힘으로써 다른 학생으로부터 혹은 주위환경으로부터 방해 받는 것을 방지하는 것이다. 지체장애가 있는 특수교육대상아동이 수업 참여를 원활하게 할 수 있도록 휠체어가 움직일 수 있는 공간을 제공하는 것도 물리적 환경의 수정에 대한 예이다.

3) 성공적인 통합교육을 위한 과제 II: 협력교수(collaborative teaching)를 중심으로

통합교육의 실시로 일반학급의 구성원이 더욱 다양해짐에 따라 일반교사의 지식과 기술만으로 이러한 다양한 아동들의 교육적 요구에 적합한 교육을 제공하는 데 상당한 어려움이 따른다. 따라서 통합학급을 담당하는 일반교사와 특수교사의 협력은 불가피하다(Austin, 2001; Cook & Friend, 1995). 일반교사와 특수교사의 협력 형태는 크게 간접적 협력과 직접적 협력으로 구분할 수 있다. 간접적 협력의 형태인 협력적 자문은 특별한 전문지식을 가진 한 교사가 필요에 따라 다른 전문가에게 도움을 주는 것을 말한다(Idol, Nevin, & Paolucci-Whitcomb, 2000). 예를 들어, 특수교사가 일반교사에게 통합학급에 있는 특수교육대상아동에게 적용할 수 있는 다양한 전략에 대한 정보를 제공하는 것을 말한다. 이때 특수교사는 특수교육대상아동을 가르치는 과정에 직접 참여하지 않기 때문에 협력적 자문은 간접적 협력의 형태를 띤다고 할 수 있다. 이와는 달리 직접적 협력의 형태인 협력교수는 일반교사와 특수교사가 함께 통합학급에 있는 아동들의 교육에 직접적, 지속적으로 참여하는 것을 말한다(Dettmer, Thurston, & Dyck, 2002; Friend & Cook, 2003; Snell & Janney, 2005). 협력교수는 두 교사 모두 아동의 교육에 참여하고 있어 직접적 협력의 형태를 띤 것이라 할 수 있다.

(1) 협력교수의 정의 및 협력교수의 특성

협력교수는 일반교사와 특수교사가 특수교육대상아동을 포함하여 통합학급에 있는 다양한 능력을 지닌 이질적인 아동들을 협력하여 가르치는 교육적 접근이다(Bauwens, Hourcade, & Friend, 1989). 이는 일반교사와 특수교사가 지닌 전문성을 활용하여 통합학급에 있는 다양한 교육적, 사회적 요구를 지닌 모든 아동들에게 양질의 교육을 제공하는 데 의의를 두고 있다(Cook & Friend, 1995; Idol et al., 2000).

협력교수의 특성을 구체적으로 살펴보면 다음과 같다(Bauwens et al., 1989). 첫째, 교사자격증을 가진 두 명의 전문가가 동료가 되어 함께 가르친다(여기에서 말하는 두 명의 교사는 보편적으로 일반교사와 특수교사를 의미하나 경우에 따라 교사와 특수교육 관련서비스 전문가 등 두 명 이상의 전문가가 함께 할 수도 있다.). 즉, 동등한 자격

을 갖춘 두 교사가 진정한 동료로서 협력교수에 참여하는 것을 의미한다. 둘째, 두 명의 교사가 파트너로서 함께 수업을 계획하고, 가르치고, 아동의 학업 성취 여부를 평가한다. 셋째, 두 명의 교사가 각각 어느 특정한 집단의 아동을 가르치는 것이 아니라 특수교육대상아동을 포함한 일반학급에 소속된 모든 아동을 함께 가르친다. 넷째, 두 명의 교사가 하나의 물리적인 공간, 즉 통합학급에서 함께 가르친다. 이러한 특성에서 나타나 있듯, 협력교수란 일반교사와 특수교사가 협력적 공동체가 되어 교육을 계획하고, 계획된 목표를 교수하고, 평가하는 등 장애의 유무를 떠나 모든 아동에 대한 교육적 책임을 공유하는 것을 의미한다. 그러므로 협력교수는 단순히 같은 물리적인 공간에 두 교사가 함께 있다는 것을 의미하거나 특수교사가 단지 특수교육대상아동을 지원하기 위해 통합학급에 파견된 교사라는 것이 아니다. 진정한 의미의 협력교수란 더 이상 '나' '너'가 아닌 '우리'의 개념으로 통합학급에 소속된 '모든' 이질적인 아동집단을 효과적으로 지도하기 위하여 일반교사와 특수교사가 서로가 가진 전문성을 최대한 활용하고 아동의 교육에 관한 책임을 공유하는 것이다.

(2) 협력교수 모델

협력교수는 통합학급에서 이루어지고 있는 학습 목표 및 특수교육대상아동의 특성을 고려하여 다양한 형태로 제공된다. 학습 목표를 보다 효과적으로 전달하기 위해 매 수업 시간마다 다른 협력교수 모델을 활용하기도 하며 한 수업 시간에 하나 이상의 협력교수 모델을 적용하기도 한다. 또한 특수교육대상아동의 특성을 고려하여 학습의 효과를 최대한 높일 수 있는 협력교수 모델을 선택하는 것이 필요하다. 학교현장에서 대표적으로 활용되고 있는 협력교수 모델로는 일-교수, 일-보조(one-teach, one-assist), 스테이션 교수(station teaching), 평행 교수(parallel teaching), 대안 교수(alternative teaching), 그리고 팀 티칭(team teaching)이다(Cook & Friend, 1995, 1996; Vaughn, Schumm, & Arguelles, 1997). 대표적인 협력교수 모델에 대한 설명은 다음과 같다.

① 일-교수, 일-보조

T: 교사, ○: 아동

학생 집단	• 대집단
교사 역할	• 교사 1: 주 교사로서 수업을 주도한다. • 교사 2: 지원 교사로서 필요에 따라 아동을 지원한다.

출처: Texas Center for Reading and Language Arts (2000), p. 17. 일부 수정.

일-교수, 일-보조 모델은 한 명의 교사가 교수 활동을 전반적으로 주도하고 다른 한 교사는 아동들의 학업 성취 여부와 행동을 관찰하고 교실을 순회하며, 필요에 따라 개별적으로 아동을 지원하는 것을 말한다. 이 모델의 장점으로는 주 교사가 수업을 하는 동안 지원 교사는 지원이 필요한 아동에게 개별적인 도움을 줄 수 있다는 것이다. 뿐만 아니라 지원 교사는 수업 중 아동의 이해 정도를 점검하고 이해하기 어려운 개념에 대해 구체적인 예를 들어 설명해 주기도 하며, 아동이 수업에 참여하도록 유도하거나 적극적으로 참여할 것을 격려한다. 또 다른 장점으로는 교사들이 수업을 준비하고 계획하는 데 그다지 많은 협력을 요구하지 않기 때문에 협력교수를 처음으로 실시하는 교사들에게 적합한 모델이다. 그러나 자칫 잘못하면 특수교사가 항상 지원 교사의 역할을 함으로써 일반교사를 도와주는 조력자로서 전락하여 준전문가의 역할을 하게 되는 단점이 있다. 또한 특수교사가 특수교육대상아동만을 지원할 경우, 특수교사는 장애아동을 지원하기 위해 통합학급에 들어온 손님으로 여겨지기 쉽다. 이러한 단점을 보완하기 위하여 일반교사와 특수교사의 전문성을 적절히 고려하여 두 교사가 주 교사와 지원 교사의 역할을 번갈아가며 수행하는 것이 요구된다.

② 스테이션 교수

T: 교사, ○: 아동

학생 집단	• 여러 개의 소집단(동질 집단 혹은 이질 집단)
교사 역할	• 교사 1: 본인이 맡은 수업을 한다. • 교사 2: 본인이 맡은 수업을 한다.

출처: Texas Center for Reading and Language Arts (2000), p. 20. 일부 수정.

스테이션 교수 모델은 주로 아동들이 학습 목표를 달성하기 위해 다양한 활동을 할 수 있도록 여러 개의 스테이션을 구성하고, 두 교사는 각각 정해진 스테이션을 맡아 수업을 진행하며, 아동들은 소집단으로 스테이션을 돌아다니며 주어진 과제를 수행하는 것을 말한다(스테이션 교수 모델은 대부분의 경우 다양한 능력의 아동으로 구성된 이질 집단으로 운영되지만 경우에 따라 비슷한 능력을 가진 동질집단으로 구성되어 집중적인 교수를 하는 데 사용되기도 한다.). 이 모델의 장점으로는 두 교사가 모든 아동들을 가르치는 기회가 주어지기 때문에 동일한 지위를 가질 수 있다는 것과 교사들의 교수 스타일이 다르더라도 효과적인 교수가 이루어질 수 있다는 것이다. 또한 교사 대 아동의 비율이 낮아 아동들이 활동에 보다 적극적으로 참여하고 교사로부터 관심과 피드백을 받을 기회가 증가한다는 장점이 있다. 그러나 이 모델의 경우, 아동들이 여러 스테이션으로 이동할 때 많은 소음이 발생할 수 있기 때문에 이동 시 주의해야 할 점에 대해 미리 아동들에게 알려주는 것이 필요하다. 또한 교사가 없는 스테이션에서는 아동들이 독립적으로 활동에 참여할 수 있으므로 스테이션에서 무엇을, 어떻게, 얼마 동안 수행해야 하는지 혼란스러울 수 있다. 이러한 단점을 보완하기 위해 교사들은 각 스테이션에서 수행해야 하는 활동에 대한 구체적인 목표, 절차 및 제출해야 하는 결과물을 정확하게 기록하여 스테이션에 붙여놓는 것이 필요하다. 또한 각 스테이션에 할당된 시간을 타이머를 통해 점검할 수 있도록 배려하는 것도 중요하다. 스테이션 교수 모델을 효과적으로 사용하기 위해서는 무엇보다도 교수를 하기 전에 협동 학습에 필요한 기본적인 규칙을 훈련하는 것이 요구된다.

③ 평행 교수

T: 교사, ○: 아동

학생 집단	• 두 개의 집단(동질 집단 혹은 이질 집단)	(그림: T, T)
교사 역할	• 교사 1: 하나의 그룹을 맡아 수업한다. • 교사 2: 다른 하나의 그룹을 맡아 수업한다.	

출처: Texas Center for Reading and Language Arts (2000), pp. 18-19. 일부 수정.

평행 교수 모델은 일반적으로 학급을 두 개의 이질 집단으로 나누고 두 명의 교사가 각각 하나의 집단을 맡아 동일한 내용을 가르치는 것을 말한다(평행 교수 모델은 대부분의 경우 이질 집단으로 나누어 운영되지만 보충 학습과 심화 학습이 필요한 경우 동질 집단으로 나누어 아동들의 수준에 적합한 교육을 실시할 수도 있다.). 이 모델을 사용하고자 하는 경우, 교사가 모두 교육내용에 대한 지식이 있어야 하며 이를 가르치는 것에 대한 부담이 없어야 한다. 이 모델은 주로 도입 단계에서는 대집단으로 시작하여 수업에 대해 안내하고, 전개 단계에서는 평행 교수를 활용하고, 정리 단계에서는 다시 대집단으로 모여 각 집단에서 토의한 내용과 관점을 함께 공유하는 형태로 진행된다. 이 모델의 장점으로는 교사 대 아동의 비율이 낮아 교사가 아동들의 반응을 이끌어 내고, 아동들의 반응에 대한 피드백을 주기가 좋으며 아동끼리도 서로의 의견을 나눌 수 있는 상호작용이 기회가 자주 주어진다는 것이다. 또한 교사는 보다 적은 수의 아동을 대상으로 수업을 진행하기 때문에 아동의 학업 성취 여부를 점검하기가 수월하다는 장점이 있다. 그러나 교사들은 각각의 소집단에 소속된 아동들에게 동일한 교육내용을 전달해야 하는 책임이 있으므로 함께 수업을 준비하고 수업에 대한 계획을 할 수 있는 시간을 마련하는 것이 요구된다.

④ 대안 교수

T: 교사, ○: 아동

학생 집단	• 하나의 대집단, 하나의 소집단	T (대집단 앞), T (소집단 옆)
교사 역할	• 교사 1: 대그룹을 맡아 수업한다. • 교사 2: 소그룹을 맡아 수업한다.	

출처: Texas Center for Reading and Language Arts (2000), p. 20. 일부 수정.

대안 교수 모델은 학급을 하나의 대집단과 하나의 소집단으로 나누어 두 교사가 각각 하나의 집단을 맡아 교수하는 것을 말한다. 이때 소집단은 주로 6~7명 이하로 구성되며 주로 집중적인 교육이 필요한 아동들로 이루어진다. 이 모델의 경우, 한 교사가 대집단을 지도하는 동안 다른 한 교사는 소집단을 지도하게 되며, 대부분의 경우 특수교육대상아동, 학습부진, 또는 학습지진아동이 소집단에 배치되어 보충학습을 받는다(심화가 필요한 경우 혹은 보충학습이 필요한 경우 대안 교수 모델을 사용하기도 한다.). 특수교육대상아동이나 학업 성적이 부진한 아동들을 소그룹에 과다하게 배치할 경우 '공부를 못하는 아동' 혹은 '문제아동'으로 낙인찍힐 우려가 있으므로 반드시 필요한 경우를 제외하고는 통합학급에서 대안 교수 모델을 적용하지 않은 것이 바람직하다. 이와는 반대로 학업성취도가 우수한 아동만을 소집단에 배치하여 교수할 경우 우수한 아동에 대한 편견으로 받아들여지기 쉽다. 과제의 특성상 또는 아동이 결석한 경우 불가피하게 대안 교수 모델을 적용하더라도 소집단에 특정한 아동들을 고정적으로 배치하는 것을 피하는 것이 좋다. 또한 통합학급에서 특수교사가 소집단을 지속적으로 맡아 지도하는 경우를 흔히 볼 수 있는데, 일-교수, 일-보조 모델에서도 언급했듯이 교사의 전문성을 고려하여 일반교사와 특수교사가 대집단과 소집단을 번갈아가며 지도하는 것이 바람직하다.

⑤ 팀 티칭

T: 교사, ○: 아동

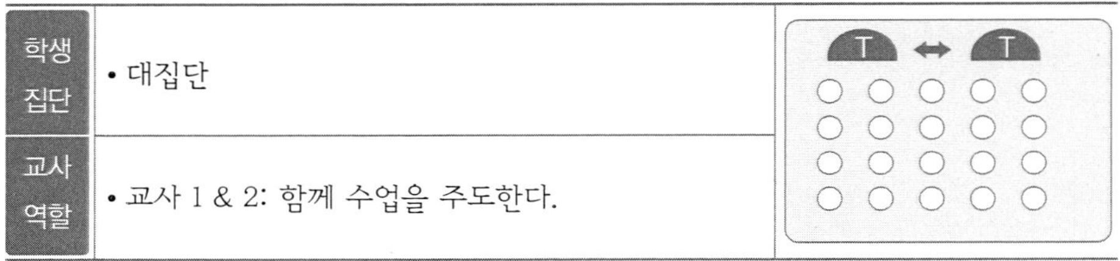

학생 집단	• 대집단	
교사 역할	• 교사 1 & 2: 함께 수업을 주도한다.	

출처: Texas Center for Reading and Language Arts (2000), p. 21. 일부 수정.

팀 티칭 모델은 두 교사가 리더십을 공유하여 대집단을 동시에 교수하는 것을 말한다. 이 모델의 경우, 두 교사가 수업을 번갈아 진행하면서 한 교사가 개념을 설명하면 다른 교사는 소개된 개념에 대한 적절한 예와 부연설명이나 개념을 익히는 데 사용되는 전략을 소개하기도 한다. 또한 질문을 통하여 아동이 개념을 이해할 수 있도록 도와주기도 한다. 그러나 팀 티칭 모델을 사용하기 위해서는 두 교사가 서로의 전문성에 대해 신뢰할 수 있어야 하며, 서로에 대한 진정한 신뢰가 형성되지 않았을 때 이 모델을 사용하는 것은 오히려 역효과를 가져올 수 있다. 또한 두 교사가 서로 현저하게 다른 교수 스타일이나 기타 교수를 하는 데에 이견이 많을 경우, 팀 티칭 모델을 성공적으로 활용하는 데는 어려움이 따를 수 있다. 협력교수 모델 가운데 가장 적용이 어려운 모델이기 때문에 앞에서 소개된 여러 협력교수 모델을 충분히 활용한 후에 시도하는 것이 바람직할 것이다.

요약

우리나라의 경우 통합교육의 역사가 비교적 짧은데도 불구하고 일반학교에 통합되는 특수교육대상학생의 수는 매년 증가하고 있다. 그러므로 통합교육에 대한 올바른 이해 및 통합교육을 성공적으로 실현하기 위해 필요한 과제들에 대해 알아볼 필요가 있을 것이다. 따라서 이 장에서는 통합교육의 전반적인 이해를 돕기 위해 통합교육의 발전과정, 우리나라 통합교육의 법적 근거, 그리고 통합교육의 법적 정의의 의미에 대해 살펴보았다. 또한 통합교육의 질적인 향상의 척도라 할 수 있는 특수교육대상학생들의 의미 있는 수업참여를 위해 요구되는 교육과정적, 교수적, 환경적 수정에 대해 알아보았다. 마지막으로, 일반교사와 특수교사 간의 협력은 통합교육의 성패를 좌우한다고 해도 지나치지 않을 것이다. 이 장에서는 성공적인 통합교육을 위해 요구되는 일반교사와 특수교사 간의 협력교수에 관한 다양한 정보를 제시하였다.

참고문헌

교육과학기술부(2008a). 제3차 특수교육발전5개년계획('08~'12).

교육과학기술부(2008b). 「장애인 등에 대한 특수교육법령」 해설자료.

교육과학기술부(2010). 특수교육 연차보고서.

권현수(2007). 일반교사의 특수교육 관련 연수에 대한 인식 조사. 특수교육저널: 이론과 실천, 8(4), 477-497.

김병하(2006). 특수교육의 역사와 철학. 대구: 대구대학교 출판부.

김영숙(2005). 통합교육 실행을 위한 교사의 역할과 교사교육의 개선방안에 관한 고찰. 특수교육저널: 이론과 실천, 6(1), 195-211.

김현진, 강옥려(2008). 통합학급 담당교사의 통합교육에 대한 인식 및 운영에 대한 분석 연구. 특수교육연구, 15(2), 33-55.

도성화, 전헌선(2003). 통합교육에 대한 일반 교사의 인식. 중도 · 지체부자유아교육, 41, 253-270.

박승희(1996). 일반학급에서 장애학생의 통합교육을 위한 특수교사의 역할. 초등특수교육연구, 10, 177-197.

박혜진, 이승희(2008). 자폐장애학생의 통합교육에 대한 일반교사와 특수교사의 인식비교. **특수교육저널: 이론과 실천, 9**(4), 123-144.

송형우(2007). **한국 통합교육제도 성립배경에 관한 연구.** 단국대학교 대학원 석사학위논문.

신현기, 최세민, 유장순, 김희규(2005). **통합교육의 이론과 실제.** 서울: 박학사.

이소현, 박은혜(1998). **특수아동교육: 일반학급 교사를 위한 통합교육 지침서.** 서울: 학지사.

이소현, 박은혜(2006). **특수아동교육.** 서울: 학지사.

최승숙(2004). 학습장애 등 경도장애학생 통합교육을 위한 초등학교 내 협력교수의 실제: 모형과 전략의 함의. **특수교육저널: 이론과 실천, 5**(3), 323-352.

장애인 등에 대한 특수교육법(제정 2007. 5. 25. 법률 제8483호).

특수교육진흥법(제정 1997. 12. 31. 법률 제3053호).

특수교육진흥법 개정법률(1994. 1. 7. 법률 제4716호).

Austin, V. L. (2001). Teachers' beliefs about co-teaching. *Remedial and Special Education, 32*(4), 245-255.

Bauwens, J., Hourcade, J. J., & Friend, M. (1989). Cooperative teaching: A model for general and special education integration. *Remedial and Special Education, 10*(2), 17-22.

Biklen, D. (1985). *Achieving the complete school: Strategies for effective mainstreaming.* New York: Teachers College Press.

Bos, C. S., & Vaughn, S. (2002). *Strategies for teaching students with learning and behavior problems* (5th ed.). Boston, MA: Allyn & Bacon.

Cook, L., & Friend, M. (1995). Co-teaching guidelines for creating effective practices. *Focus on Exceptional Children, 28*(2), 1-12.

deBettencourt, L. U. (1999). General educators' attitudes toward students with mild disabilities and their use of instructional strategies implications for training. *Remedial & Special Education, 20*(1), 88-121.

Dettmer, P., Thurston, L. P., & Dyck, N. (2002). *Consultation, collaboration, and teamwork for students with special needs* (4th ed.). Boston, MA: Allyn and Bacon.

Dieker, L. A., & Barnett, C. A. (1996). Effective co-teaching. *Teaching Exceptional Children, 29*(1), 5-7.

Ericsson, K. (1985). The principle of normalization: History and experiences in Scandinavian countries. Theme Disability & Support Department of Education, Uppsala University, Sweden.

Friend, M., & Cook, L. (2003). *Interactions: Collaboration skills for school professionals* (4th ed.). Boston, MA: Allyn and Bacon.

Friend, M., & Bursuch, W. D. (2002). *Including students with special needs: A practical guide for classroom teachers* (3rd ed.). Boston, MA: Allyn and Bacon.

Fuchs, D., & Fuch, L. S. (1991). Framing the REI debate: Abolitionists versus conservationists. In J. W. Lloyd, A. C. Repp, & N. N. Singh(Ed.), *The Regular Education Initiative: Alternative perspectives on concepts, issues, and models* (pp. 241-255). Sycamore, IL: Sycamore.

Fuchs, D., & Fuchs, L. S. (1994). Inclusive schools movement and the radicalization of special education reform. *Exceptional Children, 60*, 294-309.

Heflin, L. J., & Bullock, L. M. (1999). Inclusion of students with emotional/behavioral disorders: A survey of teachers in general and special education, *Preventing School Failure, 43*(3), 103-111.

Idol, L., Nevin, A., & Paolucci-Whitcomb, P. (2000). *Collaborative consultation* (3rd ed.). Austin, TX: Pro-Ed.

Janney, R., & Snell, M. E. (2004). *Modifying schoolwork: Teachers' guides to inclusive practices* (2nd ed.). Baltimore, MD: Paul H. Brookes Publishing.

Johnson, K. (1998). Deinstitutionalization: The management of rights. *Disability & Society, 13*, 375-387.

Mercer, C. D., & Mercer, A. R. (2002). *Teaching students with learning problems.* Upper Saddle River, NJ: Merrill Prentice Hall.

Nietupski, J. A. (1995). The evolution of the LRE concept for students with severe disabilities. *Preventing School Failure, 39*(3), 40-47.

Nirje, B. (1985). The basis and logic of the normalization principle. *Australia and New Zealand Journal of Developmental Disabilities, 11*, 65-68.

Ryan, S., & Paterna, L. (1997). Junior high can be inclusive. Using natural supports and cooperative learning. *Teaching Exceptional Children, 30*(2), 36-41.

Schumm, J. S., & Vaughn, S. (1991). Making adaptations for mainstreamed students: General classroom teachers' perspectives. *Remedial and Special Education, 12*(4), 18-27.

Schumm, J. S., & Vaughn, S. (1992). Reflections on planning for mainstreamed special education students. *Exceptionality, 3*, 121-126.

Smith, D. D. (2007). *Introduction to special education: Making a difference* (6th ed.). Boston, MA: Pearson Education.

Stainback, W., & Stainback, S. (2002). *Controversial issues confronting special edu-*

cation: Divergent perspectives. Boston, MA: Allyn and Bacon.

Texas Center for Reading & Language Arts (2000). *Coordinating for reading instruction: General education and special education working together*. Austin, TX: Author.

U.S. Department of Education (2005). Assistance to states for the education of children with disabilities program and the early intervention program for infants and toddlers with disabilities; proposed regulations. *Federal Register*, 34, CRF Parts 300, 301, and 304.

Vaughn, S., Bos, C. S., & Schumm, J. S. (2003). *Teaching exceptional, diverse, and at-risk students in the general education classroom* (3rd ed.). Boston, MA: Allyn & Bacon.

Vaughn Gross Center for Reading & Language Arts (2003). *Effective instruction for elementary struggling readers: Research-based practices (Part I and Part II-Revised)*. Austin, TX: Author.

Vaughn, S., Schumm, J. S., & Arguelles, M. E., (1997). The ABCDEs of co-teaching. *Teaching Exceptional Children, 30*(2), 4-10.

Villa, R. A., Thousand, J. S., Meyers, H., Nevin, A. (1996). Teacher and administrator perceptions of heterogeneous education. *Exceptional Children, 63*, 29-45.

Wilson, B. A. (1999). Inclusion: Empirical guidelines and unanswered questions. *Education and Training in Mental Retardation and Developmental Disabilities. 34*, 119-133.

Wolfensberger, W. (1972). *The principle of normalization in human services*. Toronto: National Institute on Mental Retardation.

Wolfensberger, W. (1995). Of "normalization," lifestyles, the Special Olympics, deinstitutionalization, mainstreaming, integration, cabbages and kings. *Mental Retardation, 33*, 111-119.

제 2 부

특수아동의 이해

- 제3장 시각장애
- 제4장 청각장애
- 제5장 정신지체
- 제6장 지체장애
- 제7장 정서 · 행동장애
- 제8장 자폐범주성장애
- 제9장 의사소통장애
- 제10장 학습장애
- 제11장 건강장애
- 제12장 발달지체
- 제13장 영재아동

• 제 3 장 •

시각장애

| 주요 학습 과제 |

1. 시각장애교육의 역사, 정의 및 분류를 이해한다.
2. 시각장애의 원인과 출현율을 이해한다.
3. 시각장애의 진단 · 평가 방법을 알고 그 특성을 이해하여 교육계획에 반영한다.
4. 시각장애학생의 교육과정 영역별 교수-학습방법을 안다.
5. 시각장애 보상을 위한 점자 · 보행훈련 지도 및 학습기자재 활용법을 이해한다.

사람은 시각을 통해 90~95%의 정보를 받아들인다. 또한 시각은 환경과의 상호작용을 통한 행동 · 사고 · 정서 발달 등 아동발달에 절대적인 영향을 미친다. 따라서 아동이 시각장애를 가지고 있는 경우 그것이 인지발달, 언어발달, 정서 · 사회 · 인성 발달에 부정적인 영향을 끼쳐 기본적인 인간으로서의 성장과 발달에 영향을 주어서 일반아동과는 다른 발달 양상을 보이거나 발달 속도에 차이를 나타내게 된다. 또한 일상생활뿐만 아니라 장차 사회적응 및 독립생활에 필요한 능력의 발달에 큰 장애 요인이 된다. 그러나 시각장애의 정도, 원인, 시기, 교육 경험 등에 따라 시각장애아동의 발달은 매우 큰 차이를 보인다. 이 장에서는 특수교육을 담당하는 교사가 기본적으로 알아야 할 시각장애 교육의 역사, 정의 및 분류, 시각장애 원인 및 진단과 평가, 발달 특성, 시각장애학생 교육 전반에 대한 기초적인 지식과 방법을 제시하고자 한다.

1. 시각장애교육의 역사

고대에서 중세까지 시각장애인을 포함한 장애인은 학대, 유기, 방임, 부정의 대상이 되거나 미신적인 존재로 인식되었다. 따라서 그들을 들이나 산에 유기하여 굶겨 죽이거나 야생동물에게 잡아먹히게 하거나 돌로 때리기도 하고 광대로 삼기도 하였다. 중세까지도 이런 현상이 지배적인 사회현상이었으나 기독교, 불교 등의 영향으로 장애인을 보호하려는 시도가 있었다(김병하, 2003).

시각장애인의 교육과 관련하여 우리나라의 경우 『세종실록』(세종 27년, 1445)에서는 "영리한 소경 10명을 선발하여 훈도 4~5명으로 하여금 서운관에 모여 그 업을 익히게 하였다."고 전하고 있다. 서운관은 이미 고려 때부터 설치되어 세조 12년(1466)에 관상감으로 개칭되었는데, 여기서 명과학(세조 12년에 '음양학'에서 개칭)을 가르쳤다. 명과학은 운명, 길흉화복을 예언하는 잡학으로서 관상감에 소속된 맹훈도는 산대를 이용하여 숫자재별학습, 제창학습(提唱學習), 수당학습(手堂學習) 등을 교육받았다. 명과학을 배운 맹인은 잡학 과거시험인 취재에 응시하였고, 합격한 자에게는 검교직이나 체아직을 주고 녹봉을 주어 공직에 종사하게 하였다(오천균, 1988).

조선 중기 이후에 명통사가 없어지자 임진왜란 직후 맹인들 스스로 맹청(盲廳)을 설립하여 점복교육을 실시하였고, 갑오개혁(1894)으로 맹청이 혁파되기까지 조선의 맹인은 개별학습에 기초한 점복기술을 습득하여 생업에 종사하였다(임안수, 1986). 한편 조선시대에는 관습도감을 설치하여 맹인이 궁중 향연이나 제향의 반주를 맡기도 하였다. 근대적인 교육의 형태는 아닐지라도 시각장애인을 위한 서운관 같은 교육기관을 설치하여 관직에 등용하기도 하였다.

원시 고대사회 이후 서양에서는 17세기에 이르기까지 시각장애인에 대해 일반적으로 무관심이나 멸시하는 태도를 보였다. 하지만 시각장애인은 다른 장애인들에 비해 구빈보호의 대상이 되어 왔다. 그리고 일찍부터 각종 안질(眼疾)에 대한 연구가 수행되었고, 시각장애인 중 재능을 인정받아 악기를 전문적으로 다루거나 가정교사로 활약한 사람도 있었다. 또한 시각장애인들은 직업조합을 형성하여 자치의 노력을 보이는 등 일찍부터 시각장애인의 내적 단결력을 보이기도 하였다(김병하, 2003).

프랑스의 Hauy(1745~1822)는 당시 프랑스혁명을 이끈 정신적, 사회적 영향이 지배하던 파리에서 교육을 받았다. Hauy는 농교육의 선구자인 Abbe de L'Epee의 교육사업에 깊은 감명을 받았다. 그는 26세 때 시장에서 파리의 군중들이 맹인 걸인을 잔인하고 비인도적으로 조롱하는 것을 보고 맹인을 위하여 헌신할 것을 결심했으며, 프랑스 사회를 열광시켰던 Maria Theresia von Paradis와 개인적 만남을 가지며 맹교육을 시작하게 되었다. 그는 최초의 학생 Fran ois Lesueur를 개인적으로 가르쳤다. 과거에도 맹인을 가르친 교육자가 없었던 것은 아니지만, 그들이 한 사람만을 가르쳤다면 Hauy는 학교를 설립하여 맹학생을 가르치려고 했다. 그의 노력은 성공적이어서 1784년 14명의 학생을 데리고 최초의 파리 맹학교를 설립했다. 이후 1832년에 Fisher에 의해 미국 보스턴에 파킨스 맹학교가 개교되었으며, 유럽 여러 나라에서는 18세기 말에 프랑스와 영국이 선구적으로 맹학교 교육을 시작한 이래 19세기 초에는 대부분의 나라에서 맹교육이 시작되었다. Louis Braille(1809~1852)는 맹인용 점자(12점, 종6점, 행2점) 알파벳, 악보를 개발하여 맹인교육에 가장 크게 공헌하였다.

우리나라에서는 미국 감리교 의료 선교사인 Rosetta Sherwood Hall(1865~1951)가 1894년 평양에서 정진소학교에 일종의 특수학급 형태로 맹인 소녀 오봉래에게 점자교육을 실시함으로써 시작되었고, 이후 1900년 평양여자맹학교가 설립되

었다. Alice F. Moffet 선교사는 1903년 평양에 남자맹인학교를 설립하였으며, J. Perry는 1900년경 서울에 남자 맹아를 위한 수용보호와 교육을 실시하였다. 이후 일본의 식민통치하에 1913년 제생원 맹아부(盲啞部)가 설치되었고, 맹아 21명, 농아 11명 등 총 27명의 교육이 실시되었다. 또한 당시 제생원 맹아부 교육은 일본점자에 의한 것이었으나, 송암 박두성에 의해 브라유형 6점 점자방식(3 · 2점식) 한글 점자가 개발되어 사용되었다. 이후 이를 더욱 연구 · 발전시켜 자음과 모음, 숫자가 제정되었다. 그리고 1926년에는 훈맹정음으로 탄생되어 해방이 될 때까지 계속 사용되다가, 1947년에 국립맹아학교의 이종덕, 전태환 교사에 의해 한글맞춤법에 맞춰 한글점자가 수정 · 보완되어 문장부호의 제정, 약자의 변경, 영문표 등이 만들어졌다. 또한 서울맹학교에서 점자기호, 한글점자연구위원회 발족, 과학기호, 점자 이과기호, 수학점자 확대 등의 개발 · 보급으로 한글점자의 통일안이 만들어져 왔다.

한국인이 최초로 세운 시각장애학교는 평양에 설립한 광명맹아학교(1935), 원산맹학교(1938)이다. 해방 이후 제생원 맹아부는 수업 연한 6년의 초등과정으로 국립맹아학교로 개명되었고(1945. 10. 1), 이후 중학부(1947), 맹부 사범과가 신설되고(1950), 서울맹학교와 서울농아학교로 분리되어(1946. 4. 1) 교육이 이루어졌다. 사립맹학교로는 이영식 목사에 의해 대구맹아학원이 설립(1946)되었고, 공립시각장애학교는 대전맹학교(1953), 부산맹학교(1955) 등 12개 맹학교로 국립 1개교, 공립 3개교(제주영지학교 포함), 사립 9개교가 운영되고 있다(서울맹학교, 2003). 약시아동을 위한 특수학급은 1969년 서울 월계국민학교에 설치되었으며, 여의도고등학교에 저시력 학급이 3학급 설치(1981, 45명)되었다. 현재 시각장애로 유 · 초 · 중 · 고 · 전공과 과정에서 교육을 받고 있는 시각장애학생은 12개 특수학교에 1,446명(여 549명), 특수학급에 269명(여 100명), 일반학급에 204명(여 92명)으로 총 1,919명(여 741명)이다(교육인적자원부, 2007).

2. 시각장애의 정의와 분류

1) 정 의

사람의 시각은 중심시력과 주변시력에 의해 그 정도가 결정되며, 시각은 인간이 받아들이는 정보의 90% 이상을 담당하고 다른 감각자극들을 중재하는 역할을 수행한다. 시각장애란 심한 시각손상에서 전맹까지의 연속체로서 시각손상을 기술하는 데 사용되는 장애 범주의 하나다. 따라서 시각의 손상은 인간의 성장과 발달에 큰 영향을 주고 일상적인 생활뿐만 아니라 사회생활 능력을 위한 교육에도 큰 어려움을 주게 된다. Barraga(1982)에 따르면, "시각장애아동은 학습 경험의 제시방법, 사용 자료의 성격, 학습환경 등을 수정하지 않을 경우 최적의 학습과 성취를 방해할 정도의 시각손상을 가진 사람"이다. 그리고 세계보건기구(WHO)와 국제시각장애아교육협회에서는 저시력의 실용적 정의를 치료와 굴절이상의 교정 후에 시기능에 장애가 있는 경우와 시력이 6/18(0.3) 미만에서 광각까지를 말하며, 시야는 고시의 상태에서 10도 미만이고 과제를 실행하기 위해 시력을 사용하거나 미래에 시력을 사용할 수 있는 자로 규정하고 있다. 시각장애에는 시각장애, 주변시야 장애, 안구운동 문제 및 처리과정의 장애 등이 있다(임안수, 이해균, 박순희, 1996a).

시각장애의 정의는 법적 정의와 교육적 정의로 구분해 볼 수 있다. 법적 정의는 국가에서 사회보장을 받거나 특수교육대상자를 선정하기 위해 시력과 시야로 구분하여 규정한다. 그리고 교육적 정의는 아동이 실제로 교육을 받는 데 필요한 것을 기초로 하여 규정한다. 시력은 얼마나 정확히 볼 수 있는지를 알려 주는 단위로서, 우리나라의 경우 만국식 시력표를 사용하여 측정한다. 즉, 직선거리의 멀리 있는 작은 글씨나 사물을 얼마나 잘 볼 수 있느냐를 측정한다.

(1) 법적 정의

시각장애 법적 정의에는 사회보장을 위한 공적 서비스의 대상을 선정하기 위해 시력(visual acuity)과 시야(visual field)의 두 가지 기준이 사용된다. 우리나라의 「장애인복지법」에서 제시한 법적 정의는 다음과 같이 시력과 시야의 문제를 포함하여 기준을 제시하고 그 등급을 6개 등급으로 구분하여 규정하고 있다.

〈장애인의 종류 및 기준, 장애인복지법 시행령〉

- 나쁜 눈의 시력(만국식 시력표에 따라 측정된 교정시력을 말한다. 이하 같다)이 0.02 이하인 사람
- 좋은 눈의 시력이 0.2 이하인 사람
- 두 눈의 시야가 각각 주시점에서 10도 이하로 남은 사람
- 두 눈의 시야의 1/2 이상을 잃은 사람

〈장애인 장애등급표, 장애인복지법 시행규칙〉

제1급 좋은 눈의 시력(만국식 시력표에 의하여 측정한 것을 말하며, 굴절이상이 있는 사람에 대하여는 교정시력을 기준으로 한다. 이하 같다)이 0.02 이하인 사람

제2급 좋은 눈의 시력이 0.04 이하인 사람

제3급 1. 좋은 눈의 시력이 0.08 이하인 사람
2. 두 눈의 시야가 각각 주시점에서 5도 이하로 남은 사람

제4급 1. 좋은 눈의 시력이 0.1 이하인 사람
2. 두 눈의 시야가 각각 주시점에서 10도 이하로 남은 사람

제5급 1. 좋은 눈의 시력이 0.2 이하인 사람
2. 두 눈에 의한 시야의 1/2 이상을 잃은 사람

제6급 나쁜 눈의 시력이 0.02 이하인 사람

(2) 교육적 정의

교육적 정의는 기능적 정의로서 시각장애아동의 학업성취에 영향을 주는 정도와 특별한 자료와 교육환경이 필요한 정도로 정의된다. 임안수(1997)는 아동이 시력을 학습의 주된 수단으로 사용하는 능력에 초점을 두고 교육적 맹의 정의를 내렸다. 그러므로 시력을 사용하지 않고 청각과 촉각 등 다른 감각으로 학습하는 아동은 교육적 맹에 해당한다. 그리고 교육적 저시력은 시력을 학습의 주된 수단으로 사용하는 것을 말한다. 이에 교육적 정의는 특수교육 전문가의 도움을 주어야 할 정도, 교육과정의 수정 정도, 학습 자료의 제공 정도 등을 기준으로 정의된다. 따라서 시각장애의 교육적 정의에서는 점자나 촉각 및 청각 매체를 통하여 교육해야 할 아동을 맹으로, 그리고 잔존시력을 활용하여 문자를 확대하거나 광학적인 기구를 사용하여 교육해야 할 아동을 저시력으로 규정하고 있다. 사회·교육적인 용어의 경우 저

시력은 low vision, 약시는 partially sighted 또는 partially seeing이 사용되고, 의학적인 용어의 경우는 저시력은 low vision, 약시는 amblyopia 등이 사용된다.

우리나라의 시각장애 특수교육대상자에 대한 교육적 정의로 「장애인 등에 대한 특수교육법」(2008)에서 제시한 규정을 살펴보면 다음과 같다.

> 시각계의 손상이 심하여 시각기능을 전혀 이용하지 못하거나 보조공학기기의 지원을 받아야 시각적 과제를 수행할 수 있는 사람으로서, 시각에 의한 학습이 곤란하여 특정의 광학기구·학습매체 등을 통하여 학습하거나 촉각 또는 청각을 학습의 주요 수단으로 사용하는 사람

2) 분 류

시각장애는 시력손상과 시야제한의 두 가지 기능을 기초로 하여 분류하는 경우와 아동이 실제로 교육을 받는 데 필요한 것을 기초로 하여 분류하는 경우가 있다. 전자는 법적 분류라 하고, 후자는 교육적 분류라 한다. 미국의 법적 분류는 법적 맹인과 법적 저시력인으로 구분되어 있다. 교정한 후 더 잘 보이는 눈의 시력이 20/200(일반시력을 가진 사람이 200피트 밖에서 볼 수 있는 것을 20피트 앞에서 볼 수 있는 시력의 정도)이거나 시야가 20도 이하인 자를 법적 맹인(legally blind)이라고 하고, 교정 후 잘 보이는 눈의 시력이 20/70 이하인 자는 법적 저시력인(low vision)이라고 하고 있다. 이렇게 시력이 법적인 분류 범위에 해당하는 경우 각 주정부 산하 재활과와 지역재활센터로부터의 복지 및 재활, 교육의 지원을 받을 수 있다(신현기 외, 2005).

우리나라의 경우는 국가 단위에서 최초로 실시한 특수교육 요구아동 출현율 조사연구(정동영, 김형일, 정동일, 2001)에서 시각장애의 하위 범주 분류 기준을 맹과 저시력으로 구분하고 있다. 분류 기준의 경우 맹은 '좋은 쪽 눈의 교정시력이 0.05 미만이거나 시야가 20도 이하인 자, 또는 학습에 시각을 주된 수단으로 사용하지 못하고 촉각이나 청각을 주된 수단으로 사용하여 학습활동이나 일상생활에서 특별한 지원을 지속적으로 요구하는 자'로 제시하고 있으며, 저시력은 '좋은 쪽 눈의 교정시력이 0.05 이상 0.3 이하인 자, 또는 저시력 기구(광학기구와 비광학기구), 시각적 환경이나 방법의 수정 및 개선을 통해 시각적 과제를 학습할 수 있는 자'로 제시하고 있다. 한편 특수학교 등 특수교육기관에서 맹아동은 시각 이외의 다른 감각을

사용하여 학습하는 아동, 저시력아동은 보조기기나 교정렌즈, 망원경, 확대기 등 물리적인 확대 및 수정을 통해 시각적 과제 수행이 가능한 아동으로 인식하고 있다. 따라서 저시력아동은 자신이 보유한 잔존시력으로 묵자(인쇄물)를 사용하여 시각적인 학습을 할 수 있다.

한편 특수교육 전문가들은 시각장애를 분류할 때 실명시기, 시각 과제 수행 수준, 교육방법으로 구분하기도 한다. 실명시기에 따라 선천성과 후천성으로 분류하고, 시각장애 정도에 따라 맹(실명근접시력[near blind]과 맹[blind]), 저시력(중도[sever], 최중도[profound])으로 분류한다. 그리고 특수교육과 재활훈련의 경우 현장에서는 실명과 저시력을 좀 더 세분화하여 완전실명(시력이 전혀 없는 상태), 광각(암실에서 광선을 인식할 수 있는 상태), 수동(눈앞에서 손을 좌우로 움직일 때 이를 알아볼 수 있는 정도), 지수(자기 앞 1m 전방에서 손가락 수를 셀 수 있는 상태), 저시력(일반 활자를 읽지 못할 수도 있으나 시력으로 일상생활을 할 수 있는 상태로, 한계는 일정치 않지만 다각적으로 변화를 발견 못하는 시력감퇴)으로 제시하고 있다(박순희, 2007). 실명시기에 따라 선천성 시각장애와 후천성 시각장애로 나누고 있는데, 학자들에 따라 시기를 결정하는 데 견해가 약간씩 다르지만 평균 만 3세 정도를 기준으로 하고 있다.

3. 시각장애의 출현율과 원인

1) 출현율

장애인의 출현율 및 특수교육 요구아동의 출현율은 보고하는 연구의 결과마다 차이를 보이고 있다. 1995년 OECD는 회원국의 특수교육 요구아동의 출현율 중 시각장애 및 약시 아동에 대한 출현율을 호주 2.92%, 오스트리아 0.70%, 벨기에 1.20%, 캐나다 0.18%, 핀란드 0.19%, 프랑스 1.39%, 독일 0.81%, 그리스 0.69%, 아일랜드 1.23%, 일본 0.15%, 네덜란드 0.28%, 노르웨이 2.0%, 스페인 1.43%, 스웨덴 6.22%, 터키 5.60%, 미국 0.54%로 보고하였다. 각국의 차이는 국가마다 장애 범주, 조사 준거, 정의 기준이 다르고 정치적 · 사회적 · 경제적 · 문화적 배경이 다르기 때문이다. 또한 일부 나라에서는 장애에 대한 인식이 개선되고 지원이 확대되어 다양한 장애 범주를 인정하고 지원하고 있으나, 다른 나라에서는 그렇지

않아 장애 범주가 제한되고 지원 또한 제대로 이루어지지 않아 차이를 보이는 것으로 해석된다(정동영 외, 2001).

시각장애는 시력과 시야를 고려하는 경우와 단순히 시력으로만 진단·평가하는 경우에 따라 그 출현율이 다르게 나타날 수 있지만, 다른 장애 범주에 비해 출현율이 낮은 장애 범주의 하나다. 1977년 미국의 NSPB(National Society to Prevent Blindness)는 시각장애인의 수를 1,140만 명으로 보고하면서 중증시각장애인의 수는 140만 명이라고 하였다. 그리고 전체인구의 12%가 맹이며, 17세 이하의 인구는 0.015%가 맹인 것으로 보고하였다. NHIS(National Health Information System, 1996)는 18세 이하 시각장애아동의 출현율을 1.27%로 보고하였다(정동영 외, 2001). 우리나라의 경우는 김승국(1985)이 양안 교정시력이 0~0.03이면 맹, 0.04~0.3이면 약시로 분류하여 초등학교와 중학교를 대상으로 조사한 결과 맹학생은 없고 약시학생은 0.07% 있는 것으로 나타났다. 한국보건사회연구원(2001)의 2000년도 장애인 실태조사에서는 시각장애인의 출현율을 0.47%로 보고하고 연령별로 0~9세는 0.08%, 10~19세는 0.10%로 보고하였다. 2005년도 장애인 실태조사에서는 시각장애인의 출현율을 0.60%(28만 명)로 보고하고 40대 이후에 전체의 50% 이상이 발현되고 특히 연령이 증가할수록 발생 빈도가 높아진다고 보고하였다(한국보건사회연구원, 2006). 이는 수정체의 혼탁으로 시력이 손상되는 백내장과 노인성 녹내장, 성인병의 하나인 당뇨성 시각장애 등 노인성으로 나타나는 시각장애가 다양하기 때문인 것으로 분석된다.

강영택 등(1998)에 따르면 시각장애아동의 출현율은 0.07%인데, 이를 경도장애와 중도장애로 구분하면 두 눈의 교정시력이 0.04 미만인 경도장애는 0.06%, 두 눈의 교정시력이 0.04% 이상에서 0.35 미만인 중도장애는 0.01%다.

정동영 등(2001)의 특수교육 요구아동 출현율 조사연구(국가 주도로 이루어진 최초의 특수교육 요구아동 출현율 조사는 특수교육 및 재활의학 관련 전문가의 합의를 통해

〈표 3-1〉 시각장애인 등록 현황(2007. 2)

등급	1급	2급	3급	4급	5급	6급	계
남(명)	16,275	4,228	6,084	5,852	10,419	88,019	130,877
여(명)	14,910	3,870	5,281	4,753	7,113	43,164	79,091
계(명)	31,185	8,098	11,365	10,605	17,532	131,183	209,968

출처: 보건복지부(2007).

특수교육 대상아동의 장애 범주, 정의, 분류, 선별, 진단평가 방법을 설정하고, 전국 180개 지역교육청별로 각각 1개씩의 초등학교 학군을 선정하여 해당 학군 내에 거주하고 있는 6~11세 아동 14만 4,917명을 대상으로 장애발견 검사, 장애선별 검사, 장애진단사 및 특수교육 요구평가를 실시한 연구다)에서 학령기 시각장애아동의 출현율은 0.03%로, 전체 특수교육 요구아동 출현율 중 1.11%의 비중을 나타내고 있다. 이 연구에서 지역별 시각장애 출현율은 대도시 0.05%, 중 · 소도시 0.03%, 읍면지역 0.02%이며, 시각장애 하위 범주별로는 맹 0.01%, 저시력 0.02%다. 시각장애아동의 성별 출현율은 남자 아동 0.04%, 여자 아동 0.02%로 남자 아동이 높게 나타났다. 교육 장면 배치 상황은 일반학급 68.12%, 특수학급 4.13%, 특수학교 21.56%, 기타 6.19%로, 특수학교 위주의 교육지원이 이루어지는 현실을 고려한다면 일반학교에 배치된 시각장애아동 교육에 대한 지원대책 수립이 시급하다고 할 수 있다.

2) 원 인

(1) 시각의 구조

사람의 눈은 분화가 가장 잘 되어 있으며, 두골 앞쪽 좌우 1쌍의 안와(眼窩)에 하나씩 들어 있다. 눈은 지름이 2.5cm 정도이고, 주체는 시신경에 의해 대뇌피질의 시각중추에 연결되어 있는 안구(눈알)다. 또 안구에는 눈꺼풀, 결막, 눈물기, 검판샘, 안근 등 안구부속기가 있다.

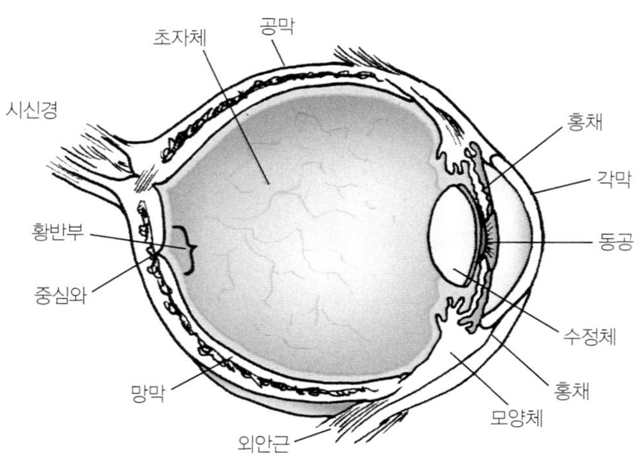

[그림 3-1] 눈의 구조

안구는 안구벽으로 둘러싸여 있으며 앞쪽에 수정체가 있다. 수정체는 수정체 유조직, 단층편평상피로 이루어진 무색 투명하고 탄력성이 많은 볼록렌즈다. 안구벽은 겉에서부터 외막, 중막, 내막의 세 층으로 이루어져 있다. 즉, 공막, 맥락막 및 망막으로 둘러싸여 있다.

눈의 구조에서 각 역할을 종합해 보면, 공막은 가장 바깥쪽 막으로 안구를 보호한다. 수정체 앞에 있는 투명한 막은 공막이 변한 각막이다. 맥락막은 눈의 가운데 막으로 멜라닌 색소를 함유하여 어둠상자의 역할을 하고, 모세혈관이 분포되어 있어 안구에 양분을 공급한다. 망막은 가장 안쪽에 있으며 물체의 상이 맺히는 곳으로서 시세포가 분포되어 있다. 시신경 다발이 나가는 맹점에는 시세포가 없어 물체의 상이 맺혀도 볼 수 없으며, 망막의 중앙 부분은 황반으로 시세포가 가장 많이 분포하여 여기에 상이 맺히면 가장 선명하게 보인다. 수정체는 빛을 굴절시키는 볼록렌즈의 역할을 하며 탄력성이 있다. 수정체와 각막 사이에는 투명한 액이 차 있고, 수정체 뒤의 안구 안쪽은 유리체로 채워져 있다. 모양체는 근육과 혈관으로 이루어져 있고, 수정체를 조절하여 선명한 초점을 맞출 수 있도록 돕는다. 모양체 근육이 수정체를 둘러싸고 있고, 수정체 앞에는 홍채가 있다. 홍채는 종주근과 환상근의 수축 · 이완으로 가운데 구멍인 동공의 크기를 변화시켜서 안구로 들어오는 빛의 양을 조절한다. 즉, 밝은 곳에서는 홍채가 이완하여 동공의 크기가 작아져서 적은 빛이 들어오며, 어두운 곳에서는 홍채가 수축하여 동공의 크기가 커져서 많은 빛이 들어오게 된다. 따라서 홍채는 빛의 양을 조절하는 커튼의 역할을 한다. 멀리 있는 물체를 잘 보지 못하는 근시안(상이 망막 앞에 맺힘)은 오목렌즈로 교정하고, 가까운 물체를 잘 보지 못하는 원시안(상이 망막 뒤에 맺힘)이나 노안의 경우에는 볼록렌즈로 교정한다.

시세포에는 원뿔세포와 간상세포가 있는데, 망막의 부위에 따라 두 시세포의 분포가 다르다. 망막 가운데는 붉은 갈색의 둥근 무늬의 황반이 있다. 원뿔세포는 황반 안에 많고 중심 홈에 가까울수록 더 많이 분포되어 있으며, 간상세포는 황반 주변에 많다. 시신경섬유는 모여서 시신경이 되어 시신경 원판을 지나 대뇌피질의 시각중추에 연결되어 있는데, 시신경 원판 부위는 시세포가 없어 빛 수용이 안 되는 부위이므로 맹점이라 한다. 수정체와 망막의 사이에는 유리체라는 무색 투명한 젤리상 조직이 있어 빛을 일정하게 굴절시킨다.

사람의 눈을 카메라의 각 부분에 대응시켜 보면 수정체는 볼록렌즈, 망막은 필름, 홍채는 조리개, 모양근은 손이나 자동 초점조정 카메라의 렌즈이동 모터에 해당된다. 이러한 사람 눈의 주된 기능은 다음과 같다. 입사광은 각막, 전안방의 안방수, 동공, 수정체, 유리체 등 광학계를 투과하는 과정에서 각부의 굴절률에 따라 굴절되고, 망막의 시신경섬유층, 시신경 세포층, 쌍극 세포층을 지나 시세포를 자극한다. 그 결과 시세포에서 흥분이 일어나면 입사광은 수용된 것이다. 이런 흥분이 쌍극세포, 시신경세포, 시신경의 차례로 대뇌피질의 시각중추에 전도됨으로써 보이게 된다. 시각적 자극의 경로를 보면, 빛이 동공을 통하여 들어가면 수정체를 지나면서 굴절되어 유리체를 지나 망막에 상을 거꾸로 맺는다. 이 자극으로 시세포가 흥분하고 그 흥분이 시신경을 통하여 대뇌의 시각중추로 전달되어 물체를 보게 된다.

(2) 시각장애 원인

시각장애아동의 교육을 위해서는 시각장애의 원인 및 정도에 대해 반드시 이해하고 있어야 한다. 그 이유는 시각장애의 원인과 정도는 그들의 교육계획과 교육방법 설정에 기초적인 정보를 제공하기 때문이다.

시각장애의 원인은 매우 다양하다. 가장 일반적인 증상은 근시, 원시 등의 굴절이상이다. 시각장애아동은 시력이 전혀 없는 아동, 광각만을 느끼는 아동, 시야가 심하게 좁은 아동, 확대된 물체나 인쇄물을 볼 수 있는 아동 등 그 원인에 따라 장애의 정도 역시 다양하게 나타나고 있다. 시각장애의 원인은 선천적인 원인으로 백색증, 패용성 약시, 무안구증, 백내장, 소안구증, 안구진탕증, 시신경위축이 있으며, 출생 시 원인으로는 외상, 감염, 미숙아 망막증이 대표적인 것으로 보고되고 있다. 그리고 후천적인 원인은 후천성 백내장, 녹내장, 고혈압성 망막증, 당뇨병성 망막증, 눈의 굴절과 근육이상으로 분류된다. 따라서 여기서는 근시, 원시, 난시, 사시 등의 굴절이상 외에 시각장애를 초래하는 일반적이고 가장 대표적인 원인을 중심으로 살펴보고자 한다(박순희, 2007; 이소현, 박은혜, 2006; 임안수, 1997).

① 백색증

백색증(albinism)은 유전 질환의 한 종류로, 눈, 피부, 머리카락에 소량의 색소밖에 없거나 전혀 없는 경우를 말한다. 예외적으로 눈에만 색소가 없는 경우도 있다. 즉, 백색증은 신체 전반의 색소가 부족하거나 없는 병으로 유전적이고 선천적이다. 안구백색증은 일반적으로 남자에게 더 많으며 시력저하, 난시, 광선공포증, 안

구진탕증을 수반한다.

② 백내장

선천성 백내장은 수정체를 뿌옇게 혼탁하게 하거나 불투명해져 구름이 낀 듯 뿌옇게 보이게 한다. 그 결과 빛이 망막에 도달하지 못하게 되어 시각적 상이 희미하게 보인다. 백내장은 수정의 혼탁한 부위, 크기, 위치, 농도 등에 따라 시력에 미치는 영향이 다르며, 수술로 수정체를 제거하거나 콘택트렌즈나 안경을 착용해도 시각장애를 가지게 되는 경우가 많다. 후천성 백내장은 노인성으로 50~60대에 나타나며 인공수정체로 수술하여 시력을 교정해 줄 수 있다. 그러나 시술이 늦어지는 경우 안구진탕증이나 패용성 약시를 가져올 수 있다. 선천성 백내장은 산모의 풍진, 갈락토오스 혈증(우유의 유당을 혈당으로 전환하지 못하는 신진대사 질환)이 주원인이며, 눈에 상처를 입거나 열 또는 방사선에 노출됨으로써 갖게 되는 외상성 백내장이 있다. 또한 녹내장이나 망막색소변성 등에 의해 발병하기도 하며, 당뇨병과 같은 질환을 갖고 있거나 부신피질 호르몬제 또는 녹내장 치료제를 장기간 사용하는 사람에게 발병하기도 한다.

③ 녹내장

녹내장은 안압이 높은 상태에 의해 시신경이 눌려서 손상을 입고, 그 결과 시야가 좁아지거나 변화를 초래하게 되는 것이다. 안압이 높아지는 것은 대개 방수의 생성과 배출 경로에 이상이 있을 때 일어나고, 경우에 따라서 방수가 과다하게 생성되어 안압이 높아지고 주로 배출 경로가 막혀 안압이 상승하게 된다. 이에 따라 시신경유두가 밀려 시신경이 손상받아 영구적인 시력손실을 초래하게 된다. 녹내장은 안압의 증가에 따른 통증, 매스꺼움, 두통 등의 증세를 보인다.

④ 안구진탕증

눈동자가 양옆이나 위아래로 규칙적으로 움직이지 못해 초점을 맞추기 어려운 상태로 시력저하를 유발한다. 즉, 한쪽 또는 양쪽 안구의 불수의적인 움직임으로 눈동자가 빠르게 또는 느리게 빙글빙글 돌거나 좌우 방향으로 움직이는 형태를 보인다. 이러한 경우 아동은 머리를 기울이거나 움직여서 초점을 맞추기 위해 조절하기도 한다.

⑤ 망막 박리 및 색소변성

망막이 맥락막으로부터 떨어져서 감각기능이 저하됨으로써 심한 시각장애를 초래한다. 망막색소변성은 유아기에 그 증상이 나타나며 장기간 진행되는 질병으로, 눈의 망막에 있는 세포가 변성되어 망막의 기능이 소실하는 유전성 질환이다. 초기 증상으로는 어두운 곳에서나 밤에 잘 보지 못하며 공놀이가 어렵게 되기도 한다.

⑥ 시신경위축

시신경유두가 창백해지고 시력이 감퇴하는 눈의 질병이다. 그 원인은 뇌하수체 종양, 매독, 녹내장, 다발성경화증, 유전 등이다. 즉, 시신경섬유가 손상되는 것을 말하며, 전기적 자극이 망막에서 두뇌의 시각중추로 전달되지 않음으로써 발생한다. 이에 의해 손상된 부위와 정도에 따라서 시력, 시야의 손상, 색깔 지각 등의 어려움이 나타난다.

⑦ 기타

패용성 약시는 눈에 결함이 있기보다는 한쪽 눈을 많이 사용하여 사용하지 않는 눈의 시력이 저하되는 경우다. 무안구증은 안구가 없어서, 그리고 소안구증은 안구가 작아서 발생하는 시각장애다. 외상은 임신 중 약물중독, 마약중독 등이 원인이고, 출생 시 외상은 유도분만에 따른 각막혼탁 및 망막출혈로 발생하며 출생 후 아동학대에 의해 나타날 수도 있다.

감염에 의한 원인은 주로 태내에서 쇠고기나 양고기 속 박테리아에 감염되어 생긴다. 미숙아망막증은 1.6kg 미만의 미숙아로 망막의 혈관이상이나 초자체의 견성이 그 원인이 되며, 미국의 경우 조산아의 23% 정도가 미숙아망막증으로 시각장애가 된다고 보고하고 있다(Trief, Duckman, Morse, & Silberman, 1989).

굴절이상으로서 근시는 수정체가 두껍거나 모양체가 근육 이완을 잘 하지 못하는 경우로, 안구의 지름이 길어서 상이 망막 앞에 맺히게 되어 정상시력을 가져오지 못하므로 오목렌즈를 착용해야 한다. 원시는 반대로 수정체나 모양체가 탄성을 잃고 수축을 잘 하지 못하는 경우로, 안구의 지름이 짧아서 상이 망막 뒤에 맺히므로 볼록렌즈로 교정하여 사용해야 한다. 난시는 안구의 모양이 둥그렇지 않고 달걀 모양처럼 한쪽의 축이 길거나 각막이 평평하지 않아 망막에 상이 왜곡되게 맺히는 경우다. 그리고 사시는 안구의 움직임을 조절하는 눈 주위 근육의 수축과 이완에

문제가 있는 경우로, 내사시(안쪽으로 눈이 몰림)와 외사시(바깥쪽으로 눈이 몰림)가 있다. 이는 조기치료를 하면 교정이 가능하다.

4. 시각장애의 진단과 평가

진단과 평가는 시각장애아동의 교육에 관한 결정을 내리는 데 필수적이다. 평가를 통하여 아동에게 필요한 교육계획을 작성하는 데 필요한 정보를 수집하고, 아동의 발달 진전을 평가하고 교육 프로그램을 결정할 수 있다. 사정 또는 총평(assessment)은 검사활동을 통한 양적인 기술과 더불어 질적인 특성 파악을 하는 활동으로, 종합평가의 성격을 띠며 최근 가장 강조되는 활동 중 하나다. 장애가 의심되는 아동에 대한 진단 · 평가의 절차는 크게 발굴(locating)단계, 선별(screening)단계, 진단(diagnosing)단계의 세 단계로 나눌 수 있다.

시각장애아동을 평가하기 위해 담당교사는 다음의 사항을 주의해야 한다. 첫째, 시각장애아동의 성장과 발달 그리고 교육적 요구를 이해하고 있어야 한다. 둘째, 시각장애아동의 발달에 영향을 미치는 변인들의 정도, 중복장애 유무, 시각장애 원인 등을 고려하여 평가도구를 선정하고 평가절차를 수정 · 적용하는 방안을 모색해야 한다. 즉, 자신이 선정한 평가도구별 목적, 평가절차, 표준화 자료 포함 유무, 아동의 교육적 요구 평가 면에서 본 강점 및 약점 제시 여부를 확인해야 한다. 시각장애아동의 교육을 위한 평가를 결정하기 위해서 한 가지 평가도구에만 의존하는 것은 현실적으로 바람직하지 않다. 따라서 아동의 건강, 영양상태, 가족의 태도와 가치관, 가족 형태와 문화적응 수준 등의 현재 생활상태, 신체 · 정신 · 정서 면에서의 주요 생애 사건, 신체 · 감각 제한, 부모 태도 · 행동 · 수행 평가를 포함한 발달력, 양육자 및 아동과 관련된 관계자들을 통한 종합적이고 구체적인 정보, 생활 전반에 걸쳐서 이루어지는 관련 정보를 종합 분석하여야 한다(박순희, 2007).

1) 시각장애 발견

시각장애는 시력과 시야를 측정하여 찾을 수 있다. 그렇지 못한 경우는 아래와 같은 행동들을 관찰하여 발견할 수 있다(정동영 외, 2001). 다음의 행동이 발견되면

검안의나 안과의가 진단하도록 한다.

> 늘 한쪽 눈으로 본다. 눈이 자주 충혈된다. 눈에 눈물이 많다. 늘 눈꺼풀이 감겨 있다. 다래끼가 자주 생긴다. 눈을 자주 비빈다. 읽던 줄을 잃어버린다. 물건에 걸려 자주 넘어진다. 글을 쓸 때 줄을 못 맞춘다. 눈이 가렵거나 따갑다고 한다. 눈이 침침하고 아프다고 한다. 글자와 단어가 겹쳐 보인다고 한다. 물건과 배경색이 비슷할 때 물건을 빨리 찾지 못한다. 사진을 보고 사람을 구별하지 못한다. 걸어 다닐 때 시각적인 단서보다는 냄새나 소리 단서에 더 의지한다. 계단을 이용할 때 굳이 보호자의 손을 잡으려고 한다. 눈을 잘 못 맞춘다. 물체가 여럿 있을 때 그 위치를 입체적으로 파악하지 못한다. 단선을 보고 복선이라고 한다. 원고지와 같이 네모가 정확하게 그려진 격자무늬를 보고 휘어져 있다고 한다. 색의 구별을 제대로 하지 못한다. 자꾸 옆으로 본다. 비슷한 옷을 입은 사람을 제대로 구별하지 못한다. 공을 잡지 못한다. 해가 나면 눈을 가린다. '여기 보세요'라고 하면 귀를 돌려 댄다. 우유 빨대를 우유팩의 구멍에 잘 꽂지 못한다. 주사위 놀이를 하면서 눈을 읽지 못한다.

미국실명예방협회에서 제시한 시각문제의 징후들을 행동, 외모, 안질 면에서 제시하면 다음과 같다(박순희, 2007).

- 행동: 눈을 심하게 문지른다. 한쪽 눈을 감거나 머리를 한쪽으로 기울이거나 앞으로 내민다. 눈의 사용이 요구되는 작업이나 독서에서 어려움을 보인다. 눈을 자주 깜박이거나 문지르고 싫증을 잘 낸다. 멀리 있는 사물을 분명하게 보지 못한다. 눈을 가늘게 뜨거나 찌푸린다. 눈 작업을 해야 할 때 몸이 긴장되어 있다. 책을 지나치게 가까이 대고 본다.
- 외모: 눈이 붉게 충혈되어 있다. 눈에 물기가 많다. 눈에 다래끼가 자주 난다. 양 눈이 다른 방향을 보고 있다.
- 안질: 눈이 가렵고 얼얼하거나 긁고 싶어 한다. 잘 보지 못한다. 눈 작업 후에 현기증, 두통, 매스꺼움을 느낀다. 흐리게 보이거나 두 개로 보인다.

2) 시각장애 선별

행동관찰을 통해 다음과 같은 행동을 나타내는 아동을 중심으로 시각에 문제가 있는 아동 가운데 시각장애 특수교육대상자를 선별한다(정동영 외, 2001).

- 늘 한쪽 눈으로 보며 눈이 자주 충혈된다.
- 눈에 눈물이 많다.
- 늘 눈꺼풀이 감겨 있다.
- 다래끼가 자주 생긴다.
- 눈꺼풀이 처진다.
- 눈을 자주 비빈다.
- 책을 읽을 때 읽던 줄을 잃어버린다.
- 물건에 걸려 자주 넘어진다.
- 글을 쓸 때 줄을 못 맞춘다.
- 눈이 가렵거나 따갑다고 한다.
- 눈이 침침하고 아프다고 한다.
- 글자와 단어가 겹쳐 보인다고 한다.

이와 같은 행동을 나타내는 아동은 일단 시각에 문제가 있는 것으로 의심하여 정확한 진단을 할 필요가 있다. 아동의 시각에 문제가 있다고 판단되는 경우 아동의 시력과 시기능을 검사하도록 한다.

3) 시각장애 진단 및 평가

시각장애아동을 위한 평가 영역은 포괄적으로 나누어 시각, 지능 · 적성, 감각 · 운동, 학업기술 · 개념발달, 사회 · 정서 · 애착, 기능적인 생활기술 영역으로 구분된다.

- 시각 영역: 안과의사와 검안사에 의한 안관검사, 시기능 평가, 시효율 평가, 저시력 보조구 평가

- 지능 · 적성 영역: 인지발달과 인지적 기능
- 감각 · 운동 영역: 대근육 · 소근육 운동발달과 지각학습
- 학업기술 · 개념발달 영역: 읽기 · 쓰기 · 수학 · 맞춤법에서의 성취, 언어발달, 듣기기술, 시간 · 양 · 위치 · 방향 · 순서 개념, 학업기술
- 사회 · 정서 · 애착 영역: 행동조절, 사회 · 정서 학습, 생활적응 기술, 레크리에이션과 여가기술
- 기능적인 생활기술 영역: 일상생활 기술, 방향정위와 이동 기술, 지역사회 이동과 적응 기술, 직업준비 기술과 직업기술

일반적으로 평가도구는 공식적 · 비공식적 검사, 표준화 · 비표준화 검사, 규준참조 · 준거참조검사, 집단 · 개별검사, 언어성 검사, 동작성 검사로 나누어 볼 수 있다. 또한 시각장애아동의 연령을 고려해 취학전 아동, 취학기 아동과 중복장애, 성인용으로 나누어 볼 수 있다. 평가 영역은 학업성취, 의사소통, 개념 · 인지, 학습양식, 방향정위와 이동 · 운동, 자조기술, 사회 · 정서, 시각능력 등이다.

Hall, Scholl과 Swallow(1986)는 시각장애아동의 평가 시 일반적인 지침을 다음과 같이 제시하고 있다(박순희, 2007 재인용).

- 아동의 연령에 맞게 신체적으로 접촉하여 인사를 한다. 예를 들면, 머리를 쓰다듬어 주거나 어깨를 두드려 주거나 악수를 한다.
- 아동이 있는 방을 설명해 주고 아동이 원한다면 살펴볼 기회를 제공한다.
- 평가받을 책상과 의자 있는 곳으로 아동을 안내하고, 아동이 익숙해질 수 있도록 시간을 준다.
- 편안하고 움직임이 자유롭고 민첩하게 최대한으로 움직일 수 있는 위치에 있게 해 준다. 또한 잔존시력을 최적으로 활용할 수 있는 환경을 제공한다. 장애가 중도인 경우 아동이 가장 편안하고 적합한 자세를 유지하도록 한다.
- 평가 시 전혀 반응이 없거나 장애가 중도인 아동을 위하여 신체적인 조작활동 등의 기회를 제공한다. 이는 최대한의 주의집중과 관심을 끌어낼 수 있다.
- 평가자가 하고 있는 것들을 설명하고, 이해할 수 있는 아동에게는 평가를 통하여 얻게 되는 정보가 무엇인지를 설명해 준다.
- 각 검사가 시작되기 전에 평가에 사용되는 검사도구들을 탐색할 수 있는 기회

를 제공한다. 도구가 있는 곳을 알려 주기 위해 도구를 가볍게 바닥에 두드리거나 말해 주거나 손을 끌어 대준다.

- 아동이 이해할 수 있는 지시를 하여 평가 과제들을 수행할 수 있도록 도와준다.
- 운동이나 자기관리 기술을 평가할 때는 신체는 움직임을 모방하도록 말로 지시하고 직접 동작을 하도록 손으로 이끌어 준다.
- 관심을 자극하기 위해 가능하다면 과제에 활동을 추가한다.
- 평가를 종료할 때는 아동에게 감사의 표시를 하고, 아동이 평가에서 수행한 것을 언급하거나 흥미로웠던 점을 지적해 주면서 마무리한다.

이와 같은 시각장애아동의 평가 시 일반적인 지침에 따른 단계별 절차를 종합해 보면 평가목적 확인, 정보 수집(의뢰자, 안과 전문가 검사), 면담(부모 혹은 보호자 면담, 전 학급 담당교사나 치료사), 평가(도구 선정, 평가 실시), 종합분석의 순으로 실시할 수 있다. 평가 영역별 평가도구로는 학습 영역(KISE-기초학력검사), 한국 웩슬러 유아 지능검사(K-WPPSI), 한국 웩슬러 지능검사(KEDI-WISC), 한국 웩슬러 아동 지능검사(K-WISC-III), 기초학습기능검사, 사회 · 생활기술검사(사회성숙도검사), 심리운동발달검사(캐롤라이나 교육과정[유아용], 오리건 프로젝트[유아용], 피바디 이동 프로그램) 등이 소개되고 있다. 최근에는 장애학생의 평가방법으로 생태학적 접근에 기초한 기능적인 평가가 강조되고 있다. 이는 검사실 상황에서 검사를 실시하여 나온 결과만으로 아동의 적성에 관한 신뢰성 있는 자료를 수집하는 데는 한계가 있다는 점이 지적되기 때문이다. 이 평가는 아동이 실제 생활하는 공간에서 아동의 활동을 관찰하거나 검사하면서 실제적인 아동에 관한 정보를 얻을 수 있기 때문에 환경적응 능력 평가, 중복장애아동 및 취학전 아동 평가에 유용하게 활용되고 있다.

5. 시각장애아동의 특성

인간발달의 주요 변화는 '성숙'과 '성장'으로 말할 수 있다. 성숙은 자연적이고 지속적인 변화로서 환경의 변화를 비교적 적게 받는다고 볼 수 있다. 그러나 성장은 개인의 지적, 심리적, 신체적 조건과 환경에 따라 많은 영향을 받을 수 있다. 인간발달은 어떤 경향성 혹은 원리에 따라 진행되며, 발달의 원리에 관해서도 학자마다 다소 견해가 다르다. 학자들이 대체적으로 주장하는 발달의 원리는 상호작용, 순서성, 방향성, 분화와 통합, 연속성, 주기성, 개인차, 항상성의 원리다. 아동은 환경과의 상호작용을 통해서 성장해 나간다. 일반적으로 인간은 시각을 통하여 주위에 있는 사물들을 식별하며, 정보 습득 및 전달의 70%는 시각을 매체로 한다. 그러므로 시각에 장애가 있는 아동의 경우에는 신체이동이나 색상 · 형태 · 공간 인지 등 모든 활동에 제한을 받으며, 필요한 정보를 받아들이는 데 어려움이 있다. 이러한 정보 습득의 어려움으로 아동의 인지는 일반아동의 그것과 발달 면에서 속도가 지연될 수 있고 대상에 대한 개념이 달리 설정될 수도 있다는 것이 일반적인 견해다. 그러나 시각장애의 정도, 실명시기, 시력상실의 유형, 시각장애 원인, 사회적 · 문화적 배경, 아동의 교육 경험 등에 따라 발달에 영향을 미치는 정도가 달라지고, 시각장애 외에 장애가 중복되는 경우는 아동의 발달이 더욱 지체되고 멈추는 경우도 있다. 이러한 시각에 장애가 있는 아동들의 일반적인 특성은 다음과 같다.

1) 시력의 발달

출생 직후는 상당수의 아동이 사시를 보이며, 출생 당일이나 다음 날부터 두 눈의 협응이 가능하기는 하지만 피로할 때에는 사시 경향이 그대로 남아 있다. 눈의 추적운동은 고정시, 수평추시, 수직추시, 원형추시의 순으로 발달한다. 신생아는 움직이는 대상을 쳐다볼 수는 있으나 생후 3~4개월까지는 추시가 곤란하다. 색의 식별은 4개월이 되면 다른 색보다는 파란색이나 빨간색을 더 오랫동안 보는 경향이 있다. 생후 6주경이면 사람 얼굴, 특히 눈 주위를 쳐다보기 시작하여 4개월 정도에는 규칙적인 외형을 가진 물건이나 얼굴 등을 보기를 더 좋아한다. 또한 4~6개월에는 깊이 지각을 할 수 있으며, 물체의 크기와 형태에 대한 항등성을 지니게 된다.

시력발달은 태어날 때부터 좋은 것이 아니다. 안구의 기능 및 인지발달과 더불어 이루어지는 것으로 알려져 있다. 연령별 일반적인 시력의 경우, 1개월은 광각, 2개월은 0.01, 3개월은 0.01~0.02, 4개월은 0.02~0.05, 6개월은 0.05~0.08, 8개월은 0.1, 1세는 0.4, 2세는 0.5~0.6, 3세는 0.6~0.8, 4세는 0.8~1.0, 6세는 1.0~1.5이며, 만 5~6세가 되면 시력의 발달이 거의 완성된다. 이 시기 이전에 시각장애를 발견하여야 실명 예방의 효과를 극대화할 수 있으며, 적절한 교육적 조치

에 의해 시각장애의 왜곡된 발달을 예방할 수 있다.

2) 행동 특성

일반적으로 아동들은 눈으로 보고 자극을 받아 자신의 몸을 움직이거나 이동하는 경우와 같이 먼저 대근육을 사용하여 움직이게 되고, 그다음에 소근육을 사용하여 섬세한 운동을 하게 된다. 즉, 머리를 들거나 돌리는 것이 가능한 후에 팔과 가슴을 움직이고 몸을 밀면서 나아가게 된다. 이후 네 발로 기거나 다리로 체중을 지탱하여 바로 서며 걷게 된다. 이와 같이 많은 학습의 시작은 기본적으로 시각 모방을 통해 이루어진다(Miller, 1983). 이처럼 인간은 일생 동안 주변 환경에서의 모방을 통해 학습하여 성숙과 성장의 발달이 이루어지지만, 시각에 장애가 있는 아동은 모방하며 학습할 수 없기 때문에 운동기술 및 행동의 발달이 지연될 수밖에 없다. 따라서 공간에서의 위치 파악이 부족하고, 중심을 잡고 서거나 걷는 것이 어려우며, 감각을 통한 지각능력이 부족하고, 몸의 자세가 나쁘고 걷는 모습도 어색하다. 시각장애아동 중에는 외부 세계로부터 자극의 결여를 보상하기 위한 자기자극 행동으로 몸을 흔들거나 머리를 젓거나 눈을 찌르는 등의 사회적으로 부적합한 행동을 하는 경우가 있다.

신체발달은 정안아동과 큰 차이가 없으나 일반적으로 모방에 의해 신체조절 능력을 학습하게 된다. 하지만 시각장애로 머리 및 신체 조절에서 어려움을 보이고, 근력과 근 긴장도도 적절하게 발달되지 않으며, 근력이 부족하거나 관절 움직임의 범위가 제한되어 걷기가 늦어지거나 보행자세에 이상이 있고, 공간에서의 위치 파악이 잘 되지 않기도 한다(박순희, 2007). 따라서 전맹아동은 저시력아동보다 평균적으로 걷는 시기가 늦다고 보고되고 있는데, 대체로 앉기나 서기와 같은 정적 운동기능은 정상적인 연령에서 대부분 획득되지만 기기, 걷기와 같은 역동적 기능은 다소 지체된다. 그래서 한발로 서기, 균형 잡기, 점프하기, 발끝 걷기 등이 어려울 때가 많다. 김동연(1985)은 시각장애아동의 자세와 걸음걸이에서 그들의 비정상적인 행동 특성을 찾아볼 수 있는데 즉, 머리의 앞쪽 경사와 배면의 척추후반 등과 빈약한 둔부, 무릎굴곡, 두 다리를 벌린 폭넓은 걸음걸이에서 그러한 특성이 나타난다고 하였다.

3) 학습 특성

시각장애아동의 지능은 정안아동과 비교해 볼 때 큰 차이는 없으나 지적 구조에 다소 차이를 보인다. 따라서 적절한 환경자극을 제공한다면 지능발달의 지체를 극복할 수 있다고 보고되고 있으며, 일반아동보다 낮다는 증거가 제시된 적은 없다. 그러나 Lowenfeld(1981)는 맹아동의 경우 이동능력이 제한되어 경험의 종류와 범위가 협소하고 이것이 인지발달에 영향을 준다고 제시하였다. 또한 맹아동과 저시력아동이 일반아동보다 낮은 학업성취를 보인다고 하였는데, 이는 인지능력 부족이 아닌 학습기대와 점자기술의 부족 때문이라고 하였다(Rapp, 1992; 박순희, 2007 재인용). 또 다른 연구에서는 시각장애아동이 개념발달에서 정안아동보다 뒤진다는 결과를 제시하였는데, 이는 환경 경험의 제한 때문이라는 의견이 지배적이다. 학업성취가 낮은 것은 시각장애아동이 정안아동보다 늦게 취학하는 경향이 있고, 적절한 교육을 받을 기회를 부여받지 못하였거나, 자주 병원에 다녀야 해서 결석이 잦고 점자 또는 확대활자를 사용하여 정보 습득이 느리기 때문이라고 설명되기도 한다. 또한 7세 이전에 실명한 아동은 시각적 영상이나 색채의 개념을 보유할 수 없으나, 7세 이후에 실명한 중도실명아동은 시각적 관찰을 할 수 없다 하더라도 시각적 영상과 색채의 개념을 학습과정에 활용할 수 있다고 하였다.

시각장애아동은 생리학적 변인이나 환경적 변인, 시간 · 위협 · 불안 등의 변인 때문에 개념 형성에 지체를 가져올 수 있다. 맹아동은 수 보존개념, 액 보존개념, 질량 보존개념, 물질 보존개념, 무게 보존개념이 지체되어 있으나 보존 과제를 수행할 때의 인지과정은 정안아동의 그것과 유사하다고 보고되고 있다(김동연, 1985).

4) 심리적 특성

장애인을 위한 교육의 궁극적인 목표는 정상화라고 할 수 있다. 정상화란 장애인이 비장애인과 같은 환경에서 같은 방식으로 함께 더불어 살아가는 것을 의미한다. 따라서 시각장애교육을 하는 데는 시각장애아동의 사회적응력을 길러 주는 체계적인 교육적 조치가 필요하다. 시각장애인의 행동이나 태도는 유전되는 것이 아니라 사회적으로 학습된다. 시각장애인이 의존적이고 무능력하다면 그것은 유전된 것이 아닌 학습된 것이다. 반면 시각장애인이 유능하고 독립수행 능력이 높다면 그 역시 유전된 것이 아닌 학습된 것이다. 이와 같이 인간은 사회화 과정을 통하여 만들어지고, 시각장애인도 동일한 과정을 통하여 성장한다. 시각장애아동의 성격과 사회성의 문제는 실명 자체 때문에 일어난다고 하기보다는 실명에 대한 사회적 환경의 반응 때문에 일어난다고 할 수 있다.

사회성 발달은 교육 프로그램의 필수적인 지도 영역으로, 모든 발달 영역의 기능을 통합시키는 역할을 한다. 사회성 발달은 지역사회 생활과 직업생활에서 기초가 된다. 임안수(1999)는 장애에 의해 일상생활과 경제적 자립에 제약을 받게 되고, 사회참여와 능력발휘의 기회가 제한되며, 장애인에 대한 사회적 편견이 존재하는 우리 사회에서 장애인은 기존의 신체적 · 지적 장애와 더불어 심리적 · 사회적 장애까지도 갖게 된다고 하였다.

임안수(2000)는 시각장애인은 비교할 대상이 없기 때문에 상동화와 같은 그들의 행동이 사회적으로 바람직하지 못하다는 것을 깨닫지 못하는 경우가 있다고 하였다. 중도에 실명한 아동은 선천 맹아동과 같이 반복적인 상동화 행동을 발달시키지 않으나 과거에 습득한 몸짓이나 얼굴 표정 또는 신체언어를 상실할 수 있으므로 몸짓과 얼굴 표정을 유지하기 위하여 계속적인 노력을 하도록 격려해야 한다.

Lukoff와 Witeman(1970)은 맹인과의 면접을 토대로, 독립의 가능성은 교육, 지능, 잔존시력, 사회계층, 부모의 태도 등에 달려 있다고 하였다. Blank(1957)는 실명은 개인적, 사회적, 정서적 욕구에 영향을 준다고 하였다. 실명은 잠재적 성격이나 기존의 성격 특성을 약화시키는 경향이 있다. 중도 실명자의 적응과정은 신체적 · 사회적 외상, 충격과 부정, 애도와 위축, 자포자기와 우울증, 재평가와 재확인, 대처와 동원, 자기 수용과 가치 존중감의 단계를 거치며, 실명시기, 시력 정도, 중요한 타인의 지원, 전문적 서비스의 이용 가능성 등의 여러 요인들이 이 적응과정에 영향을 미친다.

이해균과 서경희(2002)의 시각장애아동과 정안아동의 심리적 안정감 비교연구를 보면, 시각장애아동은 우울증 환자로 진단될 수 있는 비율이 더 높으며 절망감의 정도가 더 심하다. 그리고 자아존중감의 정도는 더 낮게 나타났다. 시각장애는 시각장애아동에게 다음과 같은 4단계에 걸쳐 정서적으로 영향을 미친다. 1단계에서는 시각상실이 직접적인 발달에 영향을 미친다. 2단계에서는 시각장애가 도구적 영향을 미친다. 즉, 시각은 정서발달의 도구로 쓰이는 경우가 많다. 시각을 활용하여 주위 환경을 자유롭게 돌아다니며 다른 사람들과 접촉을 하고 성격을 발달시키는데, 시각장애아동은 이러한 도구의 결여로 부정적인 방향으로 정서가 발달할 가능성이 있다. 3단계에서 시각장애아동은 시각장애에 대해 느낌의 수준에서 반응한다. 분노를 느끼거나 좌절을 느끼는 등의 반응을 자주 하게 되어 그것이 정서발달의 일부분이 될 가능성이 있다. 4단계에서 시각장애아동은 시각장애에 대해 행동적인 수준에서 반응할 수 있다. 느낌의 수준이 아니라 분노와 좌절감 같은 행동의 수준에서 표현된다. 그러나 시각장애의 영향과 시각장애에 대한 반응이 모든 시각장애아동에게서 똑같을 수는 없다. 따라서 시각장애아동의 성격이나 정서 발달을 하나의 군집으로 보지 말고 시각장애의 개별화된 영향과 개별화된 반응의 측면에서 성격과 정서 발달을 이해해야 한다.

6. 시각장애아동의 교육

시각장애아동의 효과적인 교수-학습 활동을 위해서는 시각장애아동의 특성 파악이 우선되어야 한다. 시각장애아동은 시력상실로 보행 · 경험 · 환경의 상호작용 등의 제한으로 교수-학습에 어려움을 가지게 된다. 따라서 시각장애아동의 교수-학습은 다음과 같은 일반적인 원리에 기초해야 한다. 첫째, 개인차에 근거한 교수-학습의 개별화 원리를 적용해야 한다. 둘째, 구체적 또는 대리적 경험의 제공이 요구된다. 셋째, 통합된 경험이 제공되어야 한다. 넷째, 의도적이고 체계적인 학습 프로그램의 제공이 이루어져야 한다. 다섯째, 능동적인 학습활동을 위한 자발성이 강조된다.

1) 교육과정

시각장애학교 교육과정은 특수학교 교육과정(교육부, 2008)에 의거하여 유치부 교육과정, 국민공통 기본교육과정, 고등부 선택중심 교육과정, 기본교육과정의 제7차 교육과정에 바탕을 두고 있다. 유치부는 유치원 교육과정에 의거하여 건강 · 사회 · 표현 · 언어 · 탐구 생활 영역으로 구성한다. 유치부의 교육목표는 일반유아 교육목표에 감각과 개념을 발달시키고, 기본적인 방향정위와 이동 훈련을 통하여 독립적인 보행 경험을 가지도록 하는 것이다. 초 · 중등과정은 아동의 수준과

특성에 따라 국민공통 기본교육과정과 기본교육과정을 적용할 수 있다. 교육목표 설정에서 초등부 과정에서는 학교와 이웃의 환경을 이해하고, 각종 보행 단서를 사용하여 기초적인 독립보행 능력을 기르며, 중학부 과정에서는 일상생활 기술과 보행기술을 습득하여 독립생활 능력을 기른다. 그리고 고등부 교육목표는 독립보행 능력을 기르고, 일상생활 기술을 습득하여 독립생활 능력을 기르는 것이다.

시각장애학교의 교육과정 편제는 유치부 교육과정, 기본교육과정, 국민공통 기본교육과정, 고등부 선택중심 교육과정에 의거하여 학생 및 학교의 여건과 실정에 따라 학교교육과정으로 편성한다. 국민공통 기본교육과정은 교과, 치료교육 활동, 재량활동, 특별활동으로 편성한다. 교과는 국어, 도덕, 사회, 수학, 과학, 실과(기술 · 가정), 체육, 음악, 미술, 외국어(영어)로 한다. 초등부 1, 2학년의 교과는 국어, 수학, 바른생활, 슬기로운 생활, 즐거운 생활 및 우리들은 1학년으로 한다. 치료교육 활동은 언어치료, 청능훈련, 물리치료, 작업치료, 감각 · 운동 · 지각 훈련, 심리적 · 행동적응 훈련, 보행훈련, 일상생활 훈련으로 한다. 재량활동은 교과 재량활동과 창의적 재량활동으로 한다. 특별활동은 자치활동, 적응활동, 계발활동, 봉사활동, 행사활동으로 한다. 고등부 선택중심 교육과정은 교과, 치료교육 활동, 특별활동으로 편성한다. 교과는 일반선택과목, 심화선택과목 또는 전문선택과목으로, 치료교육 활동은 언어치료, 청능훈련, 물리치료, 작업치료, 감각 · 운동 · 지각 훈련, 심리적 · 행동적응 훈련, 보행훈련, 일상생활 훈련으로 한다. 특별활동은 국민공통 기본교육과정의 자치활동, 계발활동, 봉사활동, 행사활동으로 한다.

2) 교과지도

시각장애아동의 초등학교 과정의 교과지도 내용은 시각적인 것을 사용하거나 시각적인 요소가 많은 부분을 차지하고 있다. 특히 슬기로운 생활, 즐거운 생활, 바른 생활 교과서의 경우 그림이 대부분을 차지하고 있어서 지도하는 데 많은 어려움이 있다. 따라서 그림을 자세하게 설명하는 자료를 교사가 직접 개발하거나 부교재를 만들어 지도해야 할 실정이다. 이에 시각장애아동을 지도하는 교사들은 다양한 멀티미디어를 활용하거나 인터넷 자료 등을 활용하기도 하고, 그림에서 제시하는 내용을 직접 경험하게 하거나 시연을 통하여 지도하는 경우가 많다. 또한 시각의 장애를 보완하기 위해 점자 및 녹음 자료를 사용하며, 저시력아동을 위한 확대자료의 제작 등 대안적인 교수 자료를 활용하기 위한 노력을 해야 한다. 그 밖에 시각장애아동의 특성을 고려해 가능한 한 일반아동과 동일한 교육 경험을 제공하기 위한 노력이 요구된다. 시각장애아동의 특성을 고려한 교과별 지도의 방법 및 유의 사항은 다음과 같다.

(1) 국어과 지도

시각장애아동에게 점자는 읽기와 쓰기의 기본이며 필수 언어다. 따라서 초등학교 입학부터 다른 교과에 우선하여 한글점자를 읽고 쓰는 능력을 완전히 습득하는 과정이 필요하다. 즉, 국어과가 도구교과로서의 역할을 제대로 하려면 점자의 활용 능력이 필수적이라고 할 수 있다. 따라서 시력 및 시기능에 따라 묵자 또는 점자, 확대글자를 활용하여 저학년부터 철저히 지도해야 한다.

국어과 지도 시 유의 사항은 다음과 같다. ① 국어과 내용 중 그림 자료 및 사진 자료, 도표, 경필 쓰기 등은 전맹학생이 이해할 수 있도록 수정하거나 필요한 내용으로 재구성한다. ② 읽기 교과서는 단원의 제목 다음에 그 단원에서 새로 나온 약자나 약어, 그리고 난이도가 높은 낱말이나 문장을 미리 제시하여 연습할 수 있도록 그 내용을 재구성한다. ③ 경필 쓰기는 그 단원에서 사용된 점자의 약자나 약어 등 난이도가 높은 점자 쓰기로 재구성한다.

(2) 수학과 지도

초등학교 아동의 인지발달은 주로 구체적 조작활동을 통하여 이루어진다. 특히 시각장애아동의 경우에는 청각과 촉각에 의존하여 지식을 획득하고 개념을 이해하기 때문에 일반아동에 비해 많은 어려움을 가지고 있다. 따라서 수학활동이나 수학적 사고 실험을 구체적으로 해 볼 수 있도록 체계적으로 특별히 고안된 교육 기자재의 활용이 필수적이다.

수학과의 크기, 거리, 측정 같은 기본 개념들의 지도는 시각적인 과제 제시보다는 다른 감각 수단을 활용하도록 유도하는 것이 바람직하다. 즉, 부피, 무게, 거리, 시간 등의 수 개념과 측정 지도는 시각장애를 고려하여 수정 · 보완 · 개작된 수학 학습지도를 준비한다. 수학 학습보조도구 유형을 보면, 도형을 촉각적으로 나타내주는 기구, 측정 보조도구, 계산 보조도구 등으로는 음성 저울, 음성 온도계, 촉각적인 표시가 있는 눈금자, 줄자, 대자, 각도기 등을 활용하고, 도형을 점자나 폴리

에스테르지를 사용하여 촉각적으로 만져 볼 수 있도록 볼록선으로 만들어 준다. 또한 시중의 기본 도형 세트를 구입하여 감각을 이용하여 구, 삼각형, 육각형, 사각형 등의 삼차원 형태에 대한 개념을 지도할 수 있다. 계산 보조도구들로는 주판과 음성 전자계산기 등 최근 발달된 각종 촉각적 · 청각적 기능이 포함된 자료들을 활용한다.

(3) 과학과 지도

관찰 및 탐색 학습이 많이 요구되는 과학과 지도에서는 많은 어려움이 따른다. 과학학습에서는 만지거나 냄새 맡아 보거나 맛보는 등 시각 이외의 감각을 이용하는 다감적인 접근방법이 타 교과에 비해 특별히 더 많이 요구된다.

과학과 지도 시 유의 사항은 다음과 같다. ① 작업 영역, 재료, 기구 등에 대해 잘 안내하여 주고 그것들을 잘 조정된 작업공간에 배치한다. ② 작업 상황을 효과적으로 파악할 수 있는 아동을 배치한다. ③ 시각장애아동의 욕구를 충족시켜 줄 수 있도록 작업 상황을 의미 있게 개작하거나 다감각적 경험을 할 수 있는 학습활동을 개발한다. ④ 탐색하고 조작할 수 있는 자료를 제공하여 관찰, 실험, 탐구 기능을 신장시킨다. ⑤ 시각장애아동이 직접 관찰 · 조사할 수 없는 것은 다른 사람에게 물어서 조사하게 한다. ⑥ 생물, 물질 등은 실물, 모형, 양각 도형 등을 사용하여 지도한다. ⑦ 손으로 만져서 알기 어려운 것이나 기구가 없어 알 수 없는 것은 개념상의 오류를 범하지 않도록 설명을 충분히 해 준다. ⑧ 만져 보기에 적당한 것을 사용한다. ⑨ 박제, 표본, 모형들을 사용할 때는 살아 있는 생물이나 실물에 대하여 보충 설명을 한다(예, 동물의 체온, 소리, 동작 또는 실물 크기). ⑩ 그림이나 다이어그램 등은 대비가 잘 되도록 인쇄해 주거나 점역해 주되, 말로 잘 설명해 준다. ⑪ 실험이나 시각적 관찰 결과 등을 말로 묘사해 준다(예, 시험지의 색깔 변화). ⑫ 식물의 생장 과정을 지도할 때는 흙에 심지 말고 물에서 자라게 하여 관찰하기 쉽게 한다. ⑬ 재료나 도구를 효과적으로 사용할 수 있도록 개작한다(예, 점자자, 점자저울, 주시기, 온도계, 세포모형 등). ⑭ 안전하고 깨지지 않는 재료와 기구를 사용한다. ⑮ 재료나 도구의 명칭을 점자나 확대문자로 표기한다. ⑯ 기구나 재료와 작업 면의 색상 대비가 잘 이루어지도록 한다. ⑰ 복잡한 자료는 분해하여 지도한 다음 이를 다시 종합하여 지도한다. ⑱ 과학점자 기호를 바르게 읽고 쓰게 한다. ⑲ 과학에 다양한 점역서와 녹음 도서를 확보하여 읽기 자료로 제공함으로써 과학의 학습과 포괄적인 이해에 도움이 되도록 한다.

(4) 사회과 지도

내용 중 글로 이루어진 부분들은 점자, 큰 활자, 녹음 자료를 활용한다. 그림, 지도, 도표, 그래프, 지구본 등은 촉각적으로 확인할 수 있는 촉각 그래픽 자료를 만들거나 그래픽에 대하여 말로 설명해 주는 방법으로 한다. 저시력학생의 경우 색의 대비를 고려하여 확대하여 활용한다.

사회과 지도 시 유의 사항은 다음과 같다. ① 유적, 유물 등의 실물 자료가 없을 경우에는 모형을 확보하여 활용한다. ② 지구의, 양각 도형, 통계, 방송 등을 적절하게 활용하여 학습의 효과를 높이도록 한다. ③ 양각 지도의 읽기와 각종 자료의 양각 지도화에 숙달되도록 하며 지도 사용에 필요한 기본 개념을 조기에 알게 한다. ④ 가능한 한 야외 및 현지 조사, 견학 등을 실시하여 지리학습의 경험을 다양화하도록 한다. ⑤ 방향정위 및 이동 지도와 함께 지도가 묘사한 것이 무엇인가를 이해하는 데 필요한 지리 개념을 획득할 수 있는 특정한 훈련을 한다. ⑥ 지도와 그래프를 체계적으로 남김없이 읽게 하고, 여러 페이지에 걸쳐 있는 길이가 긴 표는 놓치지 않고 읽게 한다. ⑦ 양각 지도가 복잡한 것일 경우에는 이를 분해하여 지도한 후 다시 종합하여 지도하도록 한다. ⑧ 촉각 자료만으로는 충분한 정보를 제공할 수 없는 경우에는 구두로 잘 설명하여 준다. ⑨ 저시력아동에게는 그들의 필요에 따라서 지도나 그래프 등을 확대하거나 축소하여 준다. 이때 중요하지 않은 사소한 것들을 깨끗이 제거하고, 배경과 좋은 대비를 이루도록 색깔을 사용하거나 굵은 선으로 나타낸다. 시야가 좁아서 그래프 전체를 한번에 보지 못하고 일부만 보는 아동에게는 전체적인 조망을 해 준다.

(5) 음악과 지도

음악은 기본적으로 소리를 활용하는 예술이다. 시각장애아동을 대상으로 한 음악지도도 음악점자나 확대된 악보지 및 큰 음표를 그려서 활용하고 음악 테이프나 CD를 활용하는 등의 차이 외에는 일반아동들을 대상으로 하는 지도방법과 크게 다르지 않다.

(6) 미술과 지도

미술교과에서 조소를 제외한 회화, 만들기와 꾸미기, 서예, 감상 등의 영역은 시각에 장애가 있는 아동에게 커다란 제약이 따르는 내용들이며, 교과서에 제시된 재료와 예시 작품들도 시각장애아동에게는 거의 무의미한 내용으로 구성되어 있다.

미술과의 창작활동은 시지각에 기반을 두고 있어 다른 장애에 비해 보다 독특한 미술활동이 요구된다. 특히 전맹(특히 선천성 맹)의 경우에는 자기 작품의 제작과정이나 작품의 감상활동 등의 영역에서는 특별히 고안된 프로그램이 필요하다. 시각장애아동의 미술을 이해하는 데는 두 가지 견해가 있다. 하나는 회화 자체를 시각적 예술로 범위를 한정하는 경우 맹학생에게는 시각적 표현이 무의미하거나 불필요하다는 견해이고, 다른 하나는 시각적 표현이라고 하더라도 독특한 방법이나 자료를 활용하여 자기가 표현하고자 하는 것을 나름대로 표현하는 자체에 의미를 두어 긍정적으로 보는 견해다. 전자는 촉각적 표현에 강조점을 두고 있다. 후자는 아동이 스스로 표현을 간과해서는 안 된다고 하는 것이다. 실제로 시각장애아동이 음악이나 촉각적 표현에 일반아동보다 우수하다는 결정적 증거는 없다. 이는 훈련과 학습을 통해 이루어지는 것이며, 시각 이외의 다른 감각에 더 의존하는 것으로 보고되고 있다. 그러므로 시각장애아동에게 여러 가지 형태의 상상력을 발휘할 수 있는 능력을 개발하는 것이 중요하다. 이것은 구체적으로 제시될 수 없는 개념이나 실제 모델을 이해하는 데 도움이 되기 때문이다.

미술교과 지도 시 유의 사항은 다음과 같다. ① 삼차원적인 매체나 촉각적인 매체를 많이 활용한다. ② 다양한 언어의 조합으로 색의 의미를 알게 하여 회화 영역에도 관심을 가지게 한다. ③ 시각장애아동의 흥미와 관심은 일반아동과 근본적으로 같다는 인식을 해야 한다. ④ 조소지도 시에는 촉각으로 최대한 감상한 후에 철사나 나무 등의 골조를 만들고 점토, 지점토, 고무찰흙, 밀가루 등을 활용하여 제작하도록 한다. ⑤ 조각활동의 경우 조각도의 위험성을 사전에 충분히 교육한 후 지도한다. ⑥ 작업장의 일관된 배치, 색료 통을 인지하기 용이하도록 여러 크기의 용기 활용, 물감의 종류별 점자 표시, 물감 흘림을 방지하는 소품들, 점자저울 등 시각손상을 보완할 수 있도록 수정 · 개작한 학습 자료를 준비한다. ⑦ 쟁반이나 도화지는 'C' 자 모양의 집게나 테이프로 고정한다. ⑧ 자료 상자를 만들어 스스로 정리된 재료를 활용할 수 있는 방법과 환경을 구비해 준다. ⑨ 미술 재료는 감각적인 요소를 가미하고 다감각적으로 활용할 수 있는 재료를 준비한다. ⑩ 물감에 모래 등을 가미하여 손으로 느껴 가면서 색을 표현하도록 유도한다. ⑪ 조각활동 시에는 모델 작품을 제시하여 만들게 하거나 조각의 형태를 임의로 하여 만들게 할 수도 있다. ⑫ 양각화 영역의 지도는 고무찰흙 또는 초를 묻힌 털실, 아교 위에 모래, 조개, 곡류 등의 재료를 이용하여 표현할 수 있도록 한다. ⑬ 회화지도 시에는 손가락에 직접 물감을 묻혀 그리거나 찍어 보는 손 그림 기법, 그리고 평면적인 도화지에 물감과 크레파스만을 사용하는 것이 아니라 양철판, 점자종이, 하드보드 등에 눌러서 자국을 낼 수 있는 도구(볼펜, 철판, 손톱, 성냥 등)를 써서 그리는 양각 그림기법을 사용하게 한다. ⑭ 가죽 끈, 실, 압핀, 전선줄 등을 이용하여 윤곽을 만들고 두꺼운 색지나 타일 등 여러 가지 재료를 붙여서 원하는 모양을 내는 모자이크 기법과 왕모래, 작은 모래, 단추, 콩, 쌀, 헝겊 등 형태나 크기가 다른 여러 가지 물체를 이용하여 원하는 모양을 내는 콜라주 기법 등을 사용한다.

(7) 체육과 지도

시각장애아동에게 체육활동은 여러 교과 중에서도 가장 흥미도가 높은 교과에 해당한다. 따라서 시각장애로 인해 신체활동을 싫어하거나 기피한다고 생각하는 것에 대한 인식의 개선이 있어야 한다. 체육과 지도는 개별 학생의 능력에 따라 달성해야 할 최소 및 최대 목표를 정하여 개별화된 교육을 실시하여야 한다. 이러한 체육교과 지도 시 유의 사항은 다음과 같다. ① 교육 장소를 포함한 교재와 교수법의 타당성을 검토하고 시각장애아동에게 맞는 수정방법인지 그 적절성 여부를 조사해야 한다. ② 활동공간 내에 맹아동이 두려움을 느낄 만한 방해물이나 위험물이 있는지 점검해야 한다. ③ 일반아동에게 제공되는 교육활동(배구, 볼링, 체조, 자전거 타기, 스케이팅, 농구, 축구, 탁구, 소프트볼, 수용, 달리기, 던지기 등)을 그대로 또는 시설물 및 규칙을 수정하여 실시할 수 있다. ④ 체조 등 체육활동 동작지도는 말로 설명하고 청각적, 근육감각적인 반복활동을 통해 지도한다. ⑤ 저시력 아동에게는 밝은 색의 공, 매트, 필드의 경계 표시, 선, 골 등의 주변 환경을 수정하여 가능한 한 일반아동이 하는 모든 활동을 지도하며, 개별 아동의 잔존시력 및 시기능에 최적한 환경과 방법을 제공하여야 한다. ⑥ 수업 시 교육활동 공간에 대한 상세하고 구체적인 상황 및 환경에 대해 인지할 수 있도록 사전 지도를 철저히 한다.

3) 생활지도

시각장애아동의 교육에서 교과교육과 함께 생활지도는 매우 중요한 영역이라고 할 수 있다. 학교교육을 통해 독립적 생활 능력을 길러 주는 것이 궁극적인 교육의 목표이기 때문이다. 그리하여 타인의 도움을 덜 받으면서 스스로 일상생활을 유지할 수 있으며, 나아가 타인과 원만한 대인관계를 유지할 수 있고 사회생활을 영위할 수 있는 사회적 기술을 중점적으로 지도해야 한다. 현재 학교교육과정의 한 영역이나 특정 시수로 편성되어 있지 않더라도 학교 등교 이후부터 하교 시까지, 또 가정과의 지속적인 연계교육을 통하여 일상생활 유지능력, 대인관계 형성 및 유지 능력, 자기주장 및 자기표현 능력, 여가생활 영위능력, 가정생활 및 사회 · 국가생활에 요구되는 기초 능력을 육성하여 우리 사회의 당당한 구성원으로 살아갈 수 있도록 해 주어야 한다.

일상생활 유지능력에 요구되는 지도내용으로는 식생활, 의생활, 건강, 위생생활 등이 중점 영역이 되어야 한다. 대인관계 형성 및 유지 능력의 지도내용은 건전한 가치관 형성과 가정, 사회생활에 필요한 가사 돕기, 청소, 손님 접대, 가정의례, 재난 사태 대처, 근검, 절약, 공공시설 이용, 통신 수단 이용, 금전관리 등의 사회적 기술 지도 영역이 중점 영역이 되어야 한다. 좀 더 자세히 살펴보면, 식생활을 위해서는 음식물 식별하기, 음식물 다루기, 과일 깎기, 물 따르기, 덜어 먹기, 식사예절 등을 알게 하여야 한다. 의생활을 위해서는 옷 선택하기, 옷 입고 벗기, 옷 식별하기, 옷 보관하기, 빨래하기, 신발 선택하기 등을 알게 하여야 한다. 건강, 위생생활을 위해서는 손 씻기, 세수하기, 머리 감기, 목욕하기, 손톱과 발톱 깎기, 배변하기, 청소하기 등을 알게 하여야 한다. 그리고 가정, 사회생활을 위해서는 얼굴 표정 짓기, 몸짓 하기, 몸단장 하기, 대화하기, 전화 걸기, 돈 식별하고 보관하기, 편지 쓰고 부치기, 공공시설 이용하기 등을 알게 하여야 한다.

이 중 몇 가지 지도내용을 제시하면, 주전자의 물을 컵에 담기는 물이 넘치지 않게 하기 위해 컵 안쪽에 둘째 손가락 끝이 닿을 때까지 따르게 하거나, 소리를 들어 알게 하거나, 윗부분을 누르면 자동으로 적당량의 물이 나오게 되어 있는 주전자를 사용하게 하거나, 컵에 걸어 놓고 물을 따르면 물이 차올라와 닿았을 때 소리가 나게 되어 있는 생활보조기를 사용하게 한다. 옷을 식별할 수 있게 하기 위해서는 상표를 이용하거나 옷이 보이지 않는 일정한 곳에 점자 또는 기타 부호로 표시해 두게 하며, 옷이나 소지품을 찾기 쉽게 하기 위해서는 그러한 것들을 일정한 곳에 두도록 가르쳐야 한다. 떨어뜨린 물건을 찾을 수 있도록 하기 위해서는 물건이 떨어졌을 때 소리 나는 곳을 따라 재빨리 몸을 돌려 방향을 잡고, 손바닥을 바닥에 대고 작은 원부터 점차 큰 원을 그리면서 천천히 찾도록 지도한다.

생활지도 시 유의 사항은 다음과 같다. ① 시각장애아동의 생활지도 내용은 일반아동이 배우고 익혀야 할 사항 모두가 그 지도내용이 되어야 한다. ② 일반아동이 또래나 가정에서 이루어지는 자연적인 성장 · 성숙에 의한 발달의 내용을 시각장애아동에게는 의도적이고 계획적으로 지도해야 한다. ③ 시각장애아동의 심리적 · 신체적 · 정서적 · 시각 장애를 충분히 고려하여 지도방법을 설정해야 한다. ④ 가정과 지속적인 연계교육이 이루어지도록 한다.

4) 점자지도

우리나라의 최초 점자체계는 1894년에 평양에서 맹교육을 시작한 미국인 선교사 Hall에 의해 만들어진 뉴욕 점자식 한글점자인 '조선훈맹점자'다. 조선훈맹점자는 종2점, 횡2점형으로 되어 있으며, 이는 브라유(Braille)형 한글점자 개정안이 발표된 1926년 이후에도 맹인들 간에 통용되었다(김병하, 2003). 1913년 조선총독부에 의해 설립된 제생원 맹아부의 초대교원인 박두성은 한국어 점자를 위해 1878년 각국 맹 교육자들이 파리에 모여 맹인교육에 사용하기로 결정한 Braille의 6점형 점자를 고치자고 Hall에게 제의하였다. 그러나 Hall은 그 제의에 반대하였고, 이러한 회신을 받은 박두성은 제생원 학생과 일반 맹인들과 함께 브라유형 한글점자를 연구하여 1921년에 '3 · 2점식' 한글점자를 세상에 내놓았다. 그러나 이 3 · 2점식은 그 표기에서 한글 풀어쓰기 방식을 택하고 있기 때문에 한 음절을 한 덩이로 보기 어려운 단점을 지니고 있다. 박두성 등은 이런 문제를 해결하기 위해 개정안을 마련하였고, 그에 대한 의견조사 끝에 1926년 11월 4일에 이를 '훈맹정음'이란 이름으로 발표하였다. 광복이 되자 훈맹정음의 수정 · 보완은 물론 각종 기호의 점자화 작업이 본격적으로 이루어졌다. 1947년경에는 당시 국립맹아학교(현 서울맹학교)의 교사인 이종덕, 전태환과 재학생들에 의해 훈맹정음이 한글 맞춤법에 맞추어 수정되었고, 1959년에는 '점자악보 기록법'이라는 번역물이 발간되어 최초로 악보를 점자로 표기할 수 있게 되었다. 그리고 1963년 4월 8일에는 서울맹학교 교사인

이성대에 의해 고문자의 점자가 발표되었다. 이렇게 발전해 온 점자 연구활동은 드디어 1967년 7월 전국 맹학교 대표들이 모여 한글점자연구위원회를 발족함으로써 점자 연구의 기틀을 마련하였다.

맹학교 교사들의 점자 연구활동은 다음과 같다. 서울맹학교 교사인 한문제가 1966년부터 수정 · 보완해 온 수학점자 기호를 채택하여 기타 맹교육에 필요한 약자와 문장부호를 만들어 냈다. 1973년 12월에는 광복 이후 사용해 온 과학점자 기호를 김천년이 체계화하여 '점자 이과기호'라는 이름으로 발간함으로써 과학점자 기호의 보급이 가능하게 되었다. 1979년 9월 18일에는 문교부 주최 전국맹학교 고등부 대표자 회의에서 '대학상비고사' 문제 점역을 대비하기 위해 부족한 수학점자 기호 30개를 만들고, 그동안 사용해 온 과학점자 기호를 재검토하여 통일안을 확정하였다.

점자 연구활동은 지속적으로 이루어져서, 국가에서는 1982년 교육부로 하여금 한국점자통일안의 제정을 교육정책 과제로 정하게 하여 1983년 한국점자통일안을 마련하였다. 민간에서는 1989년 7월 전국맹학교와 맹인복지기관, 점자도서관이 추천하는 사람들을 중심으로 한국점자위원회를 결성하고 표준한글점자를 채택할 것에 합의했다(서울맹학교, 2003).

점자는 맹인의 문자다. 점자는 흔히 집게손가락 끝으로 더듬어 읽게 되어 있다. 그러므로 점자를 잘 읽을 수 있게 하기 위해서는 무엇보다도 손가락 끝으로 더듬어 식별하는 능력을 키워 주어야 한다. 이를 위해 맹아동이 어릴 때부터 만져서 사물을 식별하는 경험을 많이 하게 한다. 그렇다고 무턱대고 어릴 때부터 그러한 경험을 시켜서는 안 된다. 촉각으로 사물의 형태나 질감을 식별할 수 있을 정도로 성숙되기 전에 하는 훈련은 그 효과는 거의 없기 때문이다. 촉각에 의한 식별을 보다 잘 할 수 있게 하기 위해서는 사물을 단순히 만져 보게만 하지 말고 크기 · 형태 · 질감 등에 따라 분류해 보게 하는 것이 좋다. 한글점자의 구성은 우선 한 칸을 구성하는 점 6개(세로측 3, 가로측 2)를 조합하여 만드는 63개의 점 형으로 적는다. 둘째, 한 칸을 구성하는 점의 번호는 왼쪽 위에서 아래로 1점, 2점, 3점, 오른쪽 위에서 아래로 4점, 5점, 6점으로 한다. 셋째, 한글 이외의 점자는 세계 공통으로 사용하는 점자와 일치하게 함을 원칙으로 한다. 넷째, 풀어쓰기 방식으로 적는다. 다섯째, 책의 부피를 줄이고, 정확하고 빠르며 간편하게 사용할 수 있도록 정한다. 한글점자의 읽고 쓰기는 점자판과 점필을 사용한다. 점자를 쓸 때는 오른쪽에서 왼쪽으로 써

나가고(종이 뒷면에 점자가 찍힌다), 읽을 때는 종이를 뒤집어서 왼쪽에서 오른쪽으로 읽는다. 그러므로 쓸 때와 읽을 때의 글자 모양은 정반대다.

읽기: 1점 ⇦ ○○ ⇨ 4점 쓰기: 4점 ⇦ ○○ ⇨ 1점
2점 ⇦ ○○ ⇨ 5점 5점 ⇦ ○○ ⇨ 2점
3점 ⇦ ○○ ⇨ 6점 6점 ⇦ ○○ ⇨ 3점

예) ○● 'ㄱ'을 표기한 것이며, 점자로 읽을 때는 4점이라 읽는다.
○○
○○

한글점자의 자음, 모음, 문장부호는 다음과 같다(문화관광부, 2006).

(1) 자 음

기본 자음 14자는 첫소리로 쓰일 때와 받침으로 쓰일 때를 나누어 다음과 같이 적는다.

(읽기 기준)

자 음	ㄱ	ㄴ	ㄷ	ㄹ	ㅁ	ㅂ	ㅅ	ㅇ	ㅈ	ㅊ	ㅋ	ㅌ	ㅍ	ㅎ
첫소리 글자	○● ○○ ○○	●● ○○ ○○	○● ●○ ○○	○○ ○● ○○	●○ ○● ○○	○● ○● ○○	○○ ○○ ○●	●● ●● ○○	○● ○○ ○●	○○ ○● ○●	●● ●○ ○○	●○ ●● ○○	●● ○● ○○	○● ●● ○○
받침글자	●○ ○○ ○○	○○ ●● ○○	○○ ○● ●○	○○ ●○ ○○	○○ ●○ ○●	●○ ●○ ○○	○○ ○○ ●○	○○ ●● ●●	●○ ○○ ●○	○○ ●○ ●○	○○ ●● ●○	○○ ●○ ●●	○○ ●● ○●	○○ ○● ●●

(2) 모 음

① 기본 모음

(읽기 기준)

ㅏ	ㅑ	ㅓ	ㅕ	ㅗ	ㅛ	ㅜ	ㅠ	ㅡ	ㅣ
●○ ●○ ○●	○● ○● ●○	○● ●○ ●○	●○ ○● ○●	●○ ○○ ●●	○● ○○ ●●	●● ○○ ●○	●● ○○ ○●	○● ●○ ○●	●○ ○● ●○

② 그 이외의 모음

글자의 구성 형태로 보면 'ㅐ=ㅏ+ㅣ, ㅚ=ㅗ+ㅣ, ㅝ=ㅜ+ㅓ, ㅖ=ㅕ+ㅣ'로 되어 있지만 점자 약자를 만들어 한 칸에 표기한다.

(읽기 기준)

●○ ●● ●○	●● ○● ●○	●● ○● ●●	●○ ●○ ●●	●● ●○ ●○	○● ●● ○●	○● ○○ ●○	●● ○○ ●○	●○ ●● ●○	○● ○● ●○	●○ ●● ●○	●○ ●○ ●●	●○ ●● ●○	●● ●○ ●○	●○ ●● ●○
ㅐ	ㅔ	ㅚ	ㅘ	ㅝ	ㅢ	ㅖ	ㅟ		ㅒ		ㅙ		ㅞ	

(3) 문장부호

온점(.) 2-5-6점 

- 문장 등의 끝에 쓰며 생략하기도 한다. 예) 집으로 돌아가자.
- 아라비아 숫자만으로 연월일 표시할 때 쓴다. 예) 1919. 3. 1.
- 표시 문자 다음에 쓴다. 예) 1. 백두산 가. 진달래
- 준말을 나타낼 때 쓴다. 예) 서. 1999. 7. 6(서기)

물음표(?) 2-3-6점	
느낌표(!) 4-5-6점	

반점(,), 모점(、)(일반적으로 쉼표라고 함) 5점

- 숫자를 나열할 때 수의 폭이나 개략의 수를 나타낼 때에도 쓴다. 예) 1, 2, 3, 4, 6, 7개
- 수의 자릿점을 나타낼 때는 5점 대신 2점을 쓴다. 예) 14,314

가운뎃점(·) 5, 2-3점 예) 충북·충남을 합하여 충청도라고 한다.	

쌍점(:) 5, 2점

예) • 정약용: 목민심서, 경세유표(: 다음에 한 칸을 띈다)
• 오전 11:00 오후 2:30 요한 3:16 대비 4:2
(시와 분, 장과 절 따위를 구별할 때나 둘 이상을 대비할 때는 한 칸을 띄지 않는다)

쌍반점(;) 5-6, 2-3점	
빗금(/) 4-5-6, 3-4점	
큰따옴표(" "), 겹낫표(『 』) 2-3-6점, 3-5-6점	
작은따옴표(' '), 낫표(「 」) 6, 2-3-6점, 3-5-6, 3점	
소괄호 ( ) 3-6점, 3-6점	
중괄호 { } 2-3-6, 2-3점, 5-6, 3-5-6점	

대괄호 [ ] 2-3-6, 3점, 6, 3-5-6점 • 발음표시 기호([ ]): 없다 [-업-]	
줄표 (—) 5-6, 3-6점, 3-6, 2-3점 • 문장 중간에 앞의 내용에 대해 부연하는 말이 끼어들 때에 쓴다. 예) 그 신동은 네 살에—보통 아이 같으면 천자문도 모를 나이에—벌써 시를 지었다	
붙임표(-) 3-6점	
물결표(~) 3-6, 3-6점	
밑줄표, 드러냄표 6, 3-6점, 3-6, 3점 예) 밑줄표: 아름다운 꽃입니다.	
숨김표(x x) 4-5-6, 1-3-4-6, 1-3-4-6, 1-2-3점 예) 김××, 이×× 씨가 구속되었다.	
숨김표 (○○) 4-5-6, 3-5-6, 3-5-6, 1-2-3점 예) ○○는 누구일까요?	
빠짐표 (□) 4-5-6, 2-3-5-6, 2-3-5-6, 1-2-3점	
줄임표(……)는 6, 6, 6점으로 적되, 앞말과 뒷말을 모두 띄어 쓴다. 예) "……."	
긴소리표(:) 6, 3점 예) 감:사	
별표 (*) 3-5, 3-5점 • 별표 앞뒤 한 칸씩 띈다.	

5) 보행훈련

보행은 방향정위(orientation)와 이동(mobility)의 두 가지 요소로 구성된다. 방향정위는 특정 시간에 환경 속에서 자신의 위치를 알기 위하여 잔존감각을 사용하는 능력을 말하고, 이동은 한 장소에서 다른 장소로 옮겨 가는 능력을 말한다.

보행의 종류는 안내보행과 독립보행으로 구분할 수 있다. 안내보행은 정안인의 도움을 받아 이동하는 초보적인 보행방법으로 시각장애인이 정안인의 팔을 잡고 걷는 방법이며, 독립보행은 시각장애인 스스로 여러 가지 상황에 효과적으로 대처하여 이동하는 방법이다. 안내보행의 기본법을 살펴보면, 시각장애인은 안내자의 왼쪽·오른쪽에서 팔을 잡는다. 안내자는 차도 쪽에서 안내하며, 시각장애인이 안내자의 팔을 잡을 때는 팔꿈치 바로 위를 안내자가 불편하지 않도록 가볍게 잡는

다. 시각장애인은 안내자 팔의 팔꿈치 바로 위를 직각에 가깝도록 잡으며 약 반보 뒤에 선다. 좁거나 위험한 장소에서 안내할 때는 복잡한 장소나 장애물이 많은 구역을 알려 주고, 먼 길을 오래 걸었을 때는 현재의 위치를 알려 주도록 한다. 이러한 장소에서의 기본적인 안내법은 다음과 같다.

- 기본 안내법에 따라 손을 잡는다.
- 좁은 장소가 시작되는 신호를 파악한다(안내자가 팔을 뒤로 돌릴 때)
- 동시에 안내자의 뒤로 돌아가 서도록 한다.
- 팔을 똑바로 펴서 두 사람의 간격이 한 보가 되게 한다.
- 좁은 장소가 끝나는 신호를 파악한다(안내자가 팔을 원래의 위치로 돌릴 경우)
- 동시에 다시 제자리로 돌아온다.
- 안내자가 얘기하지 않아도 팔의 동작만으로 즉시 좁은 장소라는 것을 파악한다.

시각장애인이 계단을 오르내릴 때는 기본 안내법에 따라 안내자의 손을 잡고, 안내자가 계단 앞에 멈추어 계단임을 알려 주면(계단입니다, 올라갑니다) 한 손으로 난간을 잡고 안내에 따라 계단을 오른다. 그리고 계단의 끝을 파악하고는 일단 멈추어 방향을 파악하고 다시 출발한다. 계단 내려가기는 계단 오르기와 반대의 순서로 한다.

흰지팡이를 이용한 독립보행 지도는 시각장애인으로 하여금 기본적 지팡이 사용법을 알게 한다. 즉, 손에서 지팡이가 이탈하지 않도록 잡는데, 엄지손가락은 손잡이 윗면에 대고 둘째손가락은 자루 방향으로 나란히 붙이며 나머지 손가락은 자루 아랫부분을 마치 악수하는 것과 같이 쥔다. 지팡이를 잡은 팔은 몸의 중앙에 오도록 뻗는다. 팔목 동작은 다음과 같다.

- 지팡이가 좌우로 움직일 때 팔목은 정 위치에서 좌우로 꺾이는 운동을 한다.
- 호를 그린다(호는 지팡이가 움직일 때 지팡이 끝이 그리는 포물선이다).
- 호의 폭은 사용자의 양 어깨 폭 또는 몸의 가장 넓은 부분보다 약간 더 넓게 유지하며, 높이는 지면에서 5cm 이하로 유지한다.
- 보폭을 조절한다. 걸을 때 지팡이와 발은 반대쪽으로 이동한다. 즉, 왼발이 전진할 때 지팡이는 오른쪽으로 간다.

• 리듬감을 익힌다. 지팡이로 보행할 때는 지팡이 끝이 마찰하는 소리와 발이 닿는 소리가 동시에 일어나게 해야 한다.

6) 교육환경

시각장애아동이 교육받는 학교의 시설 · 설비나 교수-학습 매체 등의 교육환경은 시각손상에 따른 장애를 극소화하고 학습의 효율성을 높일 수 있는 편의성과 청결한 교육환경으로 구비되어야 한다. 즉, 학교의 입지 조건, 건물의 배치, 세면시설, 일반교실 구조, 특별교실, 복도 등은 시각장애아동에게 안전하고 편리하며, 또 위생적으로 청결하게 유지되고 구비되어야 한다. 저시력아동의 교육을 효과적으로 하기 위해서는 환경적 배려가 중요한 요인이 된다. 즉, 적절한 교실 및 복도의 조도, 칠판(전자칠판 등), 책상의 크기, 교실 및 복도의 색채(특히 명도) 등 전반적인 부분에서 시기능 및 시력의 정도가 충분히 고려되어야 한다. 일반적으로 교실 및 복도의 밝기는 700룩스 정도로 유지되어야 하며, 백색증이나 색맹 등 개별 아동의 안질환에 따라 조도를 달리하여 부분 조명(책상 위 전기스탠드 설치)에 대한 배려도 해야 한다. 의자와 책상은 개별 특성에 따라 조절 가능한 조절식(높이, 수직 · 수평)이어야 하며, 수평면인 경우 서견대를 사용하도록 한다. 또한 교수-학습 자료를 확대할 수 있는 확대경, 확대기, 확대교과서를 구비하고 학생의 시력 정도에 따라 활자의 크기(18~24포인트)를 조절하여 제공하여야 한다. 지도, 지구의, 도형, 줄자 등 각종 교재 · 교구는 촉각 · 청각 등의 감각을 활용하여 인지할 수 있도록 개작 · 수정하여 제공해야 한다. 교실의 시설 · 설비 등의 교육환경은 전맹, 저시력 아동들이 편리하고 쾌적한 환경에서 학습할 수 있도록 세면대, 세면도구, 개인 사물함, 책상 · 걸상, 각종 촉각 · 청각 학습 기자재, 이동 통로 등 시각장애아동이 편리하고 안전한 생활, 청결한 생활이 유지될 수 있도록 구비해야 한다. 교실환경 구성 색채는 저시력아동의 특성을 고려해야 하며, 일상생활 능력의 신장이 학급생활 중에 이루어질 수 있도록 개인생활에 필요한 도구들을 함께 구비해야 한다.

학교의 주 출입문 및 주요 통로는 유도블록 및 핸드레일을 설비하여 안전하고 독립적으로 이동할 수 있는 환경을 구비하고, 저시력아동의 특성을 고려해 색의 명도를 충분히 고려한 쾌적한 환경이 될 수 있도록 교내 환경을 구성한다. 또한 시각장애아동의 체육 등 활동 수업이 용이한 운동장, 실내 체육실, 각종 경기장 등의 공

간, 체험학습이 가능한 교내 식물원·재배장 및 동물 사육장, 사회적응 훈련 시설·설비, 공공기관 이용 관련 시설·설비 등을 체계적으로 구비한다. 그리하여 개념학습 및 체험학습이 교내에서 사전에 충분히 이루어질 수 있는 교육환경이 되도록 한다.

요약

시각장애아동의 교육을 위해서는 시각장애의 원인 및 정도에 대해 반드시 이해하고 있어야 한다. 시각장애의 원인과 정도는 교육계획과 교육방법 설정에 기초적인 정보를 제공하기 때문이다. 시각장애의 원인은 출생 시, 선천적, 후전적 원인 등 매우 다양하다.

사람의 시각은 외부 정보의 90~95%를 받아들이는 통로이며, 환경과의 상호작용을 통한 행동·사고·정서 발달 등 아동발달에 절대적인 영향을 미친다. 따라서 아동이 시각장애를 가지고 있는 경우 그것이 인지발달, 언어발달, 정서·사회·인성 발달에 부정적인 영향을 주어 기본적인 인간으로서의 성장과 발달에 영향을 미친다. 따라서 일반아동과는 다른 발달 양상을 보이거나 발달 속도에서 차이를 나타내어 일상생활뿐만 아니라 장차 사회적응 및 독립생활에 필요한 능력의 획득에 큰 장애 요인이 되고 있다. 그러나 시각장애의 정도, 원인, 시기, 교육 경험 등에 따라 시각장애아동의 발달은 매우 큰 차이를 나타내고 있다.

이 장에서는 시각장애교육의 역사, 정의 및 분류, 시각장애 원인과 출현율 및 진단·평가방법, 교수-학습 방법, 점자·보행훈련 지도 및 교육공학 기자재 활용법 등에 대한 기초적인 지식과 방법을 제시하였다. 이러한 지식과 방법을 토대로 시각장애를 보상하는 교육과정·교육매체·교육환경을 적합하게 제공하여 시각장애아동의 미래 삶을 풍요롭게 할 수 있는 능력을 길러 주어야 할 것이다.

참 고 문 헌

강영택, 정해동, 정동영, 장병연, 김은주, 이해균, 김성애, 이효자, 정대영, 최향섭(1998). 특수교육대상자 출현율 조사 연구(미간행). 안산: 국립특수교육원(미발행).

교육부(2008). 특수학교 교육과정 해설.

교육인적자원부(2007). 특수교육 실태조사서.

권기덕(1974). 시각장애아의 색채 감정에 관한 연구. 특수교육 연구, 4, 31-49.

김동연(1985). 장애에 대한 시각과 부정적 의식 형성. 전북특수교육학회 학술세미나 자료집.

김병하(2003). 특수교육 역사와 철학. 대구: 대구대학교출판부.

김승국(1985). 일반학교에 통합되어 있는 장애학생의 실태 조사연구. 사대논총. 단국대학교.

문화관광부(2006). 개정 한국점자 규정.

박순희(2007). 시각장애아동의 이해와 교육. 서울: 학지사.

보건복지부(2007). 2007년 장애인 등록 현황.

서울맹학교(2003). 서울맹학교 90년사. 서울: 예문사.

송준만, 유효순(1997). 특수아 지도. 서울: 한국방송대학교출판부.

신현기, 변호걸, 김호연, 정인호, 전병운, 정해동, 강영택(2005). 특수교육의 이해. 서울: 교육과학사.

오천균(1988). 조선조 맹교육의 사상과 제도. 단국대학교 미간행 박사학위논문.

이소현, 박은혜(2006). 특수아동교육(2판). 서울: 학지사.

이해균, 서경희(2002). 시각장애학생과 정안학생의 심리적 안녕감 비교연구. 시각장애연구, 18, 63-84.

임안수(1986). 한국 맹인직업사 연구. 단국대학교 미간행 박사학위논문.

임안수(1997). 시각장애아 교육. 서울: 재활공학.

임안수(1999). 시각장애인의 자기 존중감. 서울: 한국맹인복지연합회.

임안수(2000). 시각장애아 교육 기초. 서울: 한국시각장애인연합회.

임안수, 이해균, 박순희(1996a). 시각중복장애아 학습지도 프로그램. 안산: 국립특수교육원.

임안수, 이해균, 박순희(1996b). 개정 한국 점자 통일안. 한국점자연구위원회.

정동영, 김형일, 정동일(2001). 특수교육 요구아동 출현율 조사연구. 안산: 국립특수교육원.

한국보건사회연구원(2001). 2000년도 장애인 실태조사. 서울: 한국보건사회연구원.

한국보건사회연구원(2006). 2005년도 장애인 실태조사. 서울: 한국보건사회연구원.

Barraga, N. C. (1982). *Visual handicaps and learning* (2nd ed.). Austin, TX: Pro. Ed.

Blank, H. R. (1957). Psychoanalysis and blindness. *Psychoanalytic Quarterly, 26*, 1-24.

Lowenfeld, B. (1975). *The Changing status of the blind from separation to integration.*

Springfield, Ⅲ.: Charles C. Thomas.

Lowenfeld, B. (1981). Effects of blindness on the cognitive functions of children. In B. Lowenfeld, *Berthold Lowen on blindness and blind people.* New York: American Foundation for the Blind.

Lukoff, I. F., & Whiteman, M. (1970). Socialization and segregated education. *Research Bulletin, 20*, 91-107.

Miller, P. H. (1983). *Theories of development psychology.* San Francisco: W. H. Freeman and Company.

Resnick. R. (1981). *The relationship between self concept, independence and the life styles of congenitally blind persons in terms of integration.* Doctoral dissertation. University of San Francisco.

Trief, E., Duckman, R., Morse, A. R., & Silberman, R. K. (1989). Retinopathy of prematurity. *Journal of Visual Impairment & Blindness, 83*(10), 500-504.

• 제 4 장 •

청각장애

| 주요 학습 과제 |

1. 청각기관의 생리학적 측면을 이해한다.
2. 청각장애의 진단 및 평가 방법을 이해한다.
3. 청각장애교육에 영향을 미치는 요인들을 알아본다.
4. 청각장애교육의 방법론적 논쟁점을 이해한다.
5. 청각장애교육의 최근 주요 이슈를 알아본다.

청각장애는 교육의 시작과 더불어 수화법과 구화법의 방법론적 논쟁이 끊이지 않고 있다. 그 이면에는 수화법이든 구화법이든 어느 방법에서도 '9학년 수준'이라는 벽을 넘지 못하고 있기 때문이다. 최근 전자공학과 의료기술의 급속한 발달로 인공내이를 만들어 이식하는 기술이 개발되어 많은 청각장애아동들이 수술을 받고 있다. 하지만 그 효과에 대한 확실한 결론을 내리기에는 이르다. 어쩌면 인공내이 이식술은 새로운 갈등을 일으키는 요인이 될지도 모른다.

이 장에서는 청각장애의 정의와 원인, 분류와 특성, 진단과 평가 등을 통해 청각장애아동을 이해하고 그들을 위한 적절한 교수방법을 살펴보고자 한다.

1. 청각장애의 정의와 원인

사람이 소리를 듣는다는 것에는 단순한 의미 이상이 포함되어 있다. 외부의 예기치 않은 위험으로부터 자신을 보호하는 데에는 청력이 가장 중요한 요소다. 청각장애란 일반적으로 청각기관의 특정 부위가 손상되어 듣는 기능이 저하된 상태를 말한다. 청각장애로 여러 가지 문제가 야기되며, 특히 의사소통의 문제가 가장 심각하고, 이에 따라 학습문제, 사회성 문제까지 나타나게 된다.

청각장애의 정의에서 주로 사용되는 청각손상, 청각장애, 청각불능 등 용어의 정의를 보면 다음과 같다. 청각손상(hearing impairment)은 청각기관의 구조나 기능이 정상적 범위 밖으로 일탈한 것을 지칭하는 것이다. 청각장애(hearing disorders)는 청각손상으로 일상생활에서 개인이 의사소통 수행 시 겪는 불리한 처지를 의미한다. 그리고 청각불능(hearing disability)은 심한 청각손상으로 야기된 기능상실을 보상받기 위해 재정지원을 받는 정도를 결정하는 것이다(ASHA, 1981).

우리나라의 「장애인 등에 대한 특수교육법 시행령」(2008)에서는 청각장애를 가진 특수교육대상자를 다음과 같이 정의하고 있다.

> 청력손실이 심하여 보청기를 착용해도 청각을 통한 의사소통이 불가능 또는 곤란한 상태이거나, 청력이 남아 있어도 보청기를 착용해야 청각을 통한 의사소통이 가능하여 청각에 의한 교육적 성취가 어려운 사람

청각장애의 원인은 크게 유전성, 출생 전, 출생 시, 출생 후 원인으로 나누어 볼 수 있다. 유전성 원인은 우성유전에 의해 외이와 중이 부분의 기형 혹은 변형으로 나타난 전음성 난청과 가족진행성 감음성 난청이 있다. 출생 전 원인으로서는 모체 바이러스 감염, 약물중독, 영양 및 대사 장애 등이 있으며, 출생 시 원인으로는 모체와 태아의 Rh 혈액형 부적합, 출생 시 가사상태나 외상 등이 있다. 그리고 출생 후 원인으로는 바이러스 감염증, 약물중독, 두부외상, 중이염 등을 들 수 있다.

2. 청각장애의 분류와 특성

1) 청각장애 분류

청각장애를 분류하는 이유는 그것이 교수-학습 방법과 밀접하게 관련되어 있기 때문이다. 즉, 청각장애아동의 교육은 분류방식에 따라 교수-학습 방법이 달라지고 있다. 대체로 청력손실 정도, 청력손실 부위, 청력손실 시기 그리고 청력형으로 분류할 수 있다. 이 네 가지 요인에 의해서 청각장애아동의 교육적인 효과 및 접근 방법도 달라진다.

(1) 청력손실 정도

청각장애에 대해 말할 때 가장 일반적으로 사용되는 용어 중의 하나는 청력손실 정도다. 아동이 청각의 이상으로 이비인후과에 가서 청각기관의 이상 유무에 대한 검사를 받고 청력검사를 받아 나타나는 결과가 청력손실 정도이기 때문이다. 청력손실 정도에 따라서 소리를 완전히 못 듣는 농(deaf)인지, 소리를 어느 정도 들을 수 있는 난청(hard of hearing)인지를 구분한다.

이때의 청력검사 결과는 순음청력검사 결과다. 순음(pure tone)이란 한 주파수대에 걸친 음으로 복합음과 구별된다. 우리 주변 환경에서 들리는 음과 사람의 말소리가 모두 복합음이라면, 순음은 기계적으로 만든 단순음이다. 비록 순음청력검사 결과를 가지고 그 사람이 말소리를 어느 정도 듣는 것인가를 예측하지만, 순음은 사람의 말소리와는 분명히 다르다는 것을 이해할 필요가 있다.

순음청력검사를 실시한 후 그 결과로 청력손실 정도를 분류하면 다음과 같다.

26dB 이하	정상
27~40dB	경도
41~55dB	중도(moderate)
56~70dB	중고도
71~90dB	고도(severe)
91dB 이상	최고도 또는 농(deaf)

이와 같이 순음청력검사 26dB 이하는 정상 범주에 넣는다. 가령 순음청력검사 결과가 20dB 나왔더라도 정상에 속하는 것이다. 흔히 말하는 농는 91B 이상의 경우를 말한다. 난청은 27~90dB로 청각장애아동의 대부분을 차지하고 있다.

(2) 청력손실 부위

소리는 크게 외이, 중이, 내이, 청신경계를 거쳐 대뇌의 후두엽으로 전달된다. 외이에는 이개와 외이도가 있는데, 이개는 소리를 집음하는 기관으로 약 5~10dB의 증폭이 일어난다. 어떤 아동은 태어나면서 이개가 함몰되는 경우가 있는데, 이런 경우 정확한 검사를 통하여 외이도와 중이, 내이까지의 이상 유무를 확인하여야 한다. 다행히 이개 자체만 함몰되어 있다면 수술을 통하여 정상으로 회복할 수

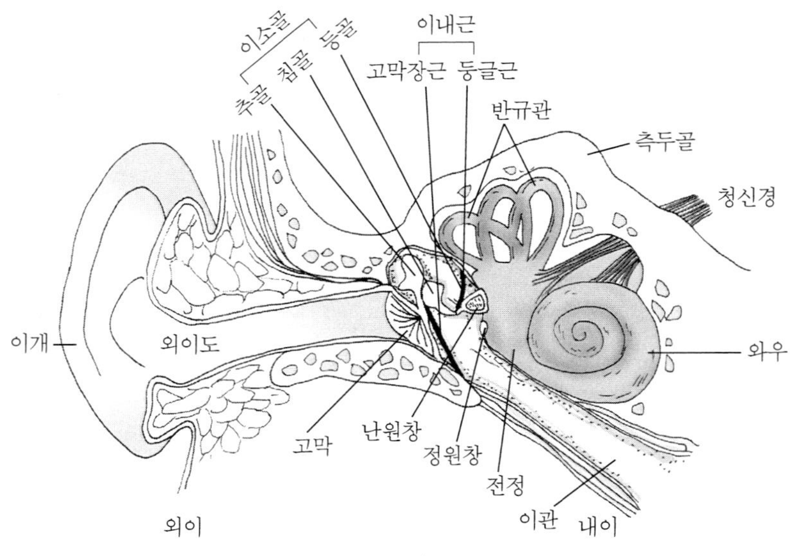

[그림 4-1] 청각이관의 구조

있다. 외이도는 S자 모양의 곡선으로 되어 있으므로 외부 이물질의 침입을 막아 줄 뿐만 아니라 2000~4000Hz에 걸친 주파수대에서 약 5dB 정도의 증폭 효과도 있다.

중이는 고막, 이소골, 이내근, 이관으로 이루어져 있다. 고막은 외이도를 통하여 들어온 음을 받아주는 역할을 한다. 외부의 이물질이나 갑작스러운 큰 음으로부터 고막이 천공되더라도 자연 회복력도 있으며, 그렇지 않더라도 수술을 통하여 정상으로 회복시킬 수 있다. 이소골은 추골, 침골, 등골로 구성된 우리 몸에서 가장 작은 뼈로, 외이에서 들어온 음 에너지를 내이로 전달하는 중간 매개체로서 중요한 구실을 하고 있다. 즉, 중이의 중요한 기능인 기체 에너지에서 액체 에너지로 변환되는 데 손실되는 에너지를 최소화시키는 것이다. 여기에는 중이의 중요한 두 가지 기능인 면적비와 지렛대의 원리가 있다. 면적비란 고막의 단면적과 등골판의 단면적이 17:1로서 약 25dB 정도의 증폭이 일어난다. 지렛대의 원리는 추골의 장각비와 침골의 비가 1.3:1로서 약 2~3dB의 증폭이 일어난다. 그리하여 모두 27~28dB의 음 증폭이 중이에서 일어나는 것으로 볼 수 있다. 이와 함께 중이는 외부의 갑작스러운 큰 음으로부터 내이를 보호하여야 하는데, 이내근이 바로 그 역할을 담당한다. 이내근은 고막장근과 등골근으로 되어 있는데 둘이 서로 길항작용을 해서 외부의 갑작스러운 큰 음으로부터 내이를 보호한다. 소리의 전달에서는 고막 또한 중요한 역할을 하는데, 특히 고막의 안과 밖의 기압이 평형을 이루는 것이 중요하다. 여기에 관여하는 것이 이관이다. 이관은 중이강과 비강으로 연결되어 있어 외부 공기가 유입됨으로써 고막의 안과 밖의 기압을 항상 일정하게 유지시켜 준다. 이 역할이 제대로 되지 않으면 기차를 타고 갑자기 터널 속으로 들어갈 때나 자동차로 높은 산을 올라갈 때 일시적으로 귀가 멍해지는 현상이 일어난다. 이것이 고막 안과 밖의 기압차에 의해서 나타나는 것이다.

내이는 난원창(oval window), 와우, 반규관, 전정, 정원창(round window)으로 이루어져 있으며, 음을 감지하는 부분과 신체의 균형을 유지하는 부분으로 되어 있다. 난원창은 등골판과 연결되어 있어, 외이도를 거쳐 들어온 음이 고막을 진동시켜서 추골, 침골, 등골을 흔들면 등골이 난원창을 통해 내이의 림프액을 진동시키게 된다. 난원창은 모양이 타원형으로 되어 있다고 해서 붙여진 이름이다. 이와 달리 정원창은 동그랗게 둥근 원 모양으로 되어 있으며, 중이강으로 나와 있어 림프액의 잔여 진동을 보내는 역할을 한다. 와우는 코르티기 혹은 달팽이관이라고도 하는데,

이것이 음을 감지하는 부분이다. 와우는 2.5회전으로 되어 있고, 두 개의 막에 의해 3개의 관으로 나누어져 있다. 즉, 전정막과 기저막에 의해 전정계, 중간계, 고실계로 다시 구분된다. 전정계와 중간계는 전정막으로 나누어져 있고, 중간계와 고실계는 기저막에 의해 구분된다. 중간계 내부에는 기저막 위에 피아노 건반 모양의 내유모세포와 외유모세포가 펼쳐져 있으며 그 위에는 개막이 있다. 그래서 유모세포 위의 미세한 섬모와 개막이 마찰을 일으키면서 전기적인 반응으로 음을 감지하고 청신경계로 보내서 대뇌로 전달하여 음으로 감지한다. 반규관은 신체의 회전운동 시 신체의 위치를 감지하고, 전정은 신체의 균형을 유지하는 역할을 한다.

아무리 고도난청이라도 청신경계까지 손상을 입는 경우는 많지 않다. 요즘 많이 실시되는 인공와우 수술은 그 기본 전제가 청신경계에 이상이 없는 것이다. 인공와우는 말 그대로 와우의 역할을 인공적으로 만들어 내이에 삽입하는 것으로, 인공와우에서 발생된 전기적인 신호가 청신경계를 통하여 대뇌로 전달되는 것이다.

그래서 외이, 중이, 내이, 청신경 등에서 어느 부위에 손상을 입느냐에 따라 청력손실 정도도 달라지고 교육방법도 달라지게 된다. 그 부위에 따라 크게 전음성 난청과 감각신경성 난청, 혼합성 난청으로 구분된다. 전음성은 말 그대로 소리를 전달하는 것을 말하고, 감각신경성은 소리를 감지하는 것을 말한다. 그래서 청력손실 부위에 따라 전음성 청각장애와 감각신경성 청각장애로 구분된다. 전음성이 소리를 전달하는 것을 말한다고 해서 그 부위로 외이와 중이가 해당된다. 그래서 전음성 청각장애는 외이나 중이 중에서 어느 한 곳에 손상을 입은 경우를 말한다. 대개 그 손실치는 60dB을 넘지 않는다.

감각신경성 청각장애란 소리를 감지하는 데 문제가 있는 것으로, 내이와 청신경계 중 어느 부위가 손상당한 것을 말한다. 거의 대부분이 내이에 손상을 입고 있어, 청력손실 정도가 전음성 청각장애에 비해 높게 나타나고 있다. 보청기의 착용 효과도 전음성 청각장애에 비해 많이 떨어진다. 그 이유는 보청기가 소리를 단순히 증폭시켜 주는 것이기에 소리를 아무리 증폭시켜 준다고 하더라도 소리를 감지하는 것과는 별개이기 때문이다. 이는 마치 잡소리가 많이 나는 스피커 소리가 볼륨만 키운다고 해서 더 잘 들리는 것이 아닌 것과 같다.

마지막으로 혼합성 난청은 전음성 부위와 감각신경성 부위 두 군데 모두 손상을 입어서 발생하는 것이다.

(3) 청력손실 시기

청각장애는 다른 장애와 달리 청력손실 시점이 언어 습득 전인지 후인지가 매우 중요한 요소 중의 하나다. 즉, 청각장애 이외의 장애 영역에서는 선천성이냐 후천성이냐가 장애를 구분하는 중요한 기준이 되지만, 청각장애는 언어를 습득하고 난 이후에 청력손실을 입었느냐 그 이전에 청력손실을 입었느냐가 아동의 언어를 습득하는 데 결정적인 영향을 미친다.

그렇다면 언어 습득 이전과 이후 시기는 언제로 할 것인가? 일반적으로는 만 2세를 기준으로 하고 있다. 만 2세가 되면 언어를 습득한 것으로 간주하고, 그 이전이면 언어 습득을 하지 못한 것으로 간주한다. 만 2세 이후에 청력손실을 입은 아동은 완전 농이더라도 인공와우 수술을 조기에 실시하면 청각재활에 긍정적인 효과가 있는 것으로 보고되고 있다.

(4) 청력형

청력형(audiogram)은 순음청력검사를 실시한 결과 나타나는 그래프의 모양이다. 이 그래프의 모양이 중요한 이유는 그것이 청각재활의 중요한 자료로 사용되기 때문이다. 그래프는 수평형, 저음장애형, 고음점경형, 고음급추형, 딥(dip)형, 곡형, 산형, 전농형의 여덟 가지 모양으로 나타난다([그림 4-2] 참조).

수평형은 전 주파수대역에서의 청력손실치가 비슷하게 나타나는 경우이며, 저음장애형은 중음역 및 고음역보다는 저음역에서 청력손실치가 심하게 나타나는 경

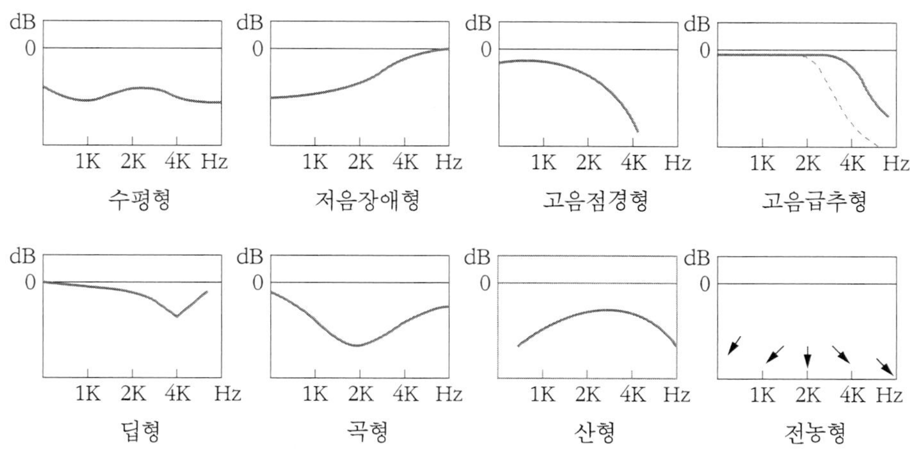

[그림 4-2] 청력형

우다. 고음점경형은 고음역으로 갈수록 점진적으로 청력손실치가 나타나는 경우이고, 고음급추형은 고음역에서 급격하게 청력손실치가 심하게 나타나는 경우다. 딥형은 특정 주파수대에 걸쳐 청력손실치가 나타나는 경우로, 주로 4,000Hz대에서 나타나며 직업성 난청인 경우가 많다. 곡형은 산형과 반대로 저음역과 고음역에서는 소리를 잘 듣지만 중음역에서는 소리를 잘 듣지 못하는 경우다. 산형은 저음역과 고음역에서는 청력손실치가 크지만 중음역에서는 그다지 크지 않는 경우를 말한다. 전농은 어느 주파수대역에서든 소리를 전혀 들을 수 없는 경우를 말한다.

2) 청각장애 특성

(1) 언어발달

언어는 청각과 밀접하게 연관되어 있다. 하나의 발성은 100여 개 이상의 미세한 근육들이 마치 오케스트라처럼 정교한 협응을 하여 산출된다. 조음과 관련된 이러한 미세근육들을 통제한다는 것은 사실상 불가능한데 청각이 이를 대신하게 된다. 청각적 피드백에 의해 소리의 강약, 억양 등이 조절된다.

그러므로 듣는 데 장애를 입으면 당연히 발음이나 언어에 문제가 발생할 수밖에 없다. 청각장애아동의 언어에 미칠 수 있는 요인들은 앞서 청각장애 분류에서 다루었듯이 청력손실 정도, 청력손실 시기, 청력손실 부위, 청력형 등이다. 특히 언어습득시기는 청각장애아의 언어발달에 직접적인 영향을 미치는 아주 중요한 요소다. 이러한 관점에서 본다면 청각장애아동의 경우 언어발달이 건청아동에 비해 뒤떨어지는 것은 당연한 결과다. 건청아동은 태어나서 나이가 들어감에 따라 비언어적 의사소통이 언어적 의사소통으로 증가함을 보이지만, 청각장애아동은 반대로 비언어적 의사소통이 증가되기 때문이다.

그동안 청각장애아동의 언어발달 정도는 건청아동의 언어발달 수준과 비교해서 평가되어 왔다. 이는 이중문화-이중언어 관점(2Bi)에서 본다면 대단히 모순된 형태다. 이는 마치 한국어로 배운 아동의 언어 수준을 영어로 평가하여 영어로 배운 아동을 기준으로 평가하는 것과 같다.

이러한 문제점이 있음을 인식하고 청각장애아동이 가지는 언어상의 문제점을 살펴보면 크게 청각적인 피드백의 문제로 발생되는 발음문제와 어휘 부족, 문법 오류 및 이에 수반된 쓰기문제를 들 수 있다.

청각장애아동의 발음문제의 원인은 주로 혀 위치의 문제가 가장 크다. 혀는 미세한 움직임으로 정확한 조음점을 터치하거나 적절히 좁혀서 공기 흐름을 조절하는 기능을 하는데, 이는 모두 청각적인 피드백에 의해 자동 조절된다. 하지만 청각장애아동은 청각적인 피드백의 문제로 혀를 조음에 필요한 곳에 위치시키지 못하여 전설음을 후설화시키고 후설음은 전설화시키는 등 혀의 위치를 주로 중간 부위에 놓아두고 발음하는 경향이 있어서 전체적으로 발음을 부정확하게 산출한다.

청각장애아동의 어휘 부족은 듣지 못하기 때문에 당연히 발생되는 하나의 현상이라고 볼 수 있다. 건청아동이 주변에서 발생되는 소리와 말소리들을 귀로 끊임없이 들으면서 어휘를 확장해 간다면, 청각장애아동은 소리를 들을 수 없기 때문에 건청아동에 비해 그만큼 어휘를 획득할 수 있는 기회가 부족하게 된다. 특히 청각장애아동에게는 어휘 중에서 구체적인 어휘보다 추상적인 어휘의 습득이 더 어렵다.

단어의 획득 수를 비교해 본다면, 청각장애아동의 경우 24개월 이하에서 평균 11개, 25~36개월에서 평균 52개, 37~48개월에서 평균 159개, 49~60개월에서 반대로 평균 313개로 나타났다(박혜진, 배소영, 2003). 이와 달리 건청아동은 24개월에서 272개, 36개월에서 896개, 48개월에서 1,540개, 60개월에서 2,072개로(김태련 외, 2007), 청각장애아동과 현저한 차이가 남을 알 수 있다. 이는 자연히 문법 오류와 쓰기문제로 연결되며 학업성취도에 영향을 주게 된다.

(2) 인지발달

청각장애아동은 단지 듣는 데 문제가 있을 뿐 지능은 정상이다. 그동안 지능검사의 잘못된 사용으로 청각장애아동의 지능은 과소평가되어 왔다. 즉, 청각장애아동의 주된 의사소통은 건청인이 인정하든 그렇지 않든 간에 수화임에 틀림없다.

지능검사는 일반적으로 크게 언어성 검사와 동작성 검사로 구분되는데, 청각장애아동의 경우 동작성 검사에서는 건청아동과 별반 차이가 없는 것으로 나타났으나, 언어성 검사에서는 현저한 차이가 나타나는 것으로 나타났다. 학업성취도에서도 언어 관련 교과에서는 학업성취 점수가 현저히 낮지만, 수학 등과 같은 언어성이 요구되지 않은 교과목에서는 건청아동과 차이가 없거나 건청아보다 뛰어나기도 하다. 이는 청각장애아동의 주된 의사소통 수단이 수화란 것을 반증하는 것이며, 현재 사용되는 지능검사에 의해서는 정확한 평가가 어렵다는 것을 말해 준다.

요컨대, 청각장애아의 인지능력은 정상이며, 다만 그들에 대한 정확한 평가 기준

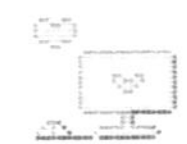

을 마련하는 것이 급선무다.

3. 청각장애의 진단과 평가

청력검사의 목적은 음에 대한 반응능력을 알아보는 것이다. 청력검사는 크게 주관적인 청력검사와 객관적인 청력검사로 나누어진다. 주관적인 청력검사는 피검자의 의지가 포함되어야 하지만, 객관적인 청력검사는 피검자의 의지와는 상관없이 이루어진다.

무수히 많은 주변 소리에서 자신에게 필요한 소리를 선별해서 듣기 위해서는 소리에 대한 주의집중력이 필요하다. 다시 말해서, 소리에 대한 반응능력이 필요하다. 이렇게 본다면 객관적인 청력검사는 나의 의지와 관계없이 생리적인 관점에서 청각의 이상 유무를 조사하는 것으로 볼 수 있으며, 주관적인 청력검사는 음을 듣고자 하는 의지가 포함되어 있는 것으로 볼 수 있다. 음을 듣고자 하는 의지가 있다는 것은 어느 정도의 인지능력이 필요하다는 뜻으로 볼 수 있다. 가령 자폐성 아동은 주의집중력이 낮고 상호작용이 어려우므로 주관적인 청력검사보다는 객관적인 청력검사를 실시하는 것이 좋다.

1) 유소아 청력검사

청각장애아동의 청력손실을 정확히 측정하기 위해서는 순음청력검사를 실시하는 것이 좋다. 하지만 순음청력검사를 실시하기 위해서는 지시 따르기 등 어느 정도의 인지능력이 필요하다. 그러나 어린 아동의 경우 정확한 지시 따르기나 자신의 의사를 표현하는 데 어려움이 있다. 따라서 놀이를 통하여 아동이 검사라는 것을 깨닫지 못한 상태에서 대략치의 청력측정을 할 수밖에 없다. 이에 필요한 것이 유소아 청력검사다. 이 검사를 실시하고 난 후에도 꾸준한 청능훈련을 통하여 아동이 어느 정도 자신의 의사표현 및 지시 따르기를 할 수 있으면 순음청력검사를 실시해야 한다.

유소아 청력검사에는 크게 신생아 행동관찰검사와 유희청력검사가 있다. 신생아 행동관찰검사에서는 자극 음을 준 직후에 나타나는 신생아 반사 혹은 반응으로 청력손실 유무를 추측한다. 이 검사에는 눈꺼풀반사검사, 모로반사검사, 방향정위반사검사 등이 있다. 눈꺼풀반사검사에서는 방울 등 여러 가지 소리를 아기 귀 가까이에서 들려주고 반응을 살펴보는데, 청력이 정상인 아기의 경우는 눈 주위의 근육이 수축한다. 모로반사검사는 음 자극을 줄 때 나타나는 모로반사, 즉 팔과 발을 벌리고 손가락을 펴다가 마치 무엇인가를 껴안듯이 몸 쪽으로 팔과 다리를 움직이는 반사를 이용한 검사다. 방향정위반사검사는 음 자극을 주면 소리가 나는 쪽으로 머리와 몸을 돌리는 방향정위반사 기전을 이용한 검사다.

유희청력검사는 순음청력검사의 표준 반응을 할 수 없는 아동에게 반응용 스위치를 누르는 대신 아동의 흥미를 끌 수 있는 재미있는 놀이를 통하여 반응을 유도하는 청력검사 절차를 이용한 것이다. 예를 들어, 아동에게 소리가 들릴 때 고리를 걸거나 상자에 나무토막을 넣는 등의 놀이를 통해 소리자극에 대한 반응 게임을 한다. 만약 헤드폰을 착용할 수 있으면 헤드폰을 통해 소리를 제시하고, 그렇지 못하면 스피커를 사용할 수 있다. 이때의 놀이는 항상 같은 놀이나 도구를 사용하는 것이 아니라 다양하고 효과적인 놀잇감을 통해 놀이내용을 변화시킬 필요가 있다. 일반적으로 가장 많이 사용되는 것은 소리자극이 있을 때 스위치를 누르면 상자 안에 들어 있는 기차 또는 소방차 같은 장난감이 움직이게 되어 있고, 소리자극이 없을 때 스위치를 누르면 장난감은 작동되지 않게 되어 있어 동기유발에 효과적이다.

2) 순음청력검사

순음이란 한 주파수대에 걸친 음을 말하는 것으로, 기계적으로 조작해서 나오는 음이라고 보면 된다. 이에 반하여 복합음은 여러 주파수대에 걸쳐 나오는 음을 말하며, 사람의 말소리를 비롯하여 주위에서 들려오는 모든 환경음이 해당된다. 그러므로 순음청력검사란 서로 다른 주파수대의 음을 들려주었을 때 반응하는 정도를 측정하는 것이다.

일반적으로 많이 사용하는 주파수대역으로는 125, 250, 500, 1000, 2000, 4000, 8000Hz가 있다. 사람이 가청할 수 있는 주파수대역은 약 16~20,000Hz이고, 150~4,000Hz 사이의 음은 회화음역인데, 특히 500~2,000Hz 사이의 음은 주요 회화음역 혹은 보통 회화음역이라 부른다. 사람의 말소리는 거의 대부분 150~4,000Hz에 있기 때문에 청력검사도 그에 맞게 125~8,000Hz를 측정하는 것이다.

125~8,000Hz를 측정하면 하나의 그래프가 나타나는데, 이것이 앞서 청력형에 대해 설명하면서 언급한 청력도다. 이를 보고 청력손실치를 구하게 되는데 3분법, 4분법 및 6분법이 있다. 각 공식은 다음과 같다.

$$3분법 = \frac{a+b+c}{3} \qquad 4분법 = \frac{a+2b+c}{4} \qquad 6분법 = \frac{a+2b+2c+d}{6}$$

* a=500Hz, b=1,000Hz, c=2,000Hz, d=4,000Hz

한편 청력검사에는 공기를 통해 검사하는 기도청력검사와 두개골 뼈를 진동시켜 검사하는 골도청력검사가 있다. 기도청력검사는 외이도를 지나 중이를 거쳐 내이, 청신경계를 통해 음의 전달을 측정하는 방식이고, 골도청력검사는 내이를 거쳐 청신경계를 통해 음의 전달을 측정하는 방식이다. 기도청력검사와 골도청력검사 결과에 차이가 난다면 전음성 청각장애로 볼 수 있으며, 두 검사 결과에 차이가 없다면 혼합성이나 감각신경성 청각장애로 볼 수 있다.

[그림 4-3]은 전음성 청각장애아동의 청력도와 이에 사용되는 주요 기호를 나타낸 것이다. 색깔에 따라서는 오른쪽 귀가 빨간색, 왼쪽 귀가 파란색으로 구분하기도 한다.

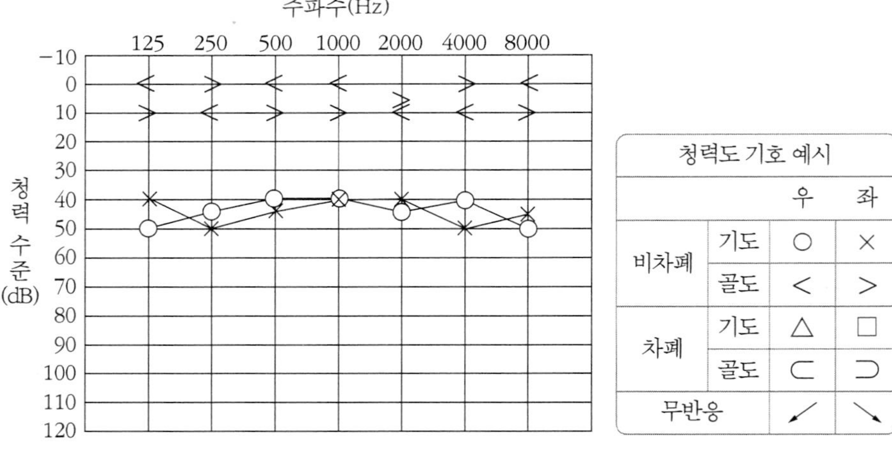

[그림 4-3] 전음성 청각장애아동의 청력도 예시

3) 어음청력검사

순음청력검사가 단순히 소리의 유무관계, 즉 최소가청역치를 찾는 것이라면, 어음청력검사는 말소리의 이해 유무를 검사하는 것이다. 단순한 소리와 말소리의 이해는 근본적으로 다르다. 가령 한밤중에 어떤 소리가 들리는 것과 그 소리가 무엇인가를 파악하는 것은 다르다는 의미다. 다시 말해서, 순음청력검사가 소리의 유무관계를 파악하는 것이라면, 어음청력검사는 소리의 이해관계를 파악하는 것이다. 그리고 어음을 말소리라고도 하므로 말소리청력검사라고 부르기도 한다.

어음청력검사에는 어음탐지역치검사, 어음청취역치검사, 어음명료도검사 등이 있다. 어음탐지역치검사(speech detection threshold: SDT)는 피검자가 말소리로 감지하여 말이라고 확인할 수 있는 최저 수준의 어음 강도를 찾아내는 것이다. 즉, 피검자에게 말소리를 들려주고 의미 있는 말로 표현되지 않더라도 말소리로 들리면 반응하게 하는 검사로서 말소리의 유무를 탐지하는 역치를 찾는 것이다. 흔히 어음청력검사에서의 최소가청역치라고도 한다.

어음청취역치검사(speech reception threshold: SRT)는 피검자에게 말소리를 자극으로 제시하였을 때 50%를 알아맞히는 어음의 강도를 찾는다. 이를 검사하기 위해 동일음압 단어(phonetically balanced word) 혹은 강강격 단어(spondee word)라고 부르는 2음절어 목록을 사용한다. 어음명료도검사(speech discrimination score tests)는 피검 아동이 일음절 낱말을 편안히 들을 수 있는 어음 강도에서 단어를 들려주었을 때 바르게 응답하는 비율을 말한다. 일음절 단어는 일상 회화에서 주로 사용되는 어음의 빈도와 같은 구성체계를 가진 친숙한 낱말로 이루어져 있다. 이 검사는 검사자가 피검 아동에게 10개 혹은 20개 어휘를 들려주고 아동이 정확하게 반응한 낱말의 수를 백분율로 표기하여 측정한다. 어음명료도는 쾌적역치에서 어음을 얼마나 이해하는가를 측정하는 방법이며, 보청기 착용 효과를 예측할 수 있는 자료로 활용된다. 또한 가청 범위에서 10dB 혹은 20dB 간격으로 어음명료도를 측정하여 어음 강도별 어음명료도를 연결하면 어음명료도곡선이 된다. 이는 청각장애의 유형 혹은 원인을 진단하는 데 참고되기도 한다.

4) 객관적 청력검사

객관적 청력검사는 피검자의 의지와 상관없이 검사를 하는 것으로, 중이검사(immittance test), 뇌간유발반응검사(auditory brainstem response: ABR), 이음향방사검사(otoacoustic emissions test: OAE)가 주로 많이 사용되고 있다. 중이검사는 중이 압력, 고막 운동성, 이소골 운동성, 이관의 기능 등을 평가한다. 뇌간유발반응검사는 와우에서 중뇌까지의 구심성 청각기관의 반응을 검사하며, 주로 어린 아동의 청력손실을 측정하는 데 사용된다. 그리고 이음향방사검사는 와우의 기능 정상 유무를 확인하는 데 사용된다.

4. 청각장애 보장구

1) 보청기

보청기는 음을 증폭시켜 청자의 귀에 전달해 주는 역할을 한다. 즉, 음향 에너지를 전기 에너지로 전환하고 다시 음향 에너지로 변환시킨다. 보청기의 기본 구조는 마이크로폰, 증폭기, 건전지, 이어폰으로 되어 있다. 마이크로폰은 음파의 에너지를 수집하여 전기적 신호로 변환시키는 역할을 한다. 증폭기는 마이크로폰을 통하여 유입된 전기적 자극을 확대시키는 역할을 하는데, 이는 건전지의 에너지로 이루어진다. 이어폰은 전파로 변한 음파을 본래의 모양으로 전환시켜서 귀에 전달하는 역할을 한다.

보청기는 착용 위치에 따라 상자형 보청기, 귀걸이형 보청기, 안경형 보청기, 귓속형 보청기로 구분되고, 신호처리 방식에 따라 아날로그 보청기, 디지털 프로그램형 보청기, 디지털 보청기로 구분된다. 또한 청각 보조장치에 의한 유형으로 FM 시스템 보청기, 집단용 보청기, 유도파 보청기, 적외선 보청기로 구분된다.

상자형 보청기는 비교적 크기가 크기 때문에 고도의 청각장애아동을 위해 음의 증폭을 크게 하고 주파수 범위를 넓게 할 수 있다. 귀걸이형 보청기는 의복의 잡음을 완전히 배제할 수 있고, 상자형 보청기에 비해서 크기가 현저히 작고 마이크로폰의 위치가 귀 수준에 있다. 안경형 보청기는 귀 수준 보청기를 필요로 하면서도

안경을 착용하고 있기 때문에 귀걸이형 보청기를 착용할 수 없는 경우에 필요하다. 귓속형 보청기는 많은 양의 음양 이득, 넓은 주파수대 또는 특정한 주파수 강조를 필요로 하지 않는 경도에서 중등도 청력손실자에게 적합하다.

아날로그 보청기는 소리를 전기신호로 바꾸어 증폭시키고 나서 다시 소리 에너지로 바꾸는 가장 단순한 형태의 보청기다. 디지털 프로그램형 보청기는 주변 환경의 소음 형태에 따라 여러 종류의 증폭 특성이 컴퓨터로 프로그램화되어 있는 보청기다. 디지털 보청기는 가장 최근에 개발된 보청기다. 아날로그 보청기가 소리신호를 전기신호로 변환시키는 과정에서 최대출력 이상의 증폭이 요구될 때 증폭기가 음의 왜곡을 유발한다면, 디지털 보청기는 소리를 0과 1로 대표되는 신호로 바꾸어 저장한 후 컴퓨터를 통해 변조하여 다시 음신호로 바꾸는 방법을 사용하기 때문에 보다 유연성이 높은 것이 두드러진 특징이다.

FM 시스템 보청기는 소음이 심한 방, 음의 울림이 큰 공간, 또는 음성을 청취하기에 부적합한 환경에서 어음변별 효과 및 언어청취 명료도를 증진시킬 목적으로 만든 것이다. FM 시스템은 화자의 말을 무선 마이크로 청취하여 FM 보청기로 전달해 준다. 따라서 말하는 사람의 음성만이 명료하게 증폭되고, 그 밖에 필요없는 주위 소음은 제거되거나 억제된다. 집단용 보청기는 큰 음을 양쪽 귀로 양호하게 고주파수나 저주파수에서 들을 수 있는 장점이 있는 반면, 아동과 교사의 동작을 제한한다는 단점이 있다. 유도파 보청기는 유도파를 발생시키는 전선이 배선되어 있는 공간에서 보청기의 스위치를 전환하여 사용하는 보청기다. 배선이 된 공간에서 자계 강도가 동일하기 때문에 행동 반경이 집단용 보청기보다 넓고, 난청아동이 가정에서 전화를 하거나 텔레비전을 시청할 때뿐만 아니라 대규모 공연시설에서는 일반인도 사용할 수 있다. 적외선 보청기는 리모콘에 이용되는 적외선을 응용한 방식이다. 이 보청기는 적외선이 전파와 달리 빛을 차단하는 장애물을 통과하여 밖으로 나갈 일이 없으므로 루프의 혼선문제를 해결한 장점이 있는 반면, 채광이 너무 잘 되면 태양광선 중 적외선과 혼선되어 신호가 전달되지 않는 단점도 있다.

2) 인공와우

보청기에 의한 이득을 전혀 볼 수 없는 경우에 제공되는 수단이 인공와우다. 인공와우는 내이를 포함한 감각신경성 난청과 전농인에게 내이를 대신하거나 우회하여 소리 에너지를 전기 에너지로 변환시켜 청신경을 직접 자극하는 전자보조장치다.

인공와우는 부품을 장착하는 위치에 따라 체내부와 체외부로 나눌 수 있다. 체내부에는 인공내이(cochlear implant)를 이식하는 수용기/자극기(receiver/stimulator)가 있고, 체외부에는 음향자극을 받아들이고 체내부로 전달해 주는 언어처리기(speech processor)와 헤드셋(headset/headpiece)이 있다.

인공와우 수술은 우리나라에서 1998년 이식수술이 처음 시행된 이래 2008년 6월 기준으로 총 3,875명이 수술을 받았으며, 2005년 인공와우 이식수술이 보험급여 대상으로 선정된 후에는 급속한 증가세를 보이고 있다(김종선, 2008). 초기에는 성인만을 수술대상으로 하였으나 현재에는 18개월된 유아에게도 실시하고 있으며, 최근에는 12개월된 유아에게도 시술이 가능하게 되었다. 수술대상 조건은 일반적으로 양측 귀의 청력손실이 고도난청인 경우이며, 이 경우 보청기를 착용하고 적절한 청능훈련을 받았음에도 전혀 효과가 없어야 한다. 청신경이 정상적으로 기능을 하고 있어야 함은 물론이다.

인공와우 이식과정을 간단히 살펴보면, 이식수술 전에는 사람의 말소리와 환경음에 대한 인지능력을 검사하고, 수술 후에는 기계검사에서 맵핑(mapping), 재활훈련 등을 거치게 된다. 보다 중요한 것은 이식수술 후에 청능훈련과 언어치료를 받아야 한다는 것인데, 이를 통해 인공와우 이식자의 인공와우 효과를 극대화할 수 있다.

5. 청각장애교육의 역사

청각장애아동에 대한 교육은 교수방법의 역사라고 할 수 있다. 프랑스를 중심으로 한 수화법과 독일을 중심으로 한 구화주의는 약 100년간 방법론적 측면에서 팽팽히 맞서면서 어느 방법이 좋은가가 주된 이슈로 부각되어 왔다. 그러나 이 두 방법 중 어느 것이 월등히 낫다고 확신할 수 없을 만큼 팽팽히 맞서는 가운데 토털 커뮤니케이션이 등장하게 되었다. 하지만 이 방법 역시 한계를 드러남에 따라 그 뒤를 이어 이중언어/이중문화 접근법이 대두되어 오늘에 이르고 있다.

이처럼 청각장애아동의 교육에서 유난히 방법론적으로 팽팽한 긴장이 계속되어

오고 있는 것은 다른 이유들도 있겠지만 그중의 하나가 바로 청각장애아동의 학습 수준일 것이다. 즉, 청각장애아동의 경우 정규교육과정을 다 마치는 고3이 되어도 초등학교 4~5학년 수준을 넘지 못하는 것이 오늘날의 현실이다. 이것이 방법론적으로 수화냐 구화냐의 갈등이 오늘날까지 계속되는 이유일 것이다.

1) 수화법

수화법은 1784년 프랑스 파리 농학교의 Michel de Lepee가 시작한 방법이다. Lepee는 구화법과는 달리 자신의 방법을 널리 공개적으로 밝힘으로써 많은 농아동들이 혜택받기를 원하였다. 반면 독일에서 시작된 구화법은 교수방법을 철저히 비밀에 붙여 실시되었기 때문에 밀라노국제농교육자대회에서는 수화법을 청각장애아동 교육 수단으로 채택하고자 하였다.

수화란 구두나 청력에 의존하지 않는 대화 형태이며, 대화를 하기 위하여 손, 몸짓, 얼굴 표정 등을 이용하는 시각적 · 공간적 전달매체다. 수화교육의 중요성을 강조하는 이유는 청각장애아동의 모국어는 무엇인가 하는 의문 때문이다. 수화를 모국어로 사용하는 청각장애아동에게 구화를 이용한 수업방법은 바람직하지 못하다. 즉, 수화를 이용하여 언어체계를 형성하는 아동에게 제2외국어를 지도하기란 무리라는 것이다. 또한 교실에서는 구화로 수업이 이루어진다고 하더라도 교실 밖에서는 수화를 사용하는 모순성을 지적하고 있다.

수화에는 청각장애인의 사회에서 자연스럽게 형성된 자연수화와 건청인의 문장구조에 맞게 편성한 문법수화가 있다.

2) 구화법

구화법의 기본 이념은 청각장애인을 건청인 사회로 통합한다는 것으로, 청각장애인이 사용하는 수화를 하나의 언어로서 인정하지 않는다. 보행훈련이 안 된 맹인에게는 지팡이가 거추장스럽듯이, 청각장애인에게는 수화도 그와 같다고 생각하였다.

공교육이 시작되기 이전 중세시대의 청각장애교육은 일부 귀족층의 자녀를 상대로 실시되었다. 이는 작위와 유산을 자녀에게 물려주기 위해서는 읽고 쓰는 능력 또는 말을 이해하고 구사하는 능력이 요구되기 때문이다(Moores, 1987).

구화는 독화, 입술 읽기, 독순, 큐드스피치(cued speech)를 포괄하는 용어로, 청각기관의 손상으로 청각 활용이 불가능한 상태에서 시각적인 여러 단서를 이용한다는 측면에서 기본 원리는 비슷하다고 볼 수 있다. 특히 시각에 의하여 음성언어를 인지하는 독화는 청각장애아동의 언어지도에서 널리 사용되고 있다. 시각, 청각, 감각 등을 이용하는 다감각법을 사용하여 독화지도를 많이 하고 있지만, 독화지도는 잔존청력이 어느 정도 있는 상태에서 그 효과가 더 크게 나타난다. 이는 말소리 가운데는 동음이음이 너무나 많기 때문이다. 예를 들어, '밥'과 '맘'은 잔존청력이 전혀 없이 단순히 시각적인 단서만 가지고는 구별이 불가능하다. 올바른 독화를 하려면 여러 가지 유추능력이나 배경적인 지식이 많이 필요하게 된다. 여러 가지 한계에도 불구하고 구화법이 각광받고 있는 것은 급속한 전자공학의 발달의 영향이 크다. 가장 대표적인 것이 인공와우 수술이다. 학령 전기에 있는 대부분의 청각장애아동들은 인공와우 이식수술을 받고 있으며, 이러한 수술자의 수는 매년 기하급수적으로 늘고 있다(박귀메, 2002). 인공와우 수술을 받은 대다수의 청각장애아동들은 구화교육을 받고 있다. 인공와우 수술이 과연 효과적인가에 대해서는 여러 가지 의견들이 분분하다.

3) 토털 커뮤니케이션

수화법이나 구화법 등은 구체적인 하나의 교수방법으로 볼 수 있지만, 토털 커뮤니케이션(total communication)은 정보를 받아들일 때 아동의 개인적인 특성에 따라 임의로 선택해서 사용할 수 있도록 하고 있다. 즉, 아동의 특성이나 취향에 따라 아동에게 구화법이든 수화법이든 혹은 그 밖의 어떤 방법이든 가장 적절한 의사소통 수단 중에 하나를 사용하도록 하는 것이다.

이 방법은 1960년대 미국에서 시작된 것으로, 구화, 수화, 청능, 독화 등을 사용하는 아동 중심의 교육방법이다. 이를 위해 교사는 구화, 수화, 독화 등의 사용방법에 능숙해야 하고, 아동에게 가장 적합한 방법이 무엇인지를 정확히 찾아서 제공해야 한다.

그러므로 토털 커뮤니케이션은 하나의 방법보다는 철학이라고 본다. 이것이 아동에게 가장 적절한 방법을 찾아서 제공한다는 의미에서 최상의 방법으로 볼 수 있

지만, 현실적으로는 교육 현장에서 잘 적용되지 않고 있다. 그 이유는 구화, 수화, 독화 등에 능숙한 교사가 많지 않기 때문이다.

4) 이중문화/이중언어 접근법

이중문화/이중언어 접근법(bicultural-bilingual approach)은 수화를 하나의 완전한 청각장애인의 언어로 인정하고, 이와 더불어 청각장애인의 문화도 하나의 고유문화로 인정하자는 것이 주된 핵심이다. 이 방법이 나오게 된 배경은 여러 가지가 있겠지만, 수화와 구화 중 어느 방법이 옳은 것인가에 대한 방법론적 논쟁 속에서 청각장애아동의 학업능력뿐만 아니라 자아정체감의 형성에도 문제가 제시되었기 때문이라고 볼 수 있다.

그러므로 수화라는 모국어를 통해 다른 청각장애인과 관계를 갖는다면 건전한 자아의식이 형성될 것이고, 그들만의 독특한 문화가 형성되어 청각장애인의 삶의 질을 향상시키게 될 것이다. 즉, 수화를 농아동의 모국어로 인정하고 농교육에 수화를 도입한 이중언어주의에 근거한 언어교육 방법이 효과적이라는 선행 연구(이율하, 2003)가 이를 뒷받침하고 있다.

한편 최근에는 인공와우 수술을 받은 청각장애인들의 급증으로, 그 이전의 건청인 집단과 청각장애인 집단의 양분에서 이제는 인공와우 수술을 받은 청각장애인 집단이 새로이 형성되고 있다. 아직 인공와우 수술 초기 단계라 큰 문제점은 발생되지 않고 있다. 앞으로 이 영역에서도 새로운 문제점이 부각될 것으로 생각된다.

6. 청각장애아동의 교육

「장애인 등에 대한 특수교육법」 제15조에는 특수교육 대상자의 선정 기준이 명시되어 있고, 제17조에는 특수교육 대상자의 배치 및 교육에 대해 나와 있다.

특수교육 대상자는 규정된 장애가 있는 사람 중에 특수교육을 필요로 하는 사람으로 진단 및 평가된 사람이고, 특수교육 대상자의 배치 및 교육은 일반학교의 일반학급, 일반학교의 특수학급, 특수학교로 되어 있다. 3세 미만의 영유아에 대해서는 특수학교의 유치원과정, 영아학급 또는 특수교육지원센터에 배치하여 교육을 받도록 하고 있다. 또한 제3조에는 유치원 · 초등학교 · 중학교 및 고등학교 과정의 교육은 의무교육으로 하고, 제24조에는 전공과와 만 3세 미만의 장애영아교육은 무상으로 한다고 명시되어 있다. 종합하면, 청각장애아동의 교육기관으로는 특수학교의 유치원, 영아학급 또는 특수교육지원센터, 일반학교의 일반학급, 일반학교의 특수학급, 특수학교 등이 있다.

특수교육 대상자 선정 시 교육장 또는 교육감은 선별검사를 통하여 특수교육지원센터로부터 최종 의견을 통지받은 때부터 2주일 이내에 특수교육 대상자의 선정 여부 및 제공할 교육지원 내용을 결정하여 부모 등 보호자에게 서면으로 통지하여야 한다. 이때 교육지원 내용에는 특수교육, 진로 및 직업 교육, 특수교육 관련 서비스 등의 구체적인 내용이 포함되어야 한다.

교육장 또는 교육감은 동법 제15조에 따라 특수교육 대상자로 선정된 자를 해당 특수교육운영위원회의 심사를 거쳐 일반학교의 일반학급, 일반학교의 특수학급, 특수학교에 배치한다. 배치할 때에는 특수교육 대상자의 장애 정도, 능력, 보호자의 의견 등을 종합적으로 판단하여 거주지에서 가장 가까운 곳에 배치하여야 한다.

이와 같은 내용이 일반적으로 장애아동이 특수교육을 받기까지 진행되는 경로로서 법규로 정해져 있다. 그러면 청각장애아동의 교육에서 가장 많이 사용되는 방법 중 독화지도와 청능훈련에 대해 알아보기로 하자.

1) 독화지도

5명 정도의 사람들이 일렬로 서서 맨 앞 사람이 제시된 글자를 뒷 사람에게 말하고, 뒤에 선 사람들은 음악이 크게 들리는 헤드폰을 쓴 채 앞 사람이 말하는 입 모양을 보고 알아맞힌 후 다음 사람에게 그 말을 전달하는 것과 같은, TV 프로그램에서 볼 수 있는 장면은 전형적인 독화의 한 형태다. 대부분의 경우 처음 제시된 단어와 전혀 다른 말을 하는 것을 보고 많은 사람들이 웃게 되는데, 이것은 독화가 어렵다는 것을 반증하는 셈이다.

이와 같이 청각장애아동이 가지고 있는 잔존청력을 최대한 활용하고 더불어 시각을 통한 건청인과의 대화를 위해 사용되는 방법이 독화(speechreading)다. 독화는 '독순' '입술 읽기' '말 읽기' 등의 용어로 사용되기도 한다. 독화는 조음과정에서 일어나는 시각적 정보를 통하여 화자가 말하는 내용을 이해하는 기술이다. 그러

므로 독화는 단순히 조음운동에서 일어나는 음소의 각 구형적인 특징뿐만 아니라 말하는 상황의 화용적인 측면, 말할 때 수반되는 얼굴 근육의 움직임(표정), 손짓, 몸짓 등과 같은 비언어적 측면도 고려해야 한다(김영욱, 1993).

독화지도는 구화교육의 상징이라 할 만큼 구화교육에서 중요한 교육방법의 하나다. 독화지도 시 유의 사항은 너무 과장되게 발음하지 않으며, 독화를 쉽게 할 수 있도록 말의 속도를 다소 천천히 하되 지나치게 느리게 하지 않아야 한다는 것이다. 또한 말을 하면서 적절한 표정을 짓는 것도 중요하며, 불필요한 동작은 삼가는 것이 좋다.

독화지도 방법에는 분석적인 방법과 종합적인 방법 그리고 절충적인 방법이 있다(이규식 외, 2006). 분석적인 방법은 음소 하나하나에 초점을 두고 시각적인 요소와 입운동의 특징을 파악하면서 입운동과 소리를 연결시키는 방법이다. 다시 말해, 분석적인 방법은 시각능력의 신장에 초점을 두는 방법이다. 종합적인 방법은 음소 하나하나보다는 전체적인 의미의 해석에 주안점을 두는 방식이다. 즉, 화자의 말소리 하나하나에 신경을 쓰기보다 말하는 상황과 전체적인 특징에 초점을 둔다. 그리고 절충적인 방식은 이 두 가지 방식을 적절히 혼합하는 방식이다.

2) 청능훈련

청각장애아의 교육을 구화로 하든 수화로 하든 간에 잔존청력을 활용하는 것이 우선되어야 한다. 청능훈련의 목적은 음에 대한 반응능력을 기르는 것이다. 청각장애아동의 조기교육에서 처음으로 접하는 것이 청능훈련일 것이다.

청력검사가 음에 대한 반응능력이 어느 정도인가를 알아보는 것이라면, 청능훈련은 이러한 능력을 길러 주는 것이라고 볼 수 있다. 그렇다고 청능훈련을 통해 청력이 향상되지는 않는다. 처음 청력검사를 받았을 때와 청능훈련을 받고 난 후에 청력검사를 받았을 때 청력에 차이가 나는 경우가 있는데, 이때는 청력이 더 좋아진 것이 아니라 음에 대한 반응능력이 길러진 것이라고 볼 수 있다.

청각장애 특수학교에서 사용되는 청능훈련의 내용은 음의 지각, 음의 변별, 말의 지각, 말의 변별의 4단계로 되어 있다. 음의 지각은 음의 인식이라고도 말하며, 음의 유무를 훈련하는 것이다. 태어나면서 청각장애가 된 선천성 청각장애아동의 경우 이 세상에 음이 있다는 사실조차 모르고 지낸다. 그러므로 그들에게 음이 있다는 사실을 인식시켜 주는 것은 무엇보다도 중요한 것이다. 음의 존재 여부를 인식하고 나서 그 음이 도대체 어떤 의미를 지니는지 파악하는 것도 중요하다. 이를 음의 변별이라고 한다. 음의 변별에는 다양한 소리의 변별이 포함되는데, 환경음 소리 변별, 동물 소리 변별 등 음의 차이를 배우게 된다. 이렇게 주변의 소리를 변별하는 능력이 길러지면 다음 단계로 사람의 말소리와 주변의 환경음 소리를 구분하는 것을 익히게 된다. 즉, 여러 가지 소리 중에서 사람의 말소리를 찾아내며, 많은 소음 중에서 사람의 말소리를 구분하는 것을 배우게 된다. 이것이 바로 말의 지각이다. 이 단계가 끝나면 사람의 말소리를 이해하는 말의 변별을 익히게 된다. 즉, 사람의 수많은 말소리에는 각각 의미가 있는데 각 말소리를 이해하는 것을 배우는 것이다. 물론 이러한 과정들은 체계적인 지도방법에 의해 이루어진다.

3) 청각장애아동 교육의 과제

(1) 통합교육

1970년대부터 불기 시작한 통합교육의 바람은 청각장애교육에 엄청난 파장을 몰고 오고 있다. 조기교육을 마친 청각장애아동은 거의 대부분이 청각장애 특수학교보다는 일반학교 일반학급에 통합되어 교육을 받고 있다. 이에 따라 청각장애학교는 문을 닫고 다른 기타 장애학교로 교명을 바꾼 곳이 여러 곳이다. 문제는 그들이 고학년에 이르면서 다시 청각장애학교로 되돌아오려고 해도 청각장애학교의 수가 부족하기 때문에 그럴 수 없다는 것이다.

청각장애학교에 가면 저학년 청각장애학생들은 매우 적지만 중등부 이상의 청각장애학생들은 많은 기이한 현상을 볼 수 있다. 특히 인공와우 수술로 이러한 현상은 더욱 가속화되고 있다. 청각장애학생의 통합은 건청학생과 함께 배치하는 단순한 물리적 통합으로는 성공하기 어렵다. 그들에 대한 학업지원, 의사소통 지원 등 다양한 지원들이 병행되어야 한다.

통합교육을 선호하는 이유는 건청학생과 함께하면서 사회성이 길러지기 때문일 것이고, 더불어 학업성취에도 다소 도움이 될 것이라고 생각하기 때문일 것이다. 최근에 청각장애 특수학교 출신과 일반학교 출신 간 청각장애대학생의 독해력 비교검사에서 독해력 점수가 상위권에 있는 학생들의 비율은 별 차이가 없었다(옥정달, 2008). 오히려 특수학교 출신의 청각장애학생이 성적 분포도에서 고르게 나타

났고, 일반학교 출신의 청각장애학생은 학업성취가 뛰어난 학생과 뒤떨어진 학생 간의 편차가 심하게 나타났다. 물론 이 연구가 전체를 대표한다고 말할 수는 없지만 우리에게 시사하는 바가 크다고 하겠다.

(2) 학업성취

청각장애교육이 시작된 이래 청각장애에 대한 수많은 교육방법과 연구들이 있어 왔다. 그렇지만 청각장애아동의 학업성취 수준은 별다른 향상 없이 지금까지 이어져 오고 있다. 수많은 연구들이 그 원인을 밝히려고 하고 그에 따른 교육방법도 제시하였지만 궁극적으로는 별로 달라진 것이 없다.

청각장애아동의 학업성취를 측정할 때 흔히 사용하는 것은 독해력이다. 청각장애인에 대한 독해력 측정 결과 초등학교 3~4학년 수준에 못 미치는 것으로 나타났다. 특히 청각장애학교 중학부와 고등부 전체를 대상으로 한 어휘력 검사에서도 두 학부 간에 유의미한 차이가 없는 것으로 나타났다(옥정달, 윤병천, 2008). 학업 향상 정도는 1년에 0.2학년 혹은 0.3학년 정도 올라가는 것으로 나왔고(Allen, 1986; DiFrancesca, 1971), 우리나라의 연구에서도 0.6학년 정도씩 매년 향상되는 것으로 나타났다(최영주, 1990). 이는 청각장애아동 교육에서 해결해야 할 과제로 남는다.

요약

이 장에서는 청각장애아동 교육에 대한 전반적인 사항을 살펴보았다. 청각기관의 생리학적인 측면을 이해하기 위해 청각기관의 구조를 살펴보았고 그 기능에 대해서도 간단히 알아보았다. 이를 바탕으로 진단 및 평가 방법의 종류와 특징에 대해 제시하였다. 그리고 청각장애아의 언어적 · 인지적 특성과 청각장애 보장구 등에 대해서 알아보았다. 청각장애아동의 언어적 · 인지적 특성은 수화를 청각장애아동의 언어로 인정하지 않은 데서 비롯된 것이다.

또한 구화법, 수화법, 토털 커뮤니케이션, 이중언어/이중문화에 대한 설명에서 청각장애아의 학력이 일정한 수준을 넘지 못함에 따라 교육방법의 변천이 이루어져 왔음을 알 수 있었다. 이에 청각장애아동의 교육에서 남은 과제 중 통합교육과 학업성취에 대해 살펴보았다. 단순한 물리적인 통합보다는 청

각장애아동의 개인에 맞는 통합이 필요함을 제시하였다. 학업성취 수준이 초등학교 3~4학년 수준에 못 미치는 것으로 나타난 것은 청각장애교육의 처음 시작이나 지금이나 변함없는 것으로, 이것이 앞으로 해결해야 할 가장 중요한 과제로 지적되고 있다.

참고문헌

김병하(1981). 청각장애아 교사의 전문능력 연구. **특수교육연구**, 9, 129-187.

김승국, 김영욱, 황도순, 정인호(1998). **청각장애아동교육**. 서울: 교육과학사.

김영욱(1993). 청각장애아의 독화단서연구. 단국대학교 대학원 미간행 박사학위논문.

김영욱(2007). **청각장애아동 교육의 이해**. 서울: 학지사.

김영욱, 김원경, 박화문, 석동일, 이해균, 윤점룡, 정재권, 정정진, 조인수(2005). **특수교육학**. 서울: 교육과학사.

김원경, 조홍중, 허승준, 추연구, 윤치연, 박중휘, 이필상, 김일명, 문장원, 서은정, 유은정, 김자경, 이근민, 김미숙, 김종인, 이신동(2009). **최신특수교육학(2판)**. 서울: 학지사.

김윤옥, 김진희, 박희찬, 정대영, 김숙경, 안성무, 오세철, 이해균, 최성규, 최중옥(2005). **특수아동 교육의 실제**. 서울: 교육과학사.

김종선(2008). Cochlear Implantation in Korea. 서울대학교병원 와우이식 20주년기념 심포지엄.

김태련, 조혜자, 이선자, 방희정, 조숙자, 조성원, 김현정, 홍주연, 이계원, 설인자, 손원숙, 홍순정, 박영신, 손영묵, 김명소, 성은현(2007). **발달심리학**. 서울: 학지사.

대한청각학회 편(2008). **청각검사지침**. 서울: 학지사.

박귀메(2002). 청각장애 자녀의 인공와우 착용에 대한 부모의 태도분석. 대구대학교 교육대학원 석사학위논문.

박혜진, 배소영(2003). 청각장애유아의 어휘발달. **언어청각장애연구**, 18(1), 66-81.

신현기, 변호걸, 김호연, 정인호, 전병운, 정해동, 강영택, 성수국, 마주리, 유재연(2005). **특수교육의 이해**. 서울: 교육과학사.

옥정달(2008). 문장제시수단에 따른 청각장애대학생의 독해능력에 관한 연구. **특수교육저널: 이론과 실천**, 9(4), 397-413.

옥정달(2009). 출신학교에 따른 청각장애 대학생의 쓰기에 나타난 조사오류에 관한 연구. **특수교육저널: 이론과 실천**, 10(3), 17-34.

옥정달, 윤병천(2008). 청각장애학생의 어휘력에 관한 연구. 언어치료연구, 17(3), 165-179.

이규식, 국미경, 김종현, 김수진, 유은정, 권요한, 강수균, 석동일, 박미혜, 김시영, 권준황, 정은희, 이필상(2006). 청각장애아 교육. 서울: 학지사.

이규식, 석동일(1996). 청각학. 대구: 대구대학교출판부.

이규식, 최성규(1996). 만3세 이전에 만성중이염에 감염된 초등부 저학년 아동의 어음변별력과 문장이해력 검사. 대한특수교육학회, 17(1), 5-24.

이상흔, 박미혜, 이달희, 허명진(2006). 아동청능재활. 서울: 양서원.

이소현, 박은혜(2006). 특수아동교육. 서울: 학지사.

이율하(2003). 이중언어주의에 근거한 언어교육이 농아동의 언어능력과 가족간의 의사소통에 미치는 영향에 관한 연구. 나사렛대학교재활복지대학원 미간행 석사학위논문.

이정학, 이경원(2008). 보청기평가. 서울: 학지사.

최성규(1995). 편측성 난청아동의 언어 변별력 향상을 위한 여러 보청기의 비교: 개인용, CROS, FM보청기. 난청과 언어장애, 18(1), 25-35

최성규(2004). 장애아동 언어지도. 한국언어치료학회.

최성규(1997). 청각장애아의 심리. 서울: 도서출판 특수교육.

최성규(1999). 청각장애아 언어교육방법론에 대한 패러다임 이동: 이중문화와 이중언어접근의 타당성. 특수교육학연구, 33(2), 121-143.

최영주(1990). 청각장애학생의 독해력 분석. 대구대학교 대학원 미간행 석사학위논문.

특수교육재활과학연구소(2003). 청각장애아교육. 대구: 대구대학교출판부.

Allen, T. (1986). Patterns of academic achievement among hearing impaired students: 1974 and 1983. In A. Schildorth & M. Karchmer (Eds.), *Deaf children in America* (pp. 161-206). Sandiego: Little Brown.

Articles, A. J. (2003). Special education's changing identity: Paradoxes and dilemmas in views of culture and space. *Harvard Educational Review, 73*(2), 164-202.

ASHA(1981). Befinition of and competencies for aural rehabilitation. A report from the committee on rehabilitative audioiogy. *ASHA, 26*, 37-41.

DiFrancesca, S. (1971). Academic Achievement Test Results of a National Testing Program for Hearing Impaired Students. *United States: Seires D, No. 9.* (Washington D.C.: Office of Demographic Studies, Gallaudt College, 1971). cited by Ibid., p. 116.

Fortgens, C. (2000). The language choice of deaf children in a bilingual setting. 19th International Congress on Education of the Deaf and 7th Asia-Pacific Congress on Deafness, 214.

Martin, F. N., Clark, J. G. (2006). *Introduction to Audiology* (7th ed.). Pearson

Education, Inc.

McAnally, P. L., Rose, S., & Quigley, S. P. (1987). *Language learning practices with deaf children*. Boston, MA: College-Hill Press.

Moores, D. F. (1987). *Educating the deaf: Psychology, principles, and practices*. Boston, MA: Houghton Mifflin Company.

Moores, D. (1972). Neo-oralism and Education of the Deaf in the Soviet Union. *Exceptional Children, 38*, 377-384.

Mueller, H. G., & Ricketts, T. A. (2005). Digital noise reduction: Much ado about something? *The Hearing Journal, 58*(1), 10-17.

Schow, R. L. & Nerbonne, M. A. (2007). *Introduction to Audiologic Rehabilitation* (5th ed.). Pearson Education, Inc.

• 제 5 장 •

정신지체

| 주요 학습 과제 |

1. 정신지체교육의 역사, 정의 및 분류를 이해한다.
2. 정신지체의 원인과 출현율을 이해한다.
3. 정신지체의 진단과 평가 방법을 알고 그 특성을 이해하여 교육계획에 반영한다.
4. 정신지체아동의 교육과정 영역별 교수-학습 방법을 안다.

정신지체에 대한 관심은 여러 세기를 거치면서 그 접근방식에서 꾸준한 변화와 발전을 이루어 왔다. 초기 암흑기에는 장애유아의 유기와 죽임 혹은 동정적인 보호가 있었다. 이후 프랑스의 Itard와 그의 제자 Seguin을 통해 정신지체아동에 대한 좀 더 체계적인 훈련과 교육적인 노력이 있었다. 그러나 19세기에 이르기까지 정신지체를 보는 사회적 시각은 부정적이었으며, 정상사회와 거리가 먼 시설 중심의 분리 배치가 주류를 이루었다. 이러한 흐름은 1960년대 이후 사회 전반의 인간 존엄성을 바탕으로 한 법적인 지위 신장과 더불어 급격한 변화를 맞게 되었다. 그 변화의 큰 맥락은 장애인도 한 인간으로서 존엄성과 가치를 인정받아야 한다는 것이다. 통합의 의미는 정신지체아동이 가능한 한 자신의 능력에 따라 차별 없이 또래와 함께 공부하고 어울리는 것이다. 최근 정신지체교육의 새로운 패러다임은 지적 능력에 분명한 한계를 가지고 있지만 또래와 어울려 능동적이고 적극적으로 정상적인 생활을 영위할 수 있도록 하는 것이다. 이 장에서는 이러한 최근 교육적 맥락에 따라 정신지체아동에 대한 이해와 교수적 접근 방안을 제시하고자 한다.

1. 정신지체의 정의와 분류

1) 정 의

(1) 초기 정의

정신지체에 대한 초기 명칭은 백치(idiot)와 정신박약(feebleminded)이다. 이는 실패나 결핍을 뜻하는 매우 부정적인 의미로 사용되었다. 그 후 20세기에 접어 들면서 정신지체에 대한 조작적인 정의를 하려는 시도가 이루어졌다. 그 대표적인 것이 Tredgold(1937), Doll(1941)의 정의라고 할 수 있다(신종호 외 역, 2002).

Tredgold(1937)는 정신지체에 '정신박약(mental deficiency)'이라는 용어를 사용하였고, "동년배 아동이 감독(supervision), 통제(control), 외부로부터의 지원에 관계없이 스스로 생활할 수 있는 정상적인 발달을 보이는 데 반하여 이러한 발달이 불완전한 상태다."라고 정의하였다. Doll(1941)은 '정신지체(mental retardation)'라는 용어를 사용하였고, "정신지체는 사회적 무능력인데, 이는 정신적 저능에 기인

하고, 그러한 저능(subnormality)은 발달하지 않고 정지되어 있으며, 이러한 현상은 성장기에 나타나고, 기질적인 원인을 지니며, 필수적으로 치료가 불가능하다."라고 정의하였다.

그들의 정의는 사회적 능력을 강조한다는 측면에서 미국 정신결함협회 및 정신지체학회에 직접적인 영향을 미치고 있다. 그러나 이 두 정의는 사회적 무능력의 근거를 정신적 저능에 두었고, 지능은 고정되어 치료가 불가능하다는 점을 강조함으로써 오늘날의 정의와 차이를 보이고 있다.

(2) 미국 정신지체학회의 정의

미국정신결함협회(American Association on Mental Deficiency: AAMD)는 미국정신지체협회(American Association on Mental Retardation: AAMR)의 전신이다. AAMR은 1921년에 최초로 정신지체의 정의를 발표하였다. 그 후 2002년 제10판까지 출판된 AAMR의 매뉴얼은 정신지체의 정의 및 분류에 상당한 영향을 미치고 있다. Heber(1961)에서 Luckasson(2002)까지 여러 학자들이 정의한 내용을 비교하면 〈표 5-1〉과 같다.

〈표 5-1〉 AAMD/AAMR 정의의 비교

정 의	지 능	적응행동 정의	발달기간
Haber(1961)	85 이하	동기, 학습 그리고/또는 사회화와 관련된 것	16세 이전
Grossman (1973)	70 이하	자신이 속한 동년배 및 문화 집단 내에서 기대하는 사회적 책임과 독립성 기준에 부합하는 정도와 유효성	18세 이전
Grossman (1983)	약 70 이하	개인이 속한 동년배 및 문화적 집단에서 기대되는 성숙, 학습, 개인적 독립성, 사회적 책임감의 기준에 부합하는 개인의 유효성에서의 유의미한 제한성	18세 이전
Luckasson et al. (1992)	70~75 이하	확인된 열 가지 적응기술 영역: 의사소통, 자기관리, 가정생활, 사회적 기술, 지역사회 이용, 자기 주도, 건강과 안전, 기능 교과, 여가, 직업	18세 이전
Luckasson et al. (1992)	측정의 표준오차를 고려한 대략 평균 2표준편차 이하	확인된 적응행동의 세 가지 영역: 개념적, 사회적 그리고 실제적 행동. 또한 결함의 존재는 네 가지 차원에서 확인되어야 한다.	18세 이전

출처: 박승희, 신현기 역(1994).

1992년에 발표한 미국정신지체협회(AAMR)의 정의는 다음과 같다(Luckasson et al., 1992).

> 정신지체(mental retardation)는 현재 기능의 실질적인 제한성을 말한다. 그것은 유의하게 평균 이하인 지적 기능과 동시에 다음과 같은 실제 적응기술 영역들, 즉 의사소통, 자기관리, 가정생활, 사회성 기술, 지역사회 활용, 자기 지시, 건강과 안전, 기능적 학업교과, 여가, 직업기술의 영역들 가운데 두 가지 혹은 그 이상에서의 적응적 제한성이 나타나는 것으로 특징지어진다. 정신지체는 18세 이전에 나타난다.

그리고 이러한 정의의 적용에는 다음의 네 가지 가정이 필수적이다.

- 타당한 평가는 의사소통과 행동적 요인의 차이뿐만 아니라 문화적 · 언어적 다양성을 고려한다.
- 적응기술의 제한성은 개인의 동년배라는 전형적인 사회적 · 환경적 맥락 안에서 발생하며, 그것은 그 개인의 개별화된 지원 요구의 척도가 된다.
- 특정한 적응적 제한성은 개인의 다른 적응기술의 강점 또는 능력과 함께 존재한다.
- 정신지체인의 생활 기능성은 장기간의 적절한 지원을 통해 일반적으로 향상될 것이다.

최근 2002년 제10차 정의도 지적 기능의 결함, 적응행동의 결함과 함께 18세 이전에 나타난다는 점 등 1992년의 정의와 거의 비슷한 맥락을 유지하고 있다. 그러나 1992년의 적응행동 열 가지 영역을 세 가지 영역인 개념적, 사회적 그리고 실제적 기술로 구분하였다. 지능은 이전 정의와 마찬가지로 2표준편차 이하의 수행을 의미한다. 적응행동(개념적, 사회적, 실제적 기술)은 사람이 일상생활에서 기능하기 위해 배워야 하는 것이며, 적응행동의 한계는 일상생활에 영향을 미치고 생활의 변화 및 환경의 요구에 반응하는 능력에 영향을 받는다. 특히 이 정의에서는 정신지체 개인의 기능을 결정하는 요소가 개인의 지원 요구와 직접 관련되어 있다고 보고 있다. 이 기능들의 결정 요소로는 ① 적응행동 ② 지적 능력 ③ 참여, 상호작용, 사회적 역할 ④ 맥락(환경, 문화, 기회) ⑤ 건강(정신적 및 신체적) 및 병인이 있다. 이들 영역 가운데 하나 이상의 영역에서 개인의 현재 요구와 관련하여 지원을 제공할 때 개인의 기능은 향상된다는 것이다. 이와 같이 다섯 차원을 강조하는 것은 정신지체

아동의 여러 가지 요구 수준이나 지원 강도를 파악하기 위하여 다양한 도구나 방법들이 고려되어야 함을 의미한다.

(3) 지능과 적응기술 관계

적응기술(adaptive skill)이란 정신지체 정의에 포함된 적응기술 열 가지 영역과 같이 개인이 생활환경에 적응하는 데 필요한 기술을 말한다. 앞서 정의에서 제시되었던 영역인 의사소통, 자기관리, 사회성 등이 포함되며 지적 능력과 함께 정신지체의 주요 요인이다. 정의에서 제시하는 적응기술은 과거의 정의들보다 상당히 확장적인 의미를 갖는다. 따라서 어떤 개인이 지능지수는 낮지만 지역사회의 적응기술에서 부분적이거나 전체적으로 다른 사람들과 합리적인 상호작용을 할 수 있다면 지적 능력에서는 정상이 아니라고 할 수 있어도 정신지체라고 판별할 수 없다. 결국 1992년 AAMR의 정의에 따르면 정신지체는 지능검사만으로 규정하는 것이 아니라 일상생활에서의 적응능력을 동시에 고려하여 판단하여야 한다.

2) 분 류

역사적으로 심리학자 및 교육자들은 여러 가지 명칭으로 정신지체아동의 분류를 시도해 왔다. 가장 많이 쓰이던 것은 지적 수준에 따라 분류한 경도(mild), 중등도(moderate), 중도(severe), 최중도(profound)가 있다. 과거에 사용하던 교육가능급(educable mental retardation: EMR), 훈련가능급(trainable mental retardation: TMR)은 누구나 교육받을 권리가 있다는 비판이 제기되면서 거의 사용되지 않고 있다. 1992년의 정신지체 정의 및 분류에서는 지원(support)의 종류와 강도에 따라 간헐적 지원(intermittent support), 제한적 지원(limited support), 확장적 지원(extensive support), 전반적 지원(pervasive support)으로 분류하고 있다(〈표 5-2〉 참조).

우리나라의 「장애인 등에 대한 특수교육법」에는 "지적 기능과 적응행동상의 어려움이 함께 존재하여 교육적 성취에 어려움이 있는 사람"으로 정신지체를 규정하고 있어, 1992년이나 2002년 AAMR 정신지체 정의와 분류에 따른 용어의 적용과는 거리가 있다.

〈표 5-2〉 지원 강도에 따른 정신지체 분류

분 류	지원 강도
간헐적 지원	필요한 때에 기초한 지원, 간헐적 성격으로 특징된다. 개인이 항상 지원을 필요로 하지 않거나 인생에서 전이시기 동안 단기간의 지원이 필요(예, 직업상실, 심각한 의료적 위기)한 경우, 간헐적 지원은 고강도 혹은 저강도로 제공된다.
제한적 지원	일정한 시간에 걸쳐 일관적으로, 그러나 간헐적인 것이 아닌 시간 제한적인 것으로 특징된다(예, 시간 제한적인 고용훈련, 학교에서 성인기로의 전이적 지원 제공 등).
확장적 지원	적어도 몇몇 환경에서(직장 또는 가정) 정규적으로 요구되는 자원으로 특징되면 시간 제한적은 아니다(예, 장기간의 가정생활 지원).
전반적 지원	항구성과 고강도의 지원으로 전반적 환경들에 걸쳐서 제공되며, 잠재적으로 삶을 유지하는 데 필요한 성격의 것으로 특징된다. 전반적 지원이란 전형적으로 확장적 또는 시간 제한적 지원보다 더 많은 수의 요원과 개인에게 더 개입적일 수 있는 지원을 포함한다.

출처: 이소현, 박은혜(2006).

2. 정신지체의 출현율과 원인

1) 출현율

정신지체는 뇌성마비보다 12배 이상, 전맹보다 100배 이상 많이 출연하는 장애다(Batshaw & Perret, 1992). 그러나 정신지체의 출현율도 진단 및 평가 준거, 조사기관에 따라 달라진다. 세계보건기구(WHO)가 회원국의 정신지체 출현율을 수합하여 발표한 자료에 의하면, 정신지체는 연령별로 0~4세에서 0.21%, 5~19세에서는 0.45% 출현하고, 남자의 경우 0.36%, 여자의 경우는 0.30% 출현한다. 그리고 지역별로는 아프리카 0.37%, 아메리카 0.26%, 동지중해 0.39%, 유럽 0.24%, 동남아시아 0.34%, 서태평양 0.33%로 보고되고 있다(Privett, 1996). OECD(1995)에 따르면 정신지체 출현율은 미국 0.82%, 독일 0.56%, 스위스 0.12%, 프랑스 0.54% 등으로 대부분의 국가에서 1.0% 미만의 출현율을 보이고 있다(정동영, 김형일, 정동일, 2001 재인용).

한국보건사회연구원(2001)의 2000년도 장애인실태조사에 따르면 우리나라 정신지체의 출현율은 0.31%이지만 연령별로 구분하면 0~9세는 0.33%이고 10~19세

는 0.46%이다. 김승국(1985)의 연구에서는 정신지체가 0.40%로 나타났는데, 이를 구분하면 지능지수 70 이하이나 사회성 지수 70% 이하가 13.64%, 70 이상에서 84 이하까지는 40.91%, 85 이상은 36.36%이고, 행동장애를 지닌 아동도 12.90%나 포함된다. 김자윤, 안동현, 신영전(1999)은 정신지체 출현율을 2.23%라고 보고하였다. 그리고 강영택 등(1998)은 정신지체아동의 출현율은 경도장애 0.39%와 중도장애 0.46%를 합해 0.85%라고 보고하고 있다.

정동영, 김형일, 정동일(2001)의 특수교육 요구아동 출현율 조사연구에서는 2001년 현재 6~11세 초등학교 학령아동 중 정신지체아동이 전체 0.83%로 나타났다. 영역별로는 남자 0.97%, 여자 0.68%였고, 지역별로는 대도시 0.56%, 중소도시 0.79%, 읍면 1.25%였다. 그리고 장애 범주별로는 제한적 지원 요구아동 0.47%, 전반적 지원 요구아동 0.36%였다. 교육 장면 배치 상황은 일반학급 45.97%, 특수학급 25.25%, 특수학교 23.76%, 기타 5.02%였다. 특수학교 위주의 교육지원이 이루어지는 현실을 고려한다면 일반학교에 배치된 정신지체아동 교육에 대한 지원대책 수립이 시급하다고 할 수 있다.

2) 원 인

정신지체의 원인은 크게 생물학적, 환경적, 심리학적 영역으로 구분된다. 그러나 정신지체의 원인은 다양하며 정확히 파악하기 어려운 경우가 많다. 주요 원인을 몇 가지만 소개하면 다음과 같다(〈표 5-3〉, 〈표 5-4〉 참조).

(1) 생물학적 영향

① 타이삭스병(Tay-Sachs)

이 질병은 대뇌중추 신경계의 악화로 초래되며, 생후 첫 18개월 이내 혹은 3~4세가 되기 전에 발생할 때는 매우 치명적이다. 상염색체의 열성유전을 통해 유전되고, 아슈케나지(Ashkennazic, 유태인계) 사람에게서 특히 많이 나타난다. 이 병은 영아는 생후 첫 몇 개월 동안은 정상적으로 발달하다가 점차 악화된다. 현재 치료법은 없으며, 문제의 유전자는 임신 중 옮겨지기 전에 발견할 수 있어 태아 검사를 통해 질병의 존재 유무를 확인할 수 있다.

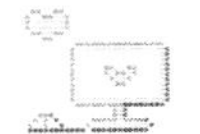

〈표 5-3〉 유전적 질병

질 병	원 인	특 성	유전방법	출현률	보균자 결함	산전 진단
코넬리아 디란지 증후군	원인 불명	중도정신지체	분명치 않음	1:1,000	No	Yes
갈락토오스 혈증	신진대사 장애	치명적일 때가 많음; 생존자 중 정신지체 유발; 식이요법으로 예방 가능	상염색체의 열성유전	1:4만 (출생 중)	No	Yes
뇌수종	뇌 척수액의 축적에 의한 장애	정신지체가 증가; 치료받지 못하면 일반적으로 치명적임; 수술로 손상 예방	다인자성	1:1,000 (유아 중)	Yes (유전적 유형에서)	Yes
레쉬-니한 증후군	효소 장애	정신지체; 뇌성마비; 자해행동	반성 열성유전	1:38만 (더 많은 출현률을 예상함)	No	Yes
단풍당뇨증	신진대사 장애	중추신경계 악화와 치료받지 못하면 조기에 사망	상염색체의 열성유전	1:12만/ 1:1,600	No	Yes
신경섬유종증	신경피부의 장애(중추신경계와 피부)	다양한 증상; 흔히 정신지체와 발작	(돌연변이에 의한) 상염색체의 우성유전	1:3,000	No	곧 이용할 수 있음
신경관 결함	무뇌증: 뇌의 일부분이 없는 것	흔히 조기에 사망; 수술로 생명 연장 가능	다인자성 유전; 조기 임신 중 발생	1:1,000 (출생 중)	No	Yes
	척추갈림증: 척추 전장이 닫히지 못함	심각한 정도의 다양한 증상들		3:1,000		
페닐케톤뇨증	신진대사 장애	식이요법에 의해 예방할 수 있는 정신지체	상염색체의 열성유전	1:1만 5,000 1:80(백인 중 보균자)	No	Yes
레트 증후군	X염색체의 결함 MECP2	정신지체와 신체적 퇴보, 발작, 자해행동 등을 동반하면서 정상적으로 발달	아마도 반성 우성유전; 남아에게 치명적	1:1만~ 1:1만 5,000 (여아)	No	아직 아님
타이삭스병	효소 장애	일반적으로 3세까지 치명적; 진행성 신경성 쇠약증세	상염색체의 열성유전	1:36만 1:2,500 (유태인 부부)	Yes	Yes
결절성 경화증	신경피부의 장애	증상이 다양함; 진행성; 정신지체, 발작, 비악성 종양	(돌연변이에 의한) 상염색체의 우성유전	1:3만	No	No
윌슨병	신진대사 장애로 조직 내 구리(copper) 초과	진행성 뇌성마비와 정신지체; 조기발견으로 예방	상염색체의 열성유전	1:100만	No	No

출처: 정동영, 김형일 외 역(2008).

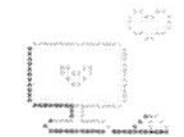

〈표 5-4〉 정신지체와 관련된 염색체 장애

질 병	원 인	특 징	발생률
묘성증후군	5번 염색체의 부분 결손	(흔히 중증의) 정신지체; 선천적인 심장질환; 날카로운 '고양이 같은 울음'	1:5만
다운증후군	21번 상염색체성; 모자이시즘; 전위	정신지체; 전형적인 얼굴 특징; 선천적인 심장질환	1:800~1,000 산모가 36세 1:300 42세 1:70 48세 1:15
약체X증후군	X염색체의 부분적 손상 및 파손	정신지체; 과잉행동; 전형적인 얼굴 특징	남성 1:1,000 여성 1:600
프래더-윌리 증후군	15번 염색체의 이상	정신지체; 빈약한 근육긴장 상태; 주체할 수 없는 식욕; 전형적인 얼굴 특징; 공격성	1:5,000~10만 흔히 진단하기 어려운 경우 많음
윌리엄스 증후군	7번 염색체의 미세 결실	정신지체; 심장과 골격 결함; 전형적인 얼굴 특징	1:1만

출처: 정동영, 김형일 외 역(2008).

② 페닐케톤뇨증(phenyketonuria: PKU)

아미노산 장애인 페닐케톤뇨증은 결함 효소가 신체의 필수아미노산 신진대사를 방해(페닐알라닌을 티로신으로 전환하는 것을 방해)하여 축적된 페닐알라닌이 정상적인 두뇌발달을 방해하는 유전적인 상태를 말한다. 이 질병에서 기인하는 뇌손상과 정신지체의 유발을 막기 위해서는 유아들의 식이요법을 통한 조기발견 및 예방법이 필요하다. 즉, 고단백 음식에 많은 페닐알라닌의 섭취를 제한함으로써 그에 따른 유해한 영향을 크게 감소시킬 수 있다.

③ 다운증후군(Down's syndrome)

염색체 이상으로 21번 삼염색체(Trisomy 21), 모자이크형(mosaicism), 전위형(translocation)의 세 염색체 중 어느 하나의 이상으로 발생할 수 있다. 이 증후군에서는 알 수 없는 이유로 염색체가 분열하지 않는다.

다운증후군은 일반적으로 독특한 신체적 특징을 보여 외모에서 서로 유사하게 보이기도 한다. 전반적으로 발달 수준이 지체되지만 성격은 명랑한 편이다. 그러나 실제로는 다른 사람들과 마찬가지로 일상적인 감정의 기복을 가지고 있다.

건강과 수명은 다운증후군 환자들이 가지고 있는 질환, 즉 심장질환이나 갑성선

기능저하증, 백혈병 등을 어떻게 관리하는지에 달려 있다. 의료기술의 발달에 따라 다운증후군의 평균 수명은 증가한 것으로 나타났다(Cody & Kamphaus, 1999).

④ 약체X증후군(fragile X syndrome)

약체X증후군은 23번 성염색체의 이상으로 발생하고 남아에게서 많이 나타난다. 이 환자들은 긴 얼굴과 큰 귀, 주걱턱, 돌출된 이마, 근육긴장 저하(hypotonia), 평발 등의 특성을 나타낸다. 청소년기 이후 남성에서는 비정상적으로 고환이 크게 발달하기도 한다. 행동적인 특징으로는 과잉행동, 주의력 결핍, 자해행동 등을 보이고 상동어와 반향어를 나타내기도 한다.

⑤ 프래더-윌리 증후군(Prader-Willi syndrome)

대개 15번 염색체의 부분적 결실과 관련된다. 이 환자들의 중요한 특징은 식욕, 작은 체구, 신장 등이다. 성장하면서 과도한 짜증, 충성성, 공격성, 고집 부리기, 자해행동 등 문제행동을 보이기도 한다. 과도한 식욕으로 생명을 위협하는 비만을 초래한다. 그러나 일반적으로 프래더-윌리 유아(1~3세)들은 저성장을 경험하는 것으로 나타나 흐느적거리는 아기(floppy baby)라고 부르기도 한다.

(2) 심리학적 · 환경적 영향

① 심리사회적 영향

정신지체의 영향 중 심리사회적 영향은 생물학적 영향과 분리하여 설명하기가 어렵다. 유전적 영향들은 명백히 생물학적이라고 할 수 있지만 표면적인 결과는 환경적인 요인들로부터 영향을 받는다. 따라서 정신지체의 대부분의 원인들은 환경적인 문제와 심리사회적인 문제가 서로 유기적으로 얽혀서 발생되기 때문에 어느 한쪽에 특정한 원인을 두고 설명하는 것은 바람직하지 않다.

② 환경적 요소

폐기물 처리장, 대기오염, 수질오염 등과 같은 환경오염은 중요한 사회적 · 생물학적 요인으로서, 삶의 질뿐만 아니라 빈곤으로 영향을 받는 사람들의 수의 증가로 정신지체 발생에도 영향을 미친다.

③ 부적절한 산전 관리

산모의 임신 중 위험한 독소에 노출되는 것은 선천적인 기형이나 저체중 출산과 관련이 있다. 대체로 불충분한 산전 관리는 빈곤과 관련 있는 경우가 많다. 임신 중 태아의 발달상 결정적 시기에 건강과 영양 섭취 부족은 태아의 지적 발달에 심각한 결과를 초래하게 된다.

④ 태아기의 기형 발생

임신 중 음주는 태아알코올증후군을 가진 아기들을 출산할 위험성이 있다. 또한 산모가 후천성 면역결핍증, 수두, 성병, 매독, 결핵 등에 걸렸을 경우에도 태아에게 장애를 초래하기도 한다. 그 외에도 니코틴, 코카인, 마리화나, 납 중독 등은 태아의 생명을 위태롭게 할 뿐더러 지체된 성장발육을 유발한다.

⑤ 사고

사고에 의한 뇌손상은 대부분 교통사고에 의해 발생한다. 머리의 심한 부상은 정신지체를 초래하는 주요 요인이 되고 있다.

3. 정신지체의 진단과 평가

사정은 특수교육에서 개인 간 차이와 개인 내 차이를 알아 아동을 판별 · 배치하고, 개인에게 가장 적절한 특수교육적 서비스를 제공하는 필수적인 요소다. 정신지체아동의 통합교육을 위한 일반적 평가는 학교 입학－일반학급 배치－학업부진 현상 표출－평가위원회 의뢰－각종 검사 및 평가－분류－재배치－적절한 특수교육적 서비스 제공 등의 순으로 이루어진다.

첫 단계로 아동이 정신지체로 의심되면 교사는 주위의 부모나 일반인들이 관심을 갖고 살펴볼 수 있도록 도움을 구하고 전문가나 기관에 의뢰하여야 한다.

아동이 정상 범위를 벗어났다고 생각하면 선별검사를 실시하고, 좀 더 정확하게 문제를 파악하기 위한 진단평가를 실시한다. 이를 위해 여러 영역의 전문가가 팀으로 평가를 수행한다. 가족사정에서는 부모면접을 통하여 아동의 생육사에 대한 정보뿐만 아니라 가정에서의 행동관찰을 통한 정보를 얻을 수 있다. 그리고 전문가에 의한 표준화 검사가 실시된다. 현재 주로 사용되는 지능검사에는 웩슬러 아동 지능검사(동작성과 언어성 검사), 사회성숙도검사, 적응행동검사 등이 있다. 이 표준화 검사도구들은 학업성취, 일반지능, 적응행동 결과에서 또래 연령보다 기대 수준 이하로 성취를 보이면 특수교육 대상자로 판단하는 자료로 활용된다.

특수교육 대상자로 배치 결정이 이루어지고 나면 교육적 평가를 실시하게 된다. 이때 교사는 특수교육적 배치에 대한 부모의 동의를 구해야 하며, 아동의 현재 학업 수행의 정도와 일상생활 문제 해결을 위한 기초학습 기술능력을 파악하여야 한다. 이를 위해서는 형식적 검사도구(표준화 검사 혹은 규준참조검사)와 비형식적인 교사 자작 검사도구 등이 활용된다. 특히 비형식적 검사에서 준거참조검사는 정신지체아동이 무엇을 알고 있고 무엇을 모르고 있는지, 무엇을 할 수 있고 무엇을 할 수 없는지 등에 대한 구체적인 정보를 제공한다. 또한 과제분석은 어떤 과제를 완수하는 데 요구되는 기술들의 필요한 구성 요소인 행동들을 규명하고 순서 짓고 단계별로 지도하기 위한 출발점과 도달점을 찾는 데 도움을 준다. 그리고 교육과정 중심 사정(curriculum-based assessment)으로는 학교에서 기대하는 교육과정 성과에 대한 정신지체아동의 수행을 측정할 수 있고 진전과정에서 과정적 수정을 할 수 있다. 일반아동과 함께 통합 장면에 있는 정신지체아동의 경우 정규 사정 프로그램에 참여하는 것이 부적절할 수 있다. 따라서 그들을 위한 적절한 평가 조정(testing acccmmodation)이 이루어져야 한다. 그러나 조정이 허용된 상태에서 일반적인 평가 프로그램이 부적절할 때는 대안적 평가(alternate assessment)를 고려할 필요가 있다.

4. 정신지체아동의 특성

정신지체아동은 개인 간 차이와 개인 내 차이에 따라 다양한 특성을 보인다. 따라서 이 특성들을 범주화하는 것은 쉽지 않지만, 정신지체아동 발달의 전반적인 특성을 살펴보면 다음과 같다(김형일 외 역, 2008; 백은희, 2005; 신현기 역, 2006; 최중옥, 박희찬, 김진희, 2002).

1) 일반적 특성

- 이야기를 듣는 것이나 활동에 대한 주의집중 시간이 짧다.
- 언어의 제약성이 크다.
- 상상력에 한계가 있다.
- 노력하려고 하지 않는다.
- 흥미의 범위가 협소하다.
- 경제의식이 희박하다.
- 선악의 구별이 잘 안 된다.
- 정서가 안정되어 있지 않다.
- 습관이 형성되면 계속 고집성이 있다.
- 신체 성숙은 보통아의 성숙도와 유사하다.

2) 인지 및 학습 특성

- 인지발달상에 지체와 차이점을 보인다.
- 주의, 중재전략, 기억, 전이 및 일반화 등 학습과 관련된 다양한 과정들에 문제가 있을 수 있다.
- 문식성 이해기술들에 결함을 보일 수 있다.
- 듣기 및 이해 영역에 문제가 있을 수 있다.
- 중도장애아동은 정보와 기술을 조직하고 유용한 방식으로 합성하는 데 어려움이 있다.

3) 심리적 특성

- 새로운 혹은 어려운 과제에 직면했을 때 쉽게 포기하거나 시도하지 않으려는 획득된 경향성, 즉 학습된 무기력을 보인다.
- 외적 통제 소재, 실패에 대한 기대, 외부 지향성 그리고 제한된 자기조절 행동 등을 보인다.
- 실패에 대한 반복된 노출의 결과, 익숙하지 않은 과제에 직면했을 때 성공에

대해 거의 기대하지 않을 수 있다.

- 자신의 삶에 대해 보다 큰 통제의 필요성을 강조하는 경향이 있지만, 선택하기와 자기 결정을 거의 경험하지 못한다.

4) 성격 특성의 일반적 경향

- 사람을 피한다.
- 멍하니 있을 때가 많다.
- 무엇이든 남이 말하는 대로 한다.
- 주위의 일에 무관심할 때가 많다.
- 동작이 느린 편이다.
- 옷이 더러워져도 갈아입으려고 하지 않는다.
- 일을 반복해서 하는 버릇이 있다.
- 화가 나면 물건을 던지기도 한다.
- 말의 앞뒤가 연결되지 않는다.

5) 학교에서의 특성

- 학교에서 아래 학년의 나이 어린 아동이나 친구들과 논다.
- 놀이 중 자기 역할을 다하지 못한다.
- 다른 아동의 놀이를 흉내 내며 논다.
- 단체놀이가 곤란하다.
- 친구들이 싫어해서 아무에게도 사랑받지 못한다.
- 거의 언제나 같은 놀이만 한다.
- 타인의 친절에 감사할 줄 모른다.
- 부끄러운 줄 모른다.
- 다른 친구의 잘못을 곧 일러바친다.
- 고집이 세다.
- 어려운 일은 열심히 하지 않는다.
- 학교에 가기 싫어한다.

- 일이나 공부를 계속하지 못한다.
- 깊이 생각하지 않고(못하고), 쉽게 다른 친구들에게 물으려고 한다.

5. 정신지체아동의 교육

1) 교수내용

정신지체아동을 위한 교수내용이라고 해서 그들을 위한 별도의 교육내용을 준비한다는 것은 적절하지 않은 접근법이다. 교수 내용을 결정하는 데 중요한 것은 모든 아동들이 학교에서 배우는 내용을 고려해야 한다는 것이다. 국가 수준의 교육과정과 지역 및 학교 수준의 교육과정은 기본적으로 모든 아동들이 배워야 할 중요한 것으로 간주된다. 이러한 학습 기준을 충족시키는 데 있어 그 진전에 대한 표준적인 평가뿐만 아니라 정신지체아동을 위한 평가의 조정과 대안적 배려가 마련되어야 한다. 이는 정신지체아동도 국가 수준의 교육과정에서 배제되거나 무시되지 않고 일반교육과정에 접근할 수 있는 기회를 높일 수 있기 때문이다.

정신지체아동의 교수내용은 일반아동이 배우는 동일한 기술을 습득하도록 하여야 하지만, 그들이 학습에 다양한 어려움을 겪기 때문에 일상생활에 참여하는 데 필요한 기능적 기술(functional skills)들이나 지역사회 중심 교육과정이어야 한다. 기능적 기술들이라고 하여 일반교육과정과 완전히 별개의 교육과정이거나 일반교육과정의 축소를 의미하지 않는다. 기능적 교수내용은 다음과 같다(Taylor, Richards, & Brady, 2005).

- 독립생활 기술: 위생 및 용변처리, 옷 입기, 가정생활, 독립적인 이동(자가 통학)
- 의사소통: 말문제(대체, 생략, 왜곡 등 조음의 문제), 목소리 문제, 언어장애(지체된 언어나 발달되지 않은 어휘), 비상징적인 의사소통 기능
- 사회적 상호작용 및 관계: 사회성 기술, 사회적 지각, 관계수립 기술 등
- 교과기술: 일반교육과정에의 접근 혹은 기능적 교육과정에 초점
- 전환 및 지역사회 기술: 자기결정 기술, 졸업 후 긍정적인 고용 및 지역사회 생활

이러한 기능적 교수내용을 결정하는 데 중요하게 고려되어야 할 원리는 다음과 같다(백은희, 2005; 신현기 역, 2006).

- 다양한 지역사회 환경에서 교수가 이루어질 수 있어야 한다.
- 정신지체아동의 현재 혹은 미래 환경에 참여하는 데 도움이 되어야 한다.
- 정신지체아동의 더 나은 삶의 질에 기여하여야 한다.
- 연령에 적합한 기술, 일과 그리고 자료들이어야 한다.
- 사회에서 가치 있다고 보는 기술들이어야 한다.
- 아동에게 도움이 되고 지역사회에서도 생산적인 기여자가 되도록 하는 것이어야 한다.
- 아동의 관심과 흥미를 반영하고 아동의 재능을 향상시킬 수 있어야 한다.

2) 교수방법

(1) 의사결정 변인 고려

정신지체아동을 위한 교육과정을 설계할 때는 〈표 5-5〉와 같이 아동 변인, 부모 변인, 정규학급 변인, 특수교육 변인 등을 고려하여야 한다.

〈표 5-5〉 교수 시 고려 사항

영 역	변 인
학생	인지 및 지적 수준, 교과기술 준비도, 교과성취, 등급 배치, 동기 및 책임감, 또래 및 성인과의 사회적 상호작용, 행동의 자기통제
부모	장단기 부모 기대, 지원 수준(경제적 · 교과적), 교육에 관한 부모의 가치관, 문화적 영향(언어, 삶의 가치)
일반학급	다양성에 대한 교사와 동료 수용 정도, 통합을 위한 행정적 지원, 교육과정 변화의 가능성, 교실의 조절 역량, 일일 학급계획의 융통성과 졸업 이후 학점, 다양한 직업 프로그램
특수교육	교사당 담당아동 수, 보조교사나 개인교사의 이용 가능성, 교육과정 자료를 이용할 수 있는 방법, 교사훈련의 초점, 이용 가능한 자문과 자료 지원, 아동에게 유용한 관련 서비스

출처: 신종호 외 역(2002).

(2) 획득, 숙달 및 일반화 계획하기

'획득'은 새로운 개념, 기술, 행동의 최초 학습을 의미한다. 즉, 기술이 없는 상태에서 기본적인 습득 수준까지의 이동을 획득이라고 할 수 있다. 학습에서 획득의 목표는 정확성이 전혀 없는 수준에서 85%까지 도달하면 수행한 것으로 본다. 획득 수준을 높이기 위한 전략들은 다음과 같다(신현기 역, 2006).

- 빈번한 교수 기회를 제공한다.
- 아동이 참여하는 기회를 늘려 준다.
- 아동의 오류에 대한 피드백을 제공한다.
- 정확한 수행에 대한 강화된 피드백을 제공한다.

또한 원활한 획득을 위한 수업과정에서 점검할 사항은 다음과 같다.

- 교수 전달상 문제가 없었는지 확인한다.
- 단서가 효과적이었는지 확인한다.
- 실수한 유형을 확인하고 점검한다.
- 아동이 수업과 자료에 어느 정도 참여하였는지 확인한다.
- 수업을 방해할 만한 아동의 특성 유무를 확인한다.
- 학습을 방해하는 문제를 확인한다.

'숙달'은 한 기술이 자연스러운 환경에서 유용하도록 정확성과 속도의 결합을 의미한다. 이러한 숙달 수준을 높이기 위한 전략들은 다음과 같다.

- 완성 과제에 대하여 피드백을 제공한다.
- 속도 내기와 전력질주에 대해 격려한다.
- 아동의 학습 시 교사의 참여를 줄인다.
- 정확성뿐만 아니라 속도에 대한 피드백을 제공한다.
- 과제 수행 이전의 시연을 점점 늘려 간다.

또한 원활한 숙달을 위한 수업과정에서 점검할 사항은 다음과 같다.

- 강화자가 작용하는지 확인한다.
- 충분한 연습 기회가 주어졌는지 확인한다.
- 연습 기회가 교사에 의해 방해받지 않았는지 점검한다.
- 어느 수준의 정확성을 제공했는지 확인한다.

'일반화'는 새로운 방법 또는 낯선 조건에서도 기술을 사용할 수 있는 것을 의미한다. 이것은 교수가 끝난 후에도 이미 배운 지식이나 기술을 새로운 사람, 장소 또는 일에 적용하는 것, 다른 형태의 행위를 사용하기 위해 그 기술을 수정하거나 변경하는 것을 포함한다. 이러한 일반화 능력을 높이기 위한 수업전략들을 제시하면 다음과 같다.

- 다양한 지도 사례를 사용한다.
- 실세계와 연결된 수업을 한다.
- 기술의 숙달을 높인다.
- 일반적인 자료 및 언어를 사용한다.
- 수업 시 구체적인 일반화 전략을 활용한다.

일반화의 효과를 수업에서 확인하기 위하여 다음과 같은 사항을 점검한다.

- 충분한 정확성 및 유창성이 이루어졌는지 확인한다.
- 일반화 기회가 제공되었는지 확인한다.
- 일반화를 높이는 수업이 활용되었는지 확인한다.

(3) 교육방법의 적용

수업에서 주로 활용되는 정신지체아동을 위한 교수방법은 교사 주도와 아동 주도 그리고 또래 주도 방법으로 나누어 볼 수 있다. 교사 주도적 방법은 과제분석과 모델링을 활용한다. 첫째, 과제분석은 주어진 과제를 하기 위해 우선 갖추어야 할 선행 기술들을 분석하고, 해당 과제를 구성하는 각각의 하위 단계들을 분석하는 것이다. 아동에게 각 단계를 가르치기 전에 부족한 선행 기술을 먼저 가르치고, 학업 기술과 일상생활 기술에 적용하여 지도할 수 있다. 그리고 과제분석은 가르치기 위한 교수목표뿐 아니라 어떤 단계의 수행 여부를 확인해 주는 평가적 의미를 가진다. 둘째, 모델링은 교사가 직접 과제를 수행하는 것을 보여 주는 것이다. 교사가 여러 시범을 보인 후 아동이 따라 하도록 하고, 강화와 피드백을 병행하여 숙달하도록 연습하게 한다. 아동 주도적 방법은 아동이 자발성과 독립성을 향상시키기 위해 활용하는 방법이다. 아동 주도적 방법으로는 자기점검법, 자기교수법, 자기강화법 등이 있다. 또래 주도적 방법은 학급의 인원 수가 많고 이질적인 아동들이 구성되어 있을 때 정신지체아동이 필요로 하는 추가 연습과 개인적인 도움을 제공하기 위해 또래 친구를 활용하는 방법이다. 또래교사가 새로운 것을 가르치는 것보다는 배운 것을 복습시키거나 연습하는 것을 도와주고, 피드백과 강화를 주는 역할을 하도록 한다(이소현, 박은혜, 2006).

아동이 새 기술을 배울 때, 교사는 전반적인 신체적 도움, 부분적인 신체적 도움, 몸짓, 그림 촉구, 언어적 지시와 같은 다양한 촉구와 지원을 사용한다. 여기서 신체적 도움은 최대 촉구, 언어적 지시는 최소 촉구 지원에 해당된다. 이러한 촉구와 지원은 상황과 장애 특성에 따라 최대 촉구에서 최소 촉구 양식(most-to-least prompt format)과 최소 촉구에서 최대 촉구 양식(least-to-most prompt format)을 적절하게 사용할 수 있다. 최대 촉구에서 최소 촉구 양식은 아동이 반응하도록 돕기 위해 어떤 도움이 필요한지로 시작해서 아동이 숙달되어 감에 따라 도움을 점차 줄여 나간다. 예를 들어, 아동이 신체적 도움으로 과제 수행을 시작하여 언어적 지시로도 과제를 완성할 수 있는 단계에 이르렀다고 하면 최대 촉구에서 최소 촉구 양식을 사용했다고 볼 수 있다. 이 양식은 아동에게 많은 실수를 하는 것을 허용하지 않는다는 장점을 가지고 있다. 반면 최소 촉구에서 최대 촉구 양식은 처음 교사의 언어적 지시에서 시작한다. 그다음은 그림, 몸짓 그리고 신체적 보조 순으로 이어진다. 이 양식은 학습과정에서 관리되지 않으면 아동이 실수양식을 배울 위험이 있다. 궁극적으로 이 두 가지 양식의 지원들은 제거되고 좀 더 자연적이고 일반적인 지시나 촉구 수준의 단계로 진전되는 것이 바람직할 것이다.

요약

최근 정신지체아동의 지역사회 통합을 강조하는 교육의 흐름은 정신지체아동의 정의와 교육에 많은 영향을 미쳤다. 초기 정신지체의 정의는 분리와 무능을 의미하는 용어였고, 치료가 불가능하다는 것을 강조하였다. 그러나 최근 AAMR의 정의는 정신지체아동의 강점과 그 지원을 강조하고 있다. 이것은 적절한 지원을 통한 변화 가능성과 지역사회 적응에 중점을 둔 것이라고 할 수 있다. 이는 정신지체아동에 대한 정확한 이해와 이에 따른 적절한 교육적 지원이 이루어져야 함을 의미한다.

정신지체아동은 다른 장애 영역에 비해 높은 출현율을 보인다. 그 원인은 생물학적 영역과 환경적·심리학적 영역으로 구분할 수 있지만, 개인에 따라 그 원인이 다양하여 정확히 파악하기 어려운 실정이다. 특성 또한 생물학적인 원인과 연관되어 나타나기도 하지만 환경 및 사회심리적인 영향을 받기도 한다. 따라서 각 개인에게 가장 적절한 특수교육적 서비스를 제공하기 위해서는 원인적 특성과 개인의 교육적 요구를 정확히 사정하고 배치하는 것이 중요하다. 이를 위해서는 가족 및 다양한 전문가들에 의한 종합적인 접근이 필요하다.

정신지체아동의 교육은 별도로 구분되지 않으며, 일반아동과 같은 차원의 접근이 이루어져야 한다. 이를 위해서는 표준적인 평가뿐만 아니라 정신지체아동을 위한 평가의 조절과 대안적 지원계획이 수립되어야 한다. 또한 구체적인 교수방법에서는 학생, 부모, 일반아동 등 다양한 변인들을 고려하여야 하고, 이들 각 개인의 능력과 수준에 적절한 교수방법들이 활용되어야 한다.

참고문헌

강영택, 정해동, 정동영, 장병연, 김은주, 이해균, 김성애, 이효자, 정대영, 최향섭(1998). 특수교육대상자 출현율 조사 연구. 경기: 국립특수교육원(미간행).

교육부(1998). 특수학교 교육과정 해설.

교육인적자원부(2007). 특수교육 실태조사서.

김승국(1985). 특수교육학. 서울: 양서원.

김승국, 박원희, 김은경, 정정진, 신현기, 권주석, 김영욱, 전병운, 이나미, 김삼섭, 정보인, 한성희, 황도순, 구본권, 최진희, 명정옥(2003). 정신지체아동 교육의 이론과 실제. 서울: 특수교육.

김옥기, 유균화 역(1990). 경도정신지체아 교육방법. 서울: 교육과학사.

김자윤, 안동현, 신영전(1999). 농촌지역의 주의력결핍-과잉행동장애와 학습장애아의 역학적 연구. 신경정신의학, 38(4), 783-793.

박승희(1999). 일반학급에 통합된 장애학생의 수업의 질 향상을 위한 교수적 수정의 개념과 실행 방안. 특수교육연구, 34, 29-71.

박승희, 신현기 역(1994). 정신지체 정의, 분류, 지원의 체계. 서울: 교육과학사.

백은희(2005). 정신지체이해와 교육. 서울: 교육과학사.

신종호, 김동일, 신현기, 이대식 역(2002). 정신지체. 서울: 시그마프레스.

신현기(2004). 정신지체아 교수방법론. 서울: 교육과학사.

신현기 역(2006). 정신지체: 역사적 관점, 현재의 동향, 그리고 미래의 방향. 서울: 시그마프래스.

신현기, 변호걸, 김호연, 정인호, 전병운, 정해동, 강영택(2005). 특수교육의 이해. 서울: 교육과학사.

이소현, 박은혜(2006). 특수아동교육(2판). 서울: 학지사.

이유훈, 김경진, 박정연(2000). 특수학급 교육과정의 편성과 운영. 경기: 국립특수교육원.

정동영, 김형일, 김주영, 김희규, 유장순, 정동일, 최혜승 역(2008). 정신지체: 지역사회 통합적 접근. 서울: 박학사.

정동영, 김형일, 정동일(2001). 특수교육 요구아동 출현율 조사연구. 경기: 국립특수교육원.

최중옥, 박희찬, 김진희(2002). 정신지체아 교육. 서울: 양서원.

한국보건사회연구원(2001). 2000년도 장애인 실태조사. 서울: 한국보건사회연구원.

한국보건사회연구원(2006). 2005년도 장애인 실태조사. 서울: 한국보건사회연구원.

Cody, H., & Kamphaus, R. W. (1999). Down syndrome. In S. Goldstein & C. R. Reynolds (Eds.), *Handbook of neurodevelopmental and genetic disorder in children*. New York: Guilford.

Kirk, S. A., Gallagher, J. J., & Anastasiow, N. J. (2003). *Educating Exceptional Children* (10th ed.). Boston: Houghton Mifflin Company.

Luckasson, R., Coulter, D. L., Polloway, E. A., Reiss, Schalock, R. L., Snell, M. E., Spitalnick, D. M., & Stark, J. A. (1992). *Mental retardation: Definition, classification, and systems of supports* (9th ed.). Washington, DC: American Association on Mental Retardation.

Luffig, R. L. (1987). *Teaching the Mentally Retarded Student: Curriculum, Methods, and Strategies.* Boston: Allyn and Bacon

OECD (1995). *Intergrating students with special needs in mainstream schools.* Paris: Organisation for Economic Co-Operation and Development.

Taylor, R. L., Richards, S. B., & Brady, M. P. (2005). *Mental Retardation: Historical Perspectives, Current Practices, and Future Directions.* Boston: Pearson Education.

Thomas, G. E. (1996). *Teaching Students with Mental Retardation: A Life Goal Curriculum Planning Approach.* Ohio: Merrill.

• 제 6 장 •

지체장애

| 주요 학습 과제 |

1. 지체장애의 정의와 분류를 이해한다.
2. 지체장애의 진단평가 도구를 이해한다.
3. 지체장애의 영역별 특성을 알아본다.
4. 지체장애의 교육 목표와 방법을 알아본다.

지체장애교육은 의료적인 분야에서 먼저 발전되었다. 우리나라의 경우는 1950년대 소아마비학생 발생, 한국전쟁 전상자, 1970년대 뇌성마비, 1980년대 중도 뇌성마비학생 증가로 특징지어진다. 그리고 2000년대 이후에는 지체장애교육대상자가 중증화, 중복화, 다양화되어 가고 있다.

지체장애교육에는 특수한 문제나 장애를 가진 것으로 보기보다 '한 사람'으로 보려는 관점, 기능적인 활동 강조, 교육의 전반적인 활동에서의 책임 분담, 학습자에게 선택의 기회 제공, 자립을 촉진하고 비장애 또래와 함께 생활하고 상호작용이 가능한 환경의 조성이 필요하다. 교육환경은 사회적 상호작용을 촉진하고 교육의 장, 교육목표 설정과 교육 프로그램을 독립적으로 선택하기보다는 공동 접근방식으로 회의를 통해 우선순위를 결정하는 방법 등으로 변하고 있다.

이 장에서는 지체장애의 정의, 원인과 분류, 진단평가, 특성, 교육 등을 통해 지체장애를 이해하고 지체장애아동을 위한 교수방법들을 제시하고자 한다.

1. 지체장애의 정의

우리나라 「장애인 등에 대한 특수교육법」은 지체장애를 기능・형태상 장애를 가지고 있거나 몸통의 지지 또는 팔다리의 움직임 등에 어려움을 겪는 신체적 조건 또는 상태로 교육적 성취에 어려움이 있는 사람으로 정의하고 있다. 미국의 장애인 재활법(1973) 제504조에서는 지체장애를 신체장애로 인해 가정, 학교, 지역사회 등의 일상생활에 실질적으로 참여할 수 없거나 제한되는 경우로 규정하고 있다. IDEA에서 지체장애는 정형외과적 장애와 신경학적 장애를 포함한다. 정형외과적 장애는 두개골, 관절, 근육 등의 이상이 주로 나타나는 것을 포함하며, 신경학적 장애는 신체의 어떤 부분을 움직이거나 사용하거나 느끼거나 제어하는 능력에 영향을 끼치는 중추신경계의 시스템을 포함한다(Best, Heller, & Bigge, 2005; Heward, 2006). 지체장애는 원인에 관계없이 지체(체간 및 사지)의 기능에서의 부자유로 인해 그대로 두면 장차 자활이 곤란한 것을 말하며, 이런 학생을 지체부자유아(자)라고 정의할 수 있다(전헌선 외, 2004).

국립특수교육원(2008)에서는 학회 등의 의견을 수렴해서 선천적이거나 질병, 사

고, 수술 등 후천적인 원인으로 팔, 다리, 몸통 그리고 머리의 기능과 형태에 장애를 가지고 있거나, 운동기능이 자유롭지 못한 것이 현저하고 지속적이어서 보조기기의 도움 또는 물리적 환경의 수정이 필요하거나, 다른 사람의 도움 없이는 일상생활이나 학습에 어려움을 겪는 사람으로 지체장애 특수교육대상자를 규정하고 있다. 앞으로 지체장애 정의에 대한 전문가들의 다양한 의견과 정의에 포함될 요소를 적절하게 구성해야 할 필요가 있다.

2. 지체장애의 원인과 분류

1) 원 인

지체장애의 원인은 그 분류만큼이나 다양하지만 발생시기에 따라 출생 전, 출생 시, 출생 후 원인으로 나눌 수 있다(김원경 외, 2009; 전헌선 외, 2004).

- **출생 전 원인**: 유전적 요인과 임신 중 약물중독이 주된 원인이다. 유전적 원인은 부모가 태어날 아이에게 장애를 전해 줄 수 있는 유전인자를 가지고 있는 경우를 말한다. 뇌성마비는 유전적 요인으로 가족성 무정위형, 가족성 진전형 등이 있으며, 근위축증과 혈우병도 어머니의 유전적인 결함이 자녀에게 전달되는 반성유전이다. 외부적 요인으로 임신 중 흡연, 알코올중독, 마약과 같은 약물중독은 태아에게 잠재적으로 해를 끼치며 신체적인 결함을 일으킨다. 또한 산모가 추락한 경우 태아에게 손상의 위험이 있고, 출생 전 손상의 원인이 된다.
- **출생 시 원인**: 가사출산에 의한 산소 결핍이나 출산 시 외상 등이 원인이 된다. 만약 아이가 분만을 위해 적합한 위치에 있지 않은 상태에서 위치 변화를 시도하는 것은 신체손상을 일으킬 수 있다. 뇌성마비는 출생과정에서 태아에게 공급되는 산소의 양이 심하게 감소될 경우에 생길 수 있다.
- **출생 후 원인**: 교통사고 및 감염 등이 주된 원인이다. 교통사고는 주로 척추와 뇌손상을 가져오는데 이것이 지체장애의 원인이 된다. 한편 감염은 출생 후 지체장애의 원인이 될 수 있다. 바이러스 등에 의해 중추신경이 감염되었을 경우

영구적인 손상을 일으킬 수 있다.

대표적인 지체장애인 뇌성마비의 원인은 장애의 발생시기에 따라 선천성 원인(조산, 산모의 산전 상태, 산모의 감염, 신생아 질식, 분만기간 중 감염, 빌리루빈 과다, 신생아 황달, 중추신경 기형)이 85%, 후천성 원인(중추신경성 감염, 뇌출혈, 뇌수종, 외상, 뇌종양)이 15%를 차지한다(김원경 외, 2009; 전헌선 외, 2004)(〈표 6-1〉 참조).

〈표 6-1〉 뇌성마비의 원인

발생시기	원 인
유전성	• 가족성 무정위증, 가족성 진전증, 가족성 역성대마비, 가계성 경직형 사지마비 등이 있다. • 뇌성마비는 유전적 원인이 약 10% 정도 차지한다.
선천성(자궁 내), 임신 중 요인	• 풍진, 톡소플라즈마증(toxoplasmosis), 바이러스 등에 의한 감염 등 • 일산화탄소 중독증, 질식, 빈혈, 태반경색, 태반 조기박리 등 • 임신중독증, 모세의 출혈성 소인에 의한 출생 전 뇌출혈 등 • 제대 얽힘, 꼬임에 의한 출생 전 무산소증 등 • 자궁 내 감염
출생 시 (산모의 진통 시작~아기의 첫 호흡)	• 기계적 무산소증: 호흡폐쇄, 확장부전, 진정제 과잉복용에 의한 마취, 골반이상 등 • 출생 시 외상: 난상에 의한 출혈, 부적절한 겸자 출산 등 • 출산합병증: 조산(태내기간 37주 이내), 미숙아(2.5kg), 저체중아(1.5kg), 초저체중아(1.0kg), 소인성(Rh인자, ABO 부적합에 의한 핵황달), 매독, 뇌막염 등
출생 후	• 외상: 경막하혈종, 두개골절, 뇌좌상(serebral contusion) 등 • 감염: 수막염, 뇌염 등 • 맥관장애: 선천성 뇌종맥류, 혈전, 색전, 고혈압성 뇌증 등 • 독소: 납, 비소 등 • 무산소증: 일산화탄소 중독, 질식, 무산소증, 저혈당증 등

출처: 김원경 외(2009); 전헌선 외(2004).

2) 분 류

특수교육에서 지체장애는 크게 중추신경계 손상에 의한 신경성 증후군과 근골격계의 이상에 의한 운동기 증후군으로 분류한다. 신경성 증후군은 뇌성마비, 근위축증, 척수성 소아마비를 포함하며, 운동기 증후군은 결핵성 증후군, 골증후군, 관절

증후군, 외상성 증후군, 형태이상 증후군을 포함한다(서화자 외, 2009).

한편 「장애인복지법」에서 제시한 지체장애와 뇌병변장애의 분류를 보면, 대분류는 신체적장애, 중분류는 외부 신체기능의 장애, 소분류는 지체장애, 뇌병변장애로 분류된다. 그리고 세분류로 지체장애는 절단장애, 지체기능장애, 변형 등의 장애로 분류되고, 뇌병변장애는 중추신경의 손상에 의한 복합적인 장애로 분류된다.

국립특수교육원(2008)은 장애학생 실태조사에서 지체장애를 크게 두 가지로 분류하고 있다.

- 사지와 몸통에 분명한 형태이상 및 운동기능 이상 등 외형상 장애가 있는 경우
  - 팔이나 다리가 전체 혹은 부분적으로 없거나 기형
  - 소아마비나 뇌성마비 등 근육의 마비 증세를 보이는 운동장애
  - 골형성부전증, 이분척추, 근이영양증(근위축증), 척수손상 등의 정형외과적 장애
  - 왜소증으로 키가 심하게 작거나, 척추(예, 곱사등)나 얼굴에 현저한 변형 또는 기형
  - 팔과 다리, 머리 부위에 절단, 골절, 심한 화상에 의한 수축으로 운동기능 장애
  - 뼈나 관절에 만성적인 염증(예, 골단염, 골수염, 관절염 등)으로 평소 심한 통증 있음
  - 외상성 뇌손상, 수두증(뇌수종) 등의 뇌 관련 질환에 의한 운동장애

- 일상생활이나 학습 장면에서 머리나 몸통의 지탱이나 적절한 자세를 유지하기 힘들거나 팔다리의 움직임에 지속적이고 현저한 어려움이 있는 경우
  - 이동 수단으로 주로 휠체어, 목발, 워커 등 보행 보조기구 사용
  - 팔, 다리, 몸통, 머리 부위에 보조기를 장기간 착용
  - 필기가 아주 늦거나 곤란할 정도이거나 식사도구를 이용하기 어려울 정도로 손기능이 저하
  - 뼈, 관절, 근육 등의 문제에 의해 수업시간에 의자에 앉은 자세를 유지하기 어렵거나 곤란함
  - 분명한 외형상 장애가 없지만 잘 넘어지거나 뼈가 쉽게 부러짐

〈표 6-2〉 지체장애의 분류

유형	분 류	종 류
신경성 증후군	뇌성마비	경직형, 불수의운동형, 운동실조형, 강직형, 진전형
	진행성 근위축증	듀셴형(Duchenne muscular dystrophy), 베커형(becker dystrophy), 안면견갑상완형, 지대형, 위축성 근경직형
	척수성 소아마비	소아마비
운동기 증후군	결핵성 증후군	결핵성 고관절염, 무릎관절결핵, 관절결핵, 골결핵, 척추 카리에스(spinal caries)
	골증후군	골형성부전증, 연골무형성증, 골단염, 레그-페르데스병(Legg-Perthes's disease), 구루병, 모르퀴오병(Morquio's disease), 골수염
	관절증후군	선천성 고관절탈구(congenital dislocation of hip joint), 병적 탈구, 관절 류머티즘, 관절염, 관절구축
	외상성 증후군	절단, 반흔구축(cicatrical contracture), 가관절
	형태이상 증후군	만곡족(clubfoot), 내반슬, 외반슬, 척추측만(scoliosis), 척추후만, 척추전만, 척추파열(이분척추), 단지증(phoco melus)

출처: 전헌선 외(2004), pp. 169-179.

- 척추가 전후 또는 좌우로 심하게 기울어져 있음
- 입을 잘 다물지 못하거나 침을 많이 흘려 옷이나 책 등이 젖어 있는 경우가 많음
- 혼자서 계단을 오르내리기가 곤란함
- 발바닥의 안쪽이나 바깥쪽 끝, 또는 발끝으로 걸음
- 독립적으로 혼자 앉기가 어려움

(1) 신경성 증후군

신경성 증후군에는 뇌성마비, 근위축증, 소아마비, 이분척추, 다발성 경화증, 간질 등이 있는데, 그 가운데 지체장애 특수학교에서 가장 많은 비율을 차지하는 것은 뇌성마비다. 박미화(2007)에 따르면 지체장애학교 재학학생 중 뇌성마비학생은 약 72.8%, 운동기 장애는 약 2.4%를 차지한다. 따라서 여기에서는 뇌성마비를 중심으로 설명하고자 한다.

뇌성마비의 생리적 분류는 경직형, 무정위형, 운동실조형, 진전형, 강직형, 혼합형 등인데, 그 원인 및 운동 특성은 〈표 6-3〉과 같다. 한편 뇌성마비의 부위별 분류는 〈표 6-4〉와 같이 운동장애가 나타나는 신체 부위에 따라 편마비, 중복마비

(이중편마비), 사지마비, 양마비(양측마비), 대마비(하지마비), 삼지마비, 단마비 등으로 나눈다(서화자 외, 2009; 전헌선 외, 2004; Heward, 2006).

〈표 6-3〉 뇌성마비의 생리적 분류와 특성

분 류	운동 특성
경직형 (spasticity)	• 대뇌 추체로(pyramidal tracts) 손상 • 뻣뻣한 근육 • 외부 영향을 받는 활동으로 근육긴장의 증가 • 선택적인 운동 억제 감소 • 비정상적이고 제한적인 운동 협응 • 근활동의 과잉 활성화 • 제한된 범위의 이동 • 느린 근활성화와 자세 반응 • 뇌성마비의 50~60%
무정위형 (athetosis)	• 대뇌 추체로의 조직과 기본 신경절에 손상 • 억제되지 않고 불수의적인 움직임이 나타남 • 불수의와 강직, 진전을 포함함 • 강직일 때 움직이는 범위 내에서 저항을 보임 • 움직임은 시기, 방향, 장소의 특성에 따라서 비정상적임 • 손상된 자세 고착 • 뇌성마비의 30~40%
운동실조형 (ataxia)	• 소뇌(cerebellum)손상 • 손상된 자세 억제 • 걸을 때 현기증을 느끼고 보조가 없으면 넘어지는 매우 불안한 걸음 • 협응운동의 조절에서 부적절한 억제 • 종종 긴장이상과의 연합 • 활동적인 운동을 하는 동안 체력 감소 • 몸, 손, 목소리 등의 떨림도 존재 • 뇌성마비의 5~10%
강직형 (rigidity)	• 관절을 굴곡하거나 신전하면 묘한 저항감이 있음 • 근육의 신축성 상실로 운동 저항이 강하게 생김 • 경직형과 비슷하나 과잉운동이나 불수의적인 동작은 없음 • 뇌성마비의 5~10%
진전형 (tremor)	• 수의운동 시에 주로 진전이 나타남 • 대뇌와 소뇌의 연락장애가 있을 때 진전이 나타남 • 보행실조가 나타남 • 뇌성마비의 2~5%

출처: 서화자 외(2009); 전헌선 외(2004), pp. 172-174; Heward(2006), p.425-427.

〈표 6-4〉 뇌성마비의 부위별 분류와 분포

분 류	분 포
단마비(monoplegia)	사지 중의 한쪽 마비
편마비(hemiplegia)	몸 한쪽의 팔과 다리 마비
삼지마비(triplegia)	팔, 다리 세 부분의 마비
사지마비(quardriplegia)	모든 사지마비: 팔, 다리가 똑같이 포함됨
대마비(paraplegia)	오로지 다리만 마비
양마비(diplegia)	모든 사지마비: 팔보다는 다리가 더 포함됨
중복마비(double hemiplegia)	주된 마비는 상지에 나타나고 하지는 경도마비

출처: Heward(2006), p. 426.

(2) 운동기 증후군

운동기 증후군에는 결핵성 증후군, 골증후군, 관절증후군, 외상성 증후군, 형태이상 증후군 등이 있다. 결핵성 증후군으로는 결핵성 고관절염, 무릎관절결핵, 관절결핵, 골결핵, 척추 카리에스 등이 있다. 골증후군으로는 골형성부전증, 연골무형성증, 골단염, 레그-페르테스병, 구루병, 모르퀴오병, 골수염 등이 있다. 관절증후군으로는 선천성 고관절 탈구, 병적 탈구, 관절 류머티즘, 류머티스열, 급성 관절 류머티즘, 관절염, 관절구축 등이 있다. 외상성 증후군으로는 절단, 반흔구축, 가관절 등이 있다. 형태이상 증후군으로는 내반슬, 외반슬, 척추측만, 척추후만, 척추전만, 척추파열, 단지증 등이 있다(김원경 외, 2009; 전헌선 외, 2004).

① 결핵성 증후군

- 결핵성 고관절염(tuberculous coxitis): 결핵균에 의한 관절염의 일종으로, 관절결핵 중 발생 빈도가 가장 높다.
- 무릎관절결핵(tuberculous arthritis of the knee): 관절염이라고도 한다. 무릎관절에서 일어나는 결핵을 말한다.
- 관절결핵(joint tuberculosis): 결핵성 관절염으로 결핵균의 감염으로 발생한다.
- 골결핵(tuberculosis of bone): 결핵균은 먼저 폐에 침입하고 그 후 주로 혈관을 통해 골에 감염되어 발생하는 결핵균이 일으킨 뼈의 병변이다.
- 척추 카리에스(spinal caries): 결핵성 척추염이라고도 한다. 다른 일차성 결핵 병소가 혈행성으로 척추에 전이를 일으키는 이차성 결핵질환이다.

② 골증후군

- 골형성부전증(osteogenesis imperfecta): 불완전골형성증이라고도 한다. 유전성 질환으로 뼈가 약하여 다발성 골절이 발생되는 전신적 결체조직의 질환이다.
- 연골무형성증(achondroplasia): 연골발육부전증이라고도 한다. 뼈의 성장이 장애을 받아 현저한 왜소증을 나타내는 증상으로 140cm 이하의 왜소증이 나타난다. 짧은 사지, 큰 머리, 튀어나온 이마와 오리걸음이 특징적이다.
- 골단염(epiphysitis): 골단증이라고도 하며, 긴뼈의 골단부에 생기는 무균성 괴사를 가져오는 질환이다.
- 레그-칼브-페르테스병(Legg-Calve-Perthes Disease): 소아 대퇴골 골두에 나타나는 특발성 골괴사이며, 골두 및 비구에 변형을 남기게 되고 고관절에 고관절염을 일으키게 된다.
- 구루병(rickets): 비타민 D 결핍증으로 뼈의 변형을 가져오는 질환이다. 주로 4개월에서 2세 사이에 발생한다.
- 모르퀴오병(Morquio's disease): 골연골발육부전증이라고 한다. 골단의 발육 이상이 나타나는 골연골 발육장애를 말한다.
- 골수염(ostemyelitis): 화농균이 혈관을 통해서 감염된 질환이다.

③ 관절증후군

- 선천성 고관절 탈구(congenital dislocation of hip joint): 엉덩이 관절의 윗부분인 관절구와 대퇴골두가 정상적으로 물리지 않고 어긋나 있는 상태를 말한다.
- 병적 탈구(pathologic dislocation): 마비, 활막염, 감염 및 그 외의 질환으로부터 오는 탈구를 말한다.
- 관절 류머티즘(articular rheumatism): 관절, 근 등의 운동기관이 염증 또는 퇴행성 변화, 신진대사 장애, 내분비 장애에 의하여 동통과 기능장애를 일으키는 병리적 상태를 말한다.
- 급성 관절 류머티즘(acute articular rtheumatism)
- 류머티스열(rtheumatic fever): 구균감염 후에 발생하는 발열이다. 심장, 혈관 및 관절과 같은 결합조직에 염증이 생기는 것이 특징적이다.
- 관절염(arthritis): 관절의 염증상태, 통증, 부종, 열감, 발적이 나타나고 움직임에 제한이 온다.

• 관절구축(articular contracture): 관절의 가동성이 제한되거나 소실된 상태를 말한다. 주로 관절의 장기간 고정이나 피부의 반흔 등이 원인이 될 수 있다.

④ 외상성 증후군

• 절단(amputation): 지체나 그 밖의 부속체 또는 신체의 돌출부를 제거하는 것을 말하며, 주로 팔, 다리를 의미한다.
• 반흔구축(cicaricial contracture): 화상 등의 원인으로 표피뿐만 아니라 진피 이하에도 손상을 입었을 때 관절 가동성에 제한이 나타난다.
• 가관절(pseudoarthrosis): 위관절이라고도 한다. 골절 부위의 골 유합이 완전히 정지된 상태를 말한다.

⑤ 형태이상 증후군

• 만곡족(club foot): 선천적으로 변형된 발을 말하며, 첨내반족이 가장 흔하다.
• 내반슬(bowleg): O각이라고도 한다. 발목을 붙이고 다리를 폈을 때 무릎 사이가 벌어진 상태를 말한다.
• 외반슬(knock knee): 외번슬 또는 ×각이라고도 한다. 무릎을 서로 붙이고 다리를 폈을 때 발목 사이가 벌어진 상태를 말한다.
• 척추측만(scoliosis): 척추가 옆쪽으로 만곡된 상태를 말한다.
• 척추후만(kyphosis): 척추가 뒤쪽으로 만곡된 상태를 말한다.
• 척추전만(lordosis): 척추가 앞쪽으로 만곡된 상태를 말한다.
• 척추파열(spinal bifida): 척수의 골폐쇄부전을 특징으로 하는 발육기형으로서 이를 통해서 척수 및 수막이 돌출된 상태를 말한다.
• 단지증(phocomelia): 해표상지증(海豹上肢症)이라고도 한다. 상체 부분의 사지가 하나 또는 그 이상 부족한 기형적인 발달로, 마치 절단 부위같이 발이나 손이 몸통에 비해 짧고 불규칙한 모양으로 붙어 있어 바다표범의 사지와 비슷하게 보인다.

3) 출현율

2001년 국립특수교육원의 특수교육 요구학생 출현율 조사연구에서는 지체장애

학생 출현율이 0.19%로 나타났다. 하지만 전 연령을 대상으로 실시한 한국보건사회연구원의 2005년도 장애인실태조사에서는 지체장애의 출현율이 전체 2.31%로 나타났으며, 이는 1995년 1.40%, 2000년 1.19%보다 증가된 수치였다. 2007년 교육인적자원부에서 조사한 특수교육연차보고서에서는 특수학교와 일반학교에 재적한 지체장애학생 수가 전체 특수교육 대상학생 6만 5,940명 중 7,739명(11.7%)으로 나타났다. 국립특수교육원의 2008년 특수교육실태조사에서는 특수학교와 일반학교에 재적한 지체장애학생 수가 전체 특수교육 대상학생 7만 1,484명 중 8,788명(12.2%)으로 나타났다. 이러한 결과는 앞으로 지체장애학생의 수가 증가할 가능성이 높음을 시사한다.

3. 지체장애의 진단과 평가

지체장애아동의 진단 · 평가는 일차적으로 의료적 진단을 바탕으로 신체능력, 운동능력, 학습, 인지, 언어, 적응행동 영역 등을 중심으로 시행되고 있다.

한편 뇌성마비아동은 근육경직이 증가되면 관절을 움직이는 신전, 굴곡, 내전, 외전 근육의 근력 불균형이 일어나 골격의 변형, 탈구 등이 있어, 가능한 한 조기에 진단을 내려 치료하는 것이 여러 합병증을 예방하고 예후에 도움이 된다. 그리고 학습 이외에 상세한 병력 정보와 면밀한 이학적 검사가 필수적이며, 뇌전산화단층촬영, 자기공명영상, 뇌유발전위검사, 뇌파검사 등에서 보충적인 정보를 더 얻을 수 있다.

이에 여기에서는 지체장애아동의 효율적인 진단 · 평가를 위한 선별 기준, 선별 도구, 신체 관련 평가 등에 대한 내용을 설명한다.

1) 선별 기준

지체장애는 「장애인 등에 대한 특수교육법 시행령」(2008)에서 정의하는 기준에 따라 선별된다. 다음은 한국특수교육학회(2008)에서 권고하는 선별 기준을 제시한 것이다.

• 손상

① 사지와 몸통에 외형적인 장애를 가지고 있으며, 이에 따라 동작이 불편하다.

② 사지 또는 체간에 장기적으로 보조기를 착용한다.

③ 척추가 심하게 전후 또는 좌우로 기울어져 있다.

④ 근육이 뻣뻣하거나 불필요한 동작이 수반되는 등 뇌성마비의 증상을 보인다.

• 학습상의 문제

⑤ 골 형성이 불완전하거나 너무 약하여 부러지기 쉽다.

⑥ 필기가 아주 늦거나 곤란할 정도로 손기능이 떨어진다.

⑦ 골, 관절, 근육 등의 문제로 수업시간 동안 의자에 앉는 자세를 유지할 수 없거나 곤란하다.

⑧ 침을 많이 흘려 옷이나 노트가 젖어 있는 경우가 많다.

⑨ 활동량이 많은 체육활동 등에 참가하는 것을 힘들어한다.

• 일상생활상의 문제

⑩ 주로 휠체어를 사용하여 생활한다.

⑪ 장거리 이동이 힘들어 보조기기 또는 사람의 도움을 받아 이동한다.

⑫ 근육의 마비 등으로 숟가락이나 젓가락 사용이 곤란하다.

⑬ 정형외과적 장애는 보이지 않으나 쉽게 넘어지는 등 몸의 균형감각이 심하게 떨어진다.

⑭ 혼자서 계단을 오르내리기가 곤란하다.

2) 선별도구

• 체크리스트: ADL 평가도구, MBI(Modified Barthel Index; Forthinsky et al., 1981), PULSES 프로파일(Moskowitz McCann, 1957), S-G(Standing Gait)검사

• 뇌성마비 반사검사: 설근반사(rooting reflex), 흡철반사(sucking reflex), 구토반사(gag reflex), 굴곡회피반사, 신전밀기반사, 대칭성 긴장성 경반사, 비대칭성 긴장성 경반사, 목정위반사, 양서류 반응, 모로반사, 보호펴짐반사 등 검사

- 대근육 운동기능 평가: 대근육운동기능평가(Gross Motor Functional Measure: GMFM), 대근육운동발달검사(Test of Gross Motor Development [TGMD]; Ulrich, 1985), 한국판 오세레츠키 운동능력검사(Oseretsky, 1923 / 김정권, 권기덕, 최영하, 1974 표준화)
- 정상관절 운동범위검사: 견갑골, 주관절, 목관절, 수근관절, 고관절, 슬관절, 족관절의 능동 및 수동 관절 가동 범위를 관절운동측정기(goniometer) 또는 경사측정기(inclinometer)로 측정
- 기타 측정도구: 도수근력검사(Manual Muscle Testing [MMT]; Hislop & Montgomery, 1995 / 강세윤 외 역, 2001), 애시워스 경직척도(Modified Ashworth Scale: MAS).
- 시지각발달검사 제2판(Developmental Test of Visual Perception [DTVP-2]; Hammill, Pearson, & Voress / 문수백, 여광응, 조용태, 2003 표준화)
- 시각-운동 통합발달검사(Developmental Test of Visual-Motor Integration [VMI]; Beery, 1982 / 박화문, 구본권 역, 1989)
- 지각-운동 발달진단검사(Perceptual-Motor Diagnostic Test; 中司利一 외, 1987 / 박화문, 구본권 역, 1989)
- 비운동성 시지각검사 개정판(Motor-Free Visual Perception Test-Revised [MVPT-R]; Colarusso & Hammill 개발, 1996)
- 퍼듀 지각-운동검사(Purdue Perceptual-Motor Survey [PPMS]; Roach & Kephart, 1966)
- BGT검사(Bender Visual Motor Gestalt Test; Bender, 1938 / 정종진 역, 2003)

3) 학업성취도 평가

매년 초등학교 3학년부터 고등학교 3학년까지 시행되는 국가 수준 학업성취도 평가에서 지체장애아동은 동등한 평가 기회를 갖지 못하는 경우가 있다. 이에 그들의 동등한 평가참여를 위한 기회를 보장해 줄 필요가 있다.

지체장애아동의 학업성취 참여 현황을 살펴보면 지체장애아동이 재학 중인 학교는 2,563개교이며, 이 중 학력평가를 일반학생과 동일하게 실시하는 학교는 2,163개교, 대안평가를 실시하는 학교는 283개교, 지체장애를 제외하는 학교는 113개교다

(교육과학기술부, 2008b). 대안평가나 동등한 평가참여를 위한 평가 시 조정으로는 편의시설 제공, 커뮤니케이션 확인, 시험시간 1.5배 연장, 조용한 장소, 대체 필기구, 시험지 조정 등이 요구된다.

특히 중증 지체아동의 경우는 개인차, 특성, 장애 정도 등에 따른 다양한 특수교육공학적 기구들이 요구되고, 그들의 다양한 평가 사례, 적용기구 등에 대한 기본 지침이 요구된다.

4) 신체 관련 평가

(1) (신)애시워스 척도

경직이 있는 지절(특히 상지)을 검사하여 경직의 정도를 측정하는 검사로서 모두 6등급으로 이루어져 있다. 이 검사는 경직이 있는 아동들의 경직 정도를 측정하여 아동의 치료교육을 통한 경직의 감소를 측정할 수 있다.

(2) 도수근력검사

아동의 근력을 검사하는 방법으로서 특정한 개별 근육을 검사하는 것이다. 모두 6등급으로 이루어져 있으며, 정상 근육들의 근력을 평가하는 것이다. 도수근력검사는 중추신경계에 손상을 입어 경직 혹은 신경학적 증후를 갖고 있는 아동에게는 가급적 검사를 피하고, 척추손상, 선천적 근육장애, 진행성 근질환 등 근육 자체에 이상이 있는 아동에게 시행한다.

(3) PULSES 프로파일

인간의 기능을 여섯 가지로 구분하여 각 기능의 정도를 4등급으로 기록한다. 1등급은 정상이고, 4등급은 심한 장애로 기동이 허용되지 않으며 간호가 요구되는 경우다.

(4) 반사검사

자세를 조절하는 운동발달의 성숙도를 측정하는 것이다. 항진과 소실의 유무를 기록한다.

(5) 대근육운동의 기능적 평가: S-G검사

정상발달의 순서성과 연속성을 바탕으로 동작들을 체중부하, 중력, 체간과 사지의 상호연관성 등의 요소로 분석한 것이다. 아동들의 기능적 능력과 치료의 원리를 제공한다. S-G검사에서는 누운 자세에서 보행까지의 10단계로 구분하여 검사하며, ○ 또는 ×로 표기한다. 다음 〈표 6-5〉는 S-G검사의 예시자료다.

〈표 6-5〉 S-G검사 예시

서기 및 걷기 검사: Standing Gait Scale

이　름: ____________　　학　년: ____________

생년월일: ____________　　검사자: ____________

성　별: 남 · 여

검사자세	번호	검사 항목	검사일			
1. 누운 자세	1	누워서 윗몸을 움직일 수 있다.				
	2	윗몸은 움직이고, 몸을 뒤집을 수 있다.				
	3	목을 세운다(엎드린 자세).				
	4	뒤집을 수 있다.				
	5	팔꿈치로 윗몸을 일으킨다.				
2. 기기	6	배밀이로 이동이 된다.				
	7	배밀이로 전진이 된다.				
	8	팔꿈치를 이용하여 앞으로 간다.				
	9	다리로 차서 전진된다.				
	10	팔다리로 전진된다.				
3. 앉기	11	잡고 앉은 자세에서 목을 가눌 수 있다.				
	12	허리를 잡아 주면 윗몸을 세워 있을 수 있다.				
	13	아무렇게나 앉을 수 있다.				
	14	양반다리를 할 수 있다.				
	15	오래 앉을 수 있다.				
4. 무릎서기	16	무릎 또는 허리를 잡아 주면 윗몸을 세울 수 있다.				
	17	허리를 잡아 주면 윗몸을 세운다.				
	18	다리를 잡아 주면 윗몸을 세울 수 있다.				
	19	무릎서기를 취해 주면 혼자 있는다.				
	20	혼자 무릎서기가 된다.				

5. 잡고 서기	21	허리 무릎 뒤축을 잡아 주면 설 수 있다.				
	22	허리 무릎을 잡아 주면 선다.				
	23	허리를 잡으면 선다.				
	24	손을 잡으면 선다.				
	25	아주 가볍게 손가락을 잡으면 선다.				
6. 혼자 서기	26	서는 자세를 취해 주면 2~3초 유지된다.				
	27	서는 자세를 취해 주면 15초 유지된다.				
	28	서는 자세를 취해 주면 30초 유지된다.				
	29	혼자 일어날 수는 있지만 유지가 안 된다.				
	30	혼자 일어나고 유지도 된다.				
7. 한쪽 다리 서기	31	허리를 잡아 주면 한쪽 서기가 된다.				
	32	손으로 잡아 주면 한쪽 서기가 된다(한쪽).				
	33	손으로 잡아 주면 한쪽 서기가 된다(양쪽).				
	34	혼자서 한 발로 서기가 된다(한쪽).				
	35	혼자서 한 발로 서기가 된다(양 발).				
8. 딛기	36	허리를 잡아 주면 발을 낼 수 있다.				
	37	허리를 잡아 주면 발을 디딜 수 있다.				
	38	손으로 잡아 주면 디딜 수 있다.				
	39	넘어지지 않고 혼자 2~3걸음 딛고 나간다.				
	40	넘어지지 않고 혼자서 발을 딛고 나갈 수 있다.				
9. 보행 I	41	허리를 잡아 주면 걸을 수 있다.				
	42	손을 잡아 주면 걸을 수 있다.				
	43	혼자서 걸을 수 있으나 넘어진다(정지 안 됨)				
	44	혼자서 걸을 수 있다(정지됨). 2보 이상				
	45	혼자서 걸을 수 있다(정지됨). 10보 이상				
10. 보행 II	46	뒷굽을 대어서 걷는다.				
	47	무릎을 굽혀서 걷는다.				
	48	팔을 내리고 걷는다.				
	49	허리를 넣고 걷는다(엉덩이가 나오지 않는 것).				
	50	작은 보행이 된다.				

출처: 대구대학교 1종도서편찬위원회(1999), pp. 213-214.

4. 지체장애의 특성

지체장애는 주로 운동장애와 다양한 언어장애, 간질, 구토, 수면장애 등의 수반 장애가 따른다. 뇌성마비는 일반적으로 발달의 지체가 크고, 발달에 개인차가 심하고, 신체운동, 사회심리, 인지 · 학업, 언어 등에서 불규칙적인 발달을 하는 경우가 있다. 여기에서는 지체장애의 신체운동적, 인지 · 학업적, 심리사회적 특성으로 구분하여 살펴본다(곽승철 외, 2004; 구본권, 2007; 전헌선 외, 2004; 조홍중 외 2009).

1) 신체운동적 특성

첫째, 지체장애아동은 운동기능 장애는 물론이고 형태적 이상과 같은 신체적 문제를 가지고 있다. 근육 협응성의 곤란 및 근육의 마비 또는 위축으로 자세 유지 및 이동에 어려움을 겪는다.

둘째, 지체장애아동은 구강 주변 근육의 조절과 협응의 문제로 혀를 조절하기 힘들어 침을 흘리거나 말을 잘 하지 못하고 아주 천천히 말할 수 있다. 이러한 언어장애는 발어기관의 마비현상에 의한 언어장애, 발음기관의 운동조절 부족에 의한 발음장애 및 리듬장애, 그 외 감각손상이나 언어발달 지체에 따른 언어의 미숙 등으로 나타난다.

셋째, 지체장애아동은 형태적 측면에서 신장, 체중, 좌고가 일반아동에 비해 지체되어 있고 흉위는 동등한 발달을 하고 있다. 그들은 신장, 체중, 좌고는 일반학생에 비해 남녀 모두 약간 지체되어 있고 흉위는 남녀 모두 일반아동과 비슷한 발달을 하고 있다. 발달의 속도 면에서 남자는 신장, 체중, 흉위, 좌고 등 모든 부분에서 대개 11~12세 이후까지 발달 촉진을 보이고, 여자는 그보다 더 어린 나이에서 촉진을 보인다.

넷째, 지체장애아동은 유연성, 근력, 순발력, 민첩성, 평형성, 지구력과 같은 운동기능이나 호흡기능이 매우 열등하다. 그 이유는 신체기능 장애와 그에 따른 운동량의 부족과 심리적 위축 또는 열등감 때문에 활동 범위가 협소하고, 일상의 운동과 신체적 활동시간이 일반아동의 활동량에 미치지 못하기 때문이다.

다섯째, 지체장애아동은 신생아성 긴장인 'G패턴'의 잔존에 의하여 비활동적이며 만성적인 근긴장이 동작의 발달과 학습을 방해하고 있다. 즉, 신체가 움직이기는 하지만 자신이 의도하고 노력하는 대로 움직여지지 않는 경우가 대부분이다. 이에 따라 자기제어가 곤란하게 되고, 주체적인 의도와 노력을 함에도 불구하고 부자유스러운 동작을 하게 된다.

2) 인지 · 학업적 특성

첫째, 지체장애아동은 일반적으로 행동기능이 제한되어 경험의 영역이 협소해서 구문도 한정되어 있는 등 후천적인 영향으로 지능의 발달이 지체되어 일반아동의 지능보다 다소 열등한 경향을 나타낸다.

둘째, 지체장애아동은 학습의 준비성을 이루는 경험적 배경 면에서 직접 경험은 물론 간접 경험마저 제한되어 있어 각종 사물이나 사상에 관한 개념 형성이 유치하고 왜곡되는 일이 많이 일어난다. 즉, 생활환경이나 행동 반경이 제한되기 때문에 직접 관찰이나 직접 경험 등의 학습 준비가 되는 경험적 배경 지식의 부족으로 사회적인 경험이나 견문이 좁아지게 된다. 그 결과 감각이나 행동에 의한 인식이 부족하게 되며, 개념 이해도 빈약하고 피상적이 된다.

셋째, 지체장애아동은 대체로 학습의 효율성이 느리게 나타나고 왜곡된 학습이 많으며, 학습곡선이 매우 불규칙적이다. 또한 학업성취가 일어나기 직전에 전이가 일어나지 않는 경우도 있음이 인정되고 있다.

넷째, 지체장애아동은 운동장애를 비롯하여 정신지체, 시각장애, 정서장애, 간질 등의 많은 수반장애를 가지고 있기 때문에 인지발달과 학업성취에 문제를 보인다.

3) 심리사회적 특성

첫째, 지체장애아동은 지체의 부자유 때문에 욕구 불만이나 부적응이 야기되며 성격발달에 결함을 나타내는 경향이 있다. 게다가 다른 사람의 정서를 기대하는 데 어려움이 있어 다른 사람의 감정과 자신의 감정의 관계를 이해하지 못한다. 또한 좀 더 친밀한 관계를 위해서 적당히 주고받는 방법을 알지 못하기 때문에 일방적인 교류가 되거나 타인에게 오해를 받는다.

둘째, 지체장애아동은 정서적 · 사회적 적응을 하는 데 심리적으로 장애의 중적

심화과정이 나타날 수 있다. 중적 심화과정이란 지체의 부자유라는 일차 증상이 원인이 되어 정서불안, 열등감, 비사회적 행동, 반사회적 행동이라는 오차 증상까지 나타날 수 있다는 것이다.

셋째, 지체장애아동은 성격 특성으로 과동성, 피전도성, 고집성이 나타날 수 있고, 심리적 특성으로는 정서불안, 과민, 자발성 결함, 자신감 부족, 열등감 등이 나타날 수 있다. 과동성은 주의산만, 학습장애, 충동적이다. 친구 사귀기가 곤란하고 자기평가가 낮으며 언어발달에 지체를 나타낸다. 피전도성은 특정 대상에 대해서 주의집중이 불가능하고 무관계한 자극에 용이하게 반응하는 경향이 있다. 고집성은 하나의 자극을 고집하여 다른 것으로 바로 전환되지 않는 경향을 말한다.

넷째, 지체장애아동의 자아개념은 부정적 · 도피적 행동 경향성이 많이 나타나며, 안정성이 없고 유동적이며, 자기 방어적이고 경계심이 많은 편이다. 특히 부정적인 자아개념을 보다 많이 나타낼 수 있다. 이러한 요인은 자아발달의 빈곤에서 나타나는데, 자아발달과 심리적 관계는 사회심리적 문제를 이해하는 데 중요한 의미를 지닌다. 그 예로 지체장애아동은 유아기에 부모와 자율적으로 떨어져 본 경험이 매우 적다. 그래서 어머니를 떠나 새로운 일이나 새로운 곳에 참여하는 것을 두려워하고 의존적인 행동이 두드러진다.

5. 지체장애아동의 교육

지체장애아동은 장애 정도에 따라 일상생활에 지장이 없는 경우도 있다. 하지만 대근육 · 소근육운동, 원활한 의사소통의 불편은 물론이고 세수, 식사, 용변처리 등 기본적인 욕구까지도 주변인의 도움을 받고 휠체어나 침대에 의지하면서 생활하기 때문에 일반학습, 음악 청취, TV 시청과 같이 일반인에게는 지극히 기본적인 행동에도 제한이 따른다.

그래서 지체장애아동의 교육에서는 장애에 초점을 맞추기보다 아동을 전인적인 인격체로 받아들이며 아동이 자기 자신과 장애를 긍정적이고 현실적인 관점에서 이해하도록 격려하고 가능한 한 독립심을 증진하는 방향으로 교육한다(전헌선 외, 2004; Heward, 2006).

1) 교육목표

지체장애아동의 교육 목적과 목표는 일반아동의 것과 다름이 없으며, 지체장애아동은 일반아동과 동일한 교육적 요구를 가지고 있다. 그래서 일반교육의 유치원, 초등학교, 중학교, 고등학교의 교육 목적과 목표를 그대로 두고, 장애 특성과 정도에 따라 특수학교 기본교육과정을 준용할 수 있다. 또한 지체장애아동의 교육 목적은 아동의 잠재력을 최대한 개발하는 것이며, 교육목표는 다음과 같이 나누어진다.

첫째, 의사소통 기능을 효율적으로 지도한다. 몸짓, 구어, 문어, 쓰기, 보완대체 의사소통기구, 보조공학기구 등을 활용하여 의사소통 기능을 극대화한다. 둘째, 운동기능 발달을 최대화한다. 비정상적인 운동, 근력, 자세에 신장운동, 협응운동, 보조기, 치료지원 등을 적용해서 운동기능을 개선한다. 셋째, 일상생활에서 자립능력을 기른다. 자립능력은 식사, 용변처리, 옷 입고 벗기, 위생, 이동 등의 기능발달을 의미한다. 넷째, 일차적 장애에 수반되고 파생되는 문제를 치료하고 예방한다. 그러한 문제로는 침 흘리기, 빈혈, 비만, 시각, 청각, 구토, 발작, 불면, 언어, 행동 문제 등이 있다.

2) 교육과정

지체장애아동의 교육과정은 일반교육과정을 그대로 적용할 수도 있고, 각 개인의 독특한 요구에 적합한 교육과정을 적용할 수도 있다. 그래서 개정된 특수학교 교육과정(교육과학기술부, 2008c)을 원칙적으로 준수하면서 지체장애아동에게는 다음과 같은 교육과정도 제공된다(국립특수교육원, 1995).

- 동일 수준 교육과정: 정신지체를 수반하지 않는 단순 지체장애아동 대상. 일반교육과정과 동일한 교육 목표와 내용을 적용하나 신체적 장애를 고려하여 교과 자료나 학습방법이 수정된 교육과정
- 평행적 교육과정: 수업결손이 잦고 학습이 부진한 지체장애아동 대상. 일반교육과정의 목표를 다소 수정하거나 기초적이고 기본적인 내용을 발췌하여 단순화한 교육과정

- 저학년 수준 교육과정: 수업결손이 잦고 학습이 부진한 지체장애아동 대상. 해당 학년 교육과정보다 낮은 학년의 교육과정
- 기본교육과정: 정신지체를 수반한 지체장애아동 대상. 정서장애 및 정신지체 학교용 교육과정
- 치료지원활동 중심 교육과정: 중도정신지체를 수반하는 중증의 지체장애아동 대상. 물리치료, 작업치료, 언어치료 등 치료지원활동 중심의 교육과정
- 기타 교육과정: 중증장애로 교육보다 생명 유지 및 건강관리가 특히 요구되거나 직업 또는 전환 교육이 특히 요구되는 시기의 지체장애아동 대상. 학생의 요구나 교육목적에 따라 융통성 있게 적용 가능한 교육과정

3) 교육방법

교수-학습 지도방법에서 지체장애교육의 효과는 장애 정도와 특성에 따라 학습속도가 느리고 반응이 미미한 경우, 다양한 기술들을 모두 배울 수가 없는 경우 등 다양하다고 볼 수 있다. 그래서 교사는 교수절차, 순서, 교육 자료들의 적합성을 고려하여 일상적으로 결정하고 교수방법을 구체화하여야 한다. 여기에는 의료나 특별한 건강에 대한 요구, 감각적 요구를 자극하기 위한 교구, 교재 · 교구의 수정, 관련 서비스 지원, 팀 접근방법, 특수교육공학 적용방법 등이 구체적으로 고려되어야 한다.

따라서 지체장애아동의 교육목적에 따른 교수-학습 지도는 의사소통, 운동능력, 일상생활 자립, 치료와 예방, 특수교육공학 적용방법, 통합교육 지도방법, 팀 접근방법에 중점을 둔다.

(1) 의사소통 지도방법

학습을 하는 데 다른 사람의 말을 듣고 수용하는 능력과 자신의 의사를 말로 표현하는 능력은 매우 중요하다. 그러나 의사소통 능력이 부족한 지체장애아동은 몸짓, 구어, 문어, 쓰기, 보완대체 의사소통기구, 컴퓨터를 통한 전자우편(e-mail), 원격 통신교육 등을 통해 의사소통 기능을 극대화한다.

지체장애아동은 몇 가지 의사소통에 언어장애를 가지고 있기 때문에 대개 언어를 표현하고 이해하는 능력에 집중한다. 하지만 서비스를 제공하는 사람은 말하는 것만이 가르쳐야 할 것이라고 믿는 고정관념을 버려야 한다. 이런 변화는 의사소통의 다양화와 지체장애아동의 언어능력의 한계 때문에 필수적이다. 의사소통과 언어 중재의 주목적은 지체장애아동에게 자신이 처한 환경을 통제하는 데 효과적인 수단을 공급하여 그들이 사람들과 상호관계를 가질 수 있도록 하는 것이다.

① 언어의 수용 및 표현 기능

지체장애아동의 65% 이상은 언어문제가 있어 효율적인 의사소통에 관한 방법이 요구된다. 수용언어는 아동이 듣고 이해하는 언어를 말하며, 표현언어는 학생이 어휘를 구성하는 발어다. 두 측면의 기능은 동시에 획득되며 또 동시적인 지도가 가능하다.

언어의 수용에서 수용 언어력, 즉 말을 이해하는 능력에 결함이 있는 경우를 살펴보면, 어떤 아동은 무슨 말이든지 전혀 말의 의미를 이해하지 못하고, 어떤 아동은 가정에서 늘 접하는 일상 사물, 가족 이름, 동작들은 이해하지만 문장 전체는 잘 이해하지 못한다. 어떤 일을 시키면 말뜻을 이해하지 못해 '뭐라고?' 하고 반문하거나 혼동을 하는 것처럼 행동한다면 수용언어 기능에 장애가 있는 것이다. 그래서 소리의 인지, 소리의 변별, 청각 · 지각훈련에 의한 말소리 변별, 시각 · 청각에 의한 낱말의 이해, 구문 이해 등을 지도한다.

언어의 표현에서 표현언어(language)는 구어(speech)를 매체로 자신이 전달하고자 하는 의도를 표현하기 위해 적절한 단어, 문장 구조 및 상황에 따른 사용법을 선택하는 능력을 요구한다. 지체장애아동에게 단어를 사용하기 이전기의 의사소통 기능을 증진시켜서 단어, 구 또는 문장을 사용하는 언어기로의 발달을 촉진하도록 지도한다. 단어지도에서는 기본적인 의사소통을 하기에 충분한 실질적이고 의사소통적인 어휘의 선택이 필요하다. 그리고 습득한 단어들을 연결하여 구나 문자로 표현할 수 있도록 지도해야 한다. 더불어 표현을 위해 발성법, 리듬감, 발어법, 회화법 익히기 등을 지도한다.

② 보완대체 의사소통

보완대체 의사소통(augmentative and alternative communication)은 지체장애아동의 의사소통을 확대시키고 보완해 주는 도구로서, 간단한 그림판에서 첨단 디지털 유형으로 음성출력이 되는 도구까지 다양하다. 보완대체 의사소통 체계에는 비

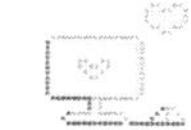

도구체계(unaided system)와 도구체계(aided system)가 있다.

지체장애아동을 위한 보완대체 의사소통 체계의 중재에는 잔존 구어나 발성, 몸짓 및 의사소통 보조도구 등 어떠한 것이든 이용하여 개인의 충분한 의사소통 능력을 활용할 수 있어야 한다는 점이 중요하다. 특히 의사소통에 필요한 보완대체 의사소통기구 사용 시에는 교사, 언어치료사, 부모, 기타 사람들과 긴밀히 협력해서 정확한 기구를 선택하고, 아동에게 그 사용법을 가르쳐 주며, 다른 아동들이 그 아동과 의사소통이 되도록 도와주어야 한다.

③ 쓰기

쓰기에서 문어적 의사소통에 이용할 수 있는 보조장치와 대안적 체제는 매우 다양하다. 쓰기지도 방법은 일반교육에서 사용하는 올바른 철자법, 기능적 쓰기능력을 촉진시키는 등의 방법을 수정하고 변형한 것이다. 어떤 아동은 크레파스나 연필 또는 펜을 쥐는 데 도움이 되는 손 부목이나 특수한 연필집게를 사용하며, 또 다른 아동들은 팔 앞을 받쳐 줄 경사판이 필요할 수 있다. 손의 심한 장애로 글씨를 쓸 때 종이를 고정시키는 것에 문제가 있는 아동은 마스킹테이프를 사용함으로써 종이를 필기판이나 책상에 고정시킬 수 있다. 다른 적응 방안으로는 묵직하고 두꺼운 종이나 줄 간격이 넓은 종이를 사용하는 것과 답을 쓸 여백을 많이 주는 것 등을 들 수 있다. 쓰기시간을 충분히 주는 등의 방법도 사용된다.

컴퓨터를 통한 의사소통은 쓰기의 또 다른 대체 방안으로, 쓰기 소프트웨어가 쓰기 숙제를 완성하는 데 사용될 수 있다. 소근육운동 기능의 제한으로 표준 키보드의 사용이 불가능한 아동에게는 커다란 키가 부착된 확대 키보드가 사용하기에 더 간편하다. 근위축증이 있는 아동은 제한된 범위에서 손가락 이동이 용이하기 때문에 표준 키보드를 사용할 때 소형 키보드가 더 좋다.

(2) 운동교육 지도방법

지체장애아동은 조금이라도 표현하고 느낄 수 있는 감각 · 운동 부분을 찾아내어 학습과 연결시키는 것이 필요하다. 직접적인 감각과 운동을 통해서 많은 학습이 이루어지기 때문에 주변 상황들이 자연스럽게 감각을 자극시키고 탐색하게 하여 감각을 활용할 기회를 되도록 많이 제공해야 한다. 특히 감각기능, 운동기능 그리고 관절 가동성 신장을 위해 지속적이고 반복적인 방법으로 지도한다.

① 감각

감각이란 외부 자극에서 발생하는 신경계의 가장 단순하고 직접적인 인식을 말한다. 감각 · 운동기능을 기초로 하여 지각운동 기능이 이루어지며, 이를 기초로 하여 개념형성 기능이 발달한다. 정상아동은 물체를 추적하고 귀로 아름다운 소리를 듣고 감각자극에 적절하게 반응하지만, 지체장애아동은 감각 반응이 미약하여 정상적인 발달과정을 따라가지 못한다. 그러므로 그들의 감각기능을 개발시켜 주어야 한다.

② 운동

지체장애아동은 운동시간이 일반아동의 1일 2~6시간에 미치지 못하고, 유연성 · 근력 · 순발력 · 민첩성 · 평형성 · 지구력 등의 운동기능이 약하다고 볼 수 있고, 발달에 개인차가 심하여 불규칙적인 발달 경향을 보인다.

교사는 지체장애아동의 비정상적인 자세와 운동 양상의 영향을 최소화하기 위해 다양한 자세 취하기 기능을 적용한다. 그들에게 관절의 가동 범위를 지속시켜 주기 위한 신장운동을 매일 하도록 지도하며, 혼자서 불가능한 경우에는 수동적으로 실시한다. 이렇게 하지 않을 경우에는 근육의 수축이 일어나 근육이 약하게 되거나 변형된다.

지체장애아동은 일차 장애인 운동, 자세 불균형 등이 더 진행되지 않도록 이차 장애를 예방하기 위한 대책이 필요하고, 장시간 휠체어나 침대에 누워 있는 경우에는 욕창이나 자세 변형이 되지 않도록 적절한 운동을 해야 한다. 규칙적인 근육강화 운동이나 개인적 운동은 같은 연령의 정상아동에 가깝게 근력을 증가시키므로 주요 대근육, 소근육운동지도를 한다. 대근육운동 기능을 사지의 운동, 구르기, 기기, 앉기, 서기, 걷기, 달리기, 머리 · 손 · 몸통 · 다리 움직이기 운동, 엎드린 자세에서의 운동, 앉은 자세, 무릎자세, 기립자세 운동, 매달린 자세 운동 등을 지도한다. 소근육운동 기능에서는 과제 수행을 위해 시각의 도움을 받아 팔과 손의 운동으로 손을 이용한 여러 가지 물체 잡기, 물체를 한 손에서 다른 손으로 옮기기, 양손으로 손가락을 이용한 물체 잡기, 종이 접기, 쥐기, 뺀기, 놓기, 먹고 입고 생활하는 기능 등을 지도한다.

③ 교실에서의 운동 프로그램

교실에서는 학교 교실활동의 수행에 필요한 기능적 움직임과 자세를 발달시키는 프로그램을 지도한다(최중옥 외, 2000).

- 바르게 앉아 있는 자세의 유지를 위한 머리와 체간 유지 등에 필요한 운동을 지도한다.
- 팔 동작과 소근육운동 기능(쓰기 위해 연필과 종이 쥐기, 책장 넘기기, 컴퓨터나 의사소통기기에 접근하기 위해 키보드나 스위치 사용하기)을 지도한다.
- 교실이나 학교 상황에서 휠체어의 이동에 필요한 기능의 발달(추진하기 위해 팔 사용하기, 조종간이나 다른 조종장치가 있는 전기 휠체어 사용법 익히기, 코너 돌아 출입구로 들어가기, 비탈길이나 굽은 길 넘어가기, 길 건너기) 등을 지도한다.
- 장애 정도가 심한 학생의 운동은 주변의 사물이나 상황들을 인지하도록 하고 수업의 전개 흐름에서 즐거움–운동–안정감 순을 활용해 본다.
- 각 학생이 돌아가면서 인사말과 함께 기쁨, 슬픔, 흥미 등을 각자 가능한 방법으로 표현하게 한다. 원형으로 앉힌 후 악기나 박수로 노래를 지도할 수도 있다.
- 운동은 감각운동으로서 차갑거나 따뜻한 돌과 같은 것으로 등, 손바닥, 발바닥 등 신체 부위를 문지르고, 교실 벽을 만지거나 이동공간을 활용하여 한 바퀴 도는 운동 등을 실시한다. 빠르고 느린 음악을 활용해 운동의 속도를 조정한다.
- 안정감은 운동 후 몸을 이완시키는 것으로서 바닥에 눕히고 조용한 대화, 묵상, 음악 듣기, 책 읽기 등으로 안정감을 갖도록 지도한다.

(3) 일상생활 지도방법

지체장애아동 교육의 핵심은 아동에게 다른 사람이 무엇을 해 주는 것을 바라기보다 스스로 자립하는 것을 가르치는 것이다. 자립능력이 안 되면 좌절하여 작은 장애가 큰 장애가 되고, 자신의 자유와 타인의 자유를 뺏게 된다. 자조능력은 스스로를 보살피는 기능이다. 일상생활 지도는 식사지도, 몸단장 지도, 용변지도, 옷 입기 지도, 자세조정 지도, 이동지도, 잠자기 지도, 목욕 · 치아관리 등으로 다양하며, 이를 위해 많은 시간과 에너지를 투입하고 지속적인 연습을 해야 할 것이다. 경우에 따라서 중복 · 지체부자유아동은 독자적으로 이런 과제의 하나나 전부를 결코 수행할 수 없을지도 모른다. 교사나 치료사는 아동이 가진 능력을 알아내고 과제

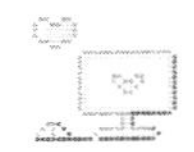

수행에 참여하는 아동의 수준을 향상시키는 데 집중해야 할 것이다.

① 식사지도

식사지도는 지체장애아동의 생명, 건강, 두뇌활동 그리고 삶의 질과 직결되므로 매우 중요하다. 식사는 하루 생활의 일부분으로서 영양, 맛, 향기, 감촉의 즐거움을 느낄 수 있으며 가족 구성원이나 급우 간의 즐거운 시간이지만, 중복 · 지체장애아동은 음식을 먹는 데 어려움을 겪는다.

식사지도에서는 자세교정, 음식물 수정, 식사시간 조정, 식사도구 수정, 음식물 제시방법 수정 등을 지도해야 한다. 음식이 위쪽에서 제공되면 목신전을 일으킬 수 있고, 아래에서 제공되면 목의 굴절 양상을 보이고, 옆에서 제공되면 옆으로 몸을 돌리게 되므로 음식을 주는 위치의 수정이 요구된다. 이 외에 식사환경의 수정, 신체적 보조 제공, 편식 등에 따른 특별한 훈련 제공 등의 지도방법이 요구된다.

특히 식사지도 시 사탕, 오징어, 단무지, 떡, 땅콩, 건포도, 핫도그 등의 음식은 질식의 위험이 있으므로 제한하며, 음식물을 잘게 썰거나 갈아서 주고 마른 음식은 액체와 함께 주어야 한다. 바른 자세와 치과 진료, 씹기훈련 등이 예방방법이 된다.

② 몸단장 지도

스스로가 깨끗하다고 느끼는 것이 자신의 기분을 좋게 하고 다른 사람의 접근을 쉽게 하며 질병과 감염을 예방한다는 의미에서 몸단장은 중요하다. 지체장애아동에게는 세수와 같이 간단한 동작도 자세와 움직이는 세련된 기술의 조절을 요한다. 그러므로 교사는 어떤 몸단장 기술에 대한 지시를 시작하기 전에 감각운동 체계와 자세 잡기에 연관된 원리를 고려하는 것이 필요하다. 또한 일상의 몸단장을 손쉽게 하는 한 가지 방법은 보조기구를 사용하는 것이다. 예를 들면, 고형 비누 대신에 펌프식 용기에 든 액체 비누, 비누가 나오는 목욕 스펀지 등 다양한 보조기구를 활용하는 것이다.

③ 용변지도

용변은 배설에 관한 통제력을 획득하는 과정이다. 대소변에 관한 통제는 신체적 · 정신적 준비가 요구되기 때문에 오랜 기간을 필요로 한다. 화장실에 가고 싶다는 표시조차 못하는 아동에게도 대소변은 매일 반복되는 일과로 일상생활에서

중요한 부분이므로 구체적으로 가르쳐야 한다. 용변 의사 표시하기, 규칙적인 용변 보기, 대변 보기, 소변 보기, 화장실 이용방법, 욕창 예방법, 용변 보조기 활용법 등을 지도한다.

④ 옷 입기 지도

적절한 옷의 선택은 지체장애아동의 편의에 도움이 된다. 옷을 입고 벗을 때는 쉬운 방법으로 지도하여야 한다. 옷 입기를 효과적으로 가르칠 수 있는 프로그램은 있으나 장애 정도에 따라 옷 입는 기능을 지속적으로 지닐 수 있는지 의문도 있다. 이것이 옷 입는 기능을 지도할 필요가 없다는 뜻은 아니다. 교사는 부모와 함께 협력하여 아동이 지속적으로 잘 습득하고 유지하도록 관심을 가져야 한다. 그리고 옷 벗기 동작은 덜 정확해도 되기 때문에 옷 입기보다 먼저 가르치는 것이 보통이다. 입기에서는 상의, 양말, 신발, 보조기, 셔츠, 치마, 모자나 장갑 벗기, 지퍼나 단추 잠그거나 풀기, 브래지어, 넥타이 매기 방법 등을 지도한다.

⑤ 자세조정 지도

부적절한 조정을 하는 동안이나 누워 있거나 앉아 있을 때의 비정상적인 자세는 신경근 발달을 방해하고 신경근 장애가 있는 아동을 더욱 악화시킨다. 식사, 교실 활동, 대화, 이동 등에 필요한 운동조절 발달을 촉진시키는 것은 적절한 자세 잡기와 조정을 통해서 이루어질 수 있다. 눕기, 서기, 앉기 등의 바른 자세는 일상생활 동작의 기본이다. 그리고 앉기는 식사, 대소변, 학습, 작업 등에서 매우 중요하다. 그러므로 일상생활 동작의 기본이 되는 동작을 지도한다.

⑥ 이동지도

지체장애아동이 일상생활에서 효과적인 이동방법을 학습하는 것은 독립적인 이동능력과 다양한 환경을 경험할 수 있어 사회통합의 효과를 높인다(Bigge, Best, & Heller, 2001). 중복지체부자유아동이 이동능력이 지체되면 교육의 효과와 삶의 질이 저하될 수 있지만 다양한 이동 수단의 보장구(클러치, 보행기 등), 휠체어, 승강기 등 이동도구를 활용하면 그 한계를 보완할 수 있다. 이동에는 교실에서 이동하는 것에서부터 화장실 가기, 계단 오르내리기, 에스컬레이터 이용, 길 건너기, 여행 등이 있다. 아동은 이에 필요한 이동방법을 숙지하여 안전하고 효과적으로 이동하여야 한다.

(4) 특수교육공학 적용방법

최근 첨단과학의 발달 덕분에 특수교육공학 기구의 개발이 장애아동의 학습과 생활에 많은 도움을 주고 있다. 이러한 기구들은 장애아동에게 개별화교육, 자아상과 자기 가치 높이기, 글을 못 읽는 아동이 음성합성기로 수학 배우기, 추상적인 개념 이해하기, 집중력 향상시키기(한 예로 주의력이 15초밖에 안 되는 아동이 컴퓨터에서는 10분 동안 주의를 집중한다) 등의 다양한 장점들이 있다. 특히 특수교육 관련 공학의 활용은 생각조차 못했던 일들을 수행하게 하고 강한 동기를 부여할 수 있다.

특수교육공학(special education technology)은 컴퓨터 보조수업에 활용되는 교수공학(instruction technology)과 장애학생에게 현실적으로 필요한 일반공학적 기구인 보조공학(assistive technology)으로 나눌 수 있다.

① 교수공학으로서의 적용방법

교수-학습에 사용되는 소프트웨어로는 읽기를 지도하는 소프트웨어, 그림단어, 발음기술, 쓰기, 셈하기 프로그램 등이 있다. 프로그램들은 지체장애아동의 상태를 보완하거나 개선하는 역할도 하지만, 컴퓨터 활용공간에 들어가기 위한 위치, 모니터를 보고 키보드나 대체 입력장치가 손에 닿도록 조정되어야 한다.

특히 컴퓨터 활용을 통한 개별화, 학습 정보 이용, 다양한 경험적 제한 보충 등을 가능하게 할 수 있어 장애아동의 통합에 실질적인 도움이 될 수 있다. 이는 컴퓨터 활용을 기본으로 한 다양한 멀티미디어 활용이 핵심이 된다.

또한 컴퓨터 장치들과 결합함으로써 장애아동의 의사소통 문제가 많이 개선을 보이고 있어, 컴퓨터 활용으로 지체장애아동의 교육방법이 달라지고 그들에 대한 교육의 양과 질이 확대될 것이다. 이는 교육뿐만 아니라 독립적인 삶을 영위할 수 있는 편의를 제공하고 부가적인 교육의 기회를 제공할 수 있다. 컴퓨터 장치의 사용목적도 비장애아동이 학습이나 오락에 사용하는 것보다 더 다양하다. 개인에 따라서는 학습지도에 필수적일 뿐 아니라 의사소통, 통신, 교육, 정보 등을 도와주는 데 강력한 도구의 역할을 한다.

② 보조공학으로서의 적용방법

보조공학기구는 독립적인 생활과 권리를 회복시킬 수 있는 것으로서 단순한 도구에서 복잡하고 공학적인 것까지 매우 다양하다. 한편 개인에게 적합한 보조공학기구는 의료적 처치로는 극복하지 못한 신체기능의 장애를 경감시키고 독립생활을 할 수 있게 하여 학습을 용이하게 해 준다.

지체장애아동에게 교육적 효과를 높이기 위해 적용되는 보조공학은 일상생활, 의사소통, 컴퓨터 활용, 환경조정 장치, 자세 유지, 쓰기도구, 이동보조기구 등에 적용된다.

보조공학 활용방법을 보면, 우선 수용자의 욕구, 능력, 한계를 평가하고 개인이 사용하는 장소나 환경을 평가한다. 기구 선택 시에는 상설 전시장, 박람회 등에서 정보를 얻고 고안물의 특별한 특성을 정확하게 알고 선택한다. 사용자 외에 가족과 관련인들이 안전하고 효과적인 이용방법을 인지하고 전문가들이 활용훈련을 겸하여야 한다. 특히 신체의 변화, 이용자의 습관, 기구의 변형 등으로 인해 정기적인 점검이 필요하다.

③ 재활보조기구 국제 분류에 따른 활용방법

국제표준화기구(ISO)에서는 1992년에 간단한 일상생활 용품에서 첨단 용품까지 다양한 장애 정도에 적용할 수 있도록 북유럽 분류체계를 토대로 재활보조기구 분류법(ISO 9999: Technical Aids for Disabled Persons-Classification)을 마련하였다. ISO 분류에서는 치료·훈련기기, 보조기·의지, 위생용구, 이동기기, 가정용품, 가구·건축용품, 커뮤니케이션 기기, 타제품조작기, 환경개선기기, 오락기구로 나누고 있다. 이에 필요한 기구의 적용은 장애인의 기능 회복, 교육, 직업, 지역사회에 통합할 수 있는 가능성을 확대시키고 있다.

재활보조기구의 체계적인 분류는 비용의 효율성과 적용에 편의성을 제공한다. 그래서 우리나라에서도 『장애인보조기편람』(한국복지산업연구소, 1999)에서 ISO 분류를 참고로 재활보조기구를 크게 ⓐ 치료·훈련 용구, ⓑ 의수족보조기, ⓒ 개인생활용구, ⓓ 이동기기 ⓔ 가정생활용구, ⓕ 가구·건축자재·건축설비, ⓖ 정보통신신호 보조기기, ⓗ 조작용구, ⓘ 환경개선기기·작업용구, ⓙ 레크레이션 용구로 구분하고 있다(〈표 6-6〉 참조). 이러한 재활보조기구를 선택할 때는 전문가와 협의하여 자신에게 적합한 관련 기구를 선택하도록 한다. 적절한 보조기구는 학교생활

〈표 6-6〉 장애인 보조기구 분류표

항목(대분류)	보조공학기구 분류표 항목명(중분류)
치료 · 훈련용구	호흡기치료용구, 순환기치료용구, 투석치료용구, 자극장치, 욕창예방용구, 지각훈련기기, 시각기능 훈련용구, 운동 · 근력 · 균형 훈련기구, 커뮤니케이션 용구, 배설훈련용구, 성재활훈련구, 압박용 양말, 눈금 표시된 약병, 손가락 운동기, 손 마사지용 주머니
의수족보조기	경추보조기, 척추보조기, 상지보조기, 평형아래팔보조기, 하지보조기, 상지의지, 하지의지, 정형외과용 구두, 기타 신체보전구
개인생활 용구	의류 · 구두, 보호용구, 착탈용구, 화장실용구, 후두용구, 인공항문용구, 피부용 청결용구, 소변처리용구, 소변집뇨기, 기저귀용품, 목욕용품, 머리손질용구, 구강욕구, 얼굴손질용구, 체온측정용구
이동기기	스틱(지팡이), 보행기, 장애인용 특장차, 전동 스쿠터, 휠체어, 휠체어용품, 이승보조용구, 자세변환용구, 리프트, 장애인용 오토바이, 기타 이동기기
가정생활용구	취사용구, 설거지용품, 식사용구, 장애인용 청소용구, 의류 제작 · 수선용구
가구 · 건축자재 · 건축설비	테이블, 조명기구, 의자 · 앉은 자세 유지장치, 침대, 가구높이 조절장치, 지지대, 문 · 창문커튼 개폐장치, 주택부품 · 부자재, 사다리, 승강장치, 건축물용 안전설비, 수납가구
정보통신신호 보조기기	전기광학보조기구, 컴퓨터 · 계산기 보조기구, 워드프로세서, 계산기, 컴퓨터, 다목적 소프트웨어, 문구류, 독서보조기, 녹음기 · 수신기, TV · 비디오, 화용기기, 표시기, 경보 시스템
조작용구	표시기 · 지시기, 용기취급용구, 조절용 장치, 환경제어 장치, 타이머, 손기능 보조기기, 손이 닿지 않는 물건 처리도구, 위치결정기구, 고정기구, 작업용 로봇, 운반용구, 공업용 운반차, 컨베이어, 크레인
환경개선기기 · 작업용구	환경개선기기, 계측기기, 작업용 가구, 수동공구, 기계 · 동력공구 및 그 부속품
레크리에이션 용구	장난감, 게임용구, 스포츠용구, 악기, 사진용구, 수예용구, 원예용구, 사냥 · 낚시용구, 캠프용구, 끽연용구, 자연관찰용구

출처: 한국복지산업연구소(1999), p. 11.

뿐만 아니라 개인 및 사회 생활을 촉진할 수 있다.

개인의 특성에 맞고 일상생활에 편리한 다양한 적응기기를 다룰 수 있어야 한다. 책장, 연필 사용, 전화 송수신, 편지, 책장 넘기기, 통화 시 메모, 컴퓨터 통신, 지갑을 호주머니에서 꺼내기, 돈 다루기, 자 · 저울 사용하기, 가위 사용, 과일 깎기, 통조림 따기, 스위치 조작, 성냥 사용하기, 수도 · 가스 개폐, 소켓 조작, 다이얼 돌리기, 문의 손잡이 열고 닫기, 서랍 여닫기, 창 여닫기, 자물쇠 사용, 우산 사용, 목걸이 사용, 각종 보장구 사용 등을 개개 학생에게 맞게 사용하도록 지도한다.

(5) 통합교육 지도방법

지체장애아동의 통합교육에서는 비장애아동과의 다양한 접촉을 통한 또래관계 등의 긍정적인 효과가 일반화되어 가고 있다. 특히 통합 시 또래교수는 비장애아동이 장애아동을 가르치는 것인데, 교사로부터 사전 훈련을 받은 아동들이 교수자가 되어 아동 중심 상호관계에서 긍정적인 교육 효과를 낳는다. 특별한 또래교수는 아동의 사회생활을 쉽게 해 준다. 정해진 시간에 파트너를 이루는 아동들은 규칙적으로 만나 여가활동에 참여한다. 이 관계는 휴게실이나 정해진 특별한 교실 혹은 학교 밖에서의 활동을 가능하게 한다.

이와 같이 통합에서 중복 · 지체부자유아동에게 의미 있는 교육방법에는 다양한 분야의 전문가와 준교사의 역할을 하는 부모의 협력체계, 익숙하지 않은 과제를 충분히 학습하기 위한 과제분석, 개별지도와 집단지도의 병행, 컴퓨터를 포함한 다양한 재활공학기기 활용, 일관성 있는 학습내용 제공, 인간의 존엄성에 기초한 정의적 접근에서의 지도방법이 요구된다. 또한 통합환경과 직접 경험 중시, 생활연령에 맞는 교재와 방법, 부모의 학습참여, 잠재력 개발, 그리고 생활의 필수 기능과 지식을 가르치고 스스로 배울 수 있도록 교사, 학생, 부모 및 관련인들이 협력하여 문제를 해결하려는 끊임없는 지혜와 노력이 요구된다. 아울러 변화된 행동에 대한 지속적인 유지와 내용의 계속적인 수정이 필요하다. 교사는 각 아동의 독특한 요구에 부합될 수 있을까를 고려해 중재를 고안해야 한다. 핵심 중재 영역 외에도 모든 관계자들은 체계적인 교육, 다양한 학습방법과 교육절차에 충실해야 한다.

(6) 팀 접근방법

지체장애아동의 다양한 요구에 적합한 수업방법과 전문가들의 협력은 교육 프로그램의 질을 향상시킬 수 있다. 하지만 다른 시간에 다양한 교사 외에도 정형외과 의사, 신경정신과 의사, 재활전문 의사, 물리치료사, 작업치료사, 언어치료사, 심리치료사, 미술치료사, 음악치료사, 레크리에이션 지도사, 간호사, 사회복지사, 재활공학사, 의수족 제작 전문가, 부모, 보조교사 등을 만나야 하므로 이들 상호 간의 효과적인 의견 교환과 협력 방법이 매우 중요하다.

팀 접근(Westling, 2000)방법에는 다학문적(multidisciplinary) 팀 접근, 간학문적(interdisciplinary) 팀 접근, 초학문적(trandisciplinary) 팀 접근이 있다.

그중에서 초학문적 팀 접근은 각 전문가들이 교육 프로그램의 고안과 실행의 시작에서부터 통합적으로 처치를 수행하기 위해 정보와 기술들을 서로 교환한다. 이 접근의 중요한 부분은 역할 분담으로, 특별한 프로그램을 실행하기 위해 다른 팀 구성원들을 훈련하고 그들에게 권한을 부여하는 것이 필요하다. 프로그램은 분리된 치료실이 아닌 교실 또는 가정에서 행해진다. 중복지체부자유아동은 많은 다른 분야의 서비스가 요구된다. 그래서 조정 · 통합된 서비스의 전달은 다양한 분야의 전문가들이 일주일에 한두 번씩이 아니라 학교 가는 날은 매일 학교에 투입되는 것을 원칙으로 한다.

이 접근의 장점은 다음과 같다. 우선 장애아동을 특수한 문제를 가진 것으로 보기보다 '한 사람'으로 보려고 한다. 자연스러운 환경에서 기능적인 활동을 수행한다. 각 팀 구성원들에 의한 기대와 경영이 일관성이 있고, 교육 프로그램을 구성하는 데 책임을 나누어 가진다. 분야별 전문가들의 통합이 필수적이다. 그리고 연합된 팀 관계가 중요하다.

초학문적 공동 접근방법은 교육목표 설정과 교육 프로그램을 독립적으로 선택하기보다 공동 접근방법으로 팀 구성원 모두가 아동의 전적인 교육적 필요를 위해 만나고 결정하고 제시된 목표들의 우선순위를 정하는 교육 접근방법이다.

4) 지도 원리와 지침

(1) 지도원리

지체장애아동 중 대표적인 뇌성마비아동의 지도원리는 다음과 같다.

뇌성마비아동의 교육에서 제시하는 정서 안정을 기본으로 한 10대 원리(전헌선 외, 2004)는 ① 활동(activity)의 원리, ② 흥미(interest)의 원리, ③ 허용(permission)의 원리, ④ 상찬(admirability)의 원리, ⑤ 자신(confidence)의 원리, ⑥ 예견(anticipation)의 원리, ⑦ 변화(channge)의 원리, ⑧ 집중(concentration)의 원리, ⑨ 공존(interdepend)의 원리, ⑩ 체감(attachment)의 원리다.

그리고 과제나 기능을 가르칠 때 기본이 되는 수업원리로는 ① 기능적 과제와 자료 활용, ② 중복장애아동은 일반화가 잘 이루어지지 않는 경우가 많으니 자연스러운 환경과 적절한 단서 제시, ③ 초학문적 서비스나 통합치료 접근, ④ 일반학생과의 상호작용, ⑤ 자료에 기초한 수업 등이 있다(국립특수교육원, 1995; 전헌선 외, 2004).

그 밖에 심리적으로 안정시키는 방법, 가능에 초점을 맞추는 방법, 자립에 목표

를 두는 방법, 팀 간 상호 협력과 원활한 의사소통에 중점을 두는 방법, 첨단기구 적용방법 등의 지도원리가 있다.

(2) 지도 지침

지체장애아동의 가장 효과적인 교수-학습 방법의 지도는 조기접근, 학습실태 파악, 팀 협력, 개별지도, 통합지도, 잠재력 개발, 적절한 보조기구 사용, 즐겁고 자발적인 참여 등의 다양한 지도 지침이 있다. 구체적인 지침은 다음과 같다.

- 아동이 할 수 있는 일을 스스로 하도록 한다.
- 최대한 많은 것을 직접 경험하도록 기회를 마련한다.
- 아동의 현재와 미래의 환경을 고려하여 아동교육을 전망한다.
- 아동의 생활연령에 맞는 교재와 지도방법을 사용한다.
- 교육에 상용하는 교재 · 교구를 변형하여 아동의 장애를 극복한다.
- 아동에게 가장 중요한 교육목표를 향해 전문가들 간 협력체제를 갖춘다.
- 아동의 잠재력을 과소평가하지 않는다.
- 아동이 긍정적인 자아개념을 갖도록 한다.
- 아동의 새로운 담임이 될 교사에게 최대한의 정보와 자료를 제공한다.
- 최대한 일반환경에서 교육을 실시한다.
- 개별지도와 집단활동을 조화롭게 한다.
- 발달의 순서성을 존중한다.
- 전문가 상호 간의 협력을 존중한다.
- 과제 해결에 스스로 임하도록 동기를 부여한다(국립특수교육원, 1995; 전헌선 외, 2004).

요약

지체장애는 기능 · 형태상 장애를 가지고 있거나 몸통의 지지 또는 팔다리의 움직임 등에 어려움을 겪는 신체적 조건이나 상태로 교육적 성취에 어려움을 보이는 상태라고 정의할 수 있다. 그 원인은 다양하며 중추신경계 손상에 의한 신경성 증후군과 근골격계 이상에 의한 운동기 증후군으로 나눌 수 있다. 신경성 증후군에는 뇌성마비, 진행성 근위축증, 척추성 소아마비 등이 있고, 운동 증후군에는 결핵성 증후군, 골증후군, 관절증후군, 외상성 증후군, 형태이상 증후군이 있다.

지체장애아동의 진단 · 평가는 일차적으로 의료적 진단을 바탕으로 신체능력, 운동능력, 학업, 인지, 언어, 적응행동 영역 등을 중심으로 이루어지고 있으며, 운동장애를 비롯한 언어장애, 간질, 구토, 수면장애 등을 동반하여 사회 심리, 인지 · 학업 등에서 불규칙적인 발달을 하는 경우가 있다.

학교에서의 교육은 아동의 잠재력을 최대한 개발하기 위한 목적으로 지체장애에 맞게 교수-학습 방법을 적절히 수정하여 적용해야 하며, 이에 따른 지도는 의사소통, 운동능력, 일상생활 자립, 치료와 예방, 특수교육공학 적용방법, 통합교육 지도방법, 팀 접근방법 등에 중점을 두어야 한다. 또한 지체장애학생의 능력과 특성에 적합한 세분화된 과제분석을 통해 개별화된 교육목표를 정하여 교육하여야 하며, 가정, 학교, 지역사회와 연계하여 지체장애학생이 가지고 있는 신체기능과 학습 정도가 다양한 환경에서 활용될 수 있도록 교육하여야 한다. 아울러 초학문적 팀 접근을 통하여 장애아동을 특수한 문제를 가진 존재로 보기보다 '한 사람' 으로 보려는 관점에서 그들이 지역사회의 일원으로 자연스러운 환경에서 기능적인 활동을 이룰 수 있는 발판을 마련해 주어야 할 것이다.

참 고 문 헌

교육과학기술부(2008a). 장애인 등에 대한 특수교육법령 해설자료.

교육과학기술부(2008b). 특수교육 연차보고서.

교육과학기술부(2008c). 특수학교 교육과정.

구본권(2007). 지체장애아동교육. 서울: 시그마프레스.

국립특수교육원(1995). 지체부자유 교수-학습 모델. 안산: 국립특수교육원.

국립특수교육원(2008). 특수교육실태조사. 안산: 국립특수교육원.

김진호, 박재국, 방명애, 안성우, 유은정, 윤치연, 이효신 역(2006). 최신특수교육(8판). 서울: 시그마프레스.

김원경, 허승준, 추연구, 윤치연, 박중휘, 이필상, 김일명, 조홍중, 문장원, 서은정, 유은정, 김자경, 이근민, 김미숙, 김종인, 이신동(2009). 최신특수교육학(2판). 서울: 학지사.

대구대학교 1종도서편찬위원회(1999). 특수학교 치료교육활동 물리치료 교사용 지도서.

민균식, 곽준기, 박희찬(2002). 뇌성마비아의 이해와 지도. 경기 광주: 삼육재활센터.

서화자, 박순길, 박현옥, 조정연(2009). 특수학생의 이해. 서울: 학지사.

박미화(2007). 지체장애아 직업교육 동향. 제54회 동계학술발표대회. 한국지체장애아교육학회, 127-142.

전헌선 외(2002). 중복지체부자유아치료교육. 대구: 대구대학교출판부.

전헌선 외(2004). 중복지체부자유아교육. 대구: 대구대학교출판부.

최중옥 외(2004). 특수아동의 이해와 교육. 서울: 교육과학사.

한국복지산업연구소(1999). 장애인보조기편람. 서울: 한국복지산업연구소.

Best, S. J., Heller, K. W., & Bigge, J. L. (2005). *Teaching individuals with physical or multiple disabilities* (5th ed.). New Jersey: Pearson Prentice-Hall.

Bigge, J. L., Best, S. J. & Heller, K. W. (2001). *Teaching Individuals with Physical, Health, or Multiple Disabilities.* New Jersey: Merrill Prentice-Hall.

Blair, K. C., Umbreit, J., & Bos, C. C. (1999). Using functional assessment and children's preferences to improve the behavior of young children with behavioral disorders. *Behavioral Disorders, 24,* 159.

Geralis, E. (1991). *Children with Cerebral Palsy.* New York: Woodbing House.

Heward, W. L. (2006). *Exceptional children* (6th ed.). New York: Merrill.

Westling, D. L. (2000). *Teaching students with severe disabilities.* New Jersey: Prentice-Hall.

Wood, J. W. (2006). *Teaching students in inclusive settings: Adapting and accommodating instruction.* Upper Saddle River, NJ: Merrill Prentice Hall.

• 제 7 장 •

정서 · 행동장애

| 주요 학습 과제 |

1. 정서 · 행동장애의 정의와 정의과정의 어려움을 알아본다.
2. 정서 · 행동장애의 체계적인 사정절차와 다양한 검사방법에 대한 최근 이슈를 알아본다.
3. 정서 · 행동장애의 다양한 원인이 교육 현장에 미치는 시사점을 알아본다.
4. 정서 · 행동장애를 위한 긍정적인 행동중재 계획의 정의와 긍정적인 계획의 필요성을 알아본다.
5. 정서 · 행동장애의 사회성 및 학업 기술과 문제행동을 지도하기 위한 일반적인 교수방법을 이해한다.

정서 · 행동장애아동은 사회적으로 위축되어 있을 뿐만 아니라 대부분이 다른 사람에게 공격적인 행동을 보인다. 그들은 사회적인 거부나 고립을 경험하고 있으며, 전형적으로 학업의 실패를 경험하고 있다. 또한 또래 사이에서 인기가 없거나 리더의 역할을 잘 수행하지 못한다. 모든 유형의 정서 · 행동장애 문제행동들은 상호 연관되어 있어 개별 대상아동이 단지 한 유형의 문제행동만 가지고 있는 경우가 극히 드물다(Kauffman & Landrum, 2009). 정서 · 행동장애아동은 권위에 대항하는 행동들을 지속적으로 보이기 때문에 대부분의 성인들은 되도록 그들과의 접촉을 피하고자 하고, 대상아동조차 많은 실패를 경험하며, 자신의 인생으로부터 거의 만족을 얻을 수 없는 희망이 고갈된 상태라고 표현하고 있다. 또한 사회적 · 개인적 상호작용의 환경 내에서 나타나는 부조화한 그들 행동의 결과는 사회적인 상호관계 및 자기 충족을 위한 다양한 기회를 낭비하게 만든다.

이 장에서는 심각한 문제행동을 갖고 있는 정서 · 행동장애를 이해하고 적절한 중재 방안을 제공하기 위하여 정서 · 행동장애의 정의와 분류, 원인, 진단과 평가, 특성, 교수방법 등을 살펴보고자 한다.

1. 정서 · 행동장애의 정의와 분류

1) 정 의

사회 및 정서 부적응, 사회 및 정서 장애, 정서 부적응 등 혼란스러운 용어의 사용은 그 용어를 적용하는 대상아동에게도 혼란스러움을 초래하였는데, 이것이 이 장애 유형을 대표하는 포괄적인 용어를 사용하도록 모색하는 원동력이 되었다(Kauffman & Landrum, 2009). 정서 · 행동장애라는 용어는 다양한 전문가 단체와 옹호 단체 간의 협력을 구축하기 위하여 1987년에 설립된 정신건강 및 특수교육협의회(National Mental Health and Special Education Coalition)에 의해서 1980년대 후반부터 사용되기 시작하였다(Forness & Knitzer, 1992). 1991년까지는 30개 이상의 단체가 이 협의회에 가입함으로써 더욱 폭넓게 수용되고 선호하는 대표적인 용어로 자리 매김하게 되었다. 정신건강 및 특수교육협의회는 정서와 행동 두 가지

측면의 문제를 갖고 있는 아동을 단순하게 지칭하기 위하여 정서 · 행동장애라는 용어를 채택하였다. 우리나라에서도 「장애인 등에 대한 특수교육법」(2008)을 통해 보다 포괄적인 용어인 정서 · 행동장애를 사용하기 시작하였다.

「장애인 등에 대한 특수교육법」은 제15조에서 지금까지 사용해 오던 정서장애 대신에 포괄적인 용어인 정서 · 행동장애를 사용하여 장애 유형의 명칭을 변경하였으며, 동법 시행령 제13조에서는 특수교육 대상자의 선정 기준에 따라 정서 · 행동장애를 다음과 같이 정의하고 있다.

> 지적 · 감각적 · 건강상의 이유로 설명될 수 없는 학습 무능력, 또래나 교사와의 대인관계 어려움, 일반적인 환경하에서 보이는 부적절한 행동이나 감정, 전반적인 불행감이나 우울, 또는 학교나 개인 문제에 관련된 신체적인 통증이나 공포를 나타내는 경향이 장기간에 걸쳐 현저하게 나타나 교육적인 성취에 불리한 상태에 있는 사람

이 정의를 살펴보면 기존의 정서장애 유형이 정서 · 행동장애와 자폐성장애로 각각 독립적으로 분리되었으며, 정서 · 행동장애아동은 교육적인 수행에 불리한 영향을 미칠 정도로 장기간에 걸쳐 위와 같은 다섯 가지 특성들 중 하나 이상의 특성을 나타내는 아동을 의미한다. 기존의 정서장애 항목이었던 감각적인 자극에 대한 반응, 언어, 인지능력 또는 대인관계에 결함이 있는 자는 의사소통과 사회적인 상호작용, 환경이나 일과의 변화에 저항을 보이는 자폐성장애라는 독립적인 장애 유형으로 구분하여 정의하고 있다. 그러나 정서 · 행동장애를 하나의 정의에 의해 일률적으로 규정하는 데에는 다음과 같은 어려움이 있기 때문에 정서 · 행동장애아동을 정의하는 것은 쉬운 일이 아니다(Kauffman & Landrum, 2009).

첫째, 정의를 내리는 작업은 피할 수 없는 주관적인 작업이 되기 때문에 하나의 행동을 사회적인 규준이나 문화적인 규범 또는 지역사회의 기대 수준에 따라 정신건강 및 정상행동으로 설명하는 것은 어려운 작업이다.

둘째, 정신역동적, 생리학적, 사회학적, 행동주의적, 생태학적, 교육심리적, 현상학적 등의 개념적인 모형에 따라 아동 행동을 설명하는 원인과 장애문제를 중재하는 방법이 각기 다르기 때문에 개념적인 입장에 상관없이 포괄적인 정의를 내리는 작업은 거의 불가능하다.

셋째, 타당한 근거 자료를 제공하기 위하여 인성이나 불안감, 기타 심리적인 요인을 정확하게 측정할 수 있는 신뢰성과 타당성을 갖춘 검사도구가 존재하지 않기 때문에 정서 및 행동을 객관적으로 측정하는 데 어려움이 남아 있다.

넷째, 정서 · 행동장애와 다른 장애(예, 학습장애, 경도 정신지체, 의사소통장애 등)는 단일의 문제로 나타나기보다는 빈번하게 복합적으로 나타나기 때문에 다른 장애 요인들을 배제하는 방식으로 정서 · 행동장애를 정의하는 것은 현실적으로 부적절하다.

다섯째, 법률이나 학교, 치료실 또는 가족 등의 사회적인 주체에 따라 대상아동을 정의하는 목적이 다르고 각기 다른 준거를 사용하기 때문에 다양한 사회적인 주체를 모두 만족시킬 수 있는 단일 정의를 구성하는 일은 불가능한 작업이다.

지금까지 정서 · 행동장애의 정의에서 제기된 문제점을 극복할 수 있도록 Forness와 Knitzer(1992), 그리고 1993년에 열린 국제장애아동협의회 연차대회(International Convention of the Council for Exceptional Children)에서는 정의 시 고려해야 할 몇 가지의 개선 사항들을 다음과 같이 요약 · 정리하였다(Jensen, 2005; Kauffman & Landrum, 2009).

- 낙인 효과를 최소화하는 정서 · 행동장애의 용어를 사용하고, 다음과 같은 장애의 특징을 포함해야 한다.
  - 학교 프로그램에서 적절한 연령, 문화 또는 인종의 규준에서 벗어나 교육적인 수행능력에 역효과를 가져다주는 행동이나 정서적인 반응을 포함해야 한다. 교육적인 수행능력에는 학업, 사회성 기술, 대인관계 능력, 직업 등을 모두 포함해야 한다.
  - 일시적인 문제나 스트레스 상황에서 누구에게나 발생 가능한 문제행동들은 배제하고, 스트레스를 받는 환경에서 나타날 수 있는 반응보다 더 지속적인 문제행동을 포함해야 한다.
  - 학교가 중심이 되는 문제행동이지만 교외에서도 발생할 수 있는 문제임을 동시에 인식하여, 두 가지 다른 환경에서 지속적으로 나타나는 문제행동을 포함해야 한다. 적어도 하나의 환경에는 학교와 관련된 환경이 포함되어야 한다.
  - 일반적인 교육에서 적용되는 직접적인 중재에 반응하지 않거나 아동의 상태

가 일반적인 교육중재로 불충분한 경우를 포함해야 한다.

- 정서 · 행동장애가 다른 장애와 함께 나타날 수 있기 때문에 애매한 배제 조항을 삭제하여 다양한 문제행동들을 포함해야 한다.
- 정신분열증, 정동장애, 불안장애, 품행 또는 적응 장애가 교육적인 수행능력에 영향을 미치면 이 장애 유형에 포함해야 한다.

2) 분 류

양적 분류체계는 Quay의 분류가 대표적인데, 이는 정서 · 행동장애아동의 행동특성을 나열하고 수량화한 후 요인분석을 통해 서로 근접한 상관행동들을 특징적인 행동 양상으로 분석하여 개별 단위화한 분류 도식을 의미한다(Kauffman, 2005). Quay와 동료들은 문제행동에 대한 수년간의 양적 분류체계의 연구를 통하여 아동기 문제행동 내에서 발견할 수 있는 다음과 같은 여섯 가지 주요 문제행동의 유형들을 분류하였다(Quay & Paterson, 1987).

- **품행장애**: 파괴적, 공격성, 다른 사람을 괴롭히는 행동, 싸움, 갑자기 화를 내는 행동, 시선을 끄는 행동, 권위에 대한 반항행동, 불순종, 자기통제 부족 등. 이런 문제행동은 어린 나이에도 나타나며, 사회화된 공격성보다 더 흔하게 나타난다.
- **사회화된 공격성**: 비행친구에 대한 충성, 학교 무단결석, 나쁜 친구 집단과의 어울림, 도덕적인 가치나 법을 무시하거나 어김 등. 사회화된 공격행동은 아동기 이후에 더 빈번하게 발생하며, 또래집단 상황에서 발생하는 비행활동도 포함된다.
- **주의력 결함과 미성숙**: 짧은 주의집중 시간, 주의력 산만, 관심을 쉽게 잃고 딴 곳을 쳐다봄, 생각 없이 대답함, 느리고 게으름, 수동적인 행동, 발달상의 기대에 부합하지 않는 행동 등
- **불안과 위축**: 자의식이 강하고, 쉽게 당황하고, 아주 민감하고, 쉽게 상처를 입으며, 걱정과 우울증 및 항상 슬픈 기분에 빠지기 쉬운 경향 등
- **신경증적인 행동**: 심각한 상태의 문제행동, 자신과 현실에 대한 태도가 전반적으로 손상됨, 자폐성 및 정신분열성을 포함하는 병리학적으로 심한 중증행동 등

〈표 7-1〉 성별 · 학년별 문제행동 유형의 분석

범주 \ 유형		자기 자극 및 자해		공격적 언행		수업 방해		주의 산만 및 충동		불안위축 강박관념		심한 불순응		기타 장애행동		전체	
		빈도	(%)	빈도	(%)	빈도	(%)	빈도	(%)	빈도	(%)	빈도	(%)	빈도	(%)	빈도	(%)
성별	남자	8	3.4	42	17.9	44	18.8	59	25.2	21	9.0	50	21.4	10	4.3	234	100
	여자	3	5.8	9	17.3	10	19.2	11	21.2	6	11.5	9	17.3	4	7.7	52	100
	전체	11	3.8	51	17.8	54	18.9	70	24.5	27	9.4	59	20.6	14	4.9	286	100
학년	저학년	3	4.2	12	16.9	14	19.7	16	22.5	7	9.9	15	21.1	4	5.6	71	100
	중학년	6	4.4	22	16.3	25	18.5	34	25.2	12	8.9	27	20.0	9	6.7	135	100
	고학년	4	4.2	19	19.8	19	19.8	24	25.0	9	9.4	20	20.8	1	1.0	96	100
	전체	13	4.3	53	17.5	58	19.2	74	24.5	28	9.3	62	20.5	14	4.6	302	100

* 저학년(1, 2학년), 중학년(3, 4학년), 고학년(5, 6학년).
출처: 김수연, 이대식(2008).

- **과잉행동**: 과다행동, 충동행동, 지속적인 긴장, 수다스러운 행동 등. 과잉행동은 품행장애아동으로 진전될 수 있는 주요 요인으로 간주되기도 한다.

우리나라 아동의 경우 교사가 인식하는 성별에 따른 문제행동 유형의 분석(김수연, 이대식, 2008)에서 남학생(25.2%)과 여학생(21.2%) 모두 주의 산만 및 충동 행위가 가장 많이 나타났고, 그다음은 심한 불순응, 수업 방해, 공격적인 언행 등의 순으로 나타났다. 그리고 자기 자극 및 자해 행동은 두 집단에서 가장 낮은 빈도(남학생: 3.4%, 여학생: 5.8%)로 나타났다. 학년별로도 저학년(22.5%), 중학년(25.2%), 고학년(25.0%) 모두 주의 산만 및 충동 행위가 가장 많이 나타났고, 그다음은 심한 불순응, 수업 방해, 공격적인 언행 순이었다. 반대로 빈도가 낮게 보고된 문제행동은 저학년과 중학년에서는 자기 자극(4.2%)과 자해(4.4%) 행동, 고학년에서는 기타 행동장애(1.0%)인 것으로 나타났다.

2. 정서 · 행동장애의 원인

아동이 정서 · 행동문제를 나타내는 조건은 매우 다양하다(Kauffman, 2005; 아동의 문제행동이 심화되어 가는 과정에 대한 설명은 [그림 7-1] 참조). 어떤 아동은 정서 · 행동장애의 문제를 유발하지 않으면서도 학대나 방치, 전반적인 실조 등의 극단적

[그림 7-1] 위험 요소를 가진 아동의 문제행동이 장기적인 부정적 결과로 발전되어 가는 과정

출처: Walker & Sprague(1999).

인 악조건 속에서도 잘 견뎌낸다. 그러나 일부 아동들은 그와 같은 악조건 속에서 굴복하고 말거나, 정상적인 발달을 이룰 수 있는 건전한 환경에서도 문제행동을 유발하는 경우가 있다. 환경적인 조건은 아동이 행동하는 데 영향을 미칠 수 있으나, 생리학적인 요인도 강한 영향을 미치는 것으로 밝혀졌다. 어떤 아동이 자신이 처한 환경에 의해서 상처받기 쉬운 아동인지 혹은 그 반대인지를 설명할 수 있는 원인은 분명하게 알려져 있지 않다. 다양한 요인이 다양한 정서 · 행동장애를 일으키는 원인이 되고 있으며, 원인과 장애의 관계에 대한 그 복잡성은 점차 증가되는 추세다(Kauffman, 2005).

1) 생리적 요인

타고난 기질(temperaments)로 다루기 힘든 아동의 경우 정서 · 행동장애를 가지게 될 소지가 많으며, 발달상 겪는 질병이나 영양실조, 뇌손상, 약물중독 등에 의해서도 정서 · 행동장애가 발생될 수 있다. 뇌생리학적인 장애로는 우울증과 주의력 결핍 과잉행동장애가 속하며, 예를 들어 어머니와의 분리불안을 가진 유아의 경우는 우측 전두엽의 활동이 좌측 전두엽의 활동보다 더 많은 영향을 주는 것으로 나타났다(Dawson et al., 1997). 사회적인 계약이나 탐색과 관련된 감정들은 좌측 전두엽의 활동을 유발하는 원인이 될 수 있는 반면, 사회적인 위축이나 싸움, 부정적인 정서와 관련된 감정들은 우측 전두엽의 활동을 강화시킨다(김미경 외, 2007). 이러한 우측 전두엽의 활동 형태들은 유아의 불안이나 공포에 대한 취약성의 생리학적인 지표가 되며, 이것은 이후에 기분과 행동에서의 어려움을 예언해 준다. 이와 같은 아동의 문제행동을 개선하기 위해서는 의학적인 약물 사용만으로는 불가능하며, 심리 및 행동 중재를 동시에 사용하는 것이 필요하다.

유전인자 또한 범죄행동이나 과잉행동 등과 상당한 관련성이 있는 것으로 밝혀졌다(김원경 외, 2009). 특정 행동이 유전적으로 전해진다는 증거는 거의 없지만, 일부 유형의 유전적인 영향이 정서 · 행동장애나 기타 장애에 영향을 미친다는 증거는 많이 있다. Plomin과 Petrill(1997)은 부모의 병리학 및 유전학과 관련된 아동의 공격적인 행동을 확인하면서 생물학적인 부모가 가지고 있는 병리학적인 문제의 빈도와 아동이 나타낸 공격적인 행동의 빈도 사이에 밀접한 관계가 있음을 발견하였다. 그러나 행동 특성은 반드시 유전인자에 의해서만 영향을 받는 것이 아니며, 특정 유형의 행동에 대한 유전적인 경향은 환경적인 조건들에 의해서 강화되거나 약화되기도 한다.

2) 가족적 요인

어린 시기의 부모와의 관계는 아동이 행동하는 방식을 배우는 데 매우 중요한 역할을 한다. 그러므로 아동에게 잔인하게 대하거나 아동을 거부하는 부모의 양육태도와 아동의 잘못된 행동을 일관성 있게 다루지 못하는 부모의 양육태도, 자녀와 친사회적인 활동을 하는 데 전혀 시간을 보내지 않고 자녀의 활동과 장소를 감시하지 않으며 올바른 행동에 사랑과 애정을 보이지 않는 가정에서 반사회적인 문제아동이 발생하는 경향이 높다(Biglan, 1995; McEvoy & Welker, 2000). 그리고 이혼가정의 경우에는 이혼의 원인이 아동 자신 때문이라고 여기는 죄의식을 발생시키기 때문에 아동의 정서 및 행동의 발달에 부정적인 영향을 미친다(Kauffman, 2005).

부모의 범죄 형태가 공격적인 경우에도 부모의 행동을 모방하는 문제행동 형태가 발생할 수 있다.

아동이 어린 시절에 부모 및 가족 구성원과 맺는 관계는 그들의 행동학습에 대단히 중요한 영향을 미친다. 그러나 가정적인 요인과 문제행동 간의 관계성을 밝힌 연구(김원경 외, 2009; Sameroff, 2001)에 따르면, 아동의 문제행동이 부모의 책임으로 치부될 수도 있지만 부모와 아동 간의 관계는 역동적이고 상보적이기 때문에 부모의 행동이 아동의 행동에 영향을 주는 것만큼 아동의 행동도 부모의 행동에 영향을 주게 된다. 따라서 이러한 문제행동을 예방하고 교정하기 위해서는 부모-아동 관계의 측면을 체계적으로 변화시킬 수 있도록 부모와 함께 노력하는 것이 필요하다.

3) 학교 및 문화적 요인

학교에서의 훈육이나 규율이 너무 느슨하거나 너무 완고하거나 일관성이 없는 경우, 그리고 아동이 문제를 일으킬 때에만 주의를 기울이는 교사(예, 부정적인 행동에만 중재 적용)와 또래의 비행행동을 모방하는 경우, 적절한 행동에 대한 불명확한 규칙이나 기대, 다양한 학습자의 요구에 대한 개별화교육의 실패 등은 정서 · 행동장애를 일으킬 수 있는 요인으로 작용한다(Lago-Delello, 1998; Mayer, 1995). 특히 학령기 아동의 경우에는 학교 내에서 나타나는 행동이 정해진 기준과 맞지 않을 경우 일탈행동으로 간주되기도 한다. 대부분의 정서 · 행동장애는 취학한 이후에야 발견되므로 학교 요인이 정서 · 행동장애의 발생에 실질적으로 어떤 영향을 미치는지에 대해 의문을 가져볼 필요가 있다(김윤옥 외, 2005).

아동이 반사회적인 행동을 보이는 또래와 교제하는 경우, 아동은 지역사회와 학교에서 부가적인 문제를 경험하게 될 가능성이 높다. 특히 모호한 사회 가치나 행동 기준, 공격적이고 폭력적인 대중매체의 영향, 아동의 약물중독, 또래집단이 가하는 압력 등의 문화적인 요인에 의해서도 정서 · 행동장애가 발생할 수 있다(Biglan, 1995; Harland, 1997).

3. 정서 · 행동장애의 진단과 평가

정서 · 행동장애아동을 중재하고자 하는 경우에는 장애를 가진 아동인지의 여부를 사정하기 위한 체계적인 여러 단계의 절차가 필요하다. 그리고 장애가 있다고 믿는 대상아동을 선별하고 진단하여 교수하고자 한다면 어떤 종류의 정보가 필요한지에 대해서도 결정하여야 한다. 학교 내에서 효율적으로 사용하기 위한 타당한 심리적인 측정 및 실제적인 기준을 갖춘 사정절차를 결정하는 데에는 세심한 주의가 필요하다. Walker, Colvin과 Ramseg(1995)는 반사회적인 행동을 사정하는 데 필요한 다음과 같은 네 가지 기준을 제안하였는데, 이 기준은 다른 유형의 정서 · 행동장애아동을 사정하는 데에도 적용 가능하다.

첫째, 사정절차는 반응적이기보다는 선행적이어야 한다. 학교는 아동이 심각한 부적응 문제를 나타낼 때까지 기다렸다가 단순히 반응하는 것이 아니라 장애의 위험 요소를 소지한 아동을 선별하는 데 주도적인 역할을 수행해야 한다.

둘째, 가능하다면 아동의 문제행동은 다양한 사람(예, 교사, 부모, 훈련된 관찰자 등)에 의해서 다양한 장소(예, 교실, 운동장, 식당, 가정 등)에서 평가되어야 한다. 관찰대상이 되는 문제행동의 범위와 본질에 대해 될 수 있는 대로 폭넓은 객관적인 자료를 수집하는 것이 필요하다.

셋째, 사정과정은 유치부나 초등학교 1학년의 초기 학령기 수준에서 이상적으로 수행되어야 한다. 사정이 의도하는 대로 본래의 기능을 수행하고자 한다면 아동의 부적응 행동이나 학업의 실패가 거듭되기 전에 대상아동을 발견하여 중재 프로그램을 시작하는 것이 필요하다.

넷째, 교사지명이나 교사평정 방법은 사정과정의 초기 단계에서 사용이 적절한 방법이지만 직접관찰 방법이나 생활기록부의 검토, 또래 및 부모 평정방법, 다른 유용한 정보 등을 통하여 보완되어야 한다. 사정절차는 오류적인 진단의 기회를 축소시켜 줄 수 있도록 점진적인 단계를 거치면서 포괄적이고 철저하게 실시되어야 한다.

1) 선 별

선별(screening)이란 비장애아동과 정서 · 행동장애 증후가 나타나는 아동이나 문제행동을 나타낼 위험이 있다고 여겨지는 아동을 구별하는 과정이다(Heward, 2006). Walker와 Severson(1990)은 교사 판단에 의존하는 정서 · 행동장애아동을 위한 체계적인 선별검사(Systematic Screening for Behavior Disorders: SSBD)를 개발하였다. SSBD 선별도구에서는 아동이 선별과정 중에서 누락되지 않도록 강화하고 시간과 노력을 최소화하기 위하여 '다단계' 선별과정을 적용한다(Walker & Severson, 1990). 첫 번째 단계에서 교사는 외현화 문제(예, 반사회적인 행동, 무의식적인 행동, 공격성) 또는 내재화 문제(예, 위축, 불안, 또래들과의 부족한 상호작용)를 보이는 아동의 이름을 나열한 후 순위를 매긴다. 두 번째 단계에서는 문제 영역별로 상위 3명씩 선정하여 주요 사건지표에 대한 체크리스트를 수행한다. 세 번째 단계에서는 주요 사건지표에서 검사 기준 이상의 점수를 가진 아동의 경우에만 학교심리학자에게 의뢰하여 학급 내 활동 상황 및 운동장에서의 아동 행동을 관찰하도록 요청한다. 교실 내 관찰은 대상아동이 학업적인 기대에 일치하는 정도를 파악하는 데 사용하며, 운동장 내 관찰은 사회성 행동의 질과 내용을 평가하는 데 사용한다. 관찰 측정치가 기준을 초과하는 아동은 특수교육의 적격성 여부를 결정하기 위하여 아동 진단 · 평가팀에 의뢰하게 된다.

Achenbach와 Edelbrock(1991)은 아동행동 평정척도(Child Behavior Checklist; 한국판 아동행동 평정척도[K-CBCL]는 1997년에 표준화됨, 오경자 외, 1997)를 개발하여 특수교육 대상아동과 특수교육대상이 되지 않았던 아동 간의 행동평정 점수를 비교하였다. 이 검사도구를 사용하면 부모와 교사의 평정을 통하여 4~17세 아동을 대상으로 내재화 문제행동과 외현화 문제행동 그리고 학업적응 능력의 문제를 가진 아동의 판별이 가능하다. 평가자는 다음과 같은 3점 평정척도를 사용하여 행동 체크리스트 상에 제시된 112개의 행동문제를 각각 평정한다(그런 일이 자주 있었다면 '2', 그러한 경향이 조금 있는 편이라면 '1', 전혀 해당되지 않는다면 '0'으로 표기한다). K-CBCL의 대표적인 항목의 예시는 다음과 같다.

3. 말다툼을 자주 한다.
7. 허풍치고 자랑을 많이 한다.

8. 집중력이 없고 어떤 일에 오래 주의를 기울이지 못한다.
11. 너무 어른에게 매달리는 경향이 있다.
45. 신경이 날카롭고 신경질적이거나 긴장되어 있다.
75. 수줍거나 소심하다.
106. 기물이나 시설을 부순다.
112. 걱정이 많다.

평정점수는 문제행동 영역이나 적응능력을 설명하는 아동행동 평정표상에 특정 하위 영역과 관련된 항목들만 분리하여 도표로 제시할 수 있다(Achenbach & Edelbrock, 1991).

2) 사전의뢰 전략

특수교육 서비스를 위하여 아동을 진단하기 전에 교사가 일반학급 내에서 아동의 욕구를 수렴하기 위하여 개선하려는 노력을 사전의뢰 전략(prereferral strategies)이라고 한다(Kauffman, 2005). 이와 같은 노력은 아동이 일반학급 내에서 사용하는 행동관리 기법이나 교육과정의 개선 노력에도 불구하고 잘 반응하지 않는다는 기록으로 문서화하는 작업이 필요하다(Noll, Kamps, & Seaborn, 1993). 사전의뢰 전략은 '위양(false positive)'의 수를 축소시키고자 하는 노력의 일환이며(즉, 실제적으로 장애를 가지고 있지 않은 아동의 오진을 피하려는 노력), 불필요한 정형적인 평가에 의한 낭비를 막아 보고자 하는 노력이다.

의뢰 전에 교사는 아동의 교육적인 요구에 대응하기 위하여 학급 내에서 사용하던 교수방법들에 대한 상세한 기록의 작성이 필요하다. 자세한 기록 작성은 다음과 같은 용도로 유용하게 사용될 수 있다. 첫째, 아동을 평가하기 위한 전문가 집단을 요청하거나 지원하는 데 증거 자료를 제공할 수 있다. 둘째, 학급 내 다른 아동을 위하여 사용하는 교육적인 방법이 특정 아동을 위해서는 적합하지 않다는 사실에 대하여 아동의 부모를 더 잘 이해시키는 데 도움을 줄 수 있다. 셋째, 미래에 아동을 가르치게 될 예비교사나 현재 아동을 가르치는 교사에게 유용하게 사용될 수 있는, 대상아동에게 성공적인 교수방법이나 실패한 교수방법에 대한 기록을 제공해 줄 수 있다.

사전의뢰 전략은 때때로 특수교육적인 지원 없이 일반학급 내에서 아동의 성공적인 관리를 보여 주기도 하며, 문제에 대한 조기감지는 문제 상황으로부터 아동을 분리하지 않고 효과적인 해결책을 발견할 수 있는 가능성을 증진시켜 준다. 그러나 최상의 사전의뢰 전략과 일반교사와 특수교사 간의 효율적인 협력이 이루어졌다 해도 어떤 아동의 문제는 일반학급 내에서 처리되지 못하는 경우가 있는데, 이런 경우에는 체계적인 여러 단계의 사정을 위해 의뢰되어야 한다(Braaten & Kauffman, 2000; Brigham & Kauffman, 1998).

3) 직접 관찰과 측정

행동을 연구하는 많은 연구자들은 문제가 보고되는 바로 그 환경에서 아동을 관찰하는 것이 가장 이상적인 실제라고 제안한다(Alberto & Troutman, 2006). 직접관찰이란 행동이 일어났을 때 관찰자(예, 교사, 심리학자, 부모)가 목표행동을 바로 보고 인식하는 것을 의미한다. 그리고 직접측정이란 행동의 출현 시 목표행동의 출현을 즉각적으로 기록하는 것을 의미한다. 그러므로 직접 관찰과 측정은 평정점수로 기록하기보다는 행동이 일어난 일화 기록, 빈도, 비율, 지속시간, 등간의 백분율 등과 같은 방식으로 정보를 기록한다. 평정점수는 주관적인 판단에 의해 아동의 행동을 압축된 누가적인 하나의 수로 기록하는 방법이고, 직접 관찰과 측정은 행동의 출현에 대해 〈표 7-2〉에 제시된 객관적인 기록방법을 사용하여 관찰하고 측정하는 방법이다.

직접 관찰과 측정은 문제가 되는 아동의 행동을 기록할 뿐만 아니라 행동을 측정하는 장소나 내용, 관찰 및 기록을 위한 체계적인 방법, 관찰의 신뢰성을 보장하기 위한 절차, 그리고 자료를 수집하고, 그래프로 표시하고, 설명하는 방법 등의 전 과정을 포함한다(Kauffman, 2005). 목표행동 자체의 관찰과 선행사건(행동이 일어나기 직전의 사건)과 후속결과(행동이 일어난 직후의 반응)도 초기 사정 시에 전형적으로 관찰 후 기록되는 요소다. 선행사건과 후속결과를 기록하는 근본적인 이유는 행동이 일어난 이유를 설명하는 데 도움이 되는 상황과 사건을 밝히고, 행동이 변화하였다면 그 변화를 일으킨 상황과 사건이 무엇인지를 밝히는 데 도움이 되기 때문이다. 직접관찰에는 관찰 가능한 목표행동의 조작적인 정의와 행동 출현의 빈번한(대개 매일) 기록이 필요하다. 일부 중재나 평가절차는 이와 같은 방법에 의존하며, 특

〈표 7-2〉 행동의 측정방법

측정방법	정의 및 설명
일화기록법 (event recording)	집이나 학교 등 아동이 일상적으로 생활하는 환경에서 발생하는 모든 사건의 시작, 사건과 문제행동의 상호관계적인 작용, 행동의 종결들을 지속적으로 기록하는 방법이다. 관찰자는 관찰 시에 발생한 상황, 선행사건, 아동의 행동 및 반응, 행동 결과 및 후속결과 등 모든 관련 내용들을 기록한다.
빈도기록법 (frequency recording)	학교 수업시간과 같이 일정한 시간 동안에 일어나는 행동의 발생 빈도를 계산하는 방법이다. 이 방법은 어떤 유형의 비연속적인 행동을 누가적으로 기록하는 것으로, 행동이 발생할 경우 그 빈도를 계산한다. 낮은 빈도로 발생하는 공격적인 행동이나 분노폭발 등과 같은 행동을 기록하는 데 적합하다.
지속시간기록법 (duration recording)	아동의 문제행동이 지속되는 시간을 측정하는 방법으로, 수업시간에 과제를 수행하는 시간이나 짜증을 내는 지속시간, 반응할 기회를 제공하고 그 행동이 시작할 때까지 경과하는 시간 등 오랫동안 지속되는 행동들에 가장 적합하다. 특정 행동의 지속시간은 일정한 관찰기간 동안 기록되며, 스톱워치는 지속시간기록법에서 가장 유용한 기구다.
등간기록법 (interval recording)	각 관찰 회기를 동일한 시간으로 나누어 관찰자가 각 등간에 행동의 발생 유무를 기록하는 방법이다. 행동의 발생 여부만을 기록하는 방법으로 등간 내에서 행동이 몇 번 일어났는가에 상관없이 한 번이라도 일어났으면 목표행동이 발생한 것으로 기록하는 부분등간기록법이 있다. 그리고 정해진 시간 간격 동안 지속되는 행동을 기록하는 방법으로, 각 등간 내내 목표행동이 지속적으로 나타났다면 목표행동이 발생한 것으로 기록하는 전체등간기록법이 있다.
시간표집법 (time sampling)	시간 및 인적자원이 제한된 경우에 자료를 수집할 수 있는 방법으로, 관찰 회기를 동일한 간격으로 나누되 각 등간의 마지막 시점에서 목표행동이 관찰되면 발생한 것으로 기록한다. 시간표집법의 장점은 교사가 수업을 진행하면서 사용할 수 있다는 점으로, 교사는 정상적인 수업을 계속하면서 행동의 계속적인 발생에 대한 추정치를 수집할 수 있다.
영구적인 산물 (permanent product)	유기체의 행동은 경우에 따라 영속적인 성과를 낳고, 이러한 성과는 관찰과 계수가 가능한 영구적인 구체물을 낳게 된다. 이 방법은 실제적으로 파괴한 물건의 수나 과제 수행의 결과물 등 영구적인 결과로 남게 된 증거를 행동에 대한 측정 기록으로 대신하는 방법이다.

출처: 김미경 외(2007); Heward(2006).

히 교수를 위한 행동적인 접근방법은 중재의 목표가 되는 행동에 대하여 직접관찰을 실시해야 한다. 그러므로 중재를 위한 평가의 모든 대안적인 방법들 중에서 행동의 직접 관찰과 측정은 그 중요도에서 가장 중심이 되는 방법이라고 할 수 있다.

4) 기능적 행동사정

기능적 행동사정(functional behavioral assessment: FBA)이란 문제행동의 본질과 원인을 좀 더 잘 이해하여 효과적이고 긍정적인 중재방법을 개발하기 위하여 사정 자료를 수집하고 분석해 가는 과정을 의미한다(Kauffman, 2005). 최근에 많은 연구자들은 문제행동과 아동의 환경과 기능적인 관계를 바탕으로 진단 및 중재 방법을 개발하고 있다(조광순, 2001; 최민경, 김수연, 2004; Blair, Umbreit, & Bos, 1999; Chandler & Dahlquist, 2006). 이 전략들은 행동의 목적 또는 기능과 행동이 환경과 어떠한 관계를 지니고 있는지를 알아내는 평가과정을 거쳐, 특정 행동의 기능에 대해서 또는 행동 배경에 대한 가설을 설정하여 검증을 통해 개별화 행동관리 프로그램을 개발하는 방법이다(Blair et al., 1999; Umbreit, 1995).

첫째, 문제행동은 공연히 일어나는 것이 아니라 어떤 상황 또는 선행 자극에 반응하여 일어난다는 것이다. 교실환경에서의 상황 또는 사건이라면 문제행동이 일어나기 직전 교사의 특정 교수절차와 또래와의 상호작용을 들 수 있다. 그 밖에 일반적으로 주어진 학습활동, 교육과정의 내용, 좌석 배치, 활동에 대한 선호성과 선택 등을 예로 들 수 있다. 또 다른 중요한 행동 배경은 아동의 신체적 또는 정서적 조건이다. 불안, 화남, 배고픔, 피로, 질병, 통증 등은 모두 바람직하지 못한 문제행동을 출현시키는 원인이 된다.

둘째, 문제행동은 아동의 관점에서 보면 자신으로 하여금 타당하고 논리적인 방법으로 행동을 하는 어떤 목적 또는 기능을 지니고 있음을 의미한다. 문제행동의 기능으로는 '어떤 것을 얻고자' 할 때와 '어떤 것을 피하고자 또는 탈출하고자' 할 때로 구분한다. 교사로부터 관심을 얻고자 하거나 친구로부터 인정을 받고자 할 때 울음, 공격행동, 불순종 행동, 학습활동의 거절, 부적절한 발성, 감각자극 행동 등을 일으키면, 교사는 아동에게 문제행동을 그만두라고 야단치는 식으로 상호작용을 하면서 결국 상대아동에게 관심을 주어 아동의 목적을 달성시켜 준다. 이때 교사의 관심은 문제행동의 커다란 정적 강화로 작용하게 된다. 아동이 피하고자 또는 탈출하고자 하는 교실 내의 상황이 발생되면 공격행동, 징징거리기, 떼쓰기, 과제 이탈 등의 문제행동으로 교사를 귀찮게 하거나 수업을 방해하고 타인의 신체에 위협을 가하게 되는 경우, 교사는 아동의 목적 달성인 싫어하는 결과 자극제를 자기도 모르게 제거해 주게 되어 아동의 행동이 계속적으로 부적 강화를 받게 된다.

또한 기능적 행동사정에는 기능분석(functional analysis)이 포함된다. 기능분석은 실험분석이라고도 하는데, 직접적 또는 체계적으로 가설 변인의 조작 속에서 문제행동의 변화를 관찰하여 문제행동의 선행 자극과 기능을 밝히는 실험절차를 말한다(조광순, 2001; Blair et al., 1999). 기능분석에서는 단일대상 연구방법 중 반전설계가 주로 사용된다. 면접과 관찰을 통해 한 아동의 문제행동에 대한 가설이 '선호하는 활동이 주어지면 아동의 문제행동은 감소될 것이다.'라고 설정되었다고 하자. 이 가설에서 나타나는 활동에 대한 선호성 관련 변인은 다음과 같이 두 가지 실험 조건하에 분석될 수 있다. 첫째는 선호하는 활동 조건 제시하에, 둘째는 선호하지 않는 활동 조건 제시하에 아동을 활동하게 한 후 아동 행동의 변화를 관찰하는 것이다. 이러한 실험 조건을 몇 번 반복하게 되면 활동에 대한 선호성 변인이 문제행동에 영향을 주는 것인지를 밝혀낼 수 있다.

중재 프로그램을 개발할 때에는 기능분석 과정에서 밝혀진 문제행동의 변인 조작을 어떻게 할 것인지에 초점을 맞추어 교실 내의 활동과 교사의 반응양식의 변화가 중재 프로그램의 중심이 되도록 해야 한다. 그러나 기능적인 행동사정 방법은 좀 더 나이 든 아동에게나 높은 인지능력을 가진 아동 또는 복잡한 정서 · 행동문제를 가진 아동에게 적용하고자 할 경우에는 더욱 어려운 문제와 직면하게 될 것이다. 프로그램의 목표 달성과 일관성을 유지하면서 아동이 선호하는 활동을 발견하는 문제는 상당히 어려운 과제다. 그러나 Umbreit(1995)에 의한 기능적인 분석은 아동의 문제행동을 해결해 나가면서 동시에 아동에게 자율성과 자기 통제력을 최대한 제공하는 학습 조건과 교수절차를 설정하는 데 필요한 근거 자료를 제공해 주고 있다. 그러므로 기능적 행동사정은 긍정적 행동중재 계획을 개발하기 위한 기본 과정이라고 할 수 있다.

4. 정서 · 행동장애의 특성

1) 지능 및 학업성취도 특성

정서 · 행동장애아동의 지능은 정상아동의 지능 분포에 비하여 평균 IQ 90 정도로 약간 낮은 성향을 보이며, 아동의 생활연령보다 낮은 학업성취를 나타낸다. 특

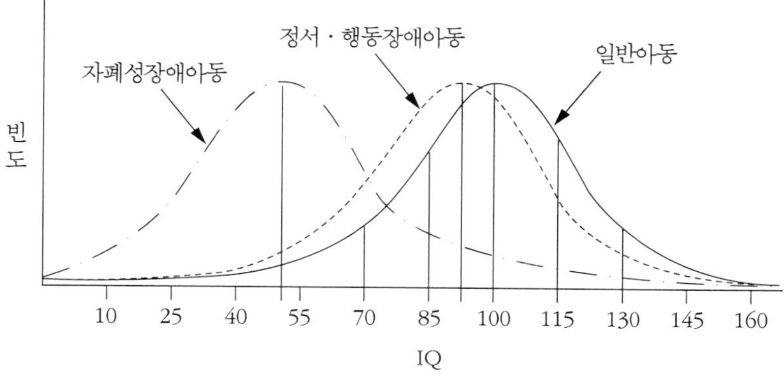

[그림 7-2] 정서 · 행동장애아동의 가설적인 지능지수 분포곡선

출처: Kauffman(2005).

히 읽기와 셈하기 영역에서 약점을 보이며, 학습한 기술의 실제 적용 시에도 어려움을 나타낸다(Hallahan & Kauffman, 2003). 정서 · 행동장애가 심한 아동은 기초 학업기술 외에도 기본적인 자조기술(예, 용변기술, 식사기술)조차 갖추지 못한 경우가 있다(김미경 외, 2007).

특히 [그림 7-2]와 같이 정서 · 행동장애아동의 가설적인 지능지수 분포곡선은 정상분포곡선보다 약간 낮은 지능지수 수준의 분포곡선을 나타내는데, 이와 같은 특성은 사회적인 문제와 학업적인 실패를 유추하는 데 중요한 지표로 사용될 수 있다. 정서 · 행동장애아동은 문제행동 때문에 학습문제뿐만 아니라 학업 기술 및 내용을 숙달하는 데에도 어려움을 갖는 등 학습장애와 의사소통장애를 수반하기도 한다(Kaiser et al., 2000).

주의력 결함이나 미성숙의 문제를 가지고 있는 정서 · 행동장애아동도 학습장애 범주에 속하는 아동이 경험하는 문제와 비슷한 문제를 가지고 있다(김원경 외, 2009). 그들의 문제는 인지적이고 통합적인 것이며, 충동 통제와 좌절에 대한 인내심뿐만 아니라 사고과정과 기억에서 문제를 경험한다. 또한 시청각 자극을 조직하고 해석하는 데 어려움을 가지며, 그들의 결함은 종종 학습결함으로 개념화된다.

2) 사회정서적 특성

정서 · 행동장애아동은 일반적으로 내재화와 외현화의 두 차원에서 또래집단의

규준에서 유의미하게 벗어나는 행동적인 특성을 지니고 있다. 정서 · 행동장애의 가장 보편적인 문제 중의 하나로 품행장애를 들 수 있는데, 파괴적이며 다른 사람을 괴롭히는 행동, 싸움, 갑자기 화를 내는 행동, 시선을 끄는 행동 등 신체적 또는 언어적 공격성 행동을 나타낸다(김미경 외, 2007). 이와 같은 공격성 관련 행동 증상은 다른 사람의 권리를 직접적으로 방해하는 행동을 포함한다. 그러나 사회화된 공격성을 보이는 아동은 품행장애보다 덜 흔하며, 아동기나 성년기 이후에 더 빈번하게 발생한다. 이 범주의 특정 행동 증상은 주로 기초 범죄행동을 포함하지만, 법적 용어의 비행과는 직접적으로 같지 않고 또래집단 상황에서 발생하는 비행활동을 포함한다(Hallahan & Kauffman, 2003).

외현화 문제행동들은 전형적인 방법의 훈육을 통해서는 변화시키기 어려운 특성을 지닌다. 이러한 행동들은 주위 환경으로부터 부정적인 반응을 얻게 되어 상호 간에 부정적인 영향을 미치게 된다. 그러므로 문제를 아동의 행동에만 국한시켜서는 안 되고, 아동의 행동과 환경 내 다른 사람들과의 행동 간의 상호작용을 반드시 조사해야 한다(김미경 외, 2007). 또한 학교생활의 실패와 약물 및 알코올 남용, 품행장애 및 청소년 비행은 상당히 높은 상관이 있는 것으로 알려져 있다(Walker, Colvin, & Ramsey, 1995). 그러므로 외부적으로 드러나는 문제행동을 보이면서 학업성취가 낮은 아동에 대해서는 각별한 관심과 교육의 필요성이 강조되어야 한다.

정서 · 행동장애아동 중에서 사회적으로 미성숙하고 위축된 행동을 보이는 아동은 짧은 주의집중 시간, 주의 산만, 관심을 쉽게 잃고 딴 곳을 쳐다보거나, 생각 없이 대답하고, 느리고 게으르며, 자의식이 강하고, 쉽게 당황하며, 아주 민감하고, 쉽게 상처를 입으며, 걱정과 우울에 빠지기 쉽고, 항상 슬픈 기분 등의 퇴행성 행동을 나타내기도 한다. 아동 스스로 고립되거나(예, 위축성 행동문제 아동) 다른 아동으로부터 거부되는(예, 공격성 행동문제 아동) 사회적인 수용의 문제가 발생하기도 하며, 사회정서적인 상황이나 맥락에 맞게 언어를 사용하고 이해하는 데에도 어려움을 나타낸다(Hallahan & Kauffman, 2003). 사회적인 위축문제는 나이에 따라 일시적으로 새로운 관계를 형성해야 하는 상황을 회피하고 싶어 하는 등의 가벼운 증상에서부터 소아정신분열증이나 자폐성장애와 같이 다른 사람과의 상호작용에 대해서 전혀 관심을 보이지 않거나 다른 사람으로부터의 상호작용 시도에 반응을 보이지 않는 등의 심각한 증상에 이르기까지 그 정도면에서도 다양하게 나타날 수 있다(김미경 외, 2007).

내재화 문제행동을 보이는 아동은 반사회적인 아동보다 학급교사의 수업을 덜 방해하기 때문에 잘 발견되지 않을 위험성이 있다. 그러므로 조기발견을 위해서는 교사의 각별한 관심이 필요하며, 아동이 배워야 할 사회성 및 자기결정 기술들에 대해 신중하게 목표를 설정하고 체계적으로 그 행동을 수행할 기회를 제공하고 강화하면 문제행동이 개선될 수 있을 것이다(Heward, 2006).

3) 과잉행동, 충동성 및 산만함

정서 · 행동장애아동이 보이는 특성들 중 보편적으로 언급되는 행동은 과잉행동, 산만함, 충동성 등이다(김미경 외, 2007). 과잉행동은 활동의 양이 과도하게 나타날 때 사용되는 용어로, 쉼 없이 움직이거나 연령 및 주어진 과제에 비하여 움직임의 양이 부적절하게 많은 경우를 의미한다. 산만함이란 과제에 대한 주의집중과 관련된 용어로, 학교활동으로부터 쉽게 방해를 받거나 특정 과제에 주의를 기울일 수 없는 경우를 의미한다. 그러나 과잉행동과 마찬가지로 산만함을 평가하기 위해서는 아동이나 환경과 관련된 변인들을 반드시 고려해야 한다. 충동성은 주의 깊은 생각이나 목적 없이 행동하는 경우에 발생하는 문제행동으로 특징지을 수 있다. 충동성을 보이는 아동은 반응하기 전에 생각하지 않고 충동적으로 행동하기 때문에 그 행동이 부적절한 경우가 많으며, 특히 수업시간 중에 부정확한 반응을 많이 보이게 된다.

과잉행동을 보이는 아동은 쉽게 충동적이고 산만한 행동을 보이는데, 세 가지 행동 특성들은 상관관계가 깊은 행동들이다. 이러한 행동 특성들을 지니는 아동이 학교에서 보이는 문제들은 그 원인이 뇌손상과 같은 아동의 개인 내적인 일탈현상에 있는 것으로 진단되면서 교사의 수동적인 태도를 야기하기도 하지만, 교육 현장에서는 체계적인 교수와 행동통제 전략에 의해서 행동이 향상될 수 있음을 지속적으로 보고하고 있다(김미경 외, 2007). 의학적인 약물치료를 받고 있는 아동의 경우 교사는 약물치료 자체가 학업적인 문제를 해결해 주거나 새로운 행동을 가르치는 것이 아님을 인식하고, 약물 복용에 따른 부작용이나 행동 변화를 관찰하여 담당의사나 학부모와 밀접하게 정보를 교환하고 아동의 행동이나 학습 문제에 대한 책임의식을 지녀야 한다(김미경 외, 2007; Hallahan & Kauffman, 2003).

5. 정서 · 행동장애아동의 교육

정서 · 행동장애아동을 위해서는 반사회적인 행동을 통제하는 방법뿐만 아니라 사회성이나 학업 영역의 새로운 기술들을 가르치는 것이 필요하다. 지금까지 정서 · 행동장애아동을 위한 프로그램들은 학교 수업을 배제하고 부적응 행동을 다루는 데에만 초점을 맞추었으며, 그 결과로 학업기술이 부족한 아동은 또래보다 훨씬 뒤처지는 현상을 보이고 있다(Heward, 2006). 정서 · 행동장애아동을 위한 특수교육은 학교, 지역사회 그리고 직장에서 성공하기 위한 필수적인 사회성 및 학업 기술들을 교육과정의 내용에 포함시켜야 한다. 더욱이 교사는 아동의 각기 다른 교육목표를 성취하기 위해서 다양한 중재전략들을 사용할 수 있도록 훈련받아야 한다. 교사는 아동의 문제행동을 감소시키기보다 아동이 자신의 문제행동에 잘 대처할 수 있는 효과적인 전략을 가질 수 있도록 지도하여야 한다. 여기서는 정서와 행동문제를 가진 아동의 다양한 발달 영역 내 변화를 유도할 수 있는 일반적인 교육방법들을 제안하고자 한다.

1) 사회성 기술 교육과정 및 훈련 프로그램

많은 정서 · 행동장애아동들은 또래나 교사를 곤경에 처하게 하는 부적응 행동을 보일 뿐만 아니라 긍정적인 사회성 기술의 결여를 보인다. Schonert-Reichl(1993)의 연구 결과에 따르면 정서 · 행동장애아동은 장애가 없는 또래보다 타인에 대한 공감 수준이 낮고, 교육활동에 소극적으로 참여하며, 친구들과 접촉하는 빈도가 적으며, 질적 관계가 낮다. 그러므로 사회성 기술을 위한 특정 교육과정의 특별한 훈련 프로그램은 사회적으로 수용할 수 있는 행동들의 향상을 지원할 수 있는 방법이 될 것이다(사회성 기술 교육과정과 훈련 프로그램에 대한 설명은 〈표 7-3〉 참조).

Begun(1996), Kerr와 Nelson(2006) 등은 다음과 같이 네 가지 기본요소로 이루어진 구조적인 학습 과정을 통해서 사회성 기술이 결핍된 아동에게 건설적이고 친사회적인 행동을 지도할 수 있다고 주장하였다.

- 모델링(시범 보이기): 시각 · 청각 그리고 생활의 실제를 통하여 행동의 모형을

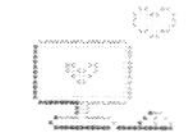

〈표 7-3〉 사회성 기술 교육과정과 훈련 프로그램

교육과정 및 연구자	내 용
사회성 기술 향상 프로그램 (Begun, 1996)	사회성 기술을 가르치는 교사나 부모를 돕기 위해 만들어진 실용적인 교육과정으로, 지시 따르기, 결과 받아들이기, 목표 세우기, 과제 완수하기 등과 같은 영역의 행동을 향상시키기 위한 활동을 포함. 유치원에서 중 · 고등학생까지 적용 가능
사회성 기술 교육과정 (Cartledge & Milburn, 1996)	대화하기, 느낌 의사소통하기, 또래와 놀기, 또래와 협조하기, 공격과 갈등에 대처하기 등과 같은 영역의 행동을 향상시키기 위한 활동을 포함. 유치원 아동에서 청소년까지 적용 가능
사회성 및 의사소통 기술 교육과정 (Goldstein et al., 2001)	공격적이거나 위축되어 있고 사회성 능력이 결핍된 아동을 위해 고안된 것으로, 문제 해결하기, 분노 통제하기, 스트레스 관리하기, 협력하기 등과 같은 영역의 행동을 향상시키기 위한 활동을 포함. 유치원에서 중 · 고등학생까지 적용 가능

소개할 수 있다.

- **역할 수행**(역할놀이): 실제 생활 상황에서처럼 연기를 할 수 있다. 역할연기는 체계적으로 적용할 수 있으므로 한 사람이 역할을 수행하는 데 만족을 느낄 수 있도록 다양한 기회를 제공할 수 있다.
- **피드백**(수행에 대한 토론): 아동은 자신이 수행한 한 장면을 평가하고 부적절한 행동을 수정할 수 있다. 교사는 아동의 수행 결과에 따라 수행에 대한 토론시간을 늘리거나 줄일 수 있으며, 피드백을 받은 후 아동이 동일한 장면을 수행하자고 요청하는 경우에는 수행에서 거의 진보적인 향상을 보이게 된다.
- **일반화와 유지**(실제 생활 상황에의 적용): 아동이 다양한 상황에서 사회성 기술을 사용할 수 있도록 촉진시켜 주는 활동들로 구성할 수 있다. 교사와 가족, 친구들은 갈등 상황에서 친사회적인 대안적 행동들을 사용하는 것이 중요함을 강화시켜 주는 적극적인 역할을 수행해야 한다.

이러한 구조적인 학습의 네 가지 기본 요소를 통해서, 교사는 아동이 사회성 기술을 연습하는 데 초점을 두고 아동이 유용하게 생각하는 상황을 설정해 줌으로써 부적응 문제행동으로 기인되는 어려움을 감소시켜 줄 수 있다.

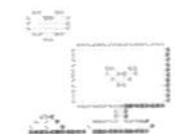

2) 학업기술 관리전략

정서 · 행동장애아동은 문제행동과 사회성 기술의 결함으로 특수교육이 필요하지만, 대부분은 비장애 또래보다 학업성취가 저하되어 나타나기 때문에 학교 수업을 간과해서는 안 된다(Lane, Gresham, & O'Shaughnesy, 2002). 정서 · 행동장애아동에게도 성공적인 사회적 기능을 위해 읽기, 쓰기, 셈하기 등의 기초 학업기술이 매우 중요하다. 교사는 긍정적인 행동과 학업적인 성공을 이끌기 위한 토대로서 아동과 교사 간 상호작용의 빈도를 증가시키기 위해 효과적인 교실환경을 구성하고 관리해야 한다(Heward, 2006; Kerr & Nelson, 2006). 아동의 학습뿐만 아니라 교육 실제에 영향을 줄 수 있는 환경 변인에는 수업시간 계획, 전체적인 단원의 활동 순서, 수업 속도, 수업 시 아동이 적극적으로 반응하는 빈도, 아동의 노력에 대한 강화 여부 또는 방법 및 시기, 실패를 교정하는 방법 등과 같은 중요한 차원의 변인이 포함되어 있다(Heward, 2006; Zirpoli, 2005). 이상의 환경 변인을 확인하고 체계적으로 관리하는 교사는 정서 · 행동장애아동의 전반적인 발달에 큰 변화를 유도할 수 있을 것이다.

〈표 7-4〉 효과적인 교실관리 전략

교실관리 전략	전략 적용방법
아동들이 해야 하는 것이 무엇인지를 알려 준다.	교사는 학급 규칙을 개발하고 아동들과 함께 자주 검토한다. 규칙은 교사와 아동이 기억하기 쉽도록 교실 내 눈에 잘 띄는 곳에 게시해 두고 규칙을 따르는 아동에게 반드시 강화한다.
긍정적인 학습 분위기를 조성한다.	교사는 아동의 적절한 행동을 강화하고, 일관성 있는 태도로 아동과 상호작용하며, 학급 내 모든 아동들의 개별적인 요구에 맞도록 융통성을 보여 줌으로써 긍정적인 학습 분위기를 조성할 수 있다. 또한 교사는 아동이 학교에 오고 싶고 공부를 위한 동기유발을 느낄 수 있도록 재미있는 경험을 통해 학습 분위기를 조성할 수 있다.
의미 있는 학습 경험을 제공한다.	교과 수업과 과제가 아동의 일상생활과 관련이 있으면 아동의 관심은 증대되고 학습된 기술의 일반화에도 효과적일 수 있다.
위협을 피한다.	규칙이 분명하게 진술되고 아동이 충분히 그것을 이해하면 어떠한 위협도 필요하지 않다. 위협 대신에 교사는 아동에게 학급 규칙과 기대되는 행동을 상기시키고 적절한 행동과 부적절한 행동에 대한 후속결과를 지속적으로 일관성 있게 제공한다.
공정함을 보인다.	학급 규칙이 명확하게 진술되고 아동이 이해하면 교사는 모든 아동에게 공정하고 일관성 있게 적용해야 한다.

자신감을 길러 준다.	아동 자신과 학업에 대한 긍정적인 생각을 가지고 있는 아동은 다른 사람과 적절하게 상호작용할 수 있다. 교사는 자신감에 대한 시범을 보이고(예, "나는 이것을 할 수 있어!"), 아동의 자신감을 고무시켜 줄 수 있는 기회를 되도록 많이 제공한다.
아동의 긍정적인 속성을 인식한다.	모든 아동들이 자존감과 자신감을 기를 수 있는 긍정적인 속성을 가지고 있다. 교사는 개별 아동의 차이를 인식하고 그에 민감하게 반응하며 칭찬해야 한다.
긍정적인 시범을 활용한다.	아동은 자신에게 의미 있는 성인과 교사의 행동을 모방한다. 교사는 긍정적인 시범을 통해 아동에게 분노, 실수, 일상의 좌절을 적절하게 다루는 방법을 가르치는 많은 기회를 활용한다.
교실의 물리적인 배치를 신중하게 구조화한다.	교실환경은 아동의 움직임이 자연스럽게 이루어지며 다른 또래의 행동을 관찰할 수 있도록 구성해야 한다. 교사가 자신의 일을 잘 조직화하고 교실환경이 잘 구조화될수록 아동도 보다 잘 조직화될 수 있다.
아무것도 하지 않는 중단시간을 제한한다.	아동은 아무것도 하지 않는 시간이 길수록 부적절한 행동을 할 기회가 더 많아진다. 아동이 부적절한 행동에 참여하지 않고 과제 수행을 위해 바쁘게 활동하면 교사는 수업을 준비하는 시간을 절약할 수 있다.

출처: Zirpoli(2005).

3) 행동주의적 접근방법

행동주의적 접근방법은 학급 내에서 교수적인 목적뿐만 아니라 행동관리의 목적으로도 사용되고 있으며, 어떤 목적으로 사용되건 일반적으로는 다음과 같은 절차를 거치게 된다(김미경 외, 2007; Zirpoli, 2005). 첫째, 중재를 필요로 하는 문제행동의 우선순위를 정하고 그에 따라 중요 목표행동을 설정한다. 둘째, 문제행동에 대한 현행 수준 검사 및 관찰을 실시하여 자료를 수집한다. 셋째, 환경적인 기능분석을 실시한다. 문제행동과 관련된 문제행동 발생 전의 상황과 문제행동 발생 후의 상황 분석인 A(선행사건, antecedent)−B(행동, behavior)−C(후속결과, consequence) 분석을 실시한다. 넷째, 아동의 행동에 긍정적인 변화가 일어날 때까지 선행사건이나 후속결과의 조정방법을 적용한다.

행동주의적인 기법은 사회성이나 학업 영역의 새로운 행동을 가르치기 위해 사용될 수 있을 뿐만 아니라 문제행동의 감소를 위해서도 널리 사용되고 있다. 이러한 목적을 달성하기 위해서는 문제행동의 기능평가 정보에 근거하여 다음과 같은 후속

〈표 7-5〉 행동 증가와 감소를 위한 기본적인 방법

중재방법	정 의
정적 강화 (positive reinforcement)	목표행동이 나타나면 뒤이어 자극(예, 사물, 활동, 칭찬 등)을 제시하는 방법으로, 목표행동의 현행 빈도나 지속시간, 강도의 증가 및 유지를 가져온다.
행동 형성 (shaping)	목표행동에 연속적으로 근접한 행동인 여러 단계의 점진적인 근사치(successive approximation) 행동을 통해서 아동 행동의 목록에 없는 새로운 행동을 가르치는 방법이다. 각 단계의 점진적인 근사치 내에서 준거에 부합되는 반응만 강화를 받게 된다.
행동 연쇄 (chaining)	하나의 독립적인 행동보다는 일련의 행동으로 구성된 수행에 적용되며, 일련의 행동을 연결하는 연결고리는 다음의 연결된 수행에 대한 변별자극(discriminative stimulus)의 역할을 한다. 행동의 연쇄에 포함되는 과제의 하위 행동들은 상세한 과제분석을 필요로 한다.
토큰 경제 (token economy)	아동은 특정 바람직한 행동 수행에 대해 토큰을 받고 이를 강화물이 되는 사물 또는 활동과 교환할 수 있으므로, 화폐의 가치체계와 동일한 원리가 적용되는 상징 강화체계다.
유관계약 (contingency contracting)	구체적인 목표행동의 수행과 특정한 강화물의 교환에 관하여 교사와 아동 간에 '서면 행동계약'을 맺는 방법이다. 개별 아동을 대상으로 사용할 수 있고, 집단 아동을 대상으로도 활용할 수 있는 서면계약은 학급환경에서 긍정적인 행동지원을 개발하기에 용이한 방법이다.
차별강화 (differential reinforcement)	적절한 행동의 발생을 유지 및 증가시키기 위해 특정한 선행사건에 뒤이어 목표로 설정한 행동이 나타났을 때만 강화하고 다른 행동은 무시하는 방법이다. 부적절한 행동에 상반되거나 그에 대체할 만한 행동을 강화하면 적절한 행동을 증가시키기 위해 차별강화를 적용하는 것이다.
소거 (extinction)	교사가 일반적인 상황에서 강화의 유형 중의 하나로서 아동이 보이는 관심을 끌기 위한 부적절한 행동을 무시함으로써 목표행동의 빈도나 강도를 점진적으로 줄이는 방법이다.
타임아웃 (time-out)	다양한 유형의 행동을 감소시키는 데 효과적인 방법으로, 부적절한 행동에 수반하여 일정 시간 동안 정적 강화인에 접근할 수 없도록 하는 방법이다. 교사는 강화물에서 아동을 배제하거나 아동에게서 강화물을 제거하는 두 가지 차원에서 타임아웃 전략을 사용할 수 있다.
반응대가 (response cost)	부적절한 행동에 대한 후속결과로서 토큰, 점수, 화폐, 체크 표시 등과 같은 강화물을 체계적으로 제거하는 방법이다. 토큰경제 프로그램과 함께 사용되기도 하는 반응대가에서 부적절한 행동에 대해 제거하는 토큰의 수는 사전에 결정되며, 주로 행동의 심각성에 따라 달라진다.

정적 연습 (positive practice)	부적절한 행동에 대한 후속결과로서 아동이 부적절한 행동을 보이면 모든 활동을 멈추고 적절한 행동을 여러 차례 신중하게 수행하는 방법이다. 연습하는 행동은 아동이 부적절한 행동 대신에 보여야만 하는 정확하고 바람직한 행동이다. 정적 연습은 비처벌적이고 교육적인 의도를 가지고 시행된다.
과잉교정 (overcorrection)	부적절한 행동에 대한 처벌적인 후속결과로서 아동은 바람직한 또는 적절한 행동을 반복해서 수행해야 한다. 정확한 수행에 대해 강화를 제공하는 것이 부적절한 행동을 감소시키고 적절한 행동을 증가시키는 데 효과적인 것으로 나타났다.

결과에 대한 조정방법들을 적용할 수 있을 것이다(김미경 외, 2007; Zirpoli, 2005).

전통적으로 학교에서는 특정 아동의 문제행동을 통제하기 위하여 벌을 사용하고 있다. 그러나 벌(punishment)은 특히 만성적인 문제행동을 갖고 있는 아동의 문제를 장기적으로 제거하는 데 비효과적일 뿐만 아니라 바람직하고 친사회적인 행동을 형성시키는 데에도 도움을 주지 못한다. 교사는 아동의 행동 패턴을 변화시켜서 보다 건설적인 행동을 만들기 위해 아동이 자신의 문제행동에 잘 대처할 수 있는 효과적인 전략을 가질 수 있도록 지도해야 한다. 여기서는 정서 · 행동장애아동에게서 긍정적인 행동을 촉진시키고 지원하기 위한 차별강화와 긍정적 행동중재 방법에 대하여 논의하고자 한다.

(1) 차별강화를 통한 중재방법

차별강화(differential reinforcement)는 적절한 목표행동을 강화하면서 다른 행동들에 대해서는 소거 프로그램을 사용하는 방법으로, 강화를 다음과 같은 두 가지 형태로 적용하는 것을 의미한다. 첫째, 행동은 그것이 적합한 변별자극 후에 나타날 때에만 강화한다. 둘째, 문제행동은 무시하는 반면 다른 행동은 강화한다. 즉, 대부분의 차별강화는 문제행동에 대해서는 강화를 하지 않고 대안행동에 대해서만 강화를 함으로써 문제행동을 줄여 나가는 중재방법이다. 이는 ① 다른 행동의 차별강화(differential reinforcement of other behavior [DRO], 정해 놓은 시간 내에 특정 문제행동이 발생하지 않으면 강화를 주는 방법), ② 대안행동의 차별강화(differential reinforcement of alternative behavior [DRA], 부적절한 행동이 보다 적절한 형태로 나타날 때 강화를 주는 방법), ③ 상반행동의 차별강화(differential reinforcement of incompatible behavior [DRI], 부적절한 행동에 형태학적으로 상반되어 동시에 발생할 수 없는

〈표 7-6〉 차별강화의 종류와 예

목표행동	강화되는 행동		
	DRO	DRA	DRI
자리 이탈	나타나지 않음	허락을 구하기	착석행동 유지하기
때리기	나타나지 않음	협력하기/말하기	무릎 위에 손 유지하기
자기 자극	나타나지 않음	장난감 놀이하기	가만히 있기
끊임없이 떠들기	나타나지 않음	손들고 요청하기	조용히 하기
물건 던지기	나타나지 않음	농구 또는 야구 하기	쓰기
손가락 빨기	나타나지 않음	양치질하기	무릎 위에 손 유지하기
뛰어다니기	나타나지 않음	걷기	가만히 서 있기
욕하기	나타나지 않음	적절한 언어 사용하기	조용히 있기
불순응	나타나지 않음	–	순응하기

출처: Zirpoli(2005).

행동이 나타날 때 강화를 주는 방법)의 세 가지 유형을 포함하고 있다(Zirpoli, 2005). 〈표 7-6〉은 이 세 가지 차별강화의 예를 제시한 것으로, 각각의 차별강화의 내용을 비교할 수 있을 것이다.

상반행동의 차별강화를 통한 상동행동의 중재 사례를 살펴보자. 정서 · 행동장애를 가진 12세의 진수는 손으로 물체를 두드리는 상동행동 때문에 통합학급 내에서 지속적으로 수업받기에 어려움을 보이고 있다. 이 경우 교육과정 분석을 통하여 교육과정과 연계된 상반행동 프로그램을 개발하여 적용할 수 있다. 즉, 진수의 상동행동과 동시에 발생할 수 없는 손으로 표현하기 활동내용으로, 손가락에 스탬프 잉크를 찍어 나타내기, 손바닥에 물감을 묻혀 마음대로 찍기, 주먹에 물감을 묻혀 마음대로 찍기, 여러 가지 모양이 나타나도록 찍기 등 다양한 프로그램을 개발할 수 있다. 개발된 상동행동의 차별강화 프로그램을 적용하고, 상동행동이 나타나지 않을 때는 즉시 강화물로 강화한다(예, 칭찬, 강화제로 교환 가능한 스티커 제공, 하이파이브 하기). 상반행동의 차별강화 방법은 중도 정서 · 행동장애아동의 상동행동을 효과적으로 감소시킬 수 있는 방법으로 특히 유용하다.

(2) 긍정적 행동중재 방법

긍정적인 행동중재 방법이란 아동의 문제행동을 소거하기보다는 바람직하고 적절한 행동을 수행할 수 있도록 환경을 조성해 주는 조건에 초점을 맞춘 교육방법을 의미한다(Kauffman & Landrum, 2009). 그리하여 원하는 바람직한 결과로서 긍정

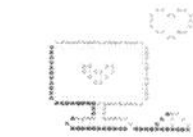

적인 행동을 학습시켜 문제행동을 감소시키고 동일한 기능을 하는 긍정적인 행동으로 대치하거나 문제가 일어나지 않도록 선행사건을 조작하는 방법이다.

일반적으로 중재 프로그램을 개발할 때에는 기능분석 과정에서 밝혀진 문제행동의 변인 조작을 어떻게 적용할 것인지에 초점을 맞추고 교실 내의 활동과 교사의 반응양식에 대한 변화가 중재 프로그램의 중심이 되도록 구안해야 한다. 예를 들어, 기능분석을 통해 문제행동에 영향을 주는 변인이 아동의 활동에 대한 선호도 때문임이 밝혀졌다면 아동이 선호하는 활동을 중점적으로 개발하여 하루 일과 중에 투입하는 절차가 필요하다. 문제행동이 심각할 경우에는 그것이 감소될 때까지 바람직한 행동과 관련된 요인을 증가시켜야 한다. 아울러 문제행동과 같은 기능과 목적을 하는 바람직한 긍정적인 대안행동을 아동에게 가르쳐 주어야 한다. 만약 아동이 새로운 긍정적인 행동을 습득하게 되면 문제행동은 자연적으로 감소하게 될 것이다.

초등학교 2학년에 재학 중인 현이는 수업시간 중에 물건을 던지는 공격행동을 보이기 때문에 수업 진행에 어려움을 야기하는 문제행동을 가지고 있다. 이 경우 기능적인 행동사정을 통해 현이가 문제를 덜 보이고 더 적절한 행동을 나타내는 조건을 살펴보기 위하여 가설 검증을 실시한다. 가설은 담임교사와의 면담과 학급 내에서 현이 행동의 직접관찰을 통하여 수집한 정보에 근거하여 만들어진다. 가설 검증의 결과, 현이에게 선호하는 과제를 선택할 수 있는 기회가 주어졌을 때 바람직한 수업참여 행동이 증가되고 문제행동이 감소된다면 선호하는 과제의 선택활동이 현이의 물건 던지는 행동을 개선하는 데 긍정적인 영향을 주는 변인임을 추측할 수 있다. 과제 선택활동의 실제 적용 시, 교사는 수업 시작 전에 현이가 수행해야 할 두 가지 과제를 제시하며 현이에게 무슨 과제를 하고 싶은지 물어본 다음 현이 자신이 선호하는 과제를 독립적으로 선택하도록 기다린다. 현이가 선호하는 과제를 독립적으로 선택하여 수행한 경우에는 물건 던지는 문제행동이 감소될 것이며 바람직한 학업참여 행동이 증진될 것이다.

4) 내재화 문제행동을 위한 중재방법

불안이나 공포, 우울 등 내재화 문제행동을 가진 아동을 대상으로 연구한 대부분의 중재 연구들은 약물치료와 인지-행동중재를 적용한 연구들이다. 어떤 연구

〈표 7-7〉 내재화 문제행동을 위한 중재방법

문제 유형	중재방법
분리불안	체계적 둔감화, 행동형성법, 모델링, 인지적인 전략, 약물치료
두려움과 단순공포	체계적 둔감화, 정동홍수법, 모델링, 조작적인 조건화, 인지적인 전략
시험불안	체계적 둔감화, 인지적인 전략, 이완훈련
학교공포증	체계적 둔감화, 정동홍수법, 모델링, 조작적 조건화, 다른 기법과 통합된 인지적인 전략, 약물치료
과도 불안	이완훈련, 인지적인 전략
외상후 스트레스	재노출 절차
강박-충동	약물치료, 인지적인 전략
공포	아동에 대한 중재 연구는 거의 없으나, 성인의 경우에는 약물치료와 인지적인 전략

출처: Coleman & Webber(2002).

들은 인지-행동중재가 약물치료에 비해 효과적이라고 보고하는 반면, 그 반대의 결과를 보고한 연구들도 있다(Forness, 2005). 또 다른 연구들은 인지-행동중재와 약물치료를 병행하는 교육방법이 가장 효과적이라고 보고하기도 하였다(Jensen, 2005; Kauffman, 2005). 하지만 학교에서는 내재화 문제행동을 가진 아동을 위해 약물치료만을 권고하기 전에 인지-행동중재와 사회성 훈련, 인지의 재구조화(예, 귀인의 문제, 지나치게 높은 기대, 부정적인 자기 통찰 등에 대한 새로운 사고 유형의 학습) 등에 대한 제공이 우선되어야 할 것이다(Zirpoli, 2005). 문제행동의 유형과 심도에 따라 중재방법을 달리 적용해야 하지만, 한 가지 중재방법보다는 다양한 중재방법들을 통합하는 접근 방안을 고려해 보아야 한다. 〈표 7-7〉은 일반적으로 사용되는 아동기 내재화 문제행동을 위한 중재방법들이다.

5) 인지적 중재방법

자기관리(self-management) 또는 자기규제(self-regulation) 방법은 자신의 행동을 원하는 방향으로 변화시키기 위해 스스로 행동 변화 전략을 수행하는 인지적 또는 초인지적인 전략이다(김미경 외, 2007). 자기관리 기술의 교수는 아동이 스스로 독립적인 활동을 할 수 있도록 돕고 문제행동을 중재하는 데 효과적이다. 그러므로 특히 지나치게 의존적이거나 타인의 요구에 무조건 반항하는 아동에게는 자기관리 기술을 교수하는 것이 바람직하다. 자기관리 기법에는 자기교수(self-instruction),

자기점검(self-monitoring), 자기평가(self-evaluation) 그리고 자기강화(self-reinforcement) 등이 포함된다(김미경 외, 2007; Kauffman, 2005).

자기교수 기법은 내적인 언어를 사용하여 아동이 스스로 말을 해 가면서 문제행동을 중재하는 방법이다. 예를 들어, 주의집중에 문제를 보이는 아동은 "나는 선생님의 말씀에 주의를 기울일 수 있다." 또는 "내가 주의 집중하여 과제를 모두 끝내면 15분 동안 쉴 수 있다."와 같이 말해 가면서 복도나 창밖을 쳐다보는 과제와 관련 없는 방해행동을 스스로 통제할 수 있을 것이다. 자기점검 기법은 아동으로 하여금 문제행동의 빈도에 대해 기초선 자료를 기록하고, 기초선 자료에 근거하여 적절한 목표행동을 세우고 문제행동이 발생할 때마다 기록하게 하는 방법이다. 자기점검 방법은 토큰경제나 유관계약의 방법과 함께 사용해도 효과적이다. 자기평가 기법은 아동이 자신의 행동을 자신의 기준이나 외적인 결정 기준과 비교하여 행동의 질과 수용 정도를 판단하는 전체적인 과정을 의미한다. 그리고 자기강화 기법은 아동이 문제행동에 대해 세운 수행 수준을 성취하였을 경우에 스스로 강화하는 방법이다. 예를 들어, 수업 중 자리 이탈을 하루에 5회 이상 하지 않는 것이 목표일 경우에 아동은 자기가 기록한 자기점검표를 확인하고 5회가 넘지 않았을 경우 스스로 강화물을 선택한다.

다음은 주의 산만한 문제행동 때문에 통합학급에서 어려움을 겪고 있는 남자 아동에게 자기점검과 자기평가 방법을 적용한 사례다. 아동과 교사는 상의하여 수업 중에 출현 가능한 주의 산만한 문제행동보다 긍정적인 대안행동인 주의집중 행동에 대하여 구체적이고 조작적으로 정의한다(예, 다른 사람을 방해하지 않고 수업에 참여하

〈표 7-8〉 수업활동 참여 정도를 평가하기 위한 자기점검표 양식의 예

아동명: ____________ 관찰일자: ____________

나는 어떻게 수행하였는가?

	못함	보통	우수	매우 우수
1. 다른 사람을 방해하지 않고 수업에 참여한 정도	1	2	3	4
2. 과제활동에 참여한 정도	1	2	3	4
3. 교사가 설명 시 주의 기울여 들은 정도	1	2	3	4
4. 학습 과제의 완성 정도	1	2	3	4
5. 완성 과제의 제출 정도	1	2	3	4

기, 과제활동에 참여하기, 교사가 설명 시 주의 기울여 듣기, 학습 과제 완성하기, 완성 과제 제출하기 등). 그리고 주의집중의 목표행동에 대해 자기점검을 할 수 있도록 자기점검표를 〈표 7-8〉의 양식과 같이 개발하여 매 수업시간 종료 후 아동 스스로 점검하도록 훈련한다. 마지막으로 아동과 교사는 빈번한 진전과정 평가회의를 통하여 문제행동의 개선에 대한 진전과정을 관찰하고, 교사는 적절한 피드백을 제공한다.

요약

정서 · 행동장애 영역은 혼란스러운 용어 사용의 과정을 거쳐 정신건강 및 특수교육협의회의 노력으로 1990년대부터 폭넓게 수용되고 있는 정서 · 행동장애라는 용어를 채택하게 되었다. 우리나라에서도 「장애인 등에 대한 특수교육법」을 통해 보다 포괄적인 용어인 정서 · 행동장애를 사용하기 시작하였다.

일반적으로 아동이 정서 및 행동 문제를 나타내는 조건들은 매우 다양하지만, 생리, 가족, 학교 및 문화 등의 원인적인 요소가 다양한 유형의 정서 · 행동장애를 일으키는 원인이 되고 있으며, 원인과 장애의 관계에 대한 그 복잡성은 점차 증가되는 추세다. 그러나 어떤 아동들이 그들이 처한 환경에 의해서 상처받기 쉬운 아동인지 혹은 그 반대인지를 설명할 수 있는 원인은 분명하게 알려져 있지 않다.

정서 · 행동장애아동은 외현화 또는 내재화 문제행동을 가지고 있으며, 문제행동으로 사회적인 문제나 학업적인 실패를 경험하고 있다. 그러므로 정서 · 행동장애아동을 위해서는 반사회적인 행동을 통제하는 방법뿐만 아니라 학교, 지역사회 그리고 직장에서 성공하기 위한 사회 및 학업 기술들을 교육과정의 내용에 포함시켜 새로운 기술들을 가르치는 것이 필요하다. 더욱이 교사는 아동의 각기 다른 교육목표를 성취하기 위해서 다양한 중재전략들을 사용할 수 있도록 훈련받아야 한다. 교사는 아동의 문제행동을 감소시키기보다 아동이 자신의 문제행동에 잘 대처할 수 있는 효과적인 전략을 가지도록 가르쳐 주어야 하고, 문제행동과 같은 기능과 목적을 하는 바람직한 긍정적인 대안행동을 가르쳐 주어야 한다. 아동이 자신의 문제행동에 잘 대처할 수 있는 효과적인 전략과 새로운 긍정적인 대안행동을 습득하게 된다면 문제행동은 자연적으로 감소하게 될 것이다.

참 고 문 헌

김미경, 문장원, 서은정, 윤점룡, 윤치연, 이상현(2007). 정서 및 행동장애아 교육. 서울: 학지사.

김원경, 허승준, 추연구, 윤치연, 박중휘, 이필상, 김일명, 조홍중, 문장원, 서은정, 유은정, 김자경, 이근민, 김미숙, 김종인, 이신동(2009). 최신특수교육학(2판). 서울: 학지사.

김윤옥, 김진희, 박희찬, 정대영, 김숙경, 안성우, 오세철(2005). 특수아동 교육의 실제. 파주: 교육과학사.

김수연, 이대식(2008). 초등학교 일반학급 교사들이 인식한 학급 내 문제행동 실태와 그 대처방안. 특수교육학연구, 43(1), 183-201.

오경자, 이혜련, 홍강의, 하은혜(1997). 아동 · 청소년 행동평가척도(K-CBCL). 서울: 중앙적성연구소.

조광순(2001). 통합 환경 내의 행동장애 아동들을 위한 상황중심 기능평가와 중재의 효과. 정서 · 학습장애연구, 17(1), 173-205.

최민경, 김수연(2004). 기능분석에 의한 교사의 관심과 선호활동 제공이 주의력결핍 과잉행동 감소에 미치는 효과. 정서 · 학습장애연구, 20(4), 91-116.

Achenbach, T. M., & Edelbrock, C. S. (1991). *Manual for the child behavior checklist* (2nd ed.). Burlington, VT: University of Vermont Department of Psychiatry.

Alberto, P. A., & Troutman, A. C. (2006). *Applied behavior analysis for teachers* (7th ed.). Upper Saddle River, NJ: Merrill/Prentice-Hall.

Begun, R. W. (1996). *Social skills lessons and activities*. Upper Saddle River, NJ: Society for Prevention of Violence.

Biglan, A. (1995). Translating what we know about the context of antisocial behavior into a lower prevalence of such behavior. *Journal of Applied Behavior Analysis, 28,* 479-492.

Blair, K. C., Umbreit, J., & Bos, C. C. (1999). Using functional assessment and children's preferences to improve the behavior of young children with behavioral disorders. *Behavioral Disorders, 24,* 151-166.

Braaten, S. R., & Kauffman, J. M. (2000). *Making placement decisions: Constructing appropriately restrictive environments for students with emotional and behavioral disorders.* Champaign, IL: Research Press.

Brigham, F. J., & Kauffman, J. M. (1998). Creating supportive environments for students with emotional or behavioral disorders. *Effective School Practices,*

17(2), 25-35.

Cartledge, G., & Milburn, J. E. (1995). *Teaching social skills to children and youth: Innovative approaches* (3rd ed.). Boston: Allyn and Bacon.

Chandler, L. K., & Dahlquist, C. M. (2006). *Functional assessment: Strategies to prevent and remediate challenging behavior in school settings* (2nd ed.). Upper Saddle River, NJ: Merrill/Prentice-Hall.

Coleman, M. C., & Webber, J. (2002). *Emotional and behavioral disorders: Theory and practice* (4th ed.). Boston: Allyn and Bacon.

Dawson, G., Frey, K., Panagiotides, H., Osterling, J., & Hessel, D. (1997). Infants of depressed mothers exhibit atypical frontal brain activity: A replication and extension of previous findings. *Journal of Child Psychology and Psychiatry, 38,* 179-186.

Forness, S. R. (2005). The pursuit of evidence-based practice in special education for children with emotional or behavioral disorders. *Behavioral Disorders, 30*(4), 311-330.

Forness, S. R., & Knitzer, J. (1992). A new proposed definition and terminology to replace "serious emotional disturbance" in the Individuals with Disabilities Education Act. *School Psychology Review, 21,* 12-20.

Goldstein, H., Kaczmarek, L. A., & English, K. M. (2001). *Promoting social communication: Children with developmental disabilities from birth to adolescence.* Baltimore: Brookes.

Hallahan, D. P., & Kauffman, J. M. (2003). *Exceptional learners: Introduction to special education* (9th ed.). Boston: Allyn and Bacon.

Harland, V. T. (1997). *Youth street gangs: Breaking the gangs cycles in urban America.* San Francisco: Austin and Winfield.

Heward, W. L. (2006). *Exceptional children: An introduction to spcial education* (8th ed.). Upper Saddle River, NJ: Pearson.

Jensen, M. M. (2005). *Introduction to emotional and behavior disorders.* Upper Saddle River, NJ: Merrill/Prentice-Hall.

Kaiser, A. P., Hancock, T. B., Cai, X., Foster, E. M., & Hester, P. P. (2000). Parent-reported behavioral problems and language delays in boys and girls enrolled in head start classrooms. *Behavioral Disorders, 26,* 26-41.

Kauffman, J. M. (2005). *Characteristics of emotional and behavioral disorders of children and youth* (8th ed.). Upper Saddle River, NJ: Merrill/Prentice-Hall.

Kauffman, J. M. & Landrum, T. J. (2009). *Characteristics of emotional and behavioral*

disorders of children and youth (9th ed.). Upper Saddle River, NJ: Pearson.

Kerr, M., & Nelson, C. (2006). *Strategies for managing behavior problems in the classroom* (5th ed.). Upper Saddle River, NJ: Merrill/Prentice-Hall.

Lago-Delello, E. (1998). Classroom dynamics and the development of serious emotional disturbance. *Exceptional Children, 64,* 479-492.

Lane, K. L., Gresham, F. M., & O'Shaughnessy, T. E. (2002). *Interventions for children with or at risk for emotional and behavioral disorders.* Boston: Allyn and Bacon.

Mayer, G. R. (1995). Preventing antisocial behavior in schools. *Journal of Applied Behavior Analysis, 28,* 467-478.

McEvoy, M. A., & Welker, R. (2000). Antisocial behavior, academic failure, and school climate: A critical review. *Journal of Emotional and Behavioral Disorders, 8,* 130-140.

Noll, M. B., Kamps, D., & Seaborn, C. F. (1993). Prereferral intervention for students with emotional or behavioral risks: Use of a behavioral consultation model. *Journal of Emotional and Behavioral Disorders, 1,* 203-214.

Plomin, R., & Petrill, S. (1997). Genetics and intelligence: What's new? *Intelligence, 24*(1), 53-77.

Quay, H. C., & Peterson, D. R. (1987). *Manual for the revised behavior problem checklist.* Coral Gables, FL: Author.

Sameroff, A. (2001). *Risk and resilience from infancy to adolescence: Is it better to change the child or the context?* Keynote address at Research Project Directors Conference, U.S. Office of Special Education Programs, Washington, DC. (July 11).

Schonert-Reichl, K. A. (1993). Empathy and social relationships in adolescents with behavioral disorders. *Behavioral Disorders, 18,* 189-204.

Umbreit, J. (1995). Functional assessment and intervention in a regular classroom setting for the disruptive behavior of a student with attention deficit hyperactivity disorder. *Behavioral Disorders, 20,* 267-278.

Walker, H. M., Colvin, G., & Ramsey, E. (1995). *Antisocial behavior in schools: Strategies and best practices.* Pacific Grove, CA: Brookes/Cole.

Walker, H. M., & Severson, H. H. (1990). *Systematic screening for behavior disorders (SSBD): A multiple gating procedure.* Longmont, CO: Sopris West.

Walker, H. M., & Sprague, J. R. (1999). The path to school failure, delinquency, and violence: Causal factors and some potential solutions. *Intervention in School and Clinic, 35,* 67-73.

Zirpoli, T. J. (2005). *Behavior management: Applications for teachers* (4th ed.). Upper Saddle River, NJ: Merrill/Prentice-Hall.

• 제 8 장 •

자폐범주성장애

| 주요 학습 과제 |

1. 자폐범주성장애의 정의를 이해한다.
2. 자폐범주성장애를 장애 유형별로 분류할 수 있다.
3. 자폐범주성장애의 원인과 최근의 출현율을 안다.
4. 자폐범주성장애의 진단 및 평가 방법을 알고 설명할 수 있다.
5. 자폐범주성장애의 특징과 세 가지 핵심적 결함을 이해한다.
6. 자폐범주성장애아동을 대상으로 효과적인 교육적 중재를 실시하기 위한 필수 전략들을 기술할 수 있다.

오늘날 자폐증은 대중매체나 잡지 및 관련 연구물을 통해 많은 사람들에게 잘 알려져 있다. 지난 20년간 자폐증 영역의 전문가들도 급격히 증가하였다. 그들은 자폐증이란 무엇이며, 어떻게 다루어야 할 것인가에 대해 보다 많은 정보들을 제공하고 있다. 그러나 자폐증을 지닌 아동을 매일 보살피고 교육해야 하는 많은 사람들에게 자폐증은 여전히 너무나 어렵고 복잡한 문제다.

자폐아동의 교육적 측면에 참여하는 부모, 교사, 언어병리학자, 기타 여러 분야의 치료사 및 전문가들은 자폐아동이 자신의 잠재성을 최대한 발휘하도록 하는 방법을 알아야 하며, 그들의 삶을 향상시킬 수 있는 방법을 결정하기 위해 수많은 교육 정보를 해독할 필요가 있다.

이 장에서는 최근까지 밝혀진 자폐증의 출현율과 원인, 진단방법, 유형별 특성 및 교육 프로그램 전략을 제시함으로써 자폐아동에 대한 이해를 돕고 자폐증에 관한 수많은 정보를 해독하기 위한 체계적 접근방법을 제시하고자 한다.

1. 자폐범주성장애의 정의와 분류

1) 자폐범주성장애 정의

1943년 존스홉킨스 대학교의 소아정신과 의사인 Leo Kanner는 처음으로 자폐증에 대해 설명하였다. Kanner는 자신이 진료하던 아동들 중 특정 아동들이 다른 장애와는 구분되는 매우 특이한 특성을 갖고 있음을 발견하였다. 그들은 2~11세에 해당하는 11명의 아동들로, 다른 사람과 관계를 형성하지 못하고 사람이나 사물에 대해 거의 무관심했으며 언어발달이 지체되는 특성을 나타냈다. 또한 그들은 의미 없는 일정한 소리, 동일한 행동이나 활동을 반복적 · 지속적으로 나타내어 일반 또래와 구별되는 놀이 및 행동 특성을 나타냈다. Kanner는 이러한 장애를 유아자폐증(infantile autism)이라는 용어로 설명했다.

1944년 Kanner의 연구에 대해 알지 못하는 오스트리아 소아과 의사인 Hans Asperger는 한 논문에서 Kanner의 사례들과 유사한 증상을 보이는 아동들을 제시하였다. 그러나 Asperger의 환자들은 Kanner의 사례들보다 언어나 인지적인 기술

에서 더 높은 수준을 나타내었다.

최근 자폐증 관련 연구자들은 '자폐범주성장애'라는 용어를 소개하였다. 자폐범주성장애란 자폐증이 지닌 광범위한 임상적 특징을 의미한다. 자폐증 및 자폐범주성장애의 정의를 이해하기 위해서는 진단 준거가 제시된 DSM을 참고하는 것이 유용하다. 먼저 '유아자폐증'이라는 용어는 『정신장애의 진단 및 통계 편람 제3판(DSM-III)』에 진단적 명칭으로 처음으로 제시되었다. 그 후 용어는 변화되었고 진단 준거는 보다 확대되었다. DSM-IV와 DSM-IV-TR에서는 '유아자폐증' 대신 '자폐범주성장애(ASD)'라는 용어가 사용되었다. 자폐범주성장애(ASD)는 DSM-IV의 개정판에서 제시된 전반적 발달장애(pervasive developmental disorders)의 다섯 가지 장애 중 세 가지 장애, 즉 자폐성장애(autistic disorder), 아스퍼거 장애(Asperger syndrome), 비전형성 전반적 발달장애(pervasive developmental disorder–not otherwise specified: PDD-NOS)를 의미한다.

아스퍼거 장애를 위한 진단적 준거는 DSM-IV에 제시되었으며, 자폐성장애와 아스퍼거 장애를 위한 가장 최근의 진단 준거는 DSM-IV-TR에 제시되었다(〈표 8-1〉 〈표 8-2〉 참조). 비전형성 전반적 발달장애는 언어기술의 결함이나 상동적 행동 증상 혹은 제한된 흥미와 활동과 관련된 상호 교류적인 사회적 기술에서 심각하고 전반적인 손상을 갖지만, 자폐성장애나 아스퍼거 장애의 완전한 준거에 일치하지 않을 때 사용된다. 레트 장애(Rett syndrome)와 소아기붕괴성장애(Childhood disintegrative disorder)가 자폐범주성장애와 함께 DSM-IV-TR의 전반적 발달장애 범주 안에 포함되어 있으나, 이 장애들은 자폐범주성장애로 포함되지 않는다(Johnson, Myers, & the Council on Children With Disabilities, 2007). 각각의 장애는 아동이 나타내는 증상에 따라 감별적으로 이해되고 진단되어야 한다.

〈표 8-1〉 DSM-IV-TR의 자폐성장애 진단 준거

A. (1)(2)(3)에서 총 6개(또는 그 이상) 항목, 적어도 (1)에서 2개 항목, (2)와 (3)에서 각각 1개 항목이 충족되어야 한다.
  (1) 사회적 상호작용에서의 질적인 장애가 다음 항목들 가운데 적어도 2개 항목으로 표현된다.
    (a) 사회적 상호작용을 조절하기 위한 눈 맞춤, 얼굴 표정, 몸 자세, 몸짓과 같은 다양한 비언어적 행동을 사용하는 데 있어 현저한 장애
    (b) 발달 수준에 적합한 친구관계 발달의 실패
    (c) 자발적으로 다른 사람들과 기쁨, 관심, 성공을 나누지 못함(예, 관심의 대상을 보여 주거나 가져오거나 지적하지 못함)
    (d) 사회적으로나 감정적으로 서로 반응을 주고받는 상호교류의 결여
  (2) 질적인 의사소통장애는 다음 항목들 가운데 적어도 1개 항목으로 표현된다.
    (a) 구두언어 발달의 지연 또는 완전한 발달 결여(몸짓이나 흉내내기와 같은 의사소통의 다른 방법에 의한 보상 시도가 수반되지 않는다)
    (b) 적절하게 말을 하는 경우 다른 사람과 대화를 시작하거나 지속하는 능력의 현저한 장애
    (c) 상동증적이고 반복적인 언어나 괴상한 언어의 사용
    (d) 발달 수준에 적합한, 자발적이고 다양한 가상적 놀이나 사회적 모방놀이의 결여
  (3) 제한적이고 반복적이며 상동증적인 행동이나 관심, 활동이 다음 항목들 가운데 적어도 1개 항목으로 표현된다.
    (a) 강도나 초점에 있어서 비정상적인 한 가지 이상의 상동증적이고 제한적인 관심에 집착
    (b) 특이하고 비효율적인, 틀에 박힌 일이나 의식에 고집스럽게 매달림
    (c) 상동증적이고 반복적인 동작성 매너리즘(예, 손이나 손가락으로 딱딱 때리기나 틀기, 또는 복잡한 몸 전체 움직임)
    (d) 대상의 부분에 지속적으로 몰두
B. 다음 영역 가운데 적어도 한 가지 영역에서 기능이 지연되거나 비정상적이며, 3세 이전에 시작된다.
  (1) 사회적 상호작용
  (2) 사회적인 의사소통에서 사용되는 언어
  (3) 상징적 또는 상상적 놀이
C. 장애가 레트 장애 또는 소아기붕괴성장애로 잘 설명되지 않는다.

출처: American Psychiatric Association(1994).

우리나라의 경우 자폐증의 정의는 1994년 12월 공포된 개정 「특수교육진흥법」에 나와 있는 내용을 근거로 할 수 있다. 동법의 특수교육 대상자의 진단, 평가, 심사 및 선정의 기준을 살펴보면 자폐증은 독립적인 장애 분류로 제시되어 있던 것이 아니라 정서장애를 지닌 특수교육 대상자 안에 포함되어 그 특성이 제시되고 있었

〈표 8-2〉 DSM-IV-TR의 아스퍼거 장애 진단 준거

A. 사회적 상호작용에서의 질적인 장애가 다음 항목들 가운데 적어도 2개 항목으로 표현된다.
  (1) 사회적 상호작용을 조절하기 위한 눈 맞춤, 얼굴표정, 몸 자세, 몸짓과 같은 다양한 비언어적 행동을 사용함에 있어서 현저한 장애
  (2) 발달 수준에 적합한 친구관계 발달의 실패
  (3) 자발적으로 다른 사람들과 기쁨, 관심, 성공을 나누지 못함(예, 관심의 대상을 보여 주거나 가져오거나 지적하지 못함)
  (4) 사회적으로나 감정적으로 서로 반응을 주고받는 상호교류의 결여
B. 제한적이고 반복적이며 상동증적인 행동이나 관심, 활동이 다음 항목들 가운데 적어도 1개 항목으로 표현된다.
  (1) 강도나 초점에서 비정상적인 한 가지 이상의 상동증적이고 제한적인 관심에 집착
  (2) 특이하고 비효율적인, 틀에 박힌 일이나 의식에 고집스럽게 매달림
  (3) 상동증적이고 반복적인 동작성 매너리즘(예, 손이나 손가락으로 딱딱 때리기나 틀기, 또는 복잡한 몸 전체 움직임)
  (4) 대상의 부분에 지속적으로 몰두
C. 장애가 사회적, 직업적 또는 다른 중요한 기능 영역에서 임상적으로 심각한 장애를 일으킨다.
D. 임상적으로 심각한 전반적인 언어발달의 지연은 없다(예, 단음절 단어를 2세에 사용하고, 의사소통을 위한 구를 3세에 사용한다).
E. 소아기에 인지발달이나 나이에 맞는 자기보호 기술 및 적응행동의 발달(사회적 상호작용 이외의), 환경에 대한 호기심의 발달에서 임상적으로 심각한 지연은 없다.
F. 다른 특정 전반적 발달장애나 정신분열증의 진단 기준에는 맞지 않는다.

출처: American Psychiatric Association(2000).

다. 1994년 12월에 개정된 「특수교육진흥법」에서는 〈표 8-3〉과 같이 정서장애를 지닌 특수교육 대상자를 여섯 가지 항목으로 규정하였으며, 이 중 특히 여섯 번째 항목이 자폐증을 의미한다.

자폐증을 「특수교육진흥법」 내용 안에 포함시킨 것은 자폐아동의 특수교육적 수혜를 보장하는 진일보한 내용이기는 하였으나, 그 당시 자폐증을 독립적인 장애 범주로 제시하는 선진 외국의 추세를 역행하는 것이었으며 연구 동향과도 다소 거리가 있어 혼란을 가중시키는 것이었다.

〈표 8-3〉「특수교육진흥법」(1994)에 명시된 정서장애 정의

주요 내용은 다음 6항목으로 나누어지고 정서 · 행동장애의 기준은 "다음 특성 중 한 가지 이상의 증상을 지니며 장기간 심하게 그 증상을 나타내는 자"를 말한다.

① 지적 · 신체적 혹은 지각적인 면에 이상이 없는데도 학습성적이 부진한 경우
② 동료나 교사들과의 대인관계에 부정적인 문제가 있는 경우
③ 정상적인 환경에서 부적절한 행동이나 감정을 나타내는 경우
④ 늘 불안해하고 우울한 기분으로 생활하는 경우
⑤ 학교나 개인 문제에 연관된 정서적인 장애 때문에 신체적인 통증이나 공포를 느끼는 경우
⑥ 지적 능력과는 상관없이 생후 30개월 이전에 나타나는 발달장애 증후군에 속하는 자로서 감각적 자극에 대한 반응, 인지능력, 언어, 대인관계 그리고 사물이나 사건 처리능력에서 결함이나 자폐성 경향을 나타내는 경우

이러한 자폐증에 대한 법적 규정은 2007년 5월「장애인 등에 대한 특수교육법」이 개정되기 전까지 지속적으로 사용되었다. 그러나 새로 제정된「장애인 등에 대한 특수교육법」에서는 자폐증을 정서장애아동 선정 기준에서 분리시켜 별도의 장애 영역으로 제시함으로써 자폐증을 지닌 아동에게 보다 체계적이고 차별화된 교육서비스를 제공할 수 있게 되었다.「장애인 등에 대한 특수교육법」에서는 자폐증을 '자폐성장애'라는 용어로 제시하며 다음과 같이 정의하고 있다.

> 사회적 상호작용과 의사소통에 결함이 있고, 제한적이고 반복적인 관심과 활동을 보임으로써 교육적 성취 및 일상생활 적응에 도움이 필요한 사람

2) 자폐범주성장애 분류

자폐범주성장애는 DSM-IV의 개정판에서 제시된 전반적 발달장애의 다섯 가지 장애 중 세 가지 장애, 즉 자폐성장애, 아스퍼거 장애, 비전형성 전반적 발달장애를 의미한다. 다음에서는 이들 장애의 특성에 대해 알아본다.

(1) 자폐성장애

자폐성장애라는 용어는 1943년 Kanner에 의해 처음으로 기술된 아동들의 특징과 가장 유사한 특징으로 설명되고 있다. 자폐성장애와 동의어로 쓰일 수 있는 용어로는 자폐증(autism), 초기 유아자폐증(early infantile autism), 아동기 자폐증

(childhood autism), 카너 자폐증(Kannerian autism)이 있다.

자폐인의 35~40% 정도는 구어가 나타나지 않으며 의사소통, 사회적 상호작용, 흥미 및 활동 범위에서의 일탈을 나타낸다. 아울러 자폐범주성장애인의 25~33%만이 평균 또는 평균 이상의 지적 능력을 보인다(Fonbonne, 2009). 자폐인들은 다양한 수준의 지능을 보인다. 대부분은 정신지체 범위의 발달지수(quotients)를 보이나(White, Oswald, Ollendick, & Scahill, 2009), 정신지체를 갖지 않은 자폐인은 고기능 자폐(high-functioning autism: HFA)라고 한다. 연구에 의하면 35% 이하의 자폐아동이 간질이나 뇌의 발작을 갖고 있으며(Canitano, Luchetti, & Zappella, 2005), 자폐인들 중에서 청소년기와 초기 성인기에는 간질장애로 발전될 가능성이 크고 이로 인해 수명이 단축될 수도 있다(Ozgen, Hop, Hox, Beemer, & van Engeland, 2008).

(2) 아스퍼거 장애

DSM-IV-TR에 따르면 아스퍼거 장애는 언어발달의 지체를 보이지 않으며 의사소통의 결함을 보이지 않는다. 그러나 아스퍼거 장애아동의 부모는 자녀가 아동기 연령에 적합한 언어의 출현과 언어의 기술에서 지체를 보인다고 한다(Howlin, 2003). 아스퍼거 장애인은 오랜 시간 말을 할 수 있고 많은 어휘를 가지고 있지만, 청자가 이야기의 주제에 관심이 있는지는 알고자 하지 않으며 청자에게 말할 기회를 주는 것에도 관심이 없다. 아울러 아스퍼거 장애인은 비언어적 의사소통 사용에서 결함을 가지고 있고 비언어적 메시지를 읽거나 보내는 데 어려움을 보인다(Church, Alisanski, & Amanullah, 2000). 자폐인의 구어 특성과 마찬가지로 아스퍼거 장애인도 구어 사용에서 억양과 운율이 독특하고 일반적이지 않다.

흥미 및 활동과 관련하여 아스퍼거 장애인은 흥미의 범위가 매우 제한되어 있다. 자신의 관심 분야에 대해서는 집중적으로 몰두하기 때문에 때로는 나이답지 않게 어른스럽게 보이기도 한다. 또한 규칙과 일과에 대한 엄격한 집착으로 아스퍼거 장애아동은 시간표가 바뀌거나 자리 배치가 바뀌거나 계획을 미루는 것을 힘들어할 수 있다. 아스퍼거 장애를 판별할 때는 의사소통, 사회적 상호작용, 흥미 및 활동에서의 현저한 결함을 파악하는 것 외에도 인지발달을 고려해야 한다. DSM-IV-TR의 진단 준거에는 아스퍼거 장애인들이 인지발달 또는 자조기술에서 어떠한 지체도 보이지 않는다고 제시되어 있다. 그들은 인지적 기능 수행과는 상호 관련이 없는

운동기술에서 자주 어려움을 보인다. 그래서 소근육운동의 결함으로 알아보기 힘든 필체를 쓴다(Mayes & Calhoun, 2003).

(3) 비전형성 전반적 발달장애

비전형성 전반적 발달장애는 언어기술의 결함이나 상동적 행동 증상 혹은 제한된 흥미와 활동과 관련된 상호 교류적인 사회적 기술에서 심각하고 전반적인 손상을 갖지만 자폐성장애나 아스퍼거 장애의 완전한 준거에 일치하지 않을 때 사용된다.

비전형성 전반적 발달장애는 의사소통, 사회적 상호작용, 흥미 및 활동에서 결함의 형태가 나타나야 한다. 그러나 반드시 이들 영역에서 동시에 결함이 나타나야 함을 의미하지는 않는다. DSM-IV-TR에 따르면 이 세 영역 중 어느 한 영역에서라도 질적인 차이를 보이면 비전형성 전반적 발달장애로 진단될 수 있으며, 이러한 요인이 자폐범주성장애의 출현율의 증가에 영향을 미친다고 볼 수 있다.

2. 자폐범주성장애의 원인과 출현율

Kanner와 Asperger가 자폐증에 대해 정의한 불과 수년 후인 1960년대 초반에는 자폐증의 원인에 대한 심인성 이론이 득세했다. 즉, 많은 아동기 장애와 상당수의 성인기 정신질환이 역기능적 가족 상호작용 패턴이나 부적절한 양육에서 비롯된다는 것이었다. 이런 주장들은 당시의 이론과 임상 실제 모두에 많은 영향을 끼쳤음에도 실험 증거에 기반을 두고 있지 않았으며, 이에 현재는 전혀 지지를 받지 못하고 있다.

1960년대 후반, 뇌가 기능하고 있는 방식과 뇌의 발달과정이 출생 전후에 어떻게 잘못 진행되었는지에 대한 연구를 통해 자폐증이 실제로는 하나의 스펙트럼 상태이며 발달의 장애라는 것이 밝혀지기 시작했다.

일단 연구자들은 자폐증의 정서적인 원인을 배제하게 되면서 반드시 질병의 생물학적 원인이 있을 것임을 확신했다. 생물학적인 원인을 강력하게 시사하는 소견들은 다음과 같다(최영, 2000).

- 자폐증은 다른 신경학적 증상들과 같이 나타나는 경우가 흔하다.

- 자폐증은 다른 학습문제들과 자주 연관된다.
- 자폐증은 간질(epilepsy)을 동반하는 경우가 많다.
- 자폐증을 가진 사람의 어머니가 임신과 분만 과정에서 어려움이 있었다고 보고하는 경우가 많다.
- 바이러스 감염, 신진대사 장해와 유전적 이상과 같은 다른 상태들이 자폐증 스펙트럼 장애(autistic spectrum disorder)와 밀접한 관련이 있다.

생물학적인 원인을 지지하는 연구자들은 보다 명확한 원인을 규명하려는 시도를 하게 되었다. 그러나 오직 하나의 단일한 생물학적인 원인만이 자폐증의 원인이라고는 할 수 없다. 즉, 자폐증을 가진 사람들 중 많은 수가 원인이 될 만한 어떤 분명한 의학적 상태도 없고, 학습에 어려움도 없으며, 간질도 아니라는 것이다. 그렇지만 자폐아 집단을 대상으로 연구할 때 자폐증으로 진단된 아동 집단은 자폐증으로 진단되지 않는 아동 집단과 비교하여 어떤 유형의 의학적인 상태가 상당수에서 존재한다는 것은 사실이다.

자폐증을 유발하는 가능한 의학적 상태를 살펴보기 전에 신경학적 이상들의 증거를 살펴볼 필요가 있다. 즉 어떤 연구자들은 자폐인의 25%가 세로토닌 수준이 높게 나타났으며, 일부 가족 구성원들 중에서도 높게 나타났다고 제시했다. 또한 많은 연구들은 대부분의 고기능 자폐성인이 집행기능(즉, 계획하고 조직하는 능력, 외부 자극으로부터의 분리, 부적절한 반응 억제, 자기 감시 및 피드백 사용, 인지 세트의 유지 또는 전환)과 관련된 과제에서 결함이 있다는 것을 밝혀냈다. 집행기능의 이상은 전두엽의 장애로 인해 일어난다고 가정된다. 뇌의 기능장애에 관한 정보를 얻을 수 있는 Bauman과 Kemper(1994)는 전통적인 해부 연구에서 해마, 편도, 그 밖의 영역에서 비정상적으로 작고 촘촘하게 채워진 뉴런들이 비교적 일관성 있게 발견된다고 보고했다. 보통 생후 초기 몇 달 사이에는 뇌세포가 더 효율적인 처리를 할 수 있도록 '가지치기'가 이루어지는데, Bauman과 Kemper의 결과는 자폐증의 경우 이러한 정상적인 가지치기가 이루어지지 않았다는 것을 의미한다고 볼 수 있다.

자폐증을 일으킬 수 있다고 추정되는 의학적 상태들은 유전적 요인, 바이러스 감염, 신진대사 이상, 선천성 기형증후군이 있다. 일란성 쌍생아와 이란성 쌍생아에 대한 연구 결과, 한 아이가 자폐증인 경우 다른 아이가 자폐증에 걸릴 유병률은 이란성 쌍생아에 비해 일란성 쌍생아에서 높았다(Folstein & Rutter, 1977). 이러한 연구 결과는 자폐증의 유전적 연관성을 명백하게 보여 준다. 하지만 일부 일란성 쌍생아 중에는 한 아이만 자폐 증세를 나타내는 경우도 있다. 또한 흔하지는 않지만 자폐증이 발생할 가능성이 높은 유전적 상태는 다음과 같다. 결절성 경화증은 특이한 피부 착색(skin pigmentation), 안면 발진(facial rash)과 뇌의 종양을 특징으로 하는 상태로서 자주 자폐증을 나타낸다. 약체X증후군은 자폐증의 가장 흔한 원인 중의 하나로서 학습문제와 더불어 큰 귀, 긴 코, 넓은 이마와 같은 독특한 얼굴 모양을 가지게 된다.

바이러스성 질환으로는 풍진과 헤르페스 뇌염이 있는데, 만약 임신 첫 3개월에 임산부가 풍진에 감염되면 태아 뇌의 특정 부위가 손상되어 자폐증을 포함한 다양한 문제가 초래될 수 있다. 아울러 헤르페스 뇌염은 신생아의 뇌를 감염시켜 뇌염을 일으킬 수 있으며, 감염된 아이는 자폐증과 비슷한 상태(autistic-like condition)를 나타낼 수도 있다.

앞에서 우리가 살펴본 것처럼, 최근에 이루어진 많은 연구들은 자폐증은 뇌의 이상과 연관이 있음을 알려 주고 있다. 만약 사회적 상호작용, 사회적 의사소통 및 상상력과 관련된 뇌의 영역에 손상을 주는 요인이 있게 되면, 이 세 가지 핵심 증상(the triad of impairment)이 생겨서 결과적으로 자폐증이 발생할 수 있다. 그러나 아직까지도 정확한 원인은 알려져 있지 않으므로(Johnson, Myers, & the Council on Children with Disabilities, 2007), '최종적 공통 경로(final common pathway)'라는 개념이 제안되었다(최영, 2000).

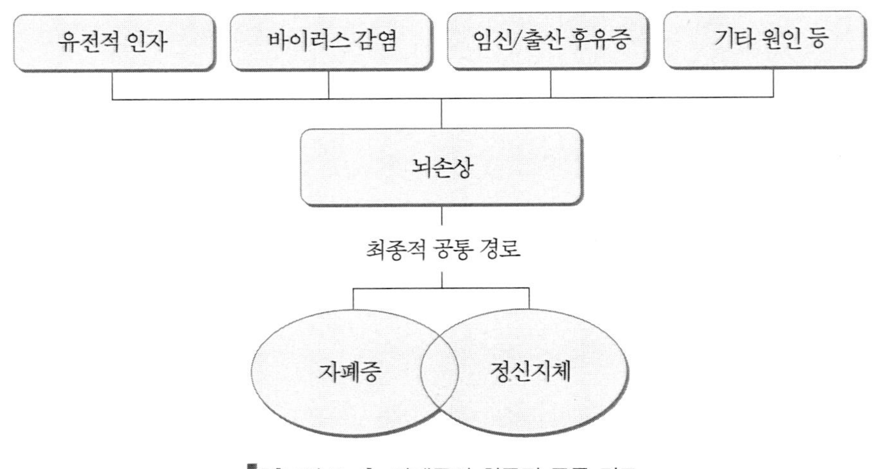

[그림 8-1] 자폐증의 최종적 공통 경로

이 개념에 따르면, 다양한 의학적 상태가 뇌손상을 일으키고 결정적인 뇌 부위가 손상되면 그 개인이 자폐증의 전형적인 모습을 나타내게 된다는 것이다.

자폐범주성장애의 출현율은 나라와 연구자마다 조금씩 다르다. 그 이유는 범주성이라는 개념 안에서 정확하게 특정 장애로 진단을 내리기가 쉽지 않기 때문이다. 특히 자폐 성향이 가벼운데다 어린 영유아일 경우 다운증후군 등의 다른 장애들에서 나타나는 분명한 생리학적 또는 유전적 증거나 표시 기준이 아직까지 없기 때문에 진단이 어렵다.

최근의 보고에 따르면 자폐증의 출현률은 1,000명당 1~2명, 자폐범주성장애의 출현률은 1,000명당 6명에 가깝다(Newschaffer, Croen, Daniels et al., 2007). 자료의 부정확성으로 이러한 출현률은 실제보다 낮게 어림될 수 있다. 비전형성 전반적 발달장애의 출현률은 1000명당 3.7명으로 추정되고 있으며, 아스퍼거 장애는 1,000당 약 0.6명으로 추정되고 있다(Frombonne, 2009). 미국의 경우는 1990년대와 2000년 초반에 자폐성장애의 출현률이 급격히 증가하였다. 이러한 증가는 자폐증의 진단 실제의 변화, 의뢰 형태, 서비스 이용도, 진단 연령과 대중의 인식 변화 때문이라고 추측되며, 또한 자폐의 발생률이 실제적으로 증가했기 때문이라고 보는 견해도 있다(Frombonne, 2009).

자폐성장애 남아는 여아보다 더 높은 위험에 있다고 할 수 있다. 평균 성비는 4.3:1이며, 이러한 평균 성비는 자폐성 남아와 여아가 인지적 손상을 가졌는지에 따라 달라질 수 있다. 정신지체를 갖는 자폐성 남아와 여아의 비는 약 2:1이며, 정신지체를 갖지 않는 자폐성 남아와 여아의 비는 5.5: 1 이상이다(Newschaffer, Croen, & Daniels et al., 2007).

3. 자폐범주성장애의 진단과 평가

자폐성장애의 특성들은 3세 이전에 나타나는 것으로 알려져 있지만, 아스퍼거 장애의 경우에는 다른 장애에 비하여 증상의 시작이 다소 늦게 나타난다. 그러나 자폐 위험 요소들은 보통 만 3세 이전에 나타나기 시작하므로 영유아에게 자폐와 관련된 장애의 특성들이 나타나는 경우에는 조기에 진단하여 대처하는 것이 중요하다. 가능한 한 빠른 시기에 진단하여 조기중재 및 여러 가지 필요한 중재들을 일찍 시작할수록 후에 중재의 효과도 빠르며 이후에 나타나는 예후도 긍정적이다.

1) 선 별

자폐범주성장애아동 부모의 50% 정도는 18개월경에, 80% 정도는 24개월경에 자녀가 나타내는 이상행동을 알아차린다(Landa, 2008). 교육과 치료가 늦어질수록 아동의 장기적인 성과에 부정적으로 영향을 미친다. 유아가 다음에 제시된 증상을 나타낼 경우에는 전문가의 평가가 이루어져야 한다.

- 12개월까지 옹알이가 나타나지 않는다.
- 12개월까지 몸짓(지적하기, 인사하기 위해 손을 흔들기 등)이 나타나지 않는다.
- 16개월까지 한 단어 수준의 발화가 나타나지 않는다.
- 24개월까지 두 단어 수준의 자발적인 발화가 나타나지 않는다(단, 반향어 제외).
- 어떠한 시점에서 획득한 언어 또는 사회적 기술의 상실을 보인다(Filipek, Accardo, & Baranek et al., 1999).

미국소아과학회(American Academy of Pediatrics)는 자폐증을 위해 특별히 고안된 형식적인 사정 검사도구를 이용하여 18~24개월의 모든 유아들을 사정하는 것을 권장하였다(Johnson, Myers, & the Council on Children With Disabilities, 2007). 자폐범주성장애아동을 위한 선별 검사도구에는 개정 영유아기 자폐증 검목표(Modified Checklist for Autism in Toddlers: M-CHAT)와 고기능 자폐범주 선별 질문지(High-Functioning Autism Spectrum Screening Questionnaire: ASSQ) 등이 있다. 개정 영유아기 자폐증 검목표는 Baron-Cohen 등(1992)이 개발한 CHAT를 기초로 하여 Robins 등(2001)이 자폐범주성장애의 조기선별을 목적으로 개발한 검사다. M-CHAT는 CHAT의 9문항을 포함하여 총 23문항으로 구성되어 있으며, 검사대상은 18~24개월의 영유아다.

고기능 자폐범주 선별 질문지는 Ehlers, Gillberg와 Wing(1999)이 자폐범주성장애 중에서 고기능 집단을 선별하기 위해 개발한 검사다. ASSQ는 7~16세 아동의 아스퍼거 문제 혹은 고기능 자폐성 문제를 선별하는 도구로서 27문항으로 구성되어 있다. 그중 11문항은 사회적 상호작용, 6문항은 의사소통 문제, 5문항은 제한

적이고 반복적인 행동, 그리고 5문항은 이상한 움직임(운동 및 음성 틱)에 관한 문항이다. 각 문항은 3점 척도(0점 정상, 1점 약간 이상, 2점 매우 이상)이며 가능한 점수 범위는 0~54점이다. ASSQ는 부모 혹은 교사가 검사를 위해 특별한 교육을 받을 필요 없이 검사할 수 있으며 약 10여 분이 소요된다.

2) 진 단

진단은 원인이 아닌 행동과 관찰을 근거로 한다(Dover & Le Couteur, 2007; London, 2007). 따라서 진단은 오직 경험 있는 임상가의 관찰과 자세하고 체계적인 면접에 의해서만 명확해질 수 있다. 자폐범주성장애에 대한 진단 준거는 DSM-IV-TR에 제시되어 있으며, 그 외에 다양한 진단도구가 사용되고 있다.

자폐성장애 관련 연구에서 일반적으로 사용되는 도구 두 가지는 ADI-R(Autism Diagnostic Interview-Revised)과 ADOS(Autism Diagnostic Observation Schedule)이다. ADI-R은 반구조화된 부모 면접도구로, 아동의 상호적인 사회적 상호작용, 의사소통 및 행동과 관심의 상동적 패턴이라는 세 가지 주요 영역에서의 아동의 기능에 관심을 둔다. ADOS는 여러 가지 구조화된 과제를 통하여 아동의 사회적 기능과 의사소통 기능을 평가하도록 고안된 것이다. 낯선 상황에서 하는 비공식적인 관찰로는 특히 시간이 짧은 경우 얻을 수 있는 정보에 한계가 있기 때문에 더 구조화된 관찰평가를 수행하고자 개발되었다. ADOS에는 구성활동, 교대하기, 모방, 이야기하기 능력, 상상적인 장난감놀이, 몸짓과 대화 기술 등이 포함된다. 이러한 목록은 과제를 통하여 각 아동의 발달 수준에 적합한 다양한 사회적 요구가 어떤 것인지를 보여 주고 과제를 수행하는 과정을 통하여 아동이 임상가와 체계적으로 상호작용하도록 장려한다는 데 그 가치가 있다.

CARS(Childhood Autism Rating Scale)는 임상적 환경에서의 관찰을 기초로 자폐성장애아동의 자폐성 정도를 사정하고자 널리 사용된다(Volkmar, Chawarska, & Klin, 2005).

자폐범주성장애로 진단되면 종종 임상적 유전자 평가가 수행된다. 유전학자들은 유전자 기술을 통해 자폐범주성장애 중의 40%가 유전학적 원인을 가지고 있는 것으로 제시하고 있다(Ledbetter, 2008). 새로운 유전학적 검사들이 개발됨에 따라 그에 대한 종교적, 법적, 사회적 문제들이 함께 출현하고 있다. 상업적으로 사용

가능한 검사들은 검사 결과를 어떻게 활용할 것인가에 대한 정확한 이해가 선행된 이후에 활용되어야 할 것이다. 신진대사 검사와 기능성 자기공명영상 검사들은 때때로 도움이 되지만 반드시 수행해야 하는 검사들은 아니다(Caronna, Milunsky, & Tager-Flusberg, 2008).

4. 자폐범주성장애의 특성

자폐범주성장애인은 성장에 따라 요구되는 행동, 기술, 선호, 기능 수행, 학습 등에서 매우 다양한(이질적인) 특성을 보인다. 따라서 여기에 기술된 자폐범주성장애에 대한 설명은 모든 자폐범주성장애인에게 일반화할 수 없으며, 개별 자폐범주성장애인을 적절하게 기술할 수도 없다. 그러나 자폐범주성장애에 속하는 사람은 의사소통, 사회적 상호작용 및 관심과 활동의 세 가지 영역에서 핵심적인 결함을 지닌다.

1) 의사소통

자폐범주성장애인의 의사소통 능력은 개인에 따라 매우 다양하게 나타난다. 구어발달이 전무할 수도 있고, 높은 수준의 현학적인 언어를 보일 수도 있다. 자폐범주성장애인의 적어도 1/3은 구어발달의 결함을 보인다(Bryson, 1996). 구어 사용의 현저한 결함 또는 지체를 보이는 자폐성장애인의 경우 몸짓과 같은 의사소통의 대체 형태를 사용하려고 시도하지 않는다.

구어발달이 이루어진 자폐범주성장애인도 언어 사용에서 매우 이질적인 특성을 보인다. 그들의 상당수가 다른 사람의 말을 반복하는 '반향어(echolalia)'를 보인다. 즉, 들은 것을 즉시 반복하는 즉각 반향어(immediate echolalia)나 들었던 말을 일정 시간이 지난 이후에 반복하는 지연 반향어(delayed echolalia)를 나타낸다. 반향어는 일반적으로 대명사를 바꿔 사용하는 대명사의 반전으로도 나타난다. 자폐아동은 과자를 먹고 싶을 때 가령 어머니가 "수정아, 과자 먹고 싶어?" 하고 묻는 말을 그대로 반향하여 말한다. 반향어는 상대방의 억양을 똑같이 반향하는 형태로 나타날 수도 있다. 반향어를 사용하지 않을 경우에라도 자폐범주성장애인은 독특한 어

조와 억양을 보인다(Young, Diehl, Morris, Hyman, & Bennetto, 2005). 구어발달이 이루어진 자폐범주성장애인도 다른 사람들과 대화를 시작하거나 유지하는 데 어려움을 보인다(Ghaziuddin & Gerstein, 1996). 이러한 언어의 독특한 사용 외에도 자폐범주성장애인은 언어의 화용(pragmatics)을 어려워할 수 있다.

의사소통의 비언어적 양상은 자폐범주성장애에서 나타나는 결함 중의 하나이며, 이는 이후의 언어발달과 유의미한 관련이 있다. 즉, 자폐범주성장애인은 적절하게 눈 응시하기, 대화 시작 및 유지를 위해 눈 맞춤하기, 사물 또는 사건에 동시에 주의를 기울이기 등에 어려움을 보이는 경향이 있다(Werherby et al., 2004).

2) 사회적 상호작용

사회적 상호작용의 결함은 자폐범주성장애를 판별하는 데 중요한 요소라 할 수 있으며, 언어적 기능 수행과 높은 상관관계가 있다. 자폐범주성장애로 진단받는 유아들의 추적연구에서 부모는 자녀가 눈 맞춤을 피하고 사람보다는 사물에 강한 관심을 보였다고 보고하였다(Dawson, Meltzoff, Osterling, Rinalda, & Brown, 1998; Swettenham et al., 1998). 또한 자폐범주성장애 유아는 사람의 목소리에 대한 선호를 나타내지 않는다. 자폐범주성장애를 선별하는 하나의 중요한 특징 중 하나는 아동의 이름을 불렀을 때 적절한 반응을 보이지 않는 행동이다(Osterling & Dawson, 1994).

자폐범주성장애인을 대상으로 사회적 상호작용의 핵심 요소인 눈 응시(eye gaze)에 관련된 광범위한 연구가 수행되었다. 눈 응시는 공동 주의집중(joint attention)을 하는 데 중요한 요소로, 자폐범주성장애인은 생애 초기부터 이러한 눈 응시의 결여를 보인다(Wimpory, Hobson, Williams, & Nash, 2000). 눈 응시의 결여는 다른 사람들로부터 얻은 정보를 심각하게 생략하는 것뿐만 아니라 다른 사람과의 상호작용의 시작이나 유지를 매우 어렵게 만드는 요인 중에 하나로 지적되고 있다. 아울러 자폐성범주성장애 아동은 사회적 참조(referencing)를 보이지 않는다.

3) 흥미와 활동

자폐범주성장애인은 비정상적이며 매우 한정된 범위의 흥미를 보인다. 일부 자폐범주성장애인은 사람보다는 사물을 더 선호하고, 전체보다는 사물의 특정한 부분을 특별히 더 선호하는 경향이 있다. 예를 들면, 그들은 사람에게 주의를 기울이기보다는 전기 스위치나 램프 등과 같은 물리적인 특징에 집중하고(Klin, Jones, Schultz, Volkmar, & Cohen, 2002a), 다른 사람들을 볼 때 눈을 보기보다는 상대방의 입이나 어깨 또는 몸의 특정 부위를 보는 경향이 있다(Kline, Jones, Schultz, Volkmar, & Cohen, 2002b).

자폐범주성장애인의 또 하나의 특징은 변화 없이 제한된 방식으로 행동하려는 경향이 있으며, 한정된 흥미 및 활동은 동일성에 대한 고집으로도 나타난다는 것이다. 즉, 특정한 물건을 아무런 목적 없이 계속 들고 다닌다거나 혹은 상표나 표시들을 보기 위하여 특정한 물건을 계속 사는 경우도 있다. 어떤 활동을 할 때 반드시 특정 순서로 해야 하며 한번 갔던 길로만 가야 하는 등의 행동을 나타내는 경우도 있다. 한정된 흥미 및 활동은 반복적인 운동, 즉 상동행동 혹은 자기자극 행동으로 나타난다.

자폐범주성장애의 하위 유형에 관한 DSM-IV-TR의 준거에는 감각 특성이 포함되어 있지 않으나, 자폐범주성장애인의 42~80%는 비정상적인 감각 반응을 보인다(Kientz & Dunn, 1997). 그들이 보이는 비정상적인 감각 반응으로는 사물의 표면 문지르기, 손가락 빨기, 몸 흔들기, 특정한 시각 및 청각 자극에 반응 보이지 않기 등을 들 수 있다.

5. 자폐범주성장애아동의 교육

다른 신경발달장애와 마찬가지로 자폐범주성장애는 일반적으로 치료가 가능하지 않으며 만성적인 관리가 필요하다(Johnson, Myers, & the Council on Children With Disabilities, 2007). 아동마다 교육의 결과는 다양하며 특정한 행동 특성들이 시간이 지남에 따라 변화하기는 하지만, 대부분의 자폐범주성장애아동은 그 인지적 기능에도 불구하고 성인기에 독립적인 삶, 고용, 사회적 관계 및 정신건강에서 지속적으로 어려움을 갖는다. 자폐범주성장애아동 교육의 일차적인 목적은 그들이 지닌 핵심 특성인 사회적 상호작용에서의 손상과 의사소통 결함 및 제한되고 상동적인 행동 특성들을 감소시키며, 기능적이고 독립적인 삶을 영위하게 하고, 삶의

질을 최대화하고, 가족의 스트레스를 경감하는 것이다. 자폐범주성장애인을 위한 교육적 중재에는 의사소통, 사회성 기술, 일상생활 기술, 놀이 및 여가 기술, 학업 성취와 부적응 행동의 관리가 포함된다. 다음은 자폐범주성장애아동을 대상으로 효과적인 교육적 중재를 실시하기 위한 필수 전략들이다.

1) 가족참여

부모와 가족의 참여는 자폐범주성장애아동을 위한 교육적 중재의 필수 구성 요소다(Boettcher, Koegel, McNerney, & Koegel , 2003). 전문가와 부모가 서로 간의 대화가 최상의 것이 될 수 있도록 대화의 빈도수와 형식에 대한 합의를 도출해 내는 것은 중요하다. 부모와 전문가 간 대화는 언제나 긍정적이어야 하며, 최대한 협력하는 것이 중요하다.

2) 능력과 결함에 대한 광범위한 평가

자폐범주성장애아동의 선행 기술과 능력에 대한 광범위한 평가는 개별화가족 서비스계획(individualized family service plan: IFSP)과 개별화교육 프로그램(individualized education program: IEP)의 초석이 된다. 자폐범주성장애아동이 지닌 능력, 기술, 강점, 결함 정도에 대한 정확한 평가를 내림으로써 적절한 목적과 목표 설정이 가능해지고 정확한 기준이 결정된다. 자폐범주성장애아동의 교육 프로그램 계획을 위한 평가에서는 그들의 사전 학습능력 및 인지능력에 대한 평가 이외에도 직업학교에서의 교육이수 능력, 취업능력, 자립 및 적응 능력, 대화능력, 사회화 능력, 지각조절 능력, 동기 및 행동양식, 운동조절 능력, 놀이 및 여가선용 능력에 대한 평가도 이루어져야 한다. 평가방법은 학생 개개인의 필요와 능력 수준에 따라 달라져야 하며, 평가는 일회성이 아니라 정기적으로 이루어져야 한다. 계속적인 평가를 통해 얻어진 결과들은 IFSP 또는 IEP의 개발이나 수정에 활용된다.

3) 계획 개발 및 명확한 목적과 목표 설정

개별화된 목적과 목표는 아동들의 연령과 능력 수준에 따라 저마다 다르겠지만,

연구에 따르면 자폐범주성장애아동을 위한 효과적인 교육적 중재의 목적에는 대화능력, 사회화 능력, 인지능력, 문제행동 다루기, 지각 및 운동근육 발달, 적응능력 개발 등이 포함되어야 한다. 또한 교육적 중재에서는 새로이 습득된 기술의 일반화 및 유지를 위한 계획이 필수적이다.

4) 효과적인 교수전략

교사들은 필수적으로 개별 학생의 관심사, 강점 및 요구에 부응하는 다양한 교수전략을 채택해야 한다. 선택된 중재방법은 또한 학생이 자신의 IFSP 성과 또는 IEP 목표를 향해 진전하고 있음을 보여 줄 수 있어야 한다.

(1) 일반적 교수전략

자폐범주성장애아동의 교육적 진보의 성과를 이끌어 내는 대부분의 프로그램들은 동기부여적 전략을 활용한다. 아울러 주의 산만이 최소화되고 기술의 특정 세부에 집중하며 일관성, 반복성, 예측성에 초점을 맞추는 일대일 또는 소집단 교육 형태로 고도로 체계화된 방법을 선택한다. 그 외에 다양한 선택의 여지 제공, 지시방법상의 변화, 과제 형태 변형시키기, 과제 분량 바꾸기, 가르치는 속도 조절하기 등의 전략이 있다.

아동이 자신의 주 관심 분야에 대한 기술이 없거나 또는 능숙한 기술이 있으면서도 그것을 발휘하지 않을 때는 분리적 시도, 중추적 반응훈련, 사전지식 형성, 구체화, 촉구 등의 다양한 교수방법들을 사용하여 새로운 기술을 습득하도록 고무시킬 수 있다. 분리적 시도란 자폐범주성장애아동에게 가르칠 수 있는 가장 간단한 형태로 세분화된 과제나 교과를 가르치기 위해 사용된다. 그것은 지시, 학생의 반응, 결과 그리고 짧은 휴지기의 네 가지 요소로 구성되어 있다(Delprato, 2001). 사전지식 형성방법이란 정보나 활동을 아동에게 적용하기 전에 미리 관련 정보나 활동들을 소개하는 중재방법이다. 구체화는 목표대상이 되는 행동양식에의 연속적인 접근을 강화하는 것이며, 학생이 처음에 자신의 주 관심 분야에서 요구되는 기술을 갖고 있지 않을 때 도움이 된다. 촉구는 아동으로 하여금 요구되는 반응을 달성하는 데 필요한 추가적인 도움을 의미한다. 촉구전략에는 언어 촉구, 신체적 또는 몸짓을 이용한 촉구, 위치적 신호 등이 포함된다.

(2) 언어 및 의사소통 촉진전략

언어 사용 이전 단계에 있거나 말을 하지 않는 자폐범주성장애아동을 위한 대화 프로그램은 아동에게 몸짓, 말, 보완대체 의사소통 시스템을 통해 대화하는 방법을 가르치는 것에 초점을 맞추어야 한다. 신호언어, 시각적 상징, 대화를 적는 메모판, 음성출력기 등과 같은 보완대체 의사소통 시스템은 장애아동들이 언제 어디서나 자신이 원하고 필요로 하는 것들을 표현할 수 있게 해 주는 효과적 방법을 제공한다(Bondy & Frost, 2002; Charlop-Christy, Carpenter, Loc, LeBlanc, & Kellet, 2002).

언어 사용 이전 단계에 있거나 말을 하지 않는 자폐범주성장애아동들과는 대조적으로, 많은 자폐범주성장애아동들은 복잡한 언어를 활용할 수 있다. 그러나 이 아동들은 실제적인 언어 사용, 예를 들면 사회적 관습과 의식의 이해 및 사용뿐만 아니라 사회적 대화, 인지, 몸짓, 얼굴 표정, 신체언어의 이해 및 사용, 대화의 시작 및 유지, 종결 등에 어려움을 겪는다. 실용적 대화기술은 사회화를 위한 기술지도를 통해서 뿐만 아니라 직접적인 교수를 통해서 효과적으로 습득될 수 있다.

교사는 자폐범주성장애아동이 언어적이든 비언어적이든 학습내용을 이해하였다고 추측하지 않는 것이 중요하며, 반드시 아동이 제대로 인식하고 받아들였는지를 주의 깊게 관찰해야 한다. 어떤 아동들은 구두 지시내용을 이해하기 위한 추가 시간이 필요한 반면, 어떤 아동들은 단순화된 단계로 이루어진 지시가 필요한 경우가 있다. 아울러 구두로 지시한 내용을 보다 명확히 하는 데 도움을 주기 위해 몸짓과 시각적 도구들을 활용하는 것이 도움이 된다. 언어와 대화를 통한 지시의 내용이 모든 아동들에게 유사할지라도, 문제와 전략은 각기 다를 수 있다. 따라서 언어병리학자와 함께 광범위한 대화 프로그램을 개발하는 것이 요구된다.

(3) 사회적 상호작용 촉진전략

자폐범주성장애아동의 사회이해 능력 개발을 돕기 위해서는 새로이 습득한 기술을 자연적인 일상에서 자연스럽게 활용해 볼 수 있는 기회뿐만 아니라 체계적인 지도가 필요하다. 규칙, 사회생활과 관련된 이야기, 역할놀이와 대본 쓰기, 신호카드, 체크리스트, 코칭, 모델링, 또래집단 등은 모두 사회적응에 필요한 기술을 체계적으로 가르치기 위한 효과적 전략이다.

아동이 수업을 통해 얻길 바라는 기대치와 다른 사회적 상황들을 이해하도록 하기 위해 교실에서 사회규범을 가르치고 그것들을 교실 게시판에 게시하는 것은 유용한 방법이다. 규칙을 정할 때는 아동들이 보기 쉽고 이해하기 쉽도록 구체적으로 분명하게 기술된 규칙으로 해야 한다. 정기적으로 규칙들을 검토하고, 적절한 사회규범을 따른 아동에게는 적절한 보상을 한다.

사회규범을 게시하고 강화시키는 것과 더불어, 아동을 혼란스럽게 하는 사회적 상황에 대한 훈련을 하는 것은 중요하다. Carol Gray가 맨 처음 개발한 사회 이야기는 아동을 혼란스럽게 하는 사회적 상황을 묘사하기 위한 짧은 이야기 형태로 이루어지며 시각적 훈련 자료를 사용한다(박계신, 2001; Gray, 2002). 사회 이야기 외에도, 대본 쓰기, 역할놀이 등도 새로운 사회적 기술을 가르치는 데 효과적이다. 아동에게 새로운 사회적 상황을 소개하기 전에 대사가 쓰여 있는 대본을 먼저 주고 역할놀이를 하는 것은 종종 유용할 때가 있다. 예를 들면, 교사는 자폐범주성장애아동이 다른 아동과 함께 놀고 싶을 때 어떻게 요청해야 하는지 가르치기 위한 대본을 쓸 수 있다. 그런 후 교사와 자폐범주성장애아동이 시나리오에 쓰인 대로 역할놀이를 할 수 있다. 계획된 상황에서 일단 아동이 성공적으로 사회적 기술을 발휘하기 시작하면, 일상에서 자연스럽게 계속적으로 그 기술을 연습하도록 하는 것이 중요하다.

또래집단은 협조적이고 체계화된 환경에서 아동이 사회적 기술을 배우고 실천에 옮길 수 있는 상황을 제공해 준다. 아울러 많은 교사들은 자연스러운 환경 속에서 또래나 친구들을 지정하여 그들로 하여금 자폐범주성장애아동이 사회적 기술을 사용하도록 돕는 방법이 효과적임을 알고 있다. 자폐범주성장애아동은 또래와의 접촉을 통해 사회적 행동의 보다 적절한 모델을 관찰할 수 있고, 또 반응을 잘해 주는 사회적 협력자에게 다가갈 수 있다. 자폐범주성장애아동을 단지 일반아동들 속에 섞어 놓는다고 해서 사회적 의사소통 기술이 습득되리라고 생각하는 것은 잘못이다. Wagner(1999)는 자폐범주성장애아동이 필수적인 사회적 상호작용 및 의사소통 기술을 습득하도록 돕는 가장 효과적인 방법으로 적절하게 구성된 놀이 또는 여가 활용하기, 또래 수용 훈련하기, 교사들이 자폐범주성장애아동과 또래 간의 상호작용을 적극적으로 자극하고 촉진하기 등의 전략을 제시하였다.

또래집단을 통해서든 다른 시스템을 통해서든, 자폐범주성장애아동으로 하여금 새로이 습득한 사회적 기술을 교실 안팎에서 성공적으로 연습해 볼 수 있는 기회를 많이 만들어 내는 것은 매우 중요하다.

5) 교수환경 구성

자폐범주성장애아동을 위한 환경 조성은 학습에 대한 침착성, 주의력, 반응성을 증진시킨다. 비록 어느 정도로 어떻게 환경을 구성해야 하는가는 아동 개개인의 나이, 진단 결과, 능력 수준에 따라 달라질 수 있겠지만, 자폐범주성장애아동을 위한 효과적인 교육 프로그램에는 다음의 세 가지 요소를 포함한 계획된 환경이 필요하다.

(1) 물리적 환경의 조직화

물리적 환경의 조직화란 각각의 교실 또는 학교가 구성되고 조직되는 방법을 뜻한다. 자폐범주성장애아동을 위한 환경은 시각적 · 물리적으로 명확한 경계를 이루며 구성되고 조직되어야 한다(Pieter & Eef, 1989). 한 지역을 시각적으로 명확하게 구분 지어 주기 위해 카펫, 책장, 칸막이 또는 개인용 열람 칸막이 등을 사용할 수 있다. 이러한 시각적 구분을 통해 자폐범주성장애아동들은 각기 다른 여러 가지 활동들이 벌어지는 장소를 구분하고 물건이 보관된 장소를 기억할 수 있게 된다. 여러 곳의 장소와 경계가 정해지면 사인, 상징, 일정표, 선택판 등을 설치하여 각 장소에서 지켜야 할 규칙과 기대치에 대한 시각적 정보를 제공해야 한다. 아울러 교실의 물리적 구성을 계획할 때 밝은 빛, 종소리, 아동이 떠드는 소리, 의자가 바닥에서 긁히는 소리, OHP에서 나는 기계 소음, 전구, 컴퓨터 등과 같이 시각적 · 청각적으로 주의를 산만하게 만드는 요소들을 최소화하는 것도 중요하다.

(2) 일상적인 일과의 활용

자폐범주성장애아동은 예측 가능성이 높고 일상적인 방식으로 정보를 제시하였을 때 학습과 환경에 대해 좀 더 사회적으로 반응하고 주의를 기울인다. 그러나 그들은 늘 하던 일이나 일정에 아주 조그만 변화만 생겨도 금방 혼란스러워하고 어려워한다. 독립적으로 일처리를 할 수 있는 능력을 개발하고 아동이 학습할 준비가 되어 있는 편안한 환경을 만들기 위해서는 늘 하던 일상적인 방식의 범주에서 프로그램을 개발하고 가르쳐야 한다(Kashinath, Woods, & Goldstein, 2006). 변화에 대한 스트레스를 완화시키기 위해 전환전략, 역할놀이, 시각적 지원 시스템 등을 활용할 수 있다.

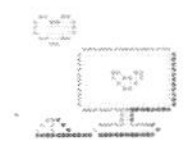

(3) 시각적 도구 지원

자폐범주성장애아동은 강력한 시각적 기술을 지니고 있다(박계신, 이효신, 1999; Susan, Catherine, Joanne, & Kristie, 2003). 교육내용과 교재를 시각적으로 구성하는 것은 아동으로 하여금 이러한 시각적 학습의 장점을 활용할 수 있게 해 준다. 유용한 시각적 자료에는 활동 일정표, 달력, 규범을 적은 포스터, 선택판 등이 있다.

활동 일정표는 사물모형, 그림, 상징, 사진 또는 문자들을 조합하여 만든 것으로, 아동으로 하여금 활동에 참여하도록 신호를 보낸다. 아동의 연령과 능력 정도에 따라 활동 일정표는 3공 바인더를 이용해 한 장에 오직 한 활동만을 기입할 수 있다. 미니 일정표는 복잡한 과제에 대한 개개인의 참여단계를 아동이 알 수 있게 그림, 상징, 사진 또는 문자들을 결합하여 만들 수 있다.

일정표 이외에 선택판도 효과적인 시각적 도구다. 선택판과 메뉴판은 자폐범주성장애아동에게 어떤 교재, 보상 또는 과제를 선택할 수 있는지를 시각적으로 알게 해 주는 사물모형, 그림, 상징, 사진 또는 문자들로 이루어져 있다. 선택판의 사용은 타인에게 언어를 이용하여 부탁할 수 없는 데서 생기는 좌절감을 완화시키는 데 도움이 되고, 아동의 동기유발에도 도움이 된다. 다른 시각적 조직화 방법들로는 교실, 사물함, 책가방 속의 물건들을 정리할 수 있도록 이름표를 붙이는 방법이 있으며, 규칙을 알려 주는 신호카드, 과제점검 목록 등이 있다.

6) 문제행동 관리

자폐범주성장애아동의 교육 프로그램 목적 중 하나는 문제행동을 예방하고 관리하는 것이다. 만약 부적절한 행동이 나타나거나 계속되면 기능적 행동평가를 사용하여 아동 행동의 목적과 그 행동이 다른 사람에게 미치는 영향을 아동의 의도와 의미에 바탕을 두고 파악해야 한다(O'Neill et al., 1997). 기능적 행동평가가 완료되면 중재가 시작된다. 효과적인 중재에는 교수환경의 수정, 부정적 행동이 지닌 기능과 동일한 기능을 수행할 수 있는 적절한 대체행동의 교수 등이 포함된다(Lucyshyn, Dunlap, & Albin, 2002).

7) 전이교육

자폐범주성장애아동은 종종 일상적인 일이나 환경에 조금만 변화가 생겨도 어려움을 겪는다. 자폐범주성장애아동은 전이동안 되도록 독립적으로 전이할 수 있도록 하는 추가적 지원과 교육이 필요하다.

활동에서 다른 활동으로 전이할 때는 앞선 활동을 종료하기 전에 구두상으로 또는 시각적으로 사전에 주의를 주고 시각적 도구를 이용하여 다음 활동이 무엇인지 아동에게 알려 주어야 한다(Sarah, Richard, Brenda, & Jennifer, 2000). 아동이 어디로 가는지에 대한 시각적 신호를 제공해 주는 전이신호 물체는 종종 한 활동에서 다른 활동으로 옮겨 가는 아동에게 도움이 된다. 예를 들면, 아동에게 숟가락을 지니게 함으로써 지금 자신이 점심식사를 하러 가고 있음을 상기시켜 줄 수 있다.

아동이 새로운 학년, 학교, 사회, 직장 또는 학교 졸업 후 환경으로 옮겨 갈 때는 새로이 변화된 환경에 적응할 수 있도록 준비시키는 것이 중요하다. 아동이 독립적 · 성공적으로 적응하기 위해 필요한 기술이 무엇인지 결정하기 위해 새로운 환경을 평가하고 그 기술을 아동에게 미리 가르쳐야 한다. 새로운 환경에 대해 아동과 이야기를 나누고, 가능하다면 아동으로 하여금 새로운 환경을 방문해 보도록 하는 것도 도움이 된다. 현장 방문이 가능치 않다면 비디오테이프, 사진 촬영, 사회 이야기 작성, 새로운 환경에 대한 기대 열거하기 등으로 대신할 수 있다. 아울러 다음 환경의 담당자들과 만나 아동의 장점과 그 아동이 특별히 배워야 할 기술에 대해 논의하는 것이 필요하다.

8) 종합 팀 접근방식

자폐범주성장애는 의사소통, 행동, 사회적 기술의 결여를 그 특징으로 한다. 따라서 자폐범주성장애아동을 위한 효과적인 교육 프로그램을 만들기 위해서는 전문가, 가족 구성원, 자폐범주성장애를 이해하고 훈련된 다수의 지도자들의 참여가 요구된다. 종합 팀에는 아동의 사회적 언어기술을 다루기 위해 언어병리학자, 심리치료사, 직업훈련사 등 특수교육 관련 인력들이 포함되며, 개개 아동의 개별화된 교육 목적 및 목표, 결과를 달성하는 데 반드시 진전이 이루어지도록 하기 위해 일반교육교사, 특수교육교사 및 보조교사들이 포함된다. 종합 팀은 여러 분야의 전문가들과 부모, 가족 구성원들이 함께 노력하여 각 교과와 환경 간의 교육과 참여기술의 일관성을 유지시켜야 한다. 이러한 종합 팀 접근방식은 자폐범주성장애아동이 새로운 기술과 능력을 습득하고 유지하며 일반화시킬 수 있는 잠재력을 촉진하게 된다.

9) 교육 프로그램에 대한 평가

일단 교육 프로그램이 실행되면, 실시된 프로그램에서 나타난 아동의 진전을 관찰하기 위해 자료들이 기록되어야 한다. 자료는 교과와 교육적 중재가 효과적인지, 또한 어떤 변화가 나타났는지를 결정하기 위해 분석된다. IFSP 또는 IEP 팀은 반드시 자료 기록을 얼마나 자주 해야 하는지와 특정 중재가 별 효과가 없어 중지시켜야 할 때 그 결정 기준을 정해야만 한다. 자료 수집체제를 통해 아동의 기술에 대한 계속적인 평가가 내려지므로 다음 단계의 목적과 목표가 설정된다(박계신, 2007).

자폐범주성장애의 진단, 교육중재 및 다양한 치료방법에 대한 발전은 지속적으로 이루어지고 있다. 그러나 아직도 자폐범주성장애에 대해 배워야 하고, 연구해야 할 과제들이 많이 남아 있다. 자폐범주성장애아동의 교육 및 자료를 위해서는 부모, 일반교육교사, 특수교육교사, 언어병리학자, 학교심리학자, 의료 전문가 등 여러 분야 전문가들의 참여가 필요하며, 이러한 종합 팀 접근방법에 의해 우리는 자폐범주성장애아동들이 그들의 잠재성을 최대한 발휘하도록 도울 수 있을 것이다.

아울러 자폐범주성장애아동들의 일상과 교육을 담당하고 있는 모든 이들이 반드시 명심해야 할 중요한 점은 같은 장애로 진단받았다 하더라도 똑같은 아이는 하나도 없다는 사실이다. 따라서 개별 아동의 요구에 부응한 교육 및 치료 중재를 계획해야 할 것이다.

요약

자폐범주성장애에는 자폐성장애, 아스퍼거 증후군, 비전형성 전반적 발달장애의 세 가지 장애 유형이 포함된다. 과거 우리나라의 「특수교육진흥법」에서는 자폐증을 정서장애에 포함하고 있었으나, 2007년 5월에 제정된 「장애인 등에 대한 특수교육법」에서는 자폐범주성장애라는 용어를 사용하여 별도의 장애 영역으로 제시하고 있다.

자폐범주성장애의 원인은 초기에는 심인성 이론과 부적절한 양육에 초점이 맞추어졌으나, 최근에는 뇌생물학적 원인, 기질적 결함 원인, 유전적 원인 등의 신경학적 문제로 관심이 모이고 있다. 자폐 위험 요소들은 보통 만 3세 이전에 나타나기 시작하므로 가능한 한 빠른 시기에 진단하여 여러 가지 필요한 중재들을 일찍 시작하도록 해야 한다. 조기중재가 빠를수록 중재의 효과도 빠르며, 이후에 나타나는 예후도 긍정적이다. 아울러 자폐범주성장애를 선별하고 진단하기 위해서는 이를 위해 특수하게 고안된 선별 및 진단 도구들을 사용하여야 한다.

자폐범주성장애인은 사회·정서적, 의사소통적, 인지적, 감각적 영역에서 매우 다양한 특성을 보인다. 그러나 그들은 의사소통, 사회적 상호작용 및 관심과 활동의 세 영역에서 핵심적인 결함을 지닌다. 자폐범주성장애아동을 위한 효과적인 교육 프로그램 전략에는 가족참여, 능력과 결함에 대한 광범위한 평가, 계획 개발 및 명확한 목적과 목표, 효과적인 교수전략, 교수환경 구성, 문제행동 관리, 전이교육, 종합 팀 접근방식, 교육 프로그램에 대한 평가 등이 포함된다.

참 고 문 헌

박계신(2001). 상황이야기 중재와 자폐성 아동의 사회적 행동 연구. 대구대학교 대학원 미간행 박사학위논문.

박계신(2007). 유아특수교육기관의 진전 점검 활동 실태와 진전 점검 활동에 대한 교사 인식. **특수교육재활과학연구**, 46(1), 21-54.

박계신, 이효신(1999). 자폐성 아동의 사회적 행동 중재로서의 시각적 지원 학습에 관한 연구. **특수교육연구**, 22, 203-218.

최영(2000). http://drchoi.pe.kr/aboutaut-4.htm

American Psychiatric Association. (1994). *Diagnostic and Statistical Manual for Mental Disorders, 4th Edition(DSM-IV).* Washington, DC: American Psychiatric Publishing.

American Psychiatric Association. (2000). *Diagnostic and Statistical Manual of Mental Disorders, 4th Edition, Text Revision (DSM-IVTR).* Washington, DC: American Psychiatric Publishing.

Baron-Cohen, S., Wheelwright, S., Cox, A., Baird, G., Charman, T., Swettenham, J., Drew, A., & Doehring, P. (1992). Early identification of autism by the Checklist for Autism in Toddlers (CHAT). *J R Soc Med, 93,* 521-525.

Bauman, M. L., & Kemper, T. L (1994). *The Neurobiology of Autism*, Baltimore: Johns Hopkins University Press.

Bertoglio, K., & Hendren, R. L. (2009). New developments in autism. *Psychiatry Clin North Am, 32*(1), 1-14.

Boettcher, M., Koegel, R. L., McNerney, E. K., & Koegel, L. K. (2003). A Family-Centered Prevention Approach to PBS in a Time of Crisis. *Journal of Positive Behavior Interventions, 5*(1), 55-59.

Bondy, A., & Frost, L. (2002). *A Picture's Worth: PECS and other visual communication strategies in autism.* Bethesda, US: Woodbine House.

Bryson, S. E. (1996). Brief Report: Epidemiology of Autism. *Journal of Autism and Developmental Disorders, 26*(2), 165-167.

Canitano, R., Luchetti, A., & Zappella, M. (2005). Epilepsy, Electroencephalographic Abnormalities, and Regression in Children With Autism. *Journal of Child Neurology, 20*(1), 27-31.

Caronna E. B., Milunsky, J. M., & Tager-Flusberg, H. (2008). Autism spectrum disorders: clinical and research frontiers. *Arch Dis Child, 93*(6), 518-523.

Charlop-Christy, M. H., Carpenter, M., Loc, L., LeBlanc, L., & Kellet, K. (2002). Using the picture exchange communication system (PECS) with children with autism: Assessment of PECS acquisition, speech, social-communicative behaviour and problem behaviour. *Journal of Applied Behavioural Analysis, 35*(3), 213-231.

Church, C., Alisanski, S., & Amanullah, S. (2000). The Social, Behavioral, and Academic Experiences of Children with Asperger Syndrome. *Focus on Autism and Other Developmental Disabilities, 15*(1), 12-20.

Dawson, G., & Osterling, J. (1997). Early Intervention in Autism. In M. J. Guralnick (Ed.), *The Effectiveness in Early Intervention* (pp. 307-326). Baltimore: Paul H. Brooks Publishing Co.

Dawson, G., Meltzoff, A. N., Osterling, J., Rinaldi1, J., & Brown, E. (1998). Children with Autism Fail to Orient to Naturally Occurring Social Stimuli. *Journal of Autism and Developmental Disorders, 28*(6), 479-485.

Delprato, D. J. (2001). Comparisons of discrete-trial and normalized behaviour language intervention for young children with autism. *Journal of Autism & Developmental Disorders, 31*(3), 315-325.

Dover, C. J., & Le Couteur, A. (2007). How to diagnose autism. *Arch Dis Child, 92*(6), 540-545.

Ehlers, S., Gillberg, C., & Wing, L. (1999). A Screening Questionnaire for Asperger Syndrome and Other High-Functioning Autism Spectrum Disorders in School Age Children. *Journal of Autism and Developmental Disorders, 29*(2), 129-141.

Ellaway, C., & Christodoulou, J. (1999). Rett syndrome: Clinical update and review of recent genetic advances. *Journal of Paediatrics & Child Health., 35*(5), 419-426.

Filipek, P. A., Accardo, P. J., & Baranek, G. T., et al. (1999). The screening and diagnosis of autistic spectrum disorders. *J Autism Dev Disord, 29*(6), 439-484.

Folstein, S., & Rutter, M (1977). Infantile autism: A genetic study of 21 twin pairs, *Journal of Child Psychology and Psychiatry, 18*(4), 297-321.

Frombonne, E. (2009). Epidemiology of pervasive developmental disorders. *Pediatr Res, 65*(6), 591-598.

Gardener H., Spiegelman, D., & Buka, S. L. (2009). Prenatal risk factors for autism: Comprehensive meta-analysis. *Br J Psychiatry, 195*(1), 7-14.

Ghaziuddin, M., & Gerstein, L. (1996). Pedantic speaking style differentiates asperger syndrome from high-functioning autism. *Journal of Autism and Developmental Disorders, 26*(6), 585-595.

Gillberg, C., & Steffenburg, S. (1987). Outcome and prognostic factors in infantile

autism and similar conditions: A population-based study of 46 cases followed through puberty. *Journal of Autism and Developmental Disorders, 17*(2), 273-282.

Gray, C. (2002). *The Gray Center for Social Learning and Understanding.* (Website: http://www.thegraycenter.org, 9/10/09)

Heflin, J., & Simpson, R. (1998). Interventions for Children and Youth with Autism: Prudent Choices in a World of Exaggerated Claims and Empty Promises. Part II: Legal/Policy Analysis and Recommendation for Selecting Interventions and Treatments, *Focus on Autism and Other Developmental Disabilities, 13*(4), 212-220.

Howlin, P. (2003). Outcome in High-Functioning Adults with Autism with and Without Early Language Delays: Implications for the Differentiation Between Autism and Asperger Syndrome. *Journal of Autism and Developmental Disorders, 33*(1), 3-13.

Johnson, C. P., Myers, S. M., & the Council on Children With Disabilities (2007). Identification and Evaluation of Children With Autism Spectrum Disorders. *PEDIATRICS, 120*(5), 1183-1215.

Kashinath, S., Woods, J., & Goldstein, H. (2006). Enhancing Generalized Teaching Strategy Use in Daily Routines by Parents of Children with Autism. *Journal of Speech, Language, and Hearing Research, 49*, 466-485.

Kientz, M. A., & Dunn, W. (1997). A comparison of the performance of children with and without autism on the Sensory Profile. *Am J Occup Ther, 51*(7), 530-537.

Klin, A., Jones, W., Schultz, R., Volkmar, F., & Cohen, D. (2002a). Defining and Quantifying the Social Phenotype in Autism. *Am J Psychiatry, 159*, 895-908.

Klin, A., Jones, W., Schultz, R., Volkmar, F., & Cohen, D. (2002b). Visual Fixation Patterns During Viewing of Naturalistic Social Situations as Predictors of Social Competence in Individuals With Autism. *Arch Gen Psychiatry, 59*(9), 809-816.

Landa, R. J. (2008). Diagnosis of autism spectrum disorders in the first 3 years of life. *Nat Clin Pract Neurol, 4*(3), 138-147.

Ledbetter, D. H. (2008). Cytogenetic technology-genotype and phenotype. *N Engl J Med, 359*(16), 1728-1730.

London, E. (2007). The role of the neurobiologist in redefining the diagnosis of autism. *Brain Pathol, 17*(4), 408-411.

Lucyshyn, J. M., Dunlap, G. & Albin, R. W. (2002). Families and positive behaviour support: Addressing problem behaviour in family contexts. *Adolescence, 37*, 863.

Mayes, S. D., & Calhoun, S. L., (2003). Ability Profiles in Children with Autism. *Autism, 7*(1), 65-80.

Mirenda, P. (1997). Functional communication training and augmentative communi-

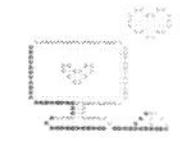

cation: A research review. *Augmentative & Alternative Communication, 13*, 207-225.

Myles, B. S., & Simpson, R. L. (2003). *Asperger syndrome: A guide for educators and parents.* Austin, TX: PRO-ED.

Newschaffer, C. J., Croen, L. A., & Daniels, J. et al. (2007). The epidemiology of autism spectrum disorders. *Annu Rev Public Health, 28*, 235-258.

O'Neill, R., Horner, R., Albin, R., Sprague, J., Storey, R., & Newton, J. (1997). *Functional assessment and program development for problem behavior: A practical handbook.* Pacific Grove, CA: Brooks/Cole.

Ornitz, E. M. (1985). Neurophysiology of infantile autism. *J Am Acad Child Psychiatry, 24*(3), 251-262.

Osterling, J., & Dawson, G. (1994). Early recognition of children with autism: A study of first birthday home videotapes. *Journal of Autism and Developmental Disorders, 24*(3), 247-257.

Ozgen, H. M., Hop, J. W., Hox, J. J., Beemer, F. A., & van Engeland, H. (2008). Minor physical anomalies in autism: A meta-analysis. Mol Psychiatry. doi: 10.1038/mp.2008.75.

Pieter C. D., & Eef, R. (1989). Effects of redesigning the physical environment on self-stimulation and on-task behavior in three autistic-type developmentally disabled individuals. *Journal of Autism and Developmental Disorders, 19*(3), 449-460.

Robins, D. L., Fein, D., Barton, M. L., & Green, J. A. (2001). The Modified Checklist for Autism in Toddlers: An Initial Study Investigating the Early Detection of Autism and Pervasive Developmental Disorders. *Journal of Autism and Developmental Disorders, 31*(2), 131-144.

Rutter, M., Bailey, A., Bolton, P., & Le Couteur, A., (1994). Autism and Known Medical Conditions: Myth and Substance. *Journal of Child Psychology and Psychiatry, 35*(2), 311-322.

Sarah, D., Richard L. S., Brenda, S. M., & Jennifer, B. G. (2000). The Use of Visual Supports to Facilitate Transitions of Students with Autism. *Focus on Autism and Other Developmental Disabilities, 15*(3), 163-169.

Shriberg, L. D., Paul, R., McSweeny, J. L., Klin, A., Cohen, D. J., & Volkmar, F. R. (2001). Speech and Prosody Characteristics of Adolescents and Adults With High-Functioning Autism and Asperger Syndrome. *Journal of Speech, Language, and Hearing Research, 44,* 1097-1115.

Susan, J., Catherine, N., Joanne, E., & Kristie, P. (2003). The Use of Visual Supports in

Teaching Young Children With Autism Spectrum Disorder to Initiate Interactions. *Augmentative and Alternative Communication, 19*(2), 86-103.

Swettenham, J., Baron-Cohen, S., Charman, T., Cow, A., Baird, G., Drew, A., Rees, L., & Wheelwright, S. (1998). The Frequency and Distribution of Spontaneous Attention Shifts between Social and Nonsocial Stimuli in Autistic, Typically Developing, and Nonautistic Developmentally Delayed Infants. *Journal of Child Psychology and Psychiatry, 39,* 747-753.

Volkmar, F., Chawarska, K., & Klin, A. (2005). Autism in infancy and early childhood. *Annu Rev Psychol, 56,* 315-336.

Wertherby, A. M., Woods, J., Allen, L., Cleary, J., Dickinson, H., & Lord, C. (2004). Early Indicators of Autism Spectrum Disorders in the Second Year of Life. *Journal of Autism and Developmental Disorders, 34*(5), 473-493.

White, S. W., Oswald, D., Ollendick, T., & Scahill, L. (2009). Anxiety in children and adolescents with autism spectrum disorders. *Clin Psychol Rev, 29*(3), 216-229.

Wimpory, D. C., Hobson, R. P., Williams, J. M. G., & Nash, S. (2000). Are Infants with Autism Socially Engaged? A Study of Recent Retrospective Parental Reports. *Journal of Autism and Developmental Disorders, 30*(6), 525-536.

Young, E. C., Diehl, J. J., Morris, D., Hyman, S. L., & Bennetto, L. (2005). The Use of Two Language Tests to Identify Pragmatic Language Problems in Children With Autism Spectrum Disorders. *Language, Speech, and Hearing Services in Schools, 36*, 62-72.

• 제 9 장 •

의사소통장애

| 주요 학습 과제 |

1. 의사소통장애의 정의와 분류방법을 알아본다.
2. 의사소통장애의 원인을 살펴본다.
3. 의사소통장애의 진단과 평가방법을 알아본다.
4. 의사소통장애의 영역별 특성을 살펴본다.
5. 의사소통장애의 중재 및 치료 방법을 이해하고 적용한다.

사회 공동체 안에서는 늘 의사소통이 이루어진다. 의사소통은 개인이 상대방과의 대화를 통해 서로의 생각, 느낌 등을 주고받는 상황에서 일어나는 사고의 교환이다. 일반적으로 인간의 대표적인 의사소통 수단은 말과 언어로 분류된다. 말은 명확하게 조음하고, 유창하게 말하며, 상대방에게 불쾌하지 않은 음성으로 전달하는 것이고, 언어는 말소리와 낱말, 즉 단어 그리고 그 단어들이 내포하는 의미를 언어의 규칙체계에 맞추어 표현하는 시스템을 말한다.

인간의 말과 언어를 통한 소통처리 과정은 뇌의 언어담당 영역의 명령에 따라 호흡, 음성, 조음기관을 거쳐 나온 말소리가 음파를 통해 상대의 귀에 전달되는 매우 정교하고 복잡한 말-언어 연쇄과정의 반복적인 수행에 의해 이루어진다.

의사소통장애란 소통 수단인 말과 언어의 결함으로 인해 어려움을 겪는 것을 의미한다. 말과 언어의 문제는 선천적이든 후천적이든 말-언어의 연쇄과정 중 어느 한 곳에 병변으로 결함이 발생하면 나타날 수 있다. 신경적 · 신체적 발달에 의해 지적 발달이 지연되거나 장애가 있을 경우에 발생할 가능성이 매우 높고, 문화적 차이, 의사소통 환경 및 대화 상대자 등에 의해서도 발생할 수 있다.

의사소통은 상호관련성이 높은 분야로, 의사소통 과정 중 특정 영역의 손상은 다른 연관된 많은 과정에 영향을 미치게 된다.

이 장에서는 의사소통장애를 말과 언어 장애로 분류하여 각 장애의 유형별로 정의 및 분류, 원인, 진단 및 평가, 특성 그리고 치료 및 중재 방법을 알아보고자 한다.

1. 의사소통장애의 정의와 분류

1) 의사소통장애 정의

사람은 주로 의사소통의 매개체로 사회적 도구인 말과 언어를 사용한다. 말은 소리와 단어로 구성되고, 언어는 소리, 단어 그리고 의미를 포함한다. 말은 구두로 의사소통할 때 필수적인 도구이며, 언어는 개인이 자신의 생각을 표현하는 구두 혹은 몸짓 등의 신호와 부호를 이해하고 사용하는 방법 및 규칙을 말한다. 사람들은 이러한 언어를 이해하고 산출하여 또 다른 소통의 도구(읽기, 쓰기, 듣기, 말하기)로 사

용한다.

말과 언어의 발달은 개인차가 상당히 크다. 어떤 아동은 발달 순서를 무시하기도 하고, 언어발달 단계를 뛰어넘기도 한다. 또 어떤 아동은 본질적으로 의사소통을 하기가 어려울 수도 있다. 언어의 규칙체계를 이해하고는 있으나 말을 생성하는 데 어려움을 보일 수 있고, 말의 생성은 가능하지만 이해를 잘 하지 못해 엉뚱한 반응을 보일 수도 있다. 어떤 아동이 미국으로 이민을 간 지 얼마되지 않아 영어 발음이 서툴거나 영어 사용을 잘 하지 못한다고 해서 그 아동을 의사소통장애라고는 말할 수 없다. Emerick과 Haynes(1986)는 의사소통의 양상이 개인의 삶에 미치는 영향을 강조하면서, 다음의 기준 중 어느 하나라도 속한다면 의사소통의 장애로 간주될 수 있다고 지적하였다. ① 메시지를 전달하거나 지각하는 데 결함이 있는 경우, ② 경제적인 불이익을 당하게 되는 경우, ③ 학습에 불이익을 당하는 경우, ④ 사회적으로 불이익을 당하는 경우, ⑤ 정서적인 발달에 부정적인 영향을 받는 경우, ⑥ 의사소통 문제로 신체적인 손상을 입거나 건강에 위협을 받는 경우 등이다.

의사소통의 주요 요소들은 음성, 조음, 언어, 유창성 그리고 청각으로 구성된다. 말의 구성 요소에는 음성, 조음, 유창성이 포함되며, 언어에는 형태적 · 통사적 · 의미적 · 화용적 요소들이 포함된다. 각각의 요소들에 장애나 결함이 발생하면 의사소통에 문제를 보이게 된다.

미국말-언어청각협회(American Speech-Language Hearing Association [ASHA], 1993)에서는 개념이나 구어, 비구어 및 그래픽 상징체계를 수용하고 전달하고 처리하는 능력에서의 손상을 의사소통장애로 정의했으나, 1997년에는 의사소통과 관련 장애들을 말장애(조음, 음성, 공명), 근육운동 패턴, 언어, 삼킴, 인지적 의사소통, 청각 및 평형에서의 장애로 정의하였다(Owens, Dale, & Adelaide, 2007). 이는 신경운동학적 결함, 인지적 결함, 해부학적 또는 생리학적 결함 등의 병인론적 측면에서의 결함 등을 포함하는 것이다. 의사소통장애는 청각, 언어 또는 말의 처리 과정에서 나타날 수 있고, 장애의 정도는 경도에서 최중도에 이르며, 발달적 · 후천적으로 출현하며, 의사소통장애가 주요 장애이거나 또는 특수 장애와 관련하여 이차적인 장애로 나타날 수 있다(ASHA, 1993). 예를 들어, 정신지체 혹은 자폐범주성 장애로 언어 이해 및 산출에 문제를 보이며, 학습장애로 학업성취 및 사회적 측면에서의 어려움을 경험하게 되고, 근력의 마비 및 약화로 말 산출에 곤란을 겪는다면 기타장애에 의해 이차적으로 수반된 의사소통장애일 것이다. 우리나라에서는

「장애인 등에 대한 특수교육법」 제15조(특수교육대상자의 선정) 제1항 7에 특수교육대상자를 언어장애에서 의사소통장애로 확장하였다.

2) 의사소통장애 분류

인간이 의사소통을 하기 위해서는 보고 들은 것을 이해하고 산출하는 일련의 과정을 거치므로 이 두 과정은 매우 밀접한 관련을 갖고 있음을 알 수 있다.

van Riper(1978)는 정상발화의 범위를 벗어나 효율적인 의사소통을 방해하는 요인들을 강조하였다. 그의 정의에 따르면 말장애(disordered speech)는 다른 사람의 말과 다르게 표현하여 다른 사람의 주목을 받고 의사소통에 방해를 받아 종종 듣는 이와 말하는 이에게 곤혹스러움을 주는 것이다. 그러나 사람이 어떤 어려움을 겪는지, 언제 방해를 받는지, 어느 정도의 주목을 받을 때를 장애로 보아야 하는지에 대해 객관적으로 결정하는 일은 쉽지 않다. 일반적으로 의사소통장애인은 그들이 하고 싶은 말을 하지 못하거나 어떤 상황에서든 상대방의 말에 적절하게 반응하지 못한다. 또한 이러한 실패의 기억들 때문에 좌절감을 느끼고 당황하고 걱정하게 된다.

의사소통장애는 추정되는 원인들 및 발생시기를 통해서 혹은 의사소통의 구성요소들(음성, 조음, 언어, 유창성, 청각)에 근거해서 분류할 수 있다.

(1) 병인학적 측면에 따른 분류

① 기질적 의사소통장애

기질적 의사소통장애(organic disorders of communication)는 발화기제의 신경생리학적 결함에 의해 발생한다. 출생 시부터 청각장애 혹은 구개파열이었거나 정신적으로 이상이 있는 경우에 의사소통장애를 보이는 것으로 알려져 있다. 이러한 물리적인 손상에 의한 의사소통장애는 기질적 혹은 신경생리학적 의사소통장애로 분류된다.

② 기능적 의사소통장애

기능적 의사소통장애(functional disorders of communication)는 기질적 혹은 신

경생리학적 원인이 없는 경우다. 잘못된 학습, 환경, 습관, 감정적 문제 혹은 다른 알려지지 않은 원인에 기인한 것으로 추정된다. 이러한 장애는 기능적 혹은 특발성(idiopathic) 의사소통장애로 분류되기도 한다. 기능적 의사소통장애를 보이는 사람은 육체적으로 건강하고 신경체계도 정상이며 발화기제에 결함이 없는데도 의사소통에 문제를 갖고 있다.

(2) 발병시기에 따른 분류

① 선천성 장애

출생 시 혹은 출생 후 얼마되지 않아 발견되는 경우로 신체적 기형, 뇌손상, 정신지체 등을 일으키는 유전적 증후군을 포함한다. 예를 들면, 구개파열이 언어장애를 일으키는 선천적 요인이 되며, 발달장애 역시 특수 장애와 관련 있는 선천적 요인의 장애에 포함된다.

② 후천성 장애

정상적인 소통이 가능했던 사람이 뇌의 외상, 신체적 상해, 뇌졸중 혹은 늙어 감에 따른 청력손실 등으로 의사소통 문제를 갖게 될 수 있다. 예를 들면, 교통사고로 뇌손상을 입어 말을 할 수 없는 경우, 후두암으로 성대에 이상이 생긴 경우 등과 같이 장애 발생 이전에는 정상적으로 의사소통이 가능했던 사람은 후천성 장애에 속한다.

(3) 의사소통 요소에 따른 분류

의사소통은 음성, 조음, 언어, 유창성, 청각의 다섯 가지 하위 범주 중 하나 혹은 그 이상의 장애가 있을 수 있다. 의사소통의 요소에 따른 각 장애에 대한 분류방식으

〈표 9-1〉 의사소통장애의 주요 범주

음 성	조 음	언 어	유창성	청 각
발성 공명	생략 대치 왜곡 오류 패턴	형태적 결함 통사적 결함 의미적 결함 화용적 결함	말빠름 말더듬	전도성 감각신경성

로는 병인을 밝히는 것이 아니라 증상을 기술함으로써 잠재적인 혹은 실제적인 원인 등에 대한 진단을 내릴 수 있다(Hedge, 1995). 의사소통장애의 주요 범주는 〈표 9-1〉과 같다.

(4) 수용 및 표현에 따른 분류

의사소통장애는 수용, 처리, 표현 중 어떤 영역에 영향을 미치는가를 토대로 분류하기도 한다(Owens et al., 2007). 수용은 청각 민감성(전도성, 감각신경성, 혼합형)과 중추성 청각처리(부호 해독, 통합, 조직화, 열약한 조건에서의 말 이해, 단기기억, 복수의 범주)로 분류하고, 표현은 말(조음, 유창성, 음성)과 언어의 형식(음운론, 형태론, 구문론) 내용(어휘론, 의미론), 사용(화용론)으로 분류하여 말, 언어, 청각의 처리과정 가운데 상호작용 및 상호 의존적인 측면(ASHA, 2001)을 반영하여 분류한다.

2. 의사소통장애의 원인

1) 말장애의 원인

(1) 음성장애

음성장애(voice disorders)는 후두(larynx) 안의 성대(vocal cords)에 이상이 생겨 말소리 산출이 어렵고, 성대의 남용과 오용으로 말소리가 비정상적으로 산출되는 경우를 말한다. 성대의 한쪽 마비, 성대의 폴립, 결절 등이 생기는 경우에 발성이 불완전해지고 발성이 전혀 나오지 않는 무성증(aphonia)이 발생하기도 한다. 또한 말소리가 너무 약하거나 강한 세기의 차이와 너무 높거나 낮은 음도의 차이 현상이 원인이 되어 음질의 이상을 보인다. 후두암으로 후두절제수술을 받은 경우에는 성대를 잃어 식도 발성을 통해 소리를 내기도 한다.

(2) 조음음운장애

조음음운장애(articulation & phonology disorders)의 병인은 크게 두 가지로 나누어진다. 하나는 지능, 성별, 출생 서열 등의 개인적 특성이고, 다른 하나는 청력손실, 치아문제, 신경생리와 같은 기질적인 요인이다. 지능이 정상보다 매우 열악할

때 성별에 대한 증거는 충분치 않으나(Bernthal & Bankson, 1993) 남아가 여아보다 조음의 문제가 더 많은 것으로 나타나며, 청력손실이 심한 경우 상대의 말을 알아듣지 못하고 자신의 말도 듣지 못해 조음이 심하게 왜곡되어 산출된다. 또 부정교합이나 설유착증, 설소대 단축증 등의 구강구조 문제로 유발될 수도 있고, 다양한 질병과 사고로 말 산출을 담당하는 중추신경계에 손상을 입어 말과 관련된 근육의 마비, 약화, 불일치 등에 의한 근육통제의 결함으로 조음 산출이 어려울 수 있다.

(3) 유창성장애

유창성장애(fluency disorders)에는 크게 말더듬(stuttering)과 말빠름(cluttering) 장애가 있다. 말더듬은 생리적 또는 기질적 장애 없이 주로 심리적 · 환경적 요인으로 말의 유창성에 장애를 일으키는 말장애다. 유창성장애는 비의도적으로 말소리 또는 음절의 반복, 말의 막힘 현상, 그리고 심한 경우 눈을 흡뜨거나 어깨를 치켜올리는 등의 이차/부수 행동까지 수반하게 된다(이승환, 2005; Guitar, 1998).

말을 더듬는 사람들은 외형적으로든 지능에서든 정상인과 다르지 않다. 따라서 말더듬의 원인은 근육(성대근육), 신경계의 장애 등에서 찾기보다 의사소통 환경에서 찾으려고 하였다. 최근에는 취학전 아동의 경우 아동의 일상적인 생활 습관, 규율, 양육행동과 같은 아동과 부모의 상호작용이 일어나는 전반적인 가정환경이 관심의 대상이 되고 있으며(Ratner, 2004), 가정의 환경적 · 정서적 측면뿐만 아니라 표면으로 드러나지 않은 아동의 기질적 특성이 초기 말더듬의 원인이 된다고 설명하고 있다(Riley & Riley, 2000; 이은주, 심현섭, 2007 재인용). 그러나 Peters와 Guitar (1991)는 유전적인 원인, 뇌의 좌우반구 간의 협응결함 등 신체의 근육운동과 신경계통에서 그 원인을 찾으려는 연구도 활발해지고 있다고 보고하고 있다.

2) 언어장애의 원인

(1) 언어발달 지체

정상적인 아동의 경우 5~6세 정도가 되면 모국어의 복잡한 문법구조를 상당히 자유롭게 사용하게 된다. 물론 개인에 따라 낱말 수가 제한되고 문법적 구조가 덜 복잡할 수도 있지만, 언어를 사용해서 상당히 복잡한 내용을 표현하는 데 어려움을 덜 보이는 수준까지 이를 수 있다.

그러나 정상적인 말-언어의 발달이 자신의 연령 수준에 도달하지 못하는 아동들도 적지 않다. 선천적으로 신경적 · 신체적 결함을 지닌 아동(정신지체, 정서장애, 뇌성마비, 그 외 간질, 정신분열 등의 정신병 증상을 지닌 아동)들이 이에 속한다. 일부 아동은 아무런 감각적 · 인지적 장애가 없음에도 언어발달이 지체되는 단순언어장애(specific language impairment: SLI)를 보인다.

또 다른 원인은 선천적으로 신경적 · 신체적으로 정상인데도 환경적인 요인에 의해 말-언어 발달이 심각하게 늦은 아동들도 많다. 즉, '주요 대화자'가 없는 아동, 가정이 아닌 다른 보호시설에서 자라는 아동, 너무 시끄러운 환경에서 자라는 아동 등 언어를 학습하고 경험하기에 열악한 환경에서 자라는 아동들이 환경적 원인에 의해 언어발달이 지연되기도 한다.

(2) 아동 신경언어장애

아동 실어증의 주요원인은 뇌혈관 사고다. 뇌혈관장애의 직접적인 원인인 혈전증으로 혈류가 차단되거나 동맥벽에 주머니 모양으로 부풀림이 생겨 뇌출혈을 일으키게 된다. 뇌막염, 뇌염, 뇌종양, 뇌수술 도중에 일어난 사고 등의 뇌손상으로 언어장애가 발생한다. 외상성 뇌손상(traumatic brain injury: TBI) 아동은 부주의하여 쉽게 산만하여 범주화하기, 배열하기, 요약하기, 일반화하기 등과 같은 조직화의 모든 측면에 영향을 받을 수 있다.

태아알코올증후군 아동 또는 약물에 노출된 아동, 미숙아 등은 중추신경계의 문제로 언어발달이 매우 지체되고, 구어의 발달지체, 반향어, 이해문제 등의 언어 문제를 나타내며, 읽기와 다른 학문적 과제들에서 또래보다 뒤진다(Owens et al., 2007).

3. 의사소통장애의 진단과 평가

1) 평가절차

어떤 아동에 대해 치료 및 중재 의뢰가 들어왔을 때 먼저 해야 할 일은 그 아동이 문제가 있는지의 여부를 판별하고, 일단 판별하고 난 후 진단을 하게 된다. 진단이란 가능한 문제의 넓은 범주 내에서 개인적인 어려움을 구별해 내는 일이다. 진단

〈표 9-2〉 평가절차

1. 사례력: 어린 아동의 경우 부모나 보호자를 통해 아동의 병력 등의 개인 정보를 수집
2. 초기 면담: 추가적인 배경 정보를 수집하기 위한 절차
3. 말-언어 표집: 말-언어 샘플의 수집과 수집한 자료의 분석
4. 청력선별검사: 청력이 말하기에 적합한지를 검사
5. 구강-안면검사: 말기제에 대한 검사; 말과 관련된 신체구조의 손상 유무; 이 기제의 적절한 기능 확인
6. 표준화검사
   - 규준참조검사(norm referenced test): 성별과 연령대가 같은 또래집단과의 비교로 특정 의뢰인의 상대적 위치를 파악할 수 있음
   - 준거참조검사(criteria referenced test): 특정 기술 영역과 관련된 의뢰인의 강점과 약점을 평가
7. 관찰 및 기술적 평가: 발화 자료나 관찰일지를 통해 아동의 언어 수행 정도를 자세히 기술
8. 진단: 다양한 검사를 수집하여 결과를 통합하는 과정
9. 후기 면담: 간단한 공식적 평가 후 부모 및 보호자와의 면담
10. 진단보고서 작성: 의뢰인의 개인력, 종합적 평가 결과를 기술

에는 개인의 의사소통 능력, 증후의 변화, 장애 정도, 가능한 원인을 반영할 수 있도록 해당 장애에 대해 보다 완전한 설명이 기술되어야 한다(Haynes & Pindzola, 1998; Owens et al., 2007 재인용). 구체적으로 문제가 있다면 어떤 문제를 가지고 있는지를 선별해야 할 것이다. 선별검사는 좀 더 자세하게 평가를 받아야 하는지를 결정하는 것인데, 이를 통과하지 못한 아동은 좀 더 전반적 평가를 받게 된다. 이와 같이 임상적 문제를 알아내고 기술하는 과정을 평가라고 한다. 〈표 9-2〉는 평가절차를 요약한 것이다.

2) 평가 항목

의사소통의 평가 항목은 일반적으로 실시해야 하는 공통 항목과 각 장애의 특성에 따라 실시해야 하는 주요 항목이 있다. 각 장애에 따라 말-언어 자료를 수집하기 위한 평가방법과 평가도구에는 차이가 있다. 따라서 모든 장애에서 실시하는 공통 평가 항목과 장애별 주요 평가 항목을 구분하여 자세히 제시하고자 한다.

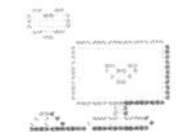

(1) 공통 평가 항목

선별검사에서 정상 수준에 도달하지 못한 아동의 경우 전반적으로 다음과 같은 공통적인 평가를 하게 된다. 먼저 환자의 행동, 건강, 발달 상황들을 폭넓게 살펴보기 위해 환자, 가족 및 장애의 병력을 살펴보고, 환자 및 가족의 면담을 통해 그들이 생각하는 문제가 무엇인지와 문제의 변화 유무, 아동의 언어 · 신체 · 사회성 · 행동 발달에 관한 정보 등을 수집해야 한다. 그다음 구강-안면검사를 조사한다. 구강-안면의 대칭성, 입술과 혀의 모양과 유동성을 살펴보고, 소실된 치아가 있는지, 부정교합인지 아닌지 등을 조사한다. 마지막으로 청력선별검사를 실시한다. 청력이 정상 범위에 있는지를 조사하고, 지각적인 청력검사에서 정상 범위에 도달하지 못할 경우 청각 전문가에게 종합적인 청력검사를 의뢰해야 한다.

(2) 각 장애의 주요 평가 항목

① 음성장애

음성행동의 정확한 평가를 위해서는 귀를 통한 주관적 음성평가뿐 아니라 측정기를 사용한 객관적 음성평가를 종합하여 전체적인 평가를 내려야 한다. 주관적 평가는 환자가 말을 하는 동안 또는 특정 문장을 읽는 동안 이루어지며, 객관적 평가는 음성 평가기기인 닥터스피치(Dr. Speech), 비지피치(Visi-Pitch)와 같은 컴퓨터 소프트웨어를 사용하여 이루어진다. 음성이 쉬고 거칠고 기식성이 있는지 등은 스펙트로그래피(Spectrography)에 의해 측정될 수 있고, 구강과 비강 공명은 나조미터(Nasometer)를 사용해서 평가할 수 있다. 음질을 평가할 때는 객관적 자료와 주관적 자료를 현명하게 해석하는 능력이 요구된다. 성대 남용의 경우 치료를 시작하

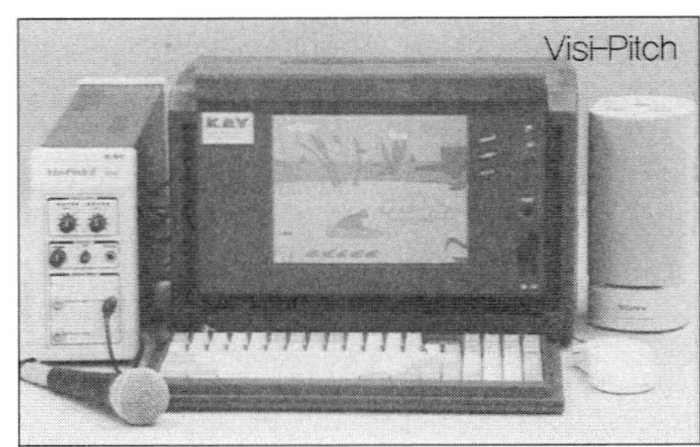

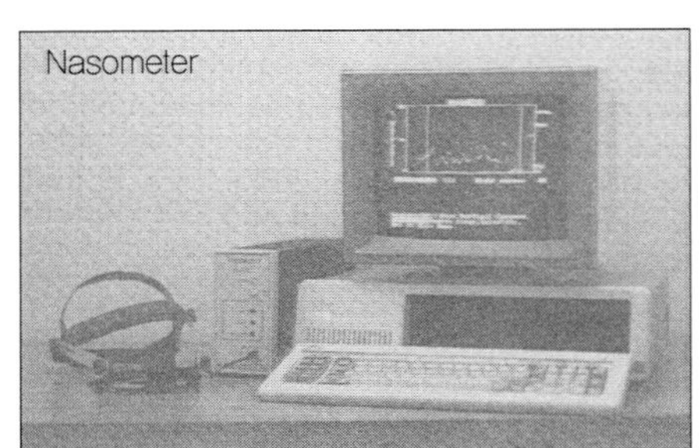

[그림 9-1] 음성평가 기구

기 전에 음질이 측정되어야 하며, 얼마나 자주 외치고 비명을 지르는지를 기록함으로써 성대 남용의 습관, 유형, 주기도 검사해야 한다. 음성평가의 주요 측정 항목은 호흡공급, 음질, 음도 및 소리 크기, 공명, 근육긴장, 장애의 다양성, 음성을 남용하는 행동 유형과 빈도 등으로 요약할 수 있다.

② 조음음운장애

조음음운장애의 측정 및 평가는 일반적으로 그림을 이용해서 말소리가 음성학적 위치에 고루 분포된 낱말들을 말하도록 하는 방법, 치료자가 모델로 제시한 낱말을 따라 하는 방법, 자연발화(spontaneous speech) 자료를 수집하여 평가하는 방법 등이 있다. 평가척도를 위한 음운 표본들은 연결어나 대화를 통해서, 그리고 한 낱말 또는 인용구(citation form), 문맥검사, 자극 반응도 등을 통해서 음운 표본을 수집하여 검사한다. 이 중에서 자연스러운 상황에서의 자발화 표본이 음운행동을 볼 수 있는 가장 타당하고 대표적인 표본이며, 이런 표본은 자연스러운 운율을 가지고 자신이 사용하는 어휘 문맥 속에서 어떻게 음소를 산출하는지를 관찰할 수 있다는 장점이 있다(Bernthal & Bankson, 2004; 김영태, 심현섭 역, 2007).

말소리의 평가에는 음운변동(phonological process)을 찾아내는 일이 수반된다. 음운변동이란 음소의 자질, 음소의 배열, 낱말의 음절구조 등에 영향을 미치는 체계적인 음소의 변화 또는 단순화를 일컫는다. 예를 들어, 아동이 마찰음 /ㅅ/을 치조음 /ㄷ/으로 발음하는 경우 어른의 마찰음의 정지음화(stop sound) 음운변동 과정을 거쳐 치조음 /ㄷ/로 발음한다고 설명할 수 있다. 또 하나의 평가방법은 각 음소를 구별하는 변별자질(distinctive features)에 의한 것이다. 예를 들면, /ㅂ/와 /ㄷ/는 둘 다 '자음성'이고 '전방음'이란 공통의 자질을 갖고 있다. 여러 개의 말소리장애가 있는 아동의 경우 여러 말소리가 갖는 공통적인 변별자질을 찾을 수 있다면 치료에 도움이 될 것이다(Bernthal & Bankson, 1997).

조음장애 평가의 주요 항목은 대화체 언어표집, 표준화된 조음검사 실시, 개별음의 오류 유형 및 단어 위치에 대한 분석, 조음 오류의 형태분석들이다. 개별 음소의 조음 오류 형태(생략, 대치, 왜곡, 첨가)와 오류 음운과정의 형태, 조음 위치와 조음 방법, 동화, 그리고 긴장도 및 기식도에 따른 음운변동으로 구분하여 평가한다.

조음음운장애의 진단 시 사용되는 평가 기준에서는 오조음 발생 빈도와 음소 정확도를 고려해야 하며, 정상아동들의 발달연령과 비교하거나 오류 음운과정의 발생 빈도 및 출현율로 측정할 수 있다. 오류 패턴 분석은 아동의 잘못된 조음 패턴을 찾을 수 있는 장점이 있다. Bernthal과 Bankson(2004)은 오류패턴 분석이 아동의 전반적인 음운 체계를 설명해 주고, 치료 효율성을 촉진할 수 있을 뿐 아니라, 오류패턴을 치료목표로 설정했을 때 여러 음소에 걸쳐 빠른 일반화가 일어날 가능성이 있다고 하였다.

또 청각적, 시각적 또는 촉각적 단서를 주었을 때 어느 정도 목표 음소와 유사하게 조음할 수 있는가를 측정하는 자극반응도 검사 등을 통해 평가할 수 있다. Powell 등(1991)은 자극 반응도가 높은 음소들은 직접적인 치료 없이도 다른 음소의 치료과정에서 자기 교정이 일어날 수 있으므로 자극 반응도가 일반화 패턴을 설명하고 예측하는 데 결정적인 변인이라고 제안하였다.

우리말 조음검사는 말소리 목록 검사로서 우리말 조음-음운평가(김영태, 신문자, 2004), 한국어발음검사(이현복, 김선희, 1991), 아동용 한국어조음검사(김민정, 2005) 등이 있다.

③ 유창성장애: 말더듬

말더듬의 진단은 비유창성의 유형, 즉 반복, 연장, 간투사 삽입, 묵음 휴지, 불완전한 단어 등 모든 더듬은 단어의 수(빈도)와 특정한 유형의 결합과 비유창성의 길이가 어느 정도인지를 기준으로 진단된다.

말더듬은 어떤 특별한 유형의 비유창성, 특히 단어 일부 반복과 소리 연장이 빈도와 길이에서 모두 높을 때, 모든 유형의 비유창성의 결합된 빈도가 높을 때, 비유창성 길이가 매우 길 때 말더듬으로 진단된다. 이 세 가지 근거 중 하나 혹은 그 이상의 것을 고려해서 진단할 수 있다. 〈표 9-3〉은 진단의 준거를 요약한 것이다.

말더듬의 진단 준거에 의한 비유창성 정도는 다양한 평가방법을 통해 얻어진다.

〈표 9-3〉 말더듬의 진단 준거

모든 비유창성의 결합된 빈도	모든 비유창성의 유형이 고려된다.	5% 혹은 그 이상의 비유창성	말더듬으로 진단
특정 유형의 비유창성 존재	오직 단어 일부 반복과 소리 연장만이 고려된다.	어떤 빈도라도 존재하는가?	말더듬으로 진단
비유창성의 길이	주로 소리 연장이 고려대상이지만 다른 것들도 고려될 수 있다.	1초 혹은 그 이상의 소리 연장	말더듬으로 진단

출처: Hegde(1995).

말더듬과 관련된 행동에 대한 평가는 대화나 소리 내어 읽기, 그림 보고 이야기하기 등의 발화 자료를 통해 분석한다. 이 자료들을 수집할 때 읽기와 이야기하기에서는 각각 200음절 정도를 수집하여 분석할 것을 권유하고 있다(Riley, 1994).

말더듬 행동 평가의 변인은 말을 더듬은 단어의 수(말더듬의 횟수), 막힘의 길이 및 부수 행동이다. 말더듬의 횟수는 더듬은 음절의 백분율로 계산하고, 막힘의 길이는 가장 긴 세 개 막힘의 평균 길이로 평가하며, 부수 행동은 얼굴근육의 움직임, 머리의 움직임, 사지의 움직임, 거슬리는 소리 등에 의해 종합적으로 검사한다(심현섭 외, 2007). 그 외 의사소통 태도, 근육긴장도, 느낌·심리·태도 등을 평가하기도 한다.

더듬은 음절의 백분율(총 비유창성 백분율)은 구어 샘플에 나타난 전체 단어 수에 대한 총 비유창한 단어의 백분율로 얻을 수 있다. 예를 들면, 어떤 사람이 810개의 단어를 발화했고 그중 103개 단어를 유창하지 못하게 발화했다면 12.7%의 비유창성을 보인 것으로 볼 수 있다. 핵심 행동과 부수 행동 평가의 공식적인 평가도구로는 파라다이스 유창성평가(Paradise-Fluency Assessment [P-FA], 2004), 아동 및 성인 말더듬정도 측정검사(Stuttering Severity Instrument for Children and Adults, 3rd ed. [SSI-3], 1994) 등이 있다.

이러한 공식 검사에서 실시하는 비유창성 유형의 판단이 말더듬의 이해와 치료에 실제적인 도움이 되도록 하기 위해서는 비유창성 유형(반복, 연장, 막힘, 간투사 등)을 확인하는 작업이 선행되어야 한다. 또 유창성장애 대상자의 문제를 희석시키는 결과를 낳지 않도록 말더듬 여부를 판단하는 데 영향을 미치는 변수를 보다 분명하게 하는 것이 필요하다(Einarsodttir & Ingham, 2005; 이은주 외, 2009 재인용).

④ 아동언어장애

언어장애는 시기적으로 크게 아동언어장애와 성인언어장애로 분류할 수 있다. 물론 아동기에 발견되는 많은 언어장애가 성인기까지 계속되지만, 여기서는 아동기 언어장애의 평가에 초점을 두고 기술한다. 언어평가는 아동의 언어적 특성을 찾거나 일어날 언어적 변화를 발견하여 수집된 정보를 통해서 진단을 내리고 중재를 시작할 시점을 결정하기 위해 이루어진다.

아동의 평가는 현재의 언어행동을 측정하는 것이 중요하다. 진단방법에는 표준화된 검사도구를 사용하는 공식 검사와 검사도구를 사용하지 않고 아동의 언어능력을 질적으로 분석하는 비공식 검사가 있다. 사용되는 표준화 검사도구에는 그림어휘력검사(PPVT-R), 언어이해 · 인지력검사, 취학전 아동의 수용언어 및 표현언어 척도(PRES), 수용/표현 어휘력검사(REVT), 구문의미이해력검사 등이 있다. 표준화된 준거참조검사들은 문제가 있는지를 결정하는 데는 적절하지만, 특수한 언어결함을 식별하는 데는 덜 유용하다(Merrel & Plante, 1997). 그보다 기술적인 검사(descriptive test)들이 좀 더 아동의 강점과 약점을 체계적으로 찾아낼 수 있고, 검사결과는 치료계획을 위한 유용한 정보를 제공해 줄 수 있다(Owens et al., 2007). 〈표 9-4〉는 현재 우리나라에서 사용 가능한 표준화된 언어검사 도구를 정리한 것이다(권도하 외, 2009).

기술적인 검사로 언어적 특징을 검사하기 위해서는 최소한의 언어 형태, 내용, 사용에서의 수용 및 표현의 영역들이 다양한 검사방법을 통해 평가되어야 한다.

또 환경적 중재 프로그램을 계획하기 위해 자연적 환경(가정, 학교, 지역사회 등)에서 언어 표본을 수집한다. 되도록 자유롭게 그리고 자연스럽게 말하도록 자극하는 것이 요구된다. 이를 위해 장난감이나 책, 그림카드, 여러 가지 물건들을 사용한다. 이때 부모와 형제자매 모두 참여하여 자유로운 상황에서 대화, 이야기, 설명 및 면담과 같은 담화양식 등 다양한 형식으로 아동의 발화를 유도하도록 한다.

〈표 9-4〉 언어검사 도구의 특성

검사도구명	해당 연령	채점방식			수용 언어	표현 언어	언어 영역별 평가		
		등가 연령	백분위 지수	언어 지수			의미	화용	음운 · 구문 · 형태
영유아언어발달검사	5~36개월	✓	✓		✓	✓	✓	✓	✓
취학전 아동의 수용언어 및 표현언어 척도	2~6세	✓	✓	✓	✓	✓	✓	✓	✓
그림어휘력검사	2~8세	✓	✓		✓		✓		
언어이해 · 인지력 검사	3~5세 11개월	✓			✓				
한국 노스웨스턴 구문선별검사	3~6세	✓	✓		✓	✓	✓		
문장이해력검사	4~6세	✓	✓		✓				✓
구문의미이해력검사	4~9세	✓	✓		✓				✓
언어문제해결력검사	5~12세	✓			✓	✓			
MCDI-K(부모 질문지)	30개월 미만					✓	✓		✓

* ✓ : 각 검사도구에서 측정 가능한 구성 요소.
출처: 권도하 외(2009)에서 수정 · 보완.

최근에는 아동의 언어치료 평가 시 단계적인 언어자극이나 촉진으로 아동의 반응성을 예측해 보는 역동적 평가(dynamic assessment)를 통해 아동이 잠재력이 있는지를 평가하기도 한다(김영태, 2003). 역동적 평가 및 기술은 다문화 환경에 있는 사람들의 평가에 적합하다(Schraeder, Quinn, Stockman, & Miller, 1999; Ukrainetz, Harpell, Walsh, & Coyle, 2000).

다양한 평가방법에 의해 표집된 아동의 반응을 보다 심도 있게 분석하기 위해서는 오디오와 비디오를 통해 언어 표본을 수집한 후 전사한다. 전사 후에는 언어결함의 정도와 특성을 결정하기 위해 양적 · 질적 방법으로 분석하여 평가해야 한다.

4. 의사소통장애의 특성

1) 언어적 특성

말과 언어를 학습하는 과정은 매우 복잡하고 다양하다. 언어적 특성은 정상적 언어발달의 지체 혹은 장애에 의해 나타나는 결함에 초점을 두고 기술하고자 한다. 특히 언어장애아동은 많은 아동이 표현언어장애를 보이는데, 그들은 단순히 조음산출에만 문제를 보이는 조음장애보다 복합적인 문제를 나타낸다. 학습장애아동은 말소리 산출 시 복잡한 구조의 음절 산출에서 더 어려움을 보이고, 언어 이해에서도 어려움을 보이며, 문법적으로도 보다 단순하며 다소 부정확한 말을 산출하고, 형태소 산출에 영향을 미치는 음운 오류를 나타낼 가능성도 높다(Owens, Dromi, & Leonard, 2001). 언어능력은 지능과도 매우 밀접한 관련이 있다. 지능의 손상은 언어발달을 손상시켜 궁극적으로 의사소통에도 곤란을 겪게 한다.

다운증후군의 경우 개인차는 있으나 언어능력이 다른 인지기능에 비해 더 손상되어 있고, 언어의 구성 요소 중 특히 문법 손상이 크며, 산출의 결함이 이해의 결함보다 더 크다(Abbeduto et al., 2004). 이에 반해 의사소통과 화용적인 면은 다른 요소에 비해 강하다. 특히 사회적 상호작용에 관심을 가지고 있고, 대화를 유지하고 수정하는 일도 가능하다.

기능이 낮은 저기능 자폐범주성장애아동은 반향어를 사용한다. 질문 또는 질문의 마지막 단어를 반복하여 즉각 반응하며, 이러한 반향어를 사회적 상호작용을 유지하기 위한 의사소통 기능으로 사용한다(Prizant, 1983). 고기능 자폐범주성장애아동의 언어는 어조가 매우 기계적이며, 사람의 말과 억양, 소리, 음절에서 다르다. Tiger-Flusberg(1989)는 그 이유를 다른 사람과 같은 소리에 대한 관심의 부족 때문인 것으로 보았다. 그러나 어휘성장과 단어 의미의 이해 면에서는 유사하다. 특이한 점은 그들이 마음상태를 의미하는 단어는 잘 사용하지 않는다는 것이다. 자폐범주성장애아동은 통사적인 면에서는 정상아동에 비해 느리고, 덜 다양한 구문 유형을 사용한다. 또한 대화가 제한적이며 대화를 이해하는 데 어려움을 갖는다. 자폐범주성장애아동이 경험하는 의사소통 문제는 사회적 · 인지적 기술과 연산기제 등의 손상에서 온 것으로 보인다.

단순언어장애(specific language impairments: SLI)는 언어지체로서 이해보다 산출에서 더 지체된다. Leonard(1991)는 단순언어장애아동은 말에서 규칙성을 찾아내고, 이러한 규칙성이 일어나는 대화 맥락을 알아내고, 단어와 지시대상 간의 연합의 규칙성과 음운적 또는 문법적 규칙을 찾아내고, 이러한 연합과 규칙을 사용하여 말을 만들어 내는 것과 같은 행동에서 또래보다 덜 숙련되었을 뿐이라고 하였다.

또한 언어장애아동은 읽기문제에 노출되어 있다. 일반적으로 언어 시작에서 말이 적으며, 자기가 읽은 것과 언어 지식을 통합하는 능력이 부족하여 이해가 어렵다. 그들의 읽기과정의 문제는 자동적 읽기 수행이 더디거나 덜 유창한 결과를 보인다. 또한 단어의 해부호화나 텍스트 이해가 손상될 수 있고, 구두언어(oral language)를 해석하기가 어려운 아동은 교실 수업이 말소리에 초점이 맞추어져 있을 경우 쓰기 언어를 해석하는 데에도 어려움을 가질 것이다.

2) 인지/정보처리의 특성

의사소통의 어려움은 단순히 말과 언어의 산출에만 국한되지 않는다. 말을 산출하기 위해서는 사물을 지각하고 인지하는 능력이 수반되어야 한다. 유아기에는 사물에 대한 인지기능이 선행되어야 언어의 이해와 산출의 효과를 높일 수 있다는 이론을 따르기도 한다. 따라서 유아기, 아동기에 인지수행 능력이 떨어지면 의사소통에 어려움을 보일 수밖에 없을 것이다.

의사소통장애를 가진 특수 관련 장애인 정신지체, 자폐범주성장애, 학습장애 등

은 인지능력과 정보처리 능력이 정상발달 아동에 비해 떨어진다. 그들은 관련된 단서를 식별하고 과제에 집중하는 능력이 제한되어 있고, 기존에 저장되어 있던 정보를 기억하고 인출하는 데 어려움이 있을 뿐 아니라 쉽게 인출하기 위해 정보를 자발적으로 시연하는 일도 매우 느리다. 다운증후군아동은 단기적 청각기억 능력이 떨어져 연속적 처리과정을 매우 어려워하며, 자폐범주성장애아동은 모방의 어려움으로 적절한 자극에 주의를 집중하기가 어렵다. 경도-중등도 정신지체아동은 정신연령을 일치시킨 또래와 주의를 유지하기는 하지만 참여할 자극을 훑어서 선택하는 것에 어려움을 갖는다.

언어장애아동의 인지결함은 타인의 말을 모방하기와 기억한 말을 따라 말하거나 바르게 수정하기, 기억장치에 저장된 낱말을 빠르게 연결하기 등의 수행능력의 결함으로 이어져 점차 언어학습에 부정적인 영향을 미치게 될 것이다.

3) 사회정서적 특성

말장애인 조음음운장애, 음성장애 그리고 유창성장애는 대부분 인지능력에 결함이 없으므로 언어 습득의 어려움은 언어장애에 비해 적다. 그러나 구어의 소통에서 알아듣기 힘들거나 불쾌하거나 유창하지 않아 청자가 이해하기에 힘들다. 따라서 또래와의 관계 형성이나 사회화에 어려움을 느낀다. 유창성장애아동은 말을 잘하려는 요구에 의한 갈등으로 공포, 불안, 당황 등의 부정적인 감정상태를 유발시킬 수 있으며, 이러한 정서적인 문제가 또래와의 관계에 영향을 미칠 수 있다. 의사소통 문제가 정서적인 문제를 야기하는 학습장애의 경우, 아동은 타인에게 공격적이고 충동적이며, 예측 불가능한 행동을 취하며, 판단력이 떨어지고, 비정상적인 두려움을 가지며, 변화에 잘 적응하지 못한다. 자폐범주성장애 역시 주의를 공유하는 데 어려움을 가진다. 특히 고기능 자폐범주성장애아동은 사람과 물건들 사이를 연결시킬 수 있고, 긍정적 정서를 함께할 수는 있지만 공유를 목적으로 다른 사람의 지지를 얻으려고 하지 않는다(Wetherby et al., 2000).

자폐범주성장애유아는 기능적 놀이와 상징놀이에서 어려움을 보이며, 하나의 물건을 다른 물건으로 가장하는 것이 서툴며, 상상놀이에 참여하는 것이 쉽지 않고, 자신의 의도대로 장난감을 이용하지 못할 수도 있다. 그들은 성장해도 또래 또는 타인과의 사회적 상호작용에서 암묵적 규칙을 이해하지 못한다(Tiger-Flusberg,

1993). 이러한 사회정서적인 특성이 또래 혹은 타인과의 상호작용을 더 어렵게 만들 것이다.

이와 같이 의사소통장애는 인지 및 정보처리, 사회정서, 행동적인 면과 관련이 있으므로 어린 시기부터 그들의 특성에 따라 적절한 지도를 실시해야 한다. 지도 이후에도 성장하면서 학교나 지역사회 및 단체로부터 소외 또는 격리되는 결과가 초래되지 않도록 하기 위해서는 그들에 대한 부모, 교사, 전문 치료사들의 관심과 노력이 지속되어야 할 것이다.

5. 의사소통장애의 치료 및 중재

의사소통장애의 치료 및 중재 방법은 매우 다양하다. 여기서는 가장 효과적이고 핵심적인 방법 또는 기법들을 말장애와 언어장애로 구분하여 제시하고, 언어장애는 아동언어장애를 중심으로 살펴보고자 한다.

1) 말장애의 치료

(1) 음성장애

음성장애의 치료방법은 장애의 종류에 따라 달라진다. 성대를 혹사한 경우에는 그렇게 만든 발성 패턴을 감소시키는 데 중점을 두고 성대 위생교육을 실시한다. 이 교육은 정상적인 음성 유지법, 효율적인 음성 사용법 등의 설명을 통해 간접치료를 하기도 하고, 하품-한숨 기법(yawn-sign), 씹기기법(chewing)과 같은 직접치료 방법을 통해 치료하기도 한다. 후두적출 환자의 경우는 인공후두를 통한 발성 또는 식도 발성을 습득하게 하는 데 치료의 목표를 둔다. 성대의 신경손상으로 성대마비가 된 환자의 경우에는 손으로 벽이나 책상을 밀면서 발성을 하게 하는 밀기 접근법(pushing approach)을 제시할 수 있다. 또 심리적 요인에서 비롯된 장애는 대개 스트레스가 원인이므로 다른 보건 전문가에게 상담을 받게 하거나, 근육긴장 완화를 위한 치료방법인 기침하기, 목 가다듬기, 하품하기, '아' 발성하기 등의 방법을 사용하여 치료한다.

(2) 조음음운장애

조음음운장애의 치료 접근법과 기법들은 다양하다. 치료원리에 따라 운동적 접근법과 언어학적 접근법으로 크게 구분한다. 운동적 접근은 음성학에 기초하여 한 번에 한 음소를 가르치는 데 초점을 맞추며, 언어학적 접근법은 언어학과 음운론에 기초하여 복합적 오류를 보이는 아동의 음소 대조와 적절한 음운 패턴을 훈련시킨다(Bernthal & Bankson, 2004).

운동적 접근법에서 가장 많이 사용되는 전통적 접근법은 청지각훈련과 산출훈련으로 이루어져 있다. 청지각훈련은 확인, 독립, 자극 그리고 변별의 4단계로 실시한다. 즉, 아동의 주의를 목표음소에 집중시키는 확인단계, 점차 복잡한 환경에서 들은 목표음소를 확인하는 독립단계, 목표음소의 강세와 지속시간 등을 변화시켜 가면서 적절한 청각적 시범을 제공하는 자극단계, 문맥의 복잡성을 증가시키면서(예, 낱말, 구, 문장) 자신이 낸 소리가 맞는지 틀리는지를 판단하는 변별단계로 접근하여 훈련한다. 산출훈련으로는 임상가의 입 모양이나 녹음된 소리를 듣고 따라 하는 모방법, 음소가 산출되는 조음기제의 위치를 설명하거나 단서를 제공하는 조음점지시법, 연속적 접근을 활용하는 훈련방법인 점층적 형성법 등의 다양한 기법으로 음소산출 훈련을 실시한다.

언어학적 접근법의 치료목적은 우선 아동의 음소 목록에 성인 수준의 음운학적 규칙(예, 변별자질, 대조 규칙, 음소배열 규칙)을 확립시키는 것이다. 또한 오류를 나타내는 음소를 교정하는 것과 아동이 잘못 사용하고 있는 오류 패턴을 감소시켜 나가는 것이다. 언어학적 접근법의 치료과정은 음소 및 자질 대조를 사용한다. 이 접근법에는 한 음소만 차이가 나는 한 쌍의 낱말(예, '담'과 '감')을 사용하는 '최소대조짝훈련'과 자질의 차이를 살펴보는 '변별자질접근법', '최소 · 최대대립자질접근법', 복합음소 오류를 보이는 아동을 위해 고안된 '주기접근법' 등이 있다. 최소대조짝 훈련절차는 대조음소(낱말)의 선택단계, 변별단계, 산출단계, 전이단계를 거친다. 변별자질접근법은 오류 음소들 사이에 공통적으로 나타나는 자질들을 이용하여 가르침으로써 동시에 여러 음소를 교정하려는 접근방법이다. 최소 · 최대대립자질접근법은 한 자질에서만 차이가 나는 낱말 쌍(예, '발'과 '달')과 여러 자질에서 차이가 나는 낱말 쌍(예, '파리'과 '다리')을 훈련낱말로 사용하여 가르친다. 자질 대조의 훈련절차는 변별단계, 모방단계, 산출단계를 따른다. 주기접근법은 치료 회기마다 여러 말소리를 모두 다루고 다음 회기에 그 말소리들을 모두 다시 치료하거나, 여러 개 중 두세 개만을 한 회기에 치료하고 두 번째 회기에는 나머지를 치료하고 세 번째 회기에서 다시 처음에 치료했던 말소리로 돌아와 다시 치료하는 과정을 밟는다. 이 치료과정을 주기적으로 반복하면 음운 오류가 점차 줄어들고 차차 성인의 음운체계와 비슷하게 된다. 따라서 이 접근법은 전반적인 말 명료도를 높이는 것이 목적이라고 할 수 있다(Hodson & Paden, 1991).

이와 같은 접근법 중에서 운동접근법은 조음운동에 문제가 있는 아동에게 적합하며, 특히 조음 오류가 감각적인 문제에 기인하는 경우에는 청지각훈련이 사용될 수 있다. 여러 음소 오류를 보이는 아동을 위해서는 주기접근법이 바람직하다. 그리고 말 명료도가 심하게 떨어지는 아동은 음운변동에 초점을 맞춘 치료 접근법이 효과적이며, 목표음소는 자극 반응도가 가장 높은 음소를 선정하는 것이 좋다.

일정한 피드백이 없어도 훈련받은 소리를 좀 더 자연스러운 상황에서 정확하게 산출하기 위해서는 탐색이나 반응을 유지하기 위한 다양한 전략들을 사용하여 일반화 및 유지를 하도록 해야 한다. 또 유지를 잘하기 위해서는 집이나 학교 혹은 다른 곳에서 조음을 잘하는 것에 대해 가족 구성원, 교사, 또래, 그 밖의 주변 사람이 아동에게 정적인 강화를 주도록 훈련시키는 것도 필요하다.

(3) 유창성장애: 말더듬

말더듬의 치료방법은 크게 세 가지로 접근할 수 있다. 하나는 심리적 접근법으로 심리적·감정적 문제를 치료하는 정신분석, 심리치료, 상담이 포함된다. 심리적 방법은 간접적인 치료법이다. 이에 반해 직접적인 치료법은 크게 두 가지 부류로 나눌 수 있다. 하나는 말더듬 증상 자체의 완전한 제거를 목적으로 하는 유창성완성법이다. 이 방법은 유창한 말을 체계적으로 수립하여 차츰 말을 더듬는 순간을 유창한 말로 바꾸도록 하는 치료법이다. 즉, 행동수정이론의 조작적 조건화와 프로그램 원리를 기초로 한 상황에서 유창한 말을 하도록 확립한 후 차차 일반적 상황에서도 유지할 수 있도록 유도하는 방법이다. 유창성완성법에는 집중유창성훈련, DAF 프로그램, 정밀 유창성 프로그램법이 있다. 집중유창성훈련(Neilson & Andrews, 1993)은 부드러운 말 산출을 위한 능력을 가르치는 것이다. 이 치료의 행동목표는 ① 느린 말 속도, ② 풀린 호흡, ③ 힘들이지 않고 구절의 발음 시작하기, ④ 구절 발음의 계속성 유지, ⑤ 적절한 구절 나누기와 쉼, ⑥ 적절한 운율, ⑦ 효과적인 발표능력 등의 훈련을 강조하여 자발적으로 말을 유창하게 하도록 하는 것이다.

DAF 프로그램(Ryan, 1974)은 지연청각역입기(DAF)을 사용하여 자기가 말한 발음을 200ms 혹은 250ms 정도 지연시켜서 듣는 훈련방법이다. 이 방법은 DAF를 착용하고 각 대상자에게 적절한 지연시간을 찾아내어, 읽기, 혼잣말하기 및 대화를 사용하여 유창성을 훈련한다. 각각의 지연시간에 유창성을 훈련하면서 점차 50ms 씩 줄여 가는데, 지연시간이 0ms가 되면 DAF를 떼고 기기 없이 자발적으로 유창하게 말을 하도록 훈련한다.

다른 하나는 말을 더듬되 보다 쉽게, 정신적 부담 없이 더듬게 하는 것을 목적으로 하는 말더듬수정법이다(Hegde, 1995). 이 방법은 피하려는 행동 또는 말과 관련된 두려움을 줄이고 말을 좀 더 쉽게 더듬도록 하는 데 목표를 둔다. 말더듬수정법에는 말이 더듬어질 때 그 말을 더듬어서 끝낸 후 잠시 말을 멈추었다가 다시 그 낱말을 편안하게 시도하는 취소기법(cancellation), 아직 말을 더듬는 상황에 있을 때 그 나머지 말을 쉽게 이끌어 내는 이끌어내기(pull-out), 자신이 공포를 느끼거나 말을 더듬을 것으로 예상되는 낱말에서 천천히 쉽게 시작하고 조절하는 준비하기(preparation) 등을 사용하여 말을 쉽고 편하게 하도록 가르친다(Van Riper &

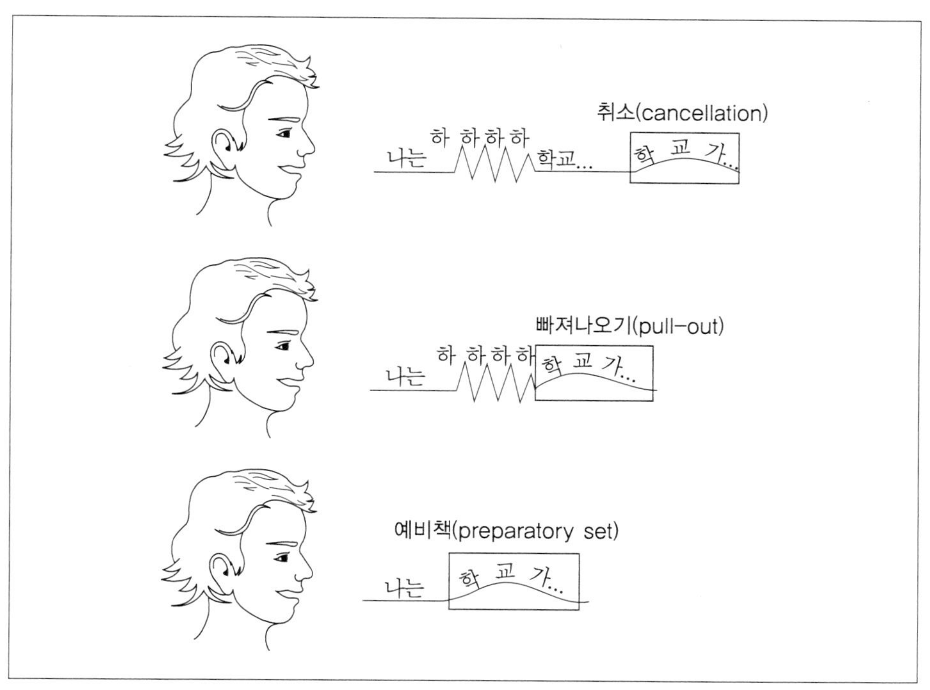

[그림 9-2] 말더듬 수정기법

출처: Guitar(1998), p. 219; 이승환(2005), p. 182.

Emerick, 1984; 이승환, 2005 재인용). 이 세 가지 기법을 치료에 도입할 때는 먼저 취소하기를 시작한 후 이끌어내기 그리고 준비하기로 이동한다. 이 단계의 목적은 보다 유창한 방식으로 낱말을 시작하도록 훈련하는 것이다([그림 9-2] 참조).

2) 언어장애의 중재

언어장애의 중재는 누가, 어디서, 어떤 기술들을 사용하느냐에 따라 다양하다. 다시 말해 누가 중재를 주도하느냐에 따라 임상가 중심, 아동 중심의 중재, 두 가지 접근방법을 혼합한 절충법 등이 이루어진다. 아동의 중재는 자유스러운 환경인지 혹은 구조화된 환경인지에 따라 다르며, 반복적인 훈련(drill), 모델링, 모방, 간접적 언어자극(indirect language stimulation) 등의 언어활동 기법들을 사용하여 중재를 한다. 중재의 목적은 언어장애아동에게 언어행동을 가르쳐 의사소통을 더 잘 할 수 있게 하기 위한 것이다. 의사소통을 잘하기 위해서는 근본적인 문제를 바꾸거나 제거하거나 구체적인 언어행동을 가르침으로써 언어기능의 향상을 시도해야 한다. 예를 들어, 단어 찾기가 어려운 아동에게 특정 어휘 항목을 산출하도록 가르치는 보상전략 등을 사용하여 어휘회상을 잘할 수 있도록 가르치는 것을 들 수 있다. 중재과정은 우선 중재의 구체적인 목표를 결정하고, 중재에 접근할 접근방법을 결정하고, 특정한 중재활동을 선택하거나 고안하여 실시한다. 예를 들면, 인지 수준은 높지만 어휘 산출이 열악한 아동의 경우는 구체적인 목표를 어휘 확장에 두고 아동중심의 접근방법에 따라 아동이 주도하는 데로 따라 하는 접근방법을 수행하며, 자연적인 중재환경에서 아동이 흥미와 관심거리를 중심으로 혼잣말하기, 병행하여 말하기, 모델링, 확장 등의 언어활동 기법들을 적용하여 아동의 어휘를 확장시키는 중재방법을 선택할 수 있다. 〈표 9-5〉에서는 언어중재에 사용되는 접근방법과 그에 따른 언어활동 기법들을 제시하고 있다.

〈표 9-5〉 언어중재 접근방법과 그에 따른 언어활동 기법

유 형	임상가 중심	아동 중심	절충법
정의	임상가가 모든 측면(사용도구, 도구 사용방법, 강화 유형 및 빈도 등)을 지정하고 이끌어 가는 접근방식이다.	아동의 흥미와 관심에 따라 아동이 이끄는 방식, 즉 아동이 주도하는 형태의 접근방식이다.	임상가 중심의 접근방법과 아동 중심의 접근방법을 합친 접근방식이다.

주요 언어활동 기법	(1) 반복(drill)학습: -가장 구조화된 활동 -임상가가 아동에게 어떤 반응이 기대되는지를 미리 알려 준다. -훈련자극을 제시하고, 사건을 동기부여하고, 점차 행동을 늘려나가는 방법으로 유도한다. -자극 제시와 단위시간당 아동 반응 비율이 가장 높다. (2) 놀이 반복(drill play)학습 -앞서 일어날 일에 대한 동기를 부여하고, 나중에 일어난 사건에 대해서도 동기화한다. -음운적인 중재에서 반응을 유도하는 데 효과적이다. (3) 모델링: -역할모델의 행동을 따라한다. 단순한 모방이 아니라 아동이 의도하는 행동이 첨가될 수 있다. -외부의 강화 및 형식적인 상호작용 상황(주고받기)을 사용할 수 있다.	(1) 간접적인 언어자극(indirect language stimulation): 이 활동의 목적은 아동이 말하도록 시도하는 것이다. ① 혼잣말하기(self-talk)와 병행하여 말하기(parrallel-talk): -임상가가 자신이 하는 행동을 말하거나, 아동이 하는 행동을 임상가가 말한다. -전혀 말을 하지 않는 아동에게 유용하다. ② 모방(imitation): 아동이 한말을 따라 한다. ③ 확장(expansion): 아동이 산출한 말을 정확한 문법 형태로 유도한다. 예) 먹어→밥을 먹어. 빨리 먹어. ④ 확대(extension): 아동이 산출한 말에 몇몇 의미론적 정보를 첨가시켜 설명한다. 예) 고래가 먹었어→고래가 밥을 먹었니? ⑤ 합성과 분리(bulidups and breakdowns): 아동이 산출한 말을 더 작은 형태로 쪼개거나 다시 붙힌다. 예) 고래 먹었어→고래가 먹었지, 고래. ⑥ 문장 고쳐 만들기(recasting): 문법의 틀을 바꾼다. 예) 고래가 먹었어→고래가 먹었니? ⑦ 총체적 언어접근법: 자연스러운 습득과정을 통해 읽기, 쓰기, 말하기, 듣기를 전체적으로 가르친다.	(1) 초점적 자극(focused stimulation): 같은 자극을 반복하여 제시하지만, 아동에게 반응하도록 직접적으로 유도는 하지 않고 유도를 위해 주변 상황을 만들어 준다. -이 방법은 아동이 산출할 말의 사용과 이해를 향상시켜 줄 수 있다. (2) 수직적 구조(vertical structuring): 아동이 한 말을 근거로 말을 합치거나 아동의 말을 확장시켜 주는 형태를 말한다. 예) 사과→맛있어, 먹었어, 열렸어. 사과가 맛있어요. 사과가 열렸어요. 사과를 먹었어요. -이 기법은 언어발달의 초기 단계에서 더 발달된 언어구조를 말하도록 하는 데 효과적이다. (3) 환경교수법(milieu teaching): 우연교수(incidental teaching)와 요구모델법(mand-model)이 있다. -우연교수: 아동의 주의를 끈 후 아동의 요구를 관찰하고, 요구하도록 유도하는 기법이다. 요구하지 않으면 목표에 맞게 질문하여 대답을 유도한다. 예) 왜라는 질문을 통해 '~해서' '~때문에'라는 낱말을 유도할 수 있다. -요구모델: 아동에게 요구하는 자극인 '이거 뭐야'를 사용하여 대답을 끌어낸다. 아동의 발화 빈도를 증가시킬 수 있고, 소집단이나 학급 현장에 유용한 기법이다. (4) 스크립트(script): 일상생활에서 일어나는 일들을 순서적으로 말한다. 아동에게 익숙한 노래나 말을 바꿔서 질문을 유도하는 방법을 사용하기도 한다.

장점	언어자극을 기술하고, 명확한 지시와 기준을 세울 수 있고, 올바른 반응 빈도를 높일 수 있으며, 가장 높은 반응을 유도할 수 있는 방법이다.	아동의 흥미와 관심의 유발이 용이하고, 아동에게 익숙한 자연스러운 상황 혹은 환경에서 실제적인 활동을 할 수 있으므로 일반화가 용이하다.	두 가지 방법의 단점을 보완할 수 있다. 환경중재 모델에 상관없이 모두에게 사용할 수 있다.
단점	구조화된 환경으로 실제 상황에서의 일반화가 어려울 수 있다. 따라서 목표가 일상 언어의 사용에 반영되지 못할 수 있다.	중재목표를 일관되게 수행하는 데 어려움이 있고, 아동의 관심과 흥미에 치중하다 보면 아동의 직접적인 언어문제를 비켜갈 수 있다.	임상가의 많은 경력이 요구되며, 다양한 사용도구들이 제시되어야 한다. 언어발달이 좀 더 진보되고, 상위의 언어 지식을 가진 아동들에게 다양한 전략들을 모색해야 하는 어려움을 안고 있다.
시사점	단점 보완을 위해서는 형식적 중재 상황에서 일상적 상호작용으로 전이시킬 수 있는 다양한 양식(놀이 상황 접목)을 결합시켜 덜 구조화된 상황을 이용하여 접근할 수 있다.	전통적인 중재방법의 단점을 보완하고, 자연적인 중재환경의 개발과 사용되는 도구의 고안 등을 통해 아동이 주로 생활하는 환경(학교, 가정)에서의 환경적 접근도 다각도로 시도해 볼 수 있다.	임상가가 다양한 중재기법들을 활용하기 위해서 많은 사용도구들을 제공하고, 진보된 언어발달을 위한 언어활동 기법들을 다각도로 활용할 수 있는 방안들을 모색할 수 있다.

출처: Paul(2007).

요약

의사소통장애는 일반적으로 말장애와 언어장애로 구분하여 살펴볼 수 있다. 의사소통 요소들은 조음, 음성, 유창성, 언어 그리고 청각으로 구성되며, 각각의 요소에 장애가 발생되면 의사소통 문제를 보이게 되며, 장애 발병의 원인 또한 매우 다양하고 복잡하다. 이는 신경적 · 신체적 발달, 지적 발달의 지연 혹은 장애로 발생할 가능성이 매우 높으며, 환경적 · 문화적 차이로도 발생할 수 있다.

의사소통장애의 진단 및 평가에서는 초기에는 객관적 평가도구를 사용하여 평가하지만, 자연적 환경에서 역동적 평가 또는 관찰을 통해 비공식적 평가를 실시할 수도 있다. 이 평가 결과는 중재(치료) 계획 및 목표를 세우는 데 기초정보를 제공할 것이다. 개인 및 집단에게 가장 효과적인 언어중재 기법은 중재를 주도하는 사람에 따른 다양한 활동들을 개인, 환경, 제시방법 등의 변화를 통해 수행하는 것이다. 이 기법들의 장단점과 그 시사점을 살펴봄으로써

중재방식을 응용할 수 있다. 이런 기술들이 가정, 학교, 사회기관에 일반화되기 위해서는 부모, 교사, 전문 치료사, 그 외 관련자들의 지속적인 지원이 필요하다.

끝으로 의사소통장애는 순수하게 한 장애만으로 발생하기보다 혼합되거나 중복된 장애 형태를 보이는 경우가 적지 않다. 따라서 다학문적인 접근을 통한 관련 분야 종사자들 간 협조가 필요하고, 다양한 중재 모델들을 개발하는 데에도 많은 노력을 기울여야 할 것이다.

참고문헌

강정숙(2003). 일반아동과 단순언어장애아동의 담화구조분석. 단국대학교 대학원 박사학위논문.

권도하 외(2009). 언어치료학개론. 대구: 한국언어치료연구소.

김민정(2005). 아동용 한국어 조음검사. 연세대학교 대학원 박사학위논문.

김수진, 신지영(2007). 조음 · 음운장애. 서울: 시그마프레스.

김영태(2003). 아동언어장애의 진단 및 치료. 서울: 학지사.

김영태, 신문자(2004). 우리말 조음음운평가. 서울: 학지사.

김영태, 심현섭 역(2007). 조음음운장애. 서울: 박학사.

김화수, 김성수, 박현주, 성수진, 표화영, 한진순 역(2007). 의사소통 장애: 전생애적 조망. 서울: 시그마프레스.

나수화, 정은희(2006). 정신지체아동 언어의 화용론적 특성분석. 언어청각장애연구, 11(1), 64-80.

심현섭, 김영태, 김진숙, 김향희, 배소영, 신문자, 이승환, 이정학, 한재순(2007). 의사소통장애의 이해. 서울: 학지사.

심현섭, 신문자, 이은주(2004). 파라다이스-유창성검사. 서울:파라다이스복지재단.

이소현, 박은혜(2006). 특수아동교육(2판). 서울: 학지사.

이승복, 한기선 역(2003). 의사소통 과학과 장애. 서울: 시그마프레스.

이승환 (2005). 유창성장애. 서울: 시그마프레스.

이승환, 배소영, 심현섭, 김영태, 김향희, 신문자, 한재순, 김지숙, 이정학(2001). 의사소통장애개론. 서울: 하나의학사.

이윤경, 김영태(2003). 의미적 점화가 단순언어장애 아동의 낱말찾기에 미치는 효과. 언어청각장애연구, 8(3), 22-39.

이은주, 박정현, 신문자, 심현섭(2009). 유창성장애 전문가들의 임상적 판단과 파라다이스-유창성 검사 결과 간의 비교연구. **언어청각장애연구, 14**(2), 200-211.

이은주, 심현섭(2007). 취학전 말더듬아동의 기질과 어머니의 기질 및 양육행동 특성. **언어청각장애연구, 12**(2), 279-295.

이현복, 김선희(1991). **한국어발음검사**. 서울: 국제출판사.

조성숙, 김미경, 박선언, 홍은미, 조숙환(2007). 자폐성 장애아동의 화행(speech acts)능력. **언어청각장애연구, 12**(2), 215-234.

Abbeduto et al. (2004). Language, Social, Cognition, Maladaptive behavior and communication in Down syndrome and fragile X syndrome. In M. Rice and S. Warren (Eds.), *Developmental language disorders: From phenotpyes to etiology* (pp.77-98). Mahwah, NJ: Erilbaum.

American Speech-Language-Hearing Association (ASHA). (2001). Roles and responsibilities of speech-language pathologists with respect to reading and writing in children and adolescents (position statement; executive summary of guidelines, technical report). ASHA *Supplement,* 21, 17-27.

Bernthal, R. D., & Bankson, N. W. (1993). *Articulation Disorders and Phonological Disorders* (3rd ed.). Englewood Cliffs, NJ: Prentice-Hall.

Bernthal, J. E., & Bankson, N. W. (1997). *Articulation and Phonological Disorders* (4th ed.). Englewoeed Cliffs, NJ: Prentice-Hall.

Bernthal, J. E. & Bankson, N. W. (2004). *Articulation and Phonological Disorders* (5th ed). Boston: Allyn & Bacon

Battle, D. E. (Ed.) (2002). *Communication disorders in multicultural popularance* (3rd. ed.). Boston: Butterworth-Heinemann.

Blache, S. E. (1989). A distinctive feature approach. In N. Creaghead, P. Newman, & W. Secord (Eds.), *Assessment and Remediation of Articulatory and Phonological Disorders.* Columbus, Ohio: Charles E. Merrill.

Bloom, P. (2000). *How children learn the meanings of words.* Cambridege, MA: MIT Press.

Craig, H. & Evans, J. (1989). Turn exchange characteristics of SLI chilren's simultaneous and non-simultaneous speech. *Journal of Speech and Hearing Disorders,* 54, 334-347.

Catts, H. (1989). Phonological Processing deficits and reading disabilities. In A. Kamhi & H. Catts (Eds.), *Reading disabilities: A developmental Language perspective* (pp. 101-132). Boston, MA: Collage-Hill.

Einarsdottir, J., & Ingham, R. J. (2005). Have disfluency-type measures contributed to the understanding and treatment of developmental stuttering? *American Journal of Speech-Language Pathlogy, 14*, 260-273.

Emerick, L. & Haynes, W. (1986). *Diagnosis and evaluation in speech pathology* (3rd ed.). Englewood Cliffs. NJ: Prentice-Hall.

Guitar, B. (1998). *Stuttering: An Intergrated Approach to Its Nature and Treatment* (2nd ed.). Memphis, TN: Speech Foundation of America.

Haynes, W. & Pindzola, R. (1998). *Diagnosis and evaluation in speech pathology* (5th ed.). Englewood Cliffs, NJ: Prentice Hall.

Hegde, M. N. (1995). *Introduction to communicative disorders*. Austin, TX: Pro-ed. Inc.

Hegde, M. N., & Maul, C. A. (2006). *Language Disorders in Children* (4th ed.). An Evidence-Based Approach to Assessment and Treatment. Boston: Allyn and Bacon.

Hodson, B., & Paden, E. (1991). *Targeting Intelligible Speech: A Phonological Approach to Remediation* (2nd ed.). Austin, TX: PRO-ED.

Leonard, L. (1991). Specific language impairment as a clinical category. *Language Speech, and Hearing Services in schools*, 22, 66-68.

Leonard, L. (1998). *Children with Specific Language Impairment*. Cambridge, MA: The MIT Press.

Liles, B., Duffy, R., Merritt, D., & Purcell, S. (1995). Measurement of narrative discourse ability in children with language disorders. *Journal of speech and Hearing Research, 38*, 415-425.

McCormick, L., & Loed, D. F. (2003). Characteristics of student with language and communication difficulties. In L. McCormick, D. F. Lobe, & R. L. Schiefelbusch (Eds.), *Supporting children with communication difficulties in inclusive settings* (2nd ed.). Boston: Allyn and Bacon.

Merrell, A. W., & Plante, E. (1997). Norm-referenced test interpretation in the diagnostic process. *Language Speech and Hearing Services in the Schools, 19*(3), 223-233.

Neilson, M., & Andrews, G. (1993). Intensive fluency training of chronic stutters. In R. F. Curlee (Ed.), *Stuttering and related disorders of fluency* (pp. 139-165). New York: Thieme Medical Publishers.

Owens, A. J., Dromi, E., & Leonard, L. B. (2001). The phonology-morphology interface in the speech of Hebrew-speaking children with specific language

impairment. *Journal of Communication Disorders, 34*, 323-337.

Owens, R. E. (2005). *Language Development: An Introduction* (6th ed.). Allyn & Bacon.

Owens. R. E., Dale, E. M., Adelaide, H. (2007). *Introduction to communication disorders: A Lifespan Perspective*. Boston: Allyn & Bacon.

Paul, R. (2001). *Language Disorders: From Infancy through Adolescence: Assessment & Intervention* (2nd ed., p. 388). St. Louis, MO: Mosby.

Paul. R. (2007). *Language disorder: From infancy through adolescence: Assessment and intervention*. Mosby, Inc.

Peter, T. J., & Guitar, B. (1991). *Stuttering: An integratyed approach to its nature and treatment*. Baltimore, MD: Williams & Wilkins.

Prizant, B. (1983). *Language acquisition and communicative behavior in Autism*: Toward an understanding of the "Shole" of it. *Journal of Speech and Hearing Disorders, 48*, 296-307.

Powell, T. W., Elbert, M., Dinnsen, D. A. (1991). Stimulability as a factor in the phonologic generalization of misarticulating preschool children. *Journal of Speech and Hearing Research*, 34, 1318-1328.

Ratner, N. (2004). Attention deficit hyperactivity disorder. *Seminars in Speech and Language, 25*, 205-206.

Riley, G. D. (1994). *Stuttering severity instrument for children and adults* (3rd ed.). Austin, TX: Pro-Ed.

Riley, G. D., & Riley, J. (2000). A revised component model for diagnosing and treating children who tutter. *Contemporary Issues in Communication Sciences and Disorders, 27*, 188-199.

Schraeder, T., Quinn, M., Stockman, I. J., & Miller, J. (1999). Authentic assessment as an approach to preschool speech-language screening. *American Journal of Speech-Language Pathology, 8*, 195-200.

Tiger-Flusberg, H. (1989). A psycholinguistic perspective on language development in the autistic child. In G. Dawson (Ed.), *Autism: Nature, diagnosis and treatment* (pp. 92-115). *New York: Guilford*.

Tiger-Flusberg, H. (1993). What language reveals about the understanding of minds in children with autism. In S. Baron-Cohen, H. Tiger-Flusberg, & D. J. Cohen (Eds.), *Understanding other minds: Perspectives from autism* (pp.138-157). Oxford, England: Oxford University Press.

Ukrainetz, Harpell, Walsh, & Coyle (2000). A preliminary investigation of dynamic

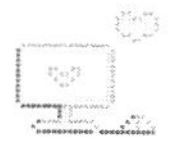

assessment with Native American kindergartners. *Language, Speech, and Hearing Services in schools, 31, 142-154.*

Van Riper, C. (1973). *The treatment of stuttering.* Englewood Cliffs, NJ: Prentice-Hall.

Van Riper, C. (1978). *Speech correction: Principles and methods* (6th ed.). Englewood Cliffs, NJ: Prentice-Hall.

Van Riper, C., & Emerick, I. (1984). *Speech correction*: An introduction to Speech pathology and audiology. Englewood Cliffs, NJ: Prentice-Hall

Westby, C. (1998). Communicative refinement in school age and adolescence. In W. Haynes & B. Shulman (Eds.), *Communication development: Foundations, processes and clinical applications* (pp. 311-360). Baltimore, MD: Williams & Wilkins.

Wetherby et al. (2000). Understanding the nature of communication and language impairments. In A. M. Wetherby & B. M. Prizant (Eds.), *Austin spectrum disorders: A transactional developmental perspective.* Baltimore: Paul H. Brookes.

• 제 10 장 •

학습장애

| 주요 학습 과제 |

1. 학습장애 연구의 역사와 최근 동향을 살펴본다.
2. 학습장애 정의의 공통점과 차이점을 이해한다.
3. 학습장애의 진단 기준과 학습장애 선별 및 진단 도구에 대한 최근의 이슈를 이해한다.
4. 학습장애의 분류와 영역별 특성을 알아본다.
5. 학습장애아동을 지도하기 위한 일반적인 고려 사항과 지침을 살펴본다.

초등학생의 부모나 교사는 "우리 아이는 똑똑하긴 한 것 같은데 계산을 하면서 실수가 많아 자꾸 틀려." "우리 반 아이는 계산은 잘하는데, 문장제를 잘하지 못해." "우리 애는 정확하게 읽기는 잘 읽는데, 책을 읽고 나면 내용을 잘 이해하지 못해."라는 말을 많이 하거나 들었을 것이다. 그리고 예전에 비해 실수가 많고 주의가 산만해서 공부를 못하는 아동들이 점점 늘어나고 있으며, 많은 부모나 교사들이 그들을 이해하고 지도하는 데 어려움을 호소하고 있다. 이와 같은 아동을 '늦게 깨는 아이'나 '좀 장난이 심한 아이' 혹은 '아이 아빠도 그랬다고 하니 좀 있으면 나아지겠지…….' 하며 무심히 넘겨 버리거나 '학습 동기가 부족한 아이' 혹은 '노력이 부족한 아이'라고 여기게 되며, 문제가 있기는 한데 어떻게 해야 할지 몰라 걱정만 하게 되는 경우가 많다. 때로는 학원에 보내거나 개인교습을 받게 하거나 직접 붙잡고 앉아서 가르쳐 해결해 보려고 하지만 그다지 좋은 결과가 나타나지 않아 포기해 버리기도 한다. 그렇지만 이와 같은 아동들은 요즈음 갑자기 나타난 것이 아니라 옛날부터 존재하고 있었다.

1963년 이와 같이 지각적 장애, 뇌손상, 신경학적 손상들을 포함한 서로 다른 이름으로 관련된 아동의 부모와 전문가들이 시카고에서 만나 이들을 동일시할 수 있는 하나의 용어에 동의할 것을 요구하게 된다. 학습장애라는 용어가 이 모임에서 제안되었을 때(Kirk, 1963) 즉시 승인되었다. 이후 학습장애에 대한 연구가 본격적으로 이루어지고 많은 학습장애 교육 프로그램이 개발되었다. 우리나라에서도 1994년 「특수교육진흥법」이 개정되면서 학습장애아동을 특수교육 대상아동으로 선정 · 배치하도록 규정하고 있다.

이 장에서는 학습장애의 정의, 원인 및 분류, 진단, 특성 등을 통해서 학습장애아동을 이해하고 그들을 위한 교수방법들을 제시하고자 한다.

1. 학습장애의 정의

학습장애는 선진국뿐만 아니라 우리나라에서도 특수교육 대상자 중 높은 출현율을 나타내고 있는 장애 영역으로, 우리 주변에서 흔히 만나는 장애임에도 불구하고 그에 대한 인식이나 분류는 최근에 이루어지기 시작했다.

학습장애라는 개념은 1960년대 초반 미국의 시카고에서 이 장애와 관련된 부모들과 전문가 단체의 모임에서 Kirk(1963)에 의해 처음으로 제안되었다. 학습장애와 관련된 연구는 학습장애와 유사한 기능장애에 관한 의학적인 연구에서 그 근원을 찾고 있는데, 1800년대에서 1930년대의 기간에는 뇌의 기능과 기능장애에 관한 과학적인 연구가 시작되어 이후 임상적 연구의 기초가 되었다. 1930년대에서 1960년대의 기간에는 학습에 영향을 주는 뇌손상은 뇌성마비와는 달리 매우 경미한 것으로서 '미소뇌기능장애(minimal brain dysfunction: MBD)'로 부르게 되었다. 이것은 보통에 가까운 지능과 중추신경계의 이상으로 인하여 학습이나 행동에 문제가 있는 학생을 지칭하였다. 1960년대 이후부터 1980년대까지는 학습장애 프로그램의 발흥기라고 할 수 있다. 1969년에는 특수학습장애를 가진 학생들을 위한 법령(PL 91-230)이 제정되고 학습장애 관련 조직이 결성되어 학습장애아협회(Association for Children with Learning Disabilities: ACLD)와 미국학습장애합동위원회(National Joint Committee for Learning Disabilities: NJCLD)가 조직되었다(김동일, 이대식, 신종호, 2009).

학습장애라는 용어는 학습장애자협회에서 Kirk에 의해 처음으로 발표되어 사용되고 있지만 그 정의는 여전히 논쟁이 계속되고 있다. 그동안 많은 학자와 학회 혹은 협회에서 정의를 내리고는 있지만 각 정의는 나름대로 각각 장단점들을 지니고 있으며, 상호 간 비판과 보완적인 관계를 유지하며 학습장애의 정의를 발전시키기 위해서 꾸준한 노력이 이루어지고 있다(김동일 외, 2009).

가장 널리 사용되는 정의는 미국의 「장애인교육법(IDEA)」과 미국학습장애합동위원회(NJCLD)의 정의라고 할 수 있다. 미국의 「장애인교육법」은 1975년 제정된 이래 몇 차례의 개정과정을 거치면서 약간의 수정이 이루어졌다. 그러나 이 정의는 불분명한 개념을 포함하고 있을 뿐만 아니라 학습장애를 지닌 아동을 판별하기 위한 목적으로 사용하기 어렵다는 지적을 받고 있다(Swanson, 2000; 이소현, 박은혜, 2006 재인용). 그럼에도 불구하고 이 정의는 연방법 및 주법의 기본일 뿐만 아니라 많은 학교 프로그램에서도 기초가 되고 있다. IDEA(2004)의 학습장애의 정의는 다음과 같다.

> 특정학습장애(specific learning disability: SLD)란 구어나 문어를 이해하고 관련된 기본적인 심리학적 과정에서 하나 이상의 장애를 의미하며, 이것은 듣기,

쓰기, 말하기, 읽기, 사고, 철자 사용 및 산수 계산 등에서 불완전한 능력을 나타낸다. 특정학습장애는 지각장애, 뇌손상, 미소뇌기능장애(MBD), 난독증, 발달적 실어증 등과 같은 장애를 포함한다. 이 용어는 시각, 청각, 혹은 운동장애, 정신지체, 정서장애, 환경·문화적 혹은 경제적인 불이익에 의한 학습문제 아동들은 포함하지 않는다.

IDEA(2004)의 학습장애 정의에는 다음과 같은 중요한 개념이 포함되어 있다.

첫째, 학습장애아동은 기본적인 심리적 과정에서 한 가지 영역 이상에 장애가 있다. 이러한 과정은 기억, 인지, 운동, 초인지, 지각, 구어 등과 같은 고유의 선수능력을 의미한다.

둘째, 학습장애아동은 학습, 특히 말하기, 듣기, 쓰기, 읽기(단어 인지 표현 및 이해), 산수(계산 및 추리력)와 같은 특정한 영역에 장애를 가지고 있다.

셋째, 학습장애는 시각 혹은 청각 장애, 운동장애, 정신지체, 정서장애 등의 장애나 경제적, 환경적, 문화적 불이익 등에 의한 학습의 장애는 제외한다. 여기서 경제적, 환경적, 문화적 불이익이란 부모의 무지, 빈곤, 가정 및 기타 열악한 환경 등으로 의한 교육 기회의 상실 등을 일컫는다.

학습장애의 또 다른 정의는 학습장애아동에 관한 10개의 전문기구의 대표로 구성된 NJCLD가 1989년에 제안한 것이다. NJCLD는 학습장애와 관계된 여러 조직에서 보낸 대표로 구성되었는데, IDEA의 정의에서 제시한 '기본적 심리과정' 용어의 모호함을 지적하며 이를 삭제하고 장애의 원인을 개인 내적인 것으로 보고 '중추신경계의 장애'가 중요한 원인임을 지적하였다. 또한 IDEA의 정의 중 성인을 배제한 부분과 철자장애를 쓰기장애와 구별한 점, 지각장애, 뇌손상, 미소뇌기능장애, 난독증, 발달적 실어증 등과 같은 용어를 포함시킴으로써 학습장애 정의를 이해하는 데 혼란을 준다는 점 등의 문제점을 지적하면서 NJCLD(1989)는 학습장애의 정의를 다음과 같이 밝히고 있다.

학습장애(learning disabilities)란 듣기, 말하기, 읽기, 쓰기, 추리, 수학적 능력 등의 습득과 사용에 심각한 어려움을 겪는 여러 가지 이질적인 장애 집단을 말하는 포괄적인 용어로서, 이 장애는 개인 내적인 것이며 중추신경계 장애 때문인 것으로 추정되며 일생에 걸쳐 나타날 수도 있다. 자기조절 행동, 사회적 지각, 사회

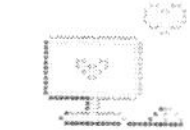

> 적 상호작용 등에서의 문제가 학습장애와 함께 나타날 수도 있지만, 이러한 특성들만으로는 학습장애로 판별되지 않는다. 비록 학습장애가 다른 장애(예, 감각장애, 정신지체, 심각한 정서장애)나 환경적 영향(예, 문화적 차이, 부적절한 지도, 심리언어적 요인)과 더불어 일어날 수는 있으나, 그러한 조건이나 영향이 직접적인 원인은 아니다.

마지막으로 학습장애에 관한 관계기관합동위원회(Interagency Committee on Learning Disabilities: ICLD)는 IDEA의 학습장애 정의가 주로 학문학습 관련 내용만을 다룬 것과 달리 학습장애아동의 특성인 사회적 기술에 대해 언급함으로써 학습장애아동이 단순히 학문학습 영역에만 문제를 갖고 있는 것이 아니라 사회적 기술에도 어려움을 겪고 있음을 시사하고 있다. ICLD(1987)의 정의는 다음과 같다.

> 학습장애란 말하기, 듣기, 읽기, 쓰기, 추론하기, 사회적 기술 등을 습득하고 사용하는 데 심각한 어려움을 겪는 형태로 나타나는 장애를 갖는 이질적인 집단을 지칭하는 포괄적인 용어다.

우리나라 「장애인 등에 대한 특수교육법 시행령」(2008)에서는 학습장애를 다음과 같이 정의하고 있다.

> 개인의 내적 요인으로 인하여 듣기, 말하기, 주의집중, 지각, 기억, 문제 해결 등의 학습기능이나 읽기, 쓰기, 수학 등 학업성취 영역에서 현저하게 어려움이 있는 사람

이 정의에서는 학습장애를 개인 내적인 요인에 의한 것으로 보고, 학습장애의 특성을 학문학습 장애뿐만 아니라 주의집중이나 지각, 기억, 문제 해결력의 어려움까지 포괄하는 것으로 진술하여, 기존 「특수교육진흥법」(1994)의 정의에 비해 그 원인과 특성을 구체화하였다고 볼 수 있다. 그렇지만 타 장애와의 차별성이나 중복되는 부분에 대한 혼란은 다른 학습장애 정의와 마찬가지로 해결되지 못했다고 볼 수 있다. 또한 학습부진이나 학습지진과 구분하기가 매우 애매하다는 비판을 받고 있다.

결국 학습장애는 환경적인 불이익이나 지적, 감각적 장애가 없음에도 불구하고 기본적인 심리과정상의 장애 혹은 중추신경계의 기능장애로 듣기, 말하기, 읽기, 쓰기, 셈하기, 사회적 기술 등을 습득하고 사용하는 능력에 심각한 문제를 가지고 있는 장애를 의미한다. 그리고 학습장애아동은 대다수가 자신의 능력과 실제 성취 수준 간에 큰 차이를 보이며 다양한 행동적 특성들을 보이는데, 이는 매우 다양하게 나타나므로 그들의 지도교사는 학습장애아동의 다양한 특성을 이해하고 그에 맞는 적절한 교육 프로그램을 적용해야 할 것이다.

2. 학습장애의 원인

대부분의 장애와 마찬가지로, 학습장애는 그 원인을 정확하게 파악하는 것이 매우 어려운 일이다. 앞서 언급하였듯이, 초기 학습장애 연구는 뇌손상과 관련하여 이루어져 왔고, 원인 역시 미세한 뇌기능상의 결함으로 여겨 왔다. 이와 같은 연구는 학습장애의 원인을 아동의 동기 부족이나 부모의 양육태도의 문제로만 여기던 학습장애에 대한 인식을 변화시키는 계기가 되었다. 그러나 이와 같은 미세한 뇌기능의 문제는 모든 학습장애의 현상을 설명해 주지 못하며, 이 외에도 여러 가지 다양한 원인에 의해 학습장애의 원인을 규명하려는 노력이 이루어지고 있다. 현재까지 알려진 학습장애의 주요 원인은 다음과 같다.

1) 생물학적인 원인

이미 언급하였듯이, 오랫동안 많은 전문가들은 학습장애의 중요 원인으로 신경학적인 요인을 의심해 왔다. 그러나 그동안 신경학적인 문제를 명확히 밝힐 수 있는 측정방법의 문제로 단정적으로 주장할 수는 없었다. 최근에는 뇌의 활동을 좀 더 정확하게 진단할 수 있는 첨단기술의 개발로 학습장애의 신경학적인 원인을 좀 더 정확하게 진단할 수 있게 되었다. 예를 들면, 읽기장애를 가진 사람은 두뇌의 구조와 기능에서 읽기장애를 갖지 않은 사람들과 차이가 있는 것으로 보고되고 있다(이소현, 박은혜, 2006).

아동의 학습문제에 영향을 미칠 수 있는 의학적인 조건들은 무수히 많다. 예를

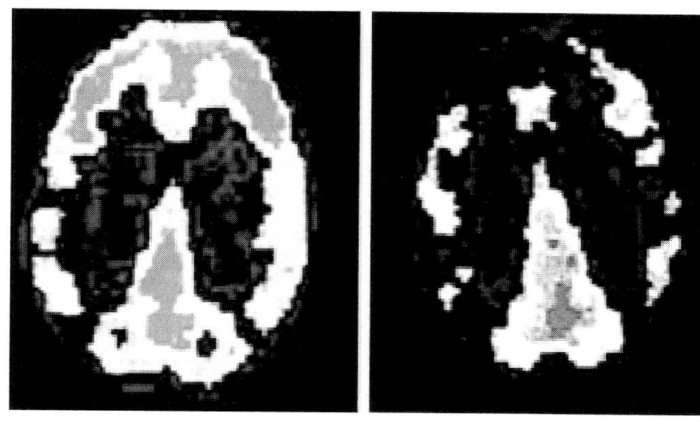

[그림 10-1] 양전자방사단층촬영(PET)으로 본 정상인(左)과 살인범(右)의 뇌[1]

들면, 조산아는 신경학적 손상, 학습장애 그리고 다른 장애상태에 놓일 위험이 있다. 일부 연구에서는 심각한 저체중으로 태어난 조산아의 19%가 학습장애를 가지고 있다는 것을 발견했다. 또한 당뇨는 신경심리학적인 문제와 학습장애를 일으킬 수 있다. 한 연구팀은 소아성 당뇨(5세 이전)를 경험한 아동이 학습장애가 될 확률이 높다는 결론을 내렸다(Rovert, Ehrlich, Czuchta, & Akler, 1993).

다양한 바이러스성이나 세균성 인자에 의해 발생하는 뇌 감염인 뇌막염은 뇌손상을 일으킬 수 있다. 이러한 뇌손상은 학습문제를 야기할 수 있다(Taylor & Schatschncider, 1992). 그리고 일반적으로 아동에서는 거의 발생하지 않으나, 심장박동 정지는 뇌로 들어가는 산소와 혈류량을 감소시킴으로써 뇌손상을 일으킨다. 심장박동 정지에 의한 산소의 결핍은 아동의 신경심리학적, 성취 및 적응 행동 측정에 다양한 결함을 야기하는 것으로 알려져 있다(Morris, Krawiecki, Wright, & Walter, 1993). 또한 소아 AIDS는 모태로부터 전염될 수 있는데(Armstrong, Seidel, & Swales, 1993), 그것이 신경학적 손상을 일으킬 수 있어 학습장애의 원인이 될 수 있다.

---

1) 정상인의 뇌가 살인범의 뇌보다 회색 부분이 더 많다. 정상인이 그만큼 뇌활동이 활발하다는 것이다. 살인범의 뇌는 일반인보다 활동량이 적었다. 특히 전전두엽 부분에서 큰 차이가 났다(에이드리언 레인, 2007). 에이드리언 레인의 1978년 연구에서는 15세 소년 101명을 대상으로 심장박동, 피부 전도율, 뇌파가 느린 소년들의 장래 범죄 가능성을 연구하였는데, 9년 후 실제로 24세가 된 소년들 중 17명이 범죄자로서 예측 정확도 74.7%를 나타내었다(중앙일보, 2007. 4. 7.).

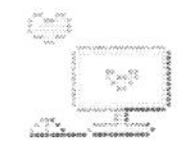

2) 유전적 요인

오래전부터 학습장애와 유전적 요인은 관련성이 있다는 생각이 지배적이었다. 유전학 연구자들은 학습장애가 유전적인 요인과 상관이 있는지 알아보기 위하여 가족력과 유전성의 두 분야에 대한 연구를 진행해 왔다. 연구에 따르면 읽기장애아동의 가족들은 정상적인 읽기능력을 가진 아동의 가족에 비해 읽기능력이 저조한 것으로 나타났으며(Decker & DeFires, 1980), 부모가 모두 읽기장애인 경우 자녀가 읽기장애를 가질 가능성은 높은 것으로 나타났다(Raskind, 2001).

유전 가능성을 조사하는 가장 일반적인 방법은 일란성 쌍생아와 이란성 쌍생아에게 나타나는 출현율을 비교하는 것이다. 일란성 쌍생아는 같은 난자에서 발생하여 동일한 유전적 특징을 가지고 있으며, 이란성 쌍생아는 두 개의 분리된 난자에서 발생하여 다른 형제와 같은 유전적 특징을 갖고 있다. 예를 들어, 일란성 쌍생아 읽기장애 집단과 이란성 쌍생아 읽기장애 집단을 비교할 경우, 읽기장애가 유전적이라면 일란성 쌍생아가 이란성 쌍생아보다 읽기장애가 더 많이 나타내야 한다. 쌍생아 연구 결과에 따르면 일란성끼리 언어장애를 보이는 확률(54~75%)은 이란성의 경우(32%)보다 높았다(Defries, Gillisk, & Wadsworth, 1993). 또 다른 연구에서는 이란성 쌍생아보다 일란성 쌍생아에게서 읽기장애와 언어장애가 더 많이 나타난다는 결과를 얻었다. 예를 들어, Colonado Reading Project에서 일란성 쌍생아 99쌍 중 53쌍(54%)과 이란성 쌍생아 73쌍 중 23쌍(32%)이 읽기장애에 해당되었다. 또 다른 연구에서는 일란성 쌍생아 32쌍 중 24쌍(75%)과 이란성 쌍생아 25쌍 중 8쌍(32%)이 발화와 언어 장애에 해당되었다(Lewis & Thompson, 1992). 읽기장애가 없는 일란성 쌍생아와 이란성 쌍생아 연구에서 구어로 읽기 측정을 했을 때는 높은 수준의 유전 가능성이 발견되었다(Reynolds et al., 1996).

학습장애에 관한 최근의 유전학적 연구의 일부는 이 장애와 관련 있는 특정한 유전인자를 분리해 내는 데 집중적인 노력을 해 왔다. 몇몇 연구자들은 6번과 15번 염색체, 특히 전자가 학습장애의 몇 가지 경우에 영향을 미치고 있다는 증거를 발견했다(Raskind, 2001).

3) 환경적 요인

사회경제적인 환경 요인이 학습장애를 일으키는 데 영향을 미치고 있다는 것을 배제하기는 어렵다. 최근에는 환경적인 요인들이 아동의 신경학적 기능이상을 초래해서 학습장애가 나타날 수 있다는 주장이 제기되고 있다(Hallahan, Lloyd, Kauffman, Weiss, & Martinez, 2005). 예를 들면, 낮은 사회경제적 수준은 아동을 신경학적 기능이상에 노출시킬 수 있는 주 요인(영양결핍, 임신 시 또는 출산 후 건강관리 부족, 10대 임신, 약물남용 등)과 상관이 있을 수 있다. 즉, 불충분한 양육이나 교육은 아동을 학습장애로 만들 수 있는 위험에 노출시킬 수 있다는 것이다. 학습에 직접적으로 부정적인 영향을 미치는 경우, 이 외에 뇌의 기능이상을 좀 더 쉽게 일어나게 하는 만드는 환경에 노출시킴으로써 학습에 간접적인 영향을 미칠 수 있다. 최근에는 환경오염이나 식생활 등의 환경 요인이 학습장애의 지각이나 주의 문제의 중요한 원인으로 주목받고 있다.

학습장애의 또 다른 잠재적인 환경적 요인은 학교환경이라고 할 수 있다(이소현, 박은혜, 2006). 즉, 교사의 양질의 적절한 교수가 학업 실패를 예방하고 학습장애가 나타나거나 학습장애로 판별되는 것을 예방할 수도 있다는 것이다. 특히 조기에 아동의 특정 학습문제를 잘 다룰 수 있다면 학습장애는 예방될 수 있으며(Reynolds & Birch, 1977), 직접적이고 체계적인 교수를 통하여 학습문제가 교정될 수도 있다(Gersten, Camine, & Woodward, 1987).

3. 학습장애의 진단과 평가

진단과 평가 과정은 아동에 대한 판단과 결정을 위한 정보 수집의 과정이라고 할 수 있다. 특수교육에서 이와 같은 평가과정은 장애를 가진 아동을 판별 혹은 분류하기 위함과 교수-학습 계획에 반영하기 위함이라고 할 수 있다. 즉, 평가를 통한 장애아동의 정보 수집과정은 최종적으로 교수와 결부되어야 한다. 교육적 평가와 수업 간의 연관성이 크면 클수록 평가-교수 과정은 더욱 효율적으로 이루어질 것이다. 이와 같은 평가-교수의 과정은 다음과 같은 여러 가지 목적을 지닌다(김미숙 외 역, 2005).

- **선별검사(screening)**: 좀 더 종합적인 평가가 필요한 아동을 발견하는 것으로, 선별과정에서는 어떤 아동이 더욱 집중적인 평가가 필요한지 확인하기 위해 간단한 평가가 주어진다.
- **평가 의뢰(referral)**: 학교 관계자로부터 추가적인 원조를 얻으려는 것으로, 관찰과 교실 수행을 기초로 교사(혹은 다른 사람들)는 아동의 평가를 요청한다.
- **분류(classification)**: 아동이 서비스를 받기에 적격인지를 결정하는 것으로, 아동이 서비스를 필요로 하는지를 판단하고 장애 범주를 분류하기 위한 목적으로 사정된다.
- **교수계획(instructional planning)**: 개별 아동을 위한 교육 프로그램을 계획하는 것을 지원하는 것으로, 평가 정보는 교수 장단기 목표를 나타내고, 배치를 결정하며, 교수를 위한 구체적인 계획을 세우는 데 사용된다.
- **학생의 진보 모니터링**: 아동의 성취와 진보를 재검토하는 것으로, 표준화된 형식적 검사와 대체 혹은 비형식적 측정을 포함하여 많은 방식들이 사용될 수 있다.

학습장애아동을 정확히 진단, 평가, 선별하는 일은 학습장애 현상을 연구하고 해석하기 위해서도, 이러한 과정을 통해 학습장애아동에게 효과적인 교육활동을 제공하기 위해서도 매우 중요한 일이다. 또한 학습장애아동의 수를 정확히 파악하는 것은 학습장애아동을 대상으로 하는 정책, 교원 양성 및 기타 관련 예산의 편성시에 중요한 자료가 된다(김동일 외, 2009).

학습장애 관련 연구활동 결과의 타당성과 활용성을 높이기 위해서도 대상을 정확하게 선정할 필요가 있으며, 이는 학습장애아동의 학습 실패의 원인을 규명하여 적절한 중재 방안을 고안하는 데도 기여할 수 있다(김동일 외, 2009). 예를 들어, 학생의 학습부진의 원인이 학습장애임에도 불구하고 동기 부족이나 태만, 기타 환경적인 조건 등을 그 원인으로 지목하면 학생에게 부적절한 교육 프로그램이 적용될 위험이 있기 때문이다.

「장애인 등에 대한 특수교육법 시행규칙」(2008)에서는 학습장애아동을 위한 특수교육 대상자 선별검사 및 진단·평가 영역을 지능검사, 기초학습기능검사, 학습준비도검사, 시지각발달검사, 지각운동발달검사, 시각운동통합발달검사로 지정하고 있다. 국내의 학습장애 판별 관련 연구에서는 기본적으로 지능검사와 여러 교과

영역을 같이 측정하는 표준화된 기초학력기능검사를 학습장애 선별의 기본 도구로 사용하고 있다(김동일 외, 2009). 이상훈(1999)의 연구에 따르면 대개 국내 학습장애 연구자들은 아동이 지능지수 80 혹은 평균 정도의 지능을 갖고 있지만 셈하기, 말하기, 듣기, 읽기, 쓰기 등에서 또래집단보다 적어도 1년 이상의 차이를 보이며 배제 요인을 포함하고 있지 않을 경우 학습장애로 판별한다. 정대영(1986)이 제시한 학습장애 선별절차를 살펴보면, 먼저 학습장애에 대한 의뢰가 있을 경우 지능지수 80 이상인 아동을 대상으로 기초학력기능검사를 실시하여 현재 학년 수준을 먼저 확인한 후, 학습장애 선별척도(국립특수교육원, 1996)로 언어성 21점 이하, 비언어성 42점 이하, 총점 62점 이하인 아동을 선별한다. 그다음 배제 요인에 해당하는 경우를 제외하고 능력-수행 불일치 기준을 초등 저학년은 0.5학년, 초등 고학년은 1.0, 중학생은 1.5, 고등학생은 2.0년 이상으로 한다.

외국의 사례에서도 이와 같은 능력과 수행 간의 불일치 기준을 학습장애의 중요한 판별 기준을 삼고 있다. 예를 들면, 읽기장애와 관련된 연구에서는 기대공식을 이용하고 있는데, 이 공식들은 먼저 아동의 지능검사로부터 그의 성취기대를 평가하고, 그다음 성취검사 점수를 그 기대와 비교하게 된다. 그리고 이를 바탕으로 학습장애를 판별하게 된다.

이 외에도 표준점수 불일치 방식이나 회귀방식 등의 능력과 수행 간 불일치 기준을 사용한 방식들이 사용되어 오고 있다. 그러나 이러한 진단방식은 타당성의 문제나 통계와 임상적 판단 간의 불일치, 지능점수의 유용성 문제 등으로 많은 비판을 받고 있다.

이에 대한 대안으로 중재반응(response to intervention: RTI)모형이 제안되고 있다. 중재반응모형은 학습장애를 진단하기 위한 긍정적인 대안으로 제시되고 있다(Gresham, 2002). 여기서 중재 반응이란 중재에 따른 행동 또는 성취의 변화로 정의할 수 있다(Gresham, 1991). 중재 반응 개념도 불일치 접근을 강조하고 있지만 능력-성취 점수의 불일치가 아니라 중재 전과 후의 수행 수준 간 불일치를 의미한다. 모든 중재의 목적이 기초선과 중재 후의 성취도 수준 간의 차이를 가져오는 데 있다고 보았을 때, 적절한 일정 기간에 그러한 차이를 보이지 않는 것은 학습장애가 있다는 부분적인 증거가 될 수 있다(Gresham, 2002). 따라서 학습장애의 적격성 판단을 위한 중재반응 접근은 아동의 학업성취 효과가 증명된 중재를 제공했음에도 불구하고 변화가 없을 때 학습장애를 가지고 있다고 진단하게 된다(허승준, 2005).

Fuchs, Mock 등(2003)은 중재 반응의 개념을 다음과 같이 구체적으로 설명하였다. 첫째, 학급교사가 아동에게 효과가 입증된 수업을 제공한다. 둘째, 아동의 성취도를 지속적으로 측정한다. 셋째, 반응하지 않는 아동에게는 학급교사 또는 다른 사람이 또 다른 수업 또는 집중적인 수업을 제공한다. 넷째, 다시 성취도를 지속적으로 측정한다. 다섯째, 여전히 반응하지 않는 아동은 특수교육 대상자이거나 특수교육 대상자 진단을 필요로 한다.

이와 같은 RTI모형의 이점은 다음과 같다(김윤옥, 2006).

- 특정 학습장애 아동을 조기 판별하여 '실패할 때까지 기다리지(wait-to-fail)' 않는다는 전망을 주고 있다.
- 그동안 현장에서 심각한 적용의 문제가 되어 온 '지능-성취도' 불일치모형을 버리고 RTI모형이 학습장애를 신뢰성 있고 타당하게 판별할 수 있다는 전망을 주고 있다. 그리고 RTI모형으로 학습장애를 판별하는 것은 탄탄한 연구를 바탕으로 한 읽기중재 이론에 근거한 적격자 판별이라는 것이다.
- 특정학습장애아동의 읽기문제를 조기에 체계적으로 중재함으로써 초등학교 고학년 이후의 학업성취도에 문제를 겪지 않게 할 수 있다는 전망을 주고 있다.
- RTI모형의 적용은 「낙제아동방지법(No Child Left Behind: NCLB)」과 같은 맥락에서 경쟁력을 읽기의 기초능력으로 강화할 수 있다는 전망을 주고 있다.
- 거짓-긍정으로 불어나는 학습장애아동의 수를 감축시킬 수 있다는 전망을 주고 있다.
- RTI 수업은 현장의 수업 질을 높여서 일반교육의 책무성을 높이는 현실 개선을 할 수 있다는 전망을 제시하고 있다.

그렇지만 이와 같은 대안적인 평가모형이 개발됨에도 학습장애를 확실하게 판별하거나 진단하는 데에는 여전히 한계가 있다. 김윤옥(2006)은 RTI모형에는 특정학습장애의 조기판별에 따른 문제와 '실패할 때까지 기다리지(wait-to-fail)' 않는다의 재생산 문제, 신뢰성 및 타당성을 통한 학문성 구축문제, 읽기중재를 통한 특정학습장애아동의 성취도 극복문제, 읽기 기초능력 강화를 통한 경쟁력 강화문제, 거짓-긍정으로 불어나는 학습장애아동 수 문제, 현실 여건 개선문제 등이 내재되어 있으며, 이를 잘 해결하지 않으면 RTI모형 또한 한계를 가질 수밖에 없음을 지적하였다.

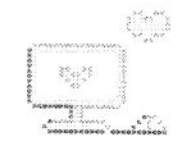

4. 학습장애아동의 특성

학습장애아동은 앞서 정의에서 언급한 것처럼 기본적인 심리과정상의 문제와 듣기, 말하기, 읽기, 쓰기, 수학 등의 학문학습 영역에 장애를 가지고 있을 뿐만 아니라 사회적 기술 또한 부족하다고 알려져 있다. 뿐만 아니라 행동적인 문제를 동반하는 경우가 있는데, 많은 수의 학습장애아동이 주의력결핍 과잉행동장애(ADHD)를 보이는 것으로 알려져 있다. 그들은 주의집중이 어렵고 지나치게 과격한 행동을 보이는데, 모든 상황 또는 특정한 상황에서 부주의 또는 과잉활동 및 충동적 행동을 보인다. 그러나 ADHD 아동이 반드시 학습장애를 나타내는 것은 아니다. 학습장애아동은 ADHD 아동과 달리 충동적이거나 파괴적인 행동을 보이지 않으며, 입학 전에는 행동적인 문제가 심하지 않은 경우도 있다.

학습장애와 유사한 특성을 보이는 학습지진은 정상적인 발달을 하는 경우들에 비해 발달 속도나 비율 측면에서 늦는 것으로, 능력이 없다는 것이 아니라 시간이 지나면 조금씩 나아진다는 의미다. 그러나 학습장애와의 차이점은 학습장애아동이 지능검사에서 보통 수준 이상의 지능을 보이나 학습지진아동은 보통 이하(대개 80 이하)의 지능을 보이며, 학습지진아동은 전 영역에서 저조한 성취를 나타내지만 학습장애아동은 잘하는 교과목이 있다. 그리고 학습지진아동은 언어, 공간능력, 대인관계, 정서 등 대부분의 영역에서 다른 아동에 비해 발달이 느리다.

학습장애와 달리 학습부진은 정서적인 요인, 열악한 환경, 신체적인 장애 때문에 자신의 지적 능력만큼 학습 성과를 올리지 못하는 것을 의미한다. 학습장애는 학습부진과 달리 정서적인 문제나 환경적인 문제가 없는 경우도 있다. 그리고 학습부진아동은 읽기능력, 기억능력 등과 같은 기본적인 인지기능에서 정상아동과 차이를 보이지 않는다. Lerner(2003)는 학습장애의 일반적인 특징으로 고르지 못한 인지발달 패턴, 학습에서의 어려움, 잠재력과 성취 수준의 격차, 중추신경계의 기능이상 등을 들고 있다.

이처럼 학습장애는 독특한 특성을 가지고 있으며, 학습장애아동의 특성은 일반적으로 크게 기본적 심리과정상의 장애와 학문학습의 장애 그리고 사회적 · 정서적 · 행동적 문제로 나누어 볼 수 있다.

미국 IDEA(2004)의 학습장애 정의와 우리나라 「장애인 등에 관한 특수교육법」

(2008)에서 언급한 학습장애의 기본적 심리과정의 장애 혹은 개인 내적인 장애는 학문학습 장애의 원인이 되는 것으로, 주의장애, 기억장애, 지각장애, 운동장애, 언어와 의사소통의 장애, 초인지 장애 등을 말한다.

1) 주의집중과 기억력

많은 학습장애아동들은 주의집중력에 장애를 가지고 있다. 주의란 시각, 청각, 후각, 촉각, 운동지각 중에서 일정한 자극을 선택하고 유지하고 이동하는 능력을 말한다. 학습장애아동은 많은 경쟁자극 중 일정한 자극을 선택하여 주의 집중하는 선택적 주의집중력이 부족할 뿐만 아니라 주의집중 대상을 원활하게 옮기는 능력이 부족하다. 또한 주의를 유지하는 시간이 짧고 주변의 작은 소음이나 움직임에도 주의가 쉽게 산만해진다.

이와 같은 주의집중의 장애 원인은 외적 자극에 유인되어 나타나는 수동적 주의집중이 작용하고 아동 자신의 의지가 작용하여 생기는 능동적 주의집중의 기능이 작용하지 못하기 때문이다(박찬주, 신기명, 안세근, 1998). 또 다른 이유는 학습장애아동이 주의력결핍장애를 동시에 가지는 비율이 높거나, 학교 수업을 따라가지 못하기에 흥미를 느끼지 못해서 주의가 주변의 다른 자극으로 분산되기 때문이다.

학습장애아동의 기억력은 낮은 것으로 알려져 있는데, 그들은 기억과 관련된 전략을 사용하는 능력이 부족한 것으로 알려져 있다. 학습장애아동의 기억능력의 결함은 기억을 위한 전략 사용의 문제라고 할 수 있다. Mercer와 Pullen(2005), Lerner(2003)의 연구에 따르면 학습장애아동은 일반아동에 비해 학습전략 사용이 빈약한 것으로 나타났다. 또한 Wood(2006)는 학습장애아동은 단기기억과 작동기억, 장기기억에도 문제를 보이는데, 정보처리나 주의력의 문제로 정보를 회상하는 데 어려움을 갖고 있으며, 정보를 저장할 때 효과적인 전략을 사용하지 못해 기존에 저장된 정보를 인출하는 데도 어려움을 겪는다고 하였다. 그들의 시기억의 장애는 읽기학습을, 그리고 청기억의 장애는 구어능력의 발달을 저해한다.

2) 지각과 운동 기능

학습장애아동은 정보를 지각하고 처리하는 능력에도 문제를 가지고 있어 감각기

관을 통해 습득한 정보을 인식하고 변별하고 해석하는 능력에 장애가 있다고 알려져 있다. Salend(2006)는 그들이 감각장애를 지니지 않고 있음에도 시각적 · 청각적 정보를 인식하고 변별하고 해석하는 데 어려움을 겪는다고 하였다. 예를 들면, 그들은 도형이나 철자 변별하기, 칠판 보고 쓰기, 여러 단계의 지시 따르기, 철자의 소리 구별하기, 자극에 선택적으로 집중하기, 일정 기간에 과제 수행하기 등에서 문제를 보인다.

학습장애아동의 운동장애는 과잉행동으로 나타나기도 하며, 반대로 과소행동의 형태로 나타나는 경우도 있다. 또는 동작을 크게 해야 하는 경우에도 어려움을 겪게 되는데, 예를 들면 걸음걸이나 균형감각이 미숙하고 공을 차거나 받기, 리듬에 맞춰 뛰거나 움직이기에 어려움을 보인다. 뿐만 아니라 미세한 동작에도 어려움을 보인다. 예를 들면, 오리기나 자르기, 그리기, 연필 쥐기, 쓰기, 줄 맞추기 등 미세한 동작이 요구될 때 문제를 보이기도 한다.

3) 언어와 의사소통

학습장애아동은 어휘나 단어의 의미, 개념 형성, 문법적 규칙이나 구문론의 적용, 언어 이해력에 장애를 가지고 있으며, 단어명명 능력의 부족으로 단어를 찾는 속도가 느리고 사물의 이름을 대지 못한다. 또한 수업시간에 새로운 단어를 학습하거나 지시를 따르거나 질문을 이해하는 데도 어려움을 겪을 뿐더러 자신의 요구를 표현하는 데에도 문제를 보인다. 학습장애아동은 구두표현과 듣기이해 기술에 결함이 있으며, 화용능력의 결함도 동반하는 경우가 있다.

학습장애아동의 언어문제는 크게 수용언어장애와 표현언어장애로 나눌 수 있다. 수용언어장애는 뇌의 베르니케 영역의 손상에 의하여 나타나는 장애라 하여 베르니케 실어증이라고도 하며, 유창성 실어증, 감각신경 실어증, 이해실어증이라고도 한다. 수용언어장애를 가진 아동은 억양과 조음은 비교적 유창하지만 내용은 주로 의미가 없거나, 상황에 맞지 않게 말하기 때문에 타인들이 이해하지 못한다. 또한 조음에 문제가 거의 없고, 문법적 규칙은 비교적 잘 지키는 편이다. 말수가 상당히 많으며 쉽게 하는 편이다. 그리고 발화의 길이는 상당히 길지만 거의 의미가 없고 상황에 맞지 않는 문장이 대부분이다. 따라하기, 질문에 단답형으로 말하기 등을 힘들어하며, 심한 경우에는 검사 자체도 안 되는 경우가 많다.

표현언어장애는 뇌의 브로카 영역의 손상으로 나타나는 장애라 하여 브로카 실어증이라고도 하며, 표현실어증, 근육운동 실어증, 비유창성 실어증이라고도 한다. 표현언어장애를 가진 아동은 말을 표현하는 데 유창하지 못하므로 스스로 자신의 의사를 표현하는 것이 힘들다. 그리고 말한다는 것 자체가 굉장히 힘들며, 말하는 도중에 쉼이 많은 편이다. 그들은 화자의 이야기 내용은 알아듣지만 표현하고자 하는 바를 충분하고 정확하게 하지 못하는 형태다. 조음에도 문제가 있으며, 전보식 문장, 비문법적인 문장을 많이 사용한다. 오른쪽에 문제를 가진 편마비를 수반하는 중복장애가 나타나는 경우가 있다.

뿐만 아니라 그들은 비언어적인 의사소통 능력에도 문제를 보인다. 즉, 얼굴 표정이나 몸짓, 맥락에 대한 이해능력이 부족하며, 주로 수동적인 태도를 보여 사용어휘가 제한되어 있으며, 비언어적인 사회적 단서를 이해하거나 다른 사람의 반응을 판단하는 데 어려움이 있다.

4) 초인지 장애

초인지 혹은 상위인지 장애는 학습장애아동이 과제 수행에 필요한 기술과 전략을 인식하고 활용하는 데 어려움을 겪는 중요한 원인이 된다. 초인지(metacognition)란 '사고에 관한 사고(thinking about thinking)'를 의미하는 용어다(Wood, 2006). 학습능력이 뛰어난 아동은 문제해결 방법을 계획하고 가장 좋은 방법을 생각하여 실행한다. 그러나 학습장애아동은 이와 같은 초인지 능력이 부족하여 그들이 과제 해결방법을 바로 알 수 없는 경우 매우 혼란스러워한다.

5) 학업능력

많은 학습장애아동은 읽기에 장애를 가지고 있다. 그들의 읽기문제는 단어재인 능력과 독해능력의 장애로 나타난다. 단어재인에 장애를 가진 아동은 글을 읽을 때 단어의 한 부분을 생략하거나 첨가, 대체, 반복 등의 문제를 보인다. 또한 글자를 발음하는 속도가 느리고, /ㅏ/를 /ㅓ/로 읽는 것과 같이 비슷한 형태의 다른 철자로 읽는다.

독해능력이 부족한 학습장애아동은 국어과목의 학업성취도가 현저히 떨어진다.

책을 읽고도 무슨 내용을 읽었는지 잘 모른다. 그리고 글의 핵심을 잘 파악하지 못하며, 때로는 부적절한 어휘를 사용한다. 대명사가 지시하는 것이 무엇인지 파악하지 못하며 글을 읽는 속도도 느리다. 이처럼 독해에 장애를 가진 아동은 기억력이 부족하며 글씨를 쓸 때 많이 틀리는 경우가 있다. 그들은 학년이 올라가면서 국어나 수학 과목 이외에도 다른 과목의 학업성취도가 점차 떨어진다. 이와 같은 독해장애의 원인은 읽을 수는 있으나 그들이 가지고 있는 지적인 능력을 낱자를 읽는데 다 써 버리기 때문에 읽은 내용을 파악하는 데 할애할 에너지가 없는 것이다(송종용, 2000). 즉, 글자를 읽고 그 의미를 파악해야 하는데, 그들은 글자를 소리로 바꾸는 데 모든 노력을 기울이기 때문에 글자를 정확히 읽어도 그 내용을 이해하고 파악하지 못하는 것이다.

학습장애아동은 또한 습자, 철자 쓰기, 문어적 표현에 장애를 가지고 있어, 글씨를 쓸 때 철자법이 많이 틀리거나 글을 쓰는 속도가 매우 느리다. 또 그들은 글씨를 알아볼 수 없을 정도로 필체에 문제가 있다. 연필을 잡고 쓰는 데 너무 힘이 많이 들어가거나, 지각적인 문제로 잘못된 방향으로 글자나 숫자를 쓰는 경우가 많다(거울을 보듯이 거꾸로 씀, mirror writing). 공책의 줄에 맞춰 글을 쓰는 데 어려움을 나타내기도 한다. 그리고 기억에서의 문제로 칠판이나 책 등에서 정확하게 정보를 베껴쓰지 못한다.

쓰기표현에서의 문제점으로는 쓰기와 관련된 규칙들을 지키는 데 어려움을 가지며(철자법, 맞춤법, 영어의 대소문자), 잘못된 문법구조를 사용한다(복수, 시제 등). 글을 쓸 때 불완전한 문장들을 사용하거나 다양하고 복잡한 문장들보다 기본적으로 짧고 간단한 문장들을 사용한다. 또한 글짓기에 사용되는 단어들이 한정되어 있으며, 글을 쓸 때 논리적인 구성, 전후관계 또는 생각의 시종일관성에 어려움을 지닌다.

수학에 어려움을 보이는 학습장애아동은 수학과목의 학업성취도가 현저히 떨어진다. 블록 맞추기나 조립 등의 공간운동 과제의 수행능력이 많이 부족하다. 숫자 및 기본적인 수학부호가 갖는 의미 등과 함께 기본적인 수학적인 개념을 잘 이해하지 못한다. 부주의로 셈하기 오류를 자주 범하며, 암산을 잘 하지 못한다. 계산할 때 수의 자릿값(place value)을 이해하지 못하며, 받아올림 등과 관련된 계산을 어려워한다. 그리고 도형 및 분수, 소수와 관련된 문제들을 어려워한다.

수학적 추리에 어려움을 가져 문장제 문제를 잘 풀지 못하며, 추상적인 수학 개

념을 이해하는 데 어려움을 가진다. 게다가 적절한 문제해결 전략을 찾거나 사용하는 데 문제를 나타내며, 차트나 그래프, 표를 이해하거나 만드는 데 어려움을 가진다.

6) 사회정서적 특성

학습장애아동은 다른 사람을 의식하지 못하고 사회적 분위기를 잘 파악하지 못하며 사회적으로 고립된다. 약 30%의 학습장애아동이 이와 같은 문제를 안고 있다. 또한 대인관계에도 문제를 보일 뿐만 아니라 또래로부터 소외되거나 거부되기도 한다. 그들은 낮은 자아개념, 정서적 문제(스트레스나 우울증), 품행문제, 공격성, 실패에 대한 조바심, 불충분감 등의 정서적 · 행동적 문제를 나타내기도 한다. 심한 스트레스를 경험하기도 하는데, 이와 같은 스트레스는 주변의 주요 인물, 즉 부모나 교사, 또래로부터 노력이 부족한 탓이라고 비판을 받는 경우와 학습부진아라는 명칭의 부담, 그리고 그에 따른 또래로부터의 소외가 중요한 원인이 된다. 그 스트레스를 그대로 방치할 경우 학업의 저하, 정서적인 문제, 약물남용, 우울증, 심지어 자살까지 이어질 수 있다.

이와 같은 학습장애아동의 사회적 기술 결함은 일반아동에 비해 사회적 상황을 인지적으로 파악하는 능력이 부족하고 사회적 경험이 부족하기 때문이라고 할 수 있다. 즉, 적절한 사회적 상호작용을 할 기회를 충분히 갖지 못하거나, 가족과의 일상생활에서 적절한 상호작용 경험이 부족한 경우에 사회적 기술에 결함을 보일 수 있다. 또한 낮은 학업성취나 학습장애 자체가 학업적 자아개념과 나아가 전반적인 자아개념의 저하로 이어지고, 이것이 다시 원만한 대인관계 형성의 장애로 발전하게 되는 것이다.

5. 학습장애아동의 교육

학습장애아동은 대부분 일반학교의 특수학급이나 통합학급에서 교육받는 경우가 많다. 그러므로 일반교사가 통합학급의 교사로서 특수학급 교사와의 협력을 통해서 그들의 교육을 담당하고 있다. 일반교사는 학습장애아동의 진단과정에서부터

IEP 계획 및 중재 과정에서 진단 자료를 수집하거나 IEP 계획 및 중재 과정에 적극적으로 참여함으로써 그들의 교육에 매우 중요한 역할을 담당해야 한다. 대부분 학습장애아동은 기초 학습기능이나 학업성취, 사회정서적 발달, 신체운동적 발달, 행동조절 등에서 특별한 도움을 필요로 한다. 그러므로 일반교사는 학습장애아동의 발달상의 특징을 잘 이해하고 그들의 학업적, 정서적, 신체적 발달에 도움을 줄 수 있도록 해야 한다. 특히 주의집중이나 기억, 정보처리 기술이나 발표하기, 듣기, 보고서 작성하기, 시험치기, 도서관 이용하기 등의 학습전략과 읽기, 쓰기, 수학 등의 기초적인 교과기술 그리고 대안적인 학습기술 등 학습장애아동의 교육에 필요한 내용에 대한 이해가 선행되어야 한다.

1) 학습전략의 지도

학습장애아동의 교육에서 학습전략에 대한 지도는 매우 중요하다. '학습전략(learning strategy)'이란 "어떤 상황에 관한 정보를 습득하고, 조정하고, 통합시키고, 저장하고, 정정하는 데 필요한 기술 또는 원리나 규칙"(Alley & Deshler, 1979)을 말한다. 학습전략은 학습을 위한 기술을 의미하며, 학습전략의 훈련은 특정한 내용을 직접 가르치기보다는 아동으로 하여금 학습하는 방법을 배울 수 있도록 도와주는 것이다. 학습장애아동은 자신의 학습내용을 조절하기 위해서 체계적인 전략을 사용하지 못하기 때문에 교과내용만을 교수하는 것은 적절치 못하다는 주장이 제기되고 있다(이소현, 박은혜, 2006).

Alley와 Deshler(1979), Clark 등(1984)은 교사가 통합된 아동에게 학습전략 지도를 하기 위한 교수방법 모형을 제시했다. 그 모형을 요약하면 다음과 같다.

- 학생의 기술(능력) 수준를 평가하기 위해서 미리 지도한 내용이 아닌 과제를 수행하도록 요구한다.
- 아동 자신의 현재 전략에 관한 문제를 인식하도록 도와준다.
- 새 전략을 설명하고, 과거의 전략과 비교하여 장점을 알게 한다.
- 아동에게 그 전략을 시범 보인다.
- 아동에게 전략을 말로 시연해 보도록 지도한다.
- 아동에게 자신의 수준에 맞는 자료들을 가지고 전략을 연습할 수 있는 기회를

주고, 그 자료들로 일반학급에서 사용해 보게 한다.
- 아동의 전략 사용에 대해 피드백해 본다.
- 아동의 전략 사용의 숙달을 확인하기 위해 사후검사를 실시한다.

Devine(1987)은 학교에서 필요한 학습기술로 수업성취 기술, 읽기기술, 교과별 학습기술, 노트하기, 과제해결 기술, 보고서 작성, 시험치기 등을 제시하였다. 그리고 Weinstein, Zimmerman과 Palmer(1988)는 학습 태도와 동기, 시간관리, 시험치기, 정보처리, 불안에 대한 대처, 학습 보조자료 활용 등을 설정하였다. Gall 등(1990)은 자기관리 기술(학습 자료와 공간의 조직, 시간관리, 스트레스 관리, 학습에 필요한 도움 구하기), 수업참여 기술(수업참여 및 청취하기, 강의내용 노트하기), 읽기 기술(개괄하기, 요점정리와 이해, 이해 점검과 질문), 쓰기기술(주제 정하기, 주제 분류하기, 개요 작성하기, 초벌 원고 교정하기), 시험관리 기술(질문내용 검토, 시험시간 사용, 문제 유형별 시험치기 기술, 시험불안에 대한 심리적 대처기술) 등이 아동에게 필요한 학습기술이라고 하였다.

주의가 산만한 학습장애아동은 중요한 과제에 선택적으로 집중하지 못하거나 주의집중 시간이 짧거나 혹은 주의를 적절하게 옮기지 못하기 때문에 학습에 집중하지 못하거나 과제를 완수하지 못하는 경우가 많다. 그러므로 교사는 그들의 주의집중력 향상을 위한 프로그램을 마련해야 하며, 그들이 좀 더 과제에 집중하고 완수할 수 있도록 해야 한다. 일반적으로 주의집중 향상을 위해서 교실에서 교사가 할 수 있는 방법은 주의집중을 위한 신호 또는 적절한 강화물를 사용하는 방법, 좌석 배치나 수업 진행 속도를 조정해 주는 방법, 개별 학습공간을 마련하거나 자기점검법 등의 기법을 사용하는 방법이 있다(이소현, 박은혜, 2006). 그 외에 주의집중력을

〈표 10-1〉 주의집중력 향상방법

주의집중 영역	선택적 주의집중	주의집중 시간	주의집중 이동
개선방법	• 중요한 자극 말해 주기 • 자극의 수와 복잡성 줄이기 • 관련 자극의 강도 증가 • 신기성의 이용 • 다감각적 지도 • 의미와 선수 경험 이용	• 성취 과제에 대한 설명 • 타이머 이용 • 과제 수행시간의 점진적 증대 • 활동 중단 빈도조절 • 주의집중 시간의 점진적 증대	• 한 번에 한 감각 통로만 요구하기 • 주의집중 이동시간의 허용 • 주의집중 이동시간의 속도와 융통성 증대

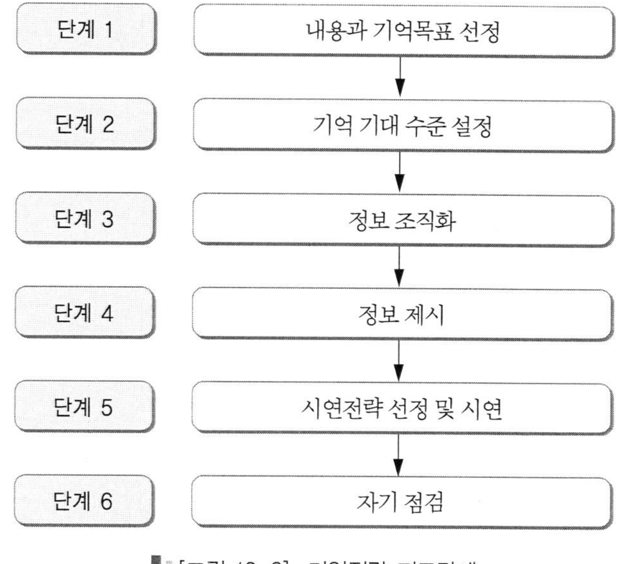

[그림 10-2] 기억전략 지도단계

향상시킬 수 있는 방법은 〈표 10-1〉에 제시되어 있다(강위영, 정대영, 2004).

기억 과제 해결의 어려움은 학습장애아동의 학습에 부정적인 영향을 주는 중요한 요인이라 할 수 있다. 앞서 언급했듯이, 학습장애아동의 기억능력의 결함은 기억을 위한 전략 사용의 문제라고 할 수 있다. 그러므로 학습장애아동의 학업성취도 향상을 위해서는 기억전략을 지도해야 한다. 교사가 기억전략을 지도해야 할 때 고려해야 할 지도단계는 [그림 10-2]와 같다(강위영, 정대영, 2004).

2) 기초교과 학습기술

(1) 읽 기

내용을 효과적으로 읽기 위해서는 문자언어를 유창하게 발음하고, 글의 내용을 파악하고, 새로운 내용을 읽고 정보를 습득하고, 그 내용을 정리하여 기억하여야 한다. 즉, 읽기기술은 읽기 자료에서 핵심적인 내용이나 중심 아이디어를 파악하고 인출 및 회상이 용이하도록 하는 기술이다.

변영계와 강태용(2005)은 효과적인 읽기를 위한 세부적인 활동을 세 단계로 나누어 설명하고 있다. 읽기 전 단계에는 교과서 개괄하기, 개념과 단어 배우기, 목적과 계획 세우기, 교재의 구조분석, 평가 준거 확인하기 등의 활동이, 그리고 읽기 중

단계에는 노트하기, 개요 작성과 시각화하기, 요약하기, 읽는 동안 이해 점검하기 등의 활동이 필요하다고 하였다. 마지막으로 읽기 후 단계에는 읽은 내용 묻고 답하기, 요점 결정하기, 자신의 말로 옮겨 쓰기, 다른 사람에게 말하기 등의 활동을 통하여 읽은 내용에 대한 완전한 학습과 기억을 촉진할 수 있다고 하였다.

Lerner(2003)는 읽기장애를 가진 아동을 위한 전략으로 단어인식 능력 향상시키기, 유창성 형성하기, 읽기 이해 증진시키기, 특별한 재활적 접근 사용하기, 특별한 읽기문제 다루기, 읽기지도를 위한 컴퓨터 활용하기의 여섯 가지를 들고 있다. 먼저 단어인식 능력 향상을 위해서는 음운체계를 발전시키는 것을 중시하였으며, 유창성 향상을 위해서는 반복읽기와 예측읽기 전략을 강조했다. 읽기 이해 증진전략으로는 배경 정보를 활용하도록 하였으며, 여러 감각들을 활용한 읽기능력 향상 프로그램을 소개하였다. 그리고 읽기장애아동을 위한 녹음 자료 활용을 제안하였다.

읽기에서 가장 중요한 하위 기술은 단어 재인과 이해력이다. 읽기기술을 가르치는 방법은 부호중심 접근법과 의미중심 접근법으로 구분할 수 있다. 부호중심 접근법은 부호를 해석하는 방법(글자를 읽는 방법)을 먼저 가르치고 난 다음 이해력을 가르치며, 부호를 해석하는 방법을 가르칠 때는 낱글자와 소리 간의 관계를 강조하면서 가르친다(Mercer & Mercer, 2005; 이소현, 박은혜, 2006 재인용). 읽기 연습을 위해서 사용하는 교재는 아동이 습득한 전략만으로도 읽을 수 있는 단어들을 포함하도록 통제되어야 한다. 통제된 어휘들을 통해서 학습하게 되면 신속하게 부호해독 기술을 학습하고 자신감을 얻게 된다는 장점이 있다. 이와는 반대로 의미중심 접근법은 먼저 이해력을 강조해서 가르치고 난 다음 아동에게 친숙한 단어 읽기를 통해서 부호해독 기술을 가르치는 것이다. 또한 듣기, 말하기, 쓰기를 읽기와 함께 통합적으로 교수하는 총체적 언어교수법을 사용할 수 있다. 최근 전문가들은 아동의 개별적인 특성과 필요에 따라서 두 가지 방법을 통합적으로 사용해야 한다고 주장하고 있다(이소현, 박은혜, 2006).

읽기 유창성 기술 또한 학습장애아동에게 필요한 기술이다. 특히 다른 사람 앞에서 읽기를 해야 하는 상황에서는 읽기 유창성이 매우 필요한 기술이다. 읽기 유창성 향상을 위한 방법은 여러 가지가 있다. 예를 들면, 교사와 아동이 함께 이야기나 시, 책 등을 읽는 것도 아동의 읽기 유창성 향상에 도움을 줄 수 있다. 또는 사전에 수업시간에 읽어야 할 내용을 미리 읽도록 하는 것도 도움이 될 수 있다. 그리고 그

읽기 과제의 내용을 미리 알려 주는 것도 읽기 유창성 향상에 도움이 된다. 그 밖에 읽기 유창성 향상을 위한 전략으로는 신경학적 각인(neurological imprinting) 교수법 등이 있다.

읽기이해 능력을 향상시키기 위해서는 기본적으로 어휘력이 발달되어야 하며, 전체적인 내용을 읽고 이해하는 능력이 필요하다. 읽기이해 기술을 향상시키기 위한 구체적인 방법으로는 단서 사용, 줄 따라가기, 내용 미리 알기, 또래교수 활용, 교재의 난이도 조절, 녹음 교재 사용, 컴퓨터 활용, 반복 읽기 등 이해력 증진을 위한 다양한 전략이 있다. 더불어 SQ4R 방법이 있는데, 이 SQ4R 읽기전략은 개관하기(Survey), 질문 만들기(Question), 읽기(Read), 암송하기(Recite), 개요 쓰기(Write), 복습하기(Review)의 6단계로 구성되어 있으며, 각 단계마다 원만히 이해되고 있는가에 대해 자기 점검을 하도록 한다.

뿐만 아니라 읽기 수준이 떨어지는 아동은 내용 중심의 교과학습에 심한 어려움을 보이는데, 교사는 그들이 교과서 내용을 학습할 수 있도록 과제의 성격이나 제시방법 등의 적절한 수정을 통해서 도와주어야 한다. 아울러 또래교사나 자원봉사자의 활용, 녹음 교재의 사용 등을 통하여 읽기로 정보를 습득하도록 대체하여 지도한다.

(2) 쓰 기

쓰기기술은 읽기기술을 기본으로 형성된다. 쓰기기술은 넓은 의미에서 손으로 직접 글자나 단어를 쓰는 기술과 단어를 쓸 때 맞춤법에 맞게 쓰는 것, 쓰기를 통해서 자신의 생각을 표현하는 것(작문)을 포함한다.

쓰기에 문제가 있는 아동은 우선적으로 쓰기학습에 필요한 시각적 운동의 하위 기술과 문자형성 능력을 성취해야 한다. 시각적 운동의 하위 기술로는 운동 패턴 훈련법과 피부 및 근육운동 지각 피드백, 시각적 공간지각 능력 개선, 시각적 변별력 개선, 문자와 단어에 대한 시기억 개선 등을 사용하여 글씨 쓰기의 장애를 개선할 수 있다(강위영, 정대영, 2004).

Graham과 Miller(1979)는 다양한 교수절차와 동기유발 절차를 결합한 문자 쓰기 절차를 제시하였는데, ① 모델링, ② 특징관찰, ③ 신체적 도움활동과 단서 제공, ④ 추적, ⑤ 보고쓰기, ⑥ 자기 언어화, ⑦ 기억하여 쓰기, ⑧ 반복, ⑨ 자기 수정 및 피드백, ⑩ 강화 등이 포함되어 있다.

시각 및 청각의 결함이나 환경적 요인, 동기유발 요인, 시기억 · 지각 결함 등 다양한 원인에 의해 나타날 수 있는 철자의 오류는 일반적으로 우연학습이나 단어 목록에 의한 학습, 일반화에 의한 철자학습 등의 방법으로 지도할 수 있다. 그러나 이와 같은 일반적인 절차에 의해 지도가 어려운 학습장애아동에게는 개별화교수나 자기점검법, 과잉학습, 강화 제공, 아동에게 익숙한 단어의 사용, 사전이용법 지도 등 아동의 개인차를 고려한 교수방법과 다양한 교수절차를 활용해야 한다.

철자쓰기 지도에 가장 좋은 결과를 얻은 다감각적 접근법은 아동이 보고 듣고 느끼게 함으로써 아동에게 단어를 시각적으로 분석하게 하여 가르치고 음성화하여 기억을 되살려 쓰게 하는 것이다. Fernald(1943)의 시각, 청각, 근육운동 지각 및 촉각 접근법은 다감각 접근법의 한 예로 다음과 같이 8단계로 구성되어 있다(강위영, 정대영, 2004 재인용).

① 교사는 가르칠 단어를 쓰고 말한다.
② 아동은 단어를 따라 말한다.
③ 아동은 문자나 단어를 말하는 동안 손가락으로 단어를 추적한다.
④ 단어를 지우고 아동에게 기억을 되살려 쓰게 한다.
⑤ 아동이 페이지를 넘기고 그 단어를 두 번 쓰게 한다.
⑥ 교사는 아동에게 그 단어를 사용할 기회를 자주 부여한다.
⑦ 교사는 아동이 단어의 정확한 철자를 많이 접하도록 책과 사전을 자주 이용하도록 장려한다.
⑧ 문자와 절차를 대응시킨다.

작문의 일반적인 절차는 계획하기(주제 정하기, 제목 정하기, 논거 자료 수집, 줄거리 작성), 표현하기, 고쳐쓰기 등을 거쳐서 진행된다. 과거에는 쓰기기술을 가르칠 때 쓰기를 통한 자신의 생각을 표현하는 기술이 무시되는 경향이 있었으나, 총체적 언어교수법이 보급되면서 쓰기도 언어 교육과정의 한 부분으로 인식되기 시작하였다. 쓰기와 읽기의 중요성을 동등한 비중으로 두며, 쓰기기술보다는 의미에 더 초점을 두고 있다. 그러나 많은 장애아동들은 쓰기를 통한 언어기술을 학습하기 위해서 직접적인 교수가 필요하다.

작문지도에 대한 학습전략 중 자기제어전략발달(self-regulated strategy develop-

ment: SRSD) 모형은 아동의 쓰기과정과 관련된 쓰기 지식과 기술 전략을 발달시키며, 아동의 쓰기기술에 대한 자기점검 능력에 대한 지속적인 발달, 쓰기에 대한 긍정적인 태도를 발달시킨다. SRSD모형의 단계는 배경 지식의 확장, 쓰기전략에 대한 논의, 모델링, 기억하기, 전략 사용하여 표현하기, 독립적인 수행 등이다(Lerner, 2003).

통합학급에서 글자쓰기, 맞춤법, 작문기술 등을 가르치고 이를 더 향상시키기 위한 방법으로, 최근에는 컴퓨터 활용을 통해서 생각하는 능력과 생각을 글로 쓰는 능력을 키우는 데 효과적인 도움을 받고 있다.

읽기에 결함을 보이는 아동은 지시 사항이나 질문을 제대로 읽을 수 없기 때문에 쓰기 과제를 수행하거나 시험을 보는 데 어려움을 보인다. 쓰기기술에 결함을 보이는 아동 중에 너무 느리게 쓰는 아동에게는 쓰기 과제의 길이를 줄여 주거나 과제(또는 시험)를 완성하기 위한 시간을 늘려 줄 수 있다. 또는 타자기나 워드프로세서를 사용할 수도 있다. 선택형 질문이나 단답형 질문의 활용으로 쓰기 과제를 줄일 수 있고 교사 단독으로 구두시험으로 보거나 작문이 어려운 아동은 녹음기를 이용할 수도 있다.

(3) 수 학

수학능력은 크게 계산력과 추리력으로 구분된다. 이는 많은 장애아동들이 문제를 보이는 영역이다. 계산력은 산수기술인 수 개념, 숫자 읽기와 쓰기, 수 세기를 기초로 하며, 덧셈, 뺄셈, 곱셈, 나눗셈의 기본적인 계산에서의 숫자 다루기와 연산을 포함한다. 산수에서의 추리력은 문제를 해결하기 위해서 계산력을 사용하는 것을 의미한다.

추리력에 어려움을 보이는 아동은 읽기결함 때문에 주어진 문제를 이해하지 못하거나, 문제에서의 핵심적인 내용과 비핵심적인 내용을 구분하지 못하거나, 사용해야 할 적절한 연산을 결정하지 못하거나, 계산을 하지 못하는 등의 이유로 어려움을 보인다.

수학학습의 원칙은 효과적인 수학교수의 지침이 된다. Lerner(2003)은 수학 학습장애아동을 위한 교수원칙을 다음과 같이 제시하고 있다.

• 수학학습의 기초를 지도하라.

- 구체적인 것에서 추상적인 것으로 지도하라.
- 많은 훈련과 연습, 복습의 기회를 제공하라.
- 새로운 상황에 학습기술을 일반화할 수 있도록 지도하라.
- 수학 용어와 개념을 지도하라.

수학교수의 실제적인 목적은 문제 해결에 개념과 기술들을 적용하는 것이다. 미국수학교사협의회(National Council for Teachers of Mathematics [NCTM], 2000)에 의해 설정된 목적도 모든 수준에서 문제 해결을 더욱 강조한다. 국내에서도 수학장애아동을 위한 지도전략 연구가 이루어지고 있는데, 인지전략 훈련을 통한 문장제 문제 해결, 자기교시 훈련을 통한 연산 및 방정식 교수 등과 같은 수학문제 해결을 위한 전략훈련에 초점이 맞추어져 있다(김애화, 2006).

Lerner(2003)는 수학 학습장애아동을 위한 문제 해결을 위한 교수전략으로 이야기 문제 사용하기, 구어로 문제 제시하기, 시각적 강화, 단순화하기, 재진술하기, 문제 추가하기, 사고를 위한 시간 제공하기 등을 제시하였다.

장애아동의 수학기술을 향상시키기 위한 그 외의 방법으로는 시각적 촉진, 네모칸 또는 보조선 이용, 문제 수 조절, 자기점검 교재, 자동암산, 구체물 조작, 언어적 촉진, 실제 상황 활용 단서적 단어 인식 등 가상 상황을 활용한 활동을 다양하게 응용할 수 있다.

또한 수학능력에 결함을 보이는 아동이 교과학습을 잘 수행하도록 도와주기 위해 적용할 수 있는 방법은 계산기나 컴퓨터 등의 보조공학 자료를 사용하는 것이다. 기본적인 계산을 위해서 구구단표를 사용하고 좀 더 복잡한 계산을 위해서는 전자계산기를 사용하는 것이 유용하다. 단, 효율성을 높이기 위해서는 먼저 전자계산기의 사용방법을 구체적으로 가르쳐야 한다. 그리고 수학용 소프트웨어 프로그램은 학습장애아동에게도 유용하게 활용될 수 있다. 컴퓨터는 아동의 학습 동기를 유발할 수 있고, 개별적인 피드백 제공과 반복적 사용이 가능하다는 장점이 있다(Lewis, 1998).

요약

학습장애라는 개념은 1960년대 초반 미국의 시카고에서 관련 부모와 전문가 단체의 모임에서 Kirk(1963)에 의해 처음으로 제안되었다.

학습장애는 환경적인 불이익이나 지적, 감각적 장애가 없음에도 불구하고 기본적인 심리과정상의 장애 혹은 중추신경계의 기능장애로 듣기, 말하기, 읽기, 쓰기, 셈하기, 사회적 기술 등을 습득하고 사용하는 능력에 심각한 문제를 가지고 있는 장애를 의미한다.

대부분의 장애와 마찬가지로, 학습장애는 그 원인을 정확하게 파악하는 것이 매우 어려운 일이다. 초기 학습장애 연구는 뇌손상과 관련하여 이루어져 왔고 그 원인 역시 미세한 뇌기능상의 결함으로 여겨왔다. 학습장애는 생물학적인 원인과 유전적인 원인, 환경적인 원인에 의한 것으로 밝혀지고 있다.

학습장애아동은 독특한 특성을 가지고 있으며 일반적으로 크게 기본적 심리과정상의 장애와 학문학습의 장애 그리고 사회적 · 정서적 · 행동적 문제로 나누어 볼 수 있다. 교사는 학습장애아동의 발달상의 특징을 잘 이해하고, 그들의 학업적, 정서적, 신체적 발달에 도움을 줄 수 있도록 해야 한다. 특히 주의집중이나 기억, 정보처리 기술이나 발표하기, 듣기, 보고서 작성하기, 시험치기, 도서관 이용하기 등의 학습전략, 읽기 · 쓰기 · 수학 등의 기초적인 교과기술, 대안적인 학습기술 등 학습장애아동의 교육에 필요한 내용에 대한 이해가 선행되어야 할 것이다.

참고문헌

교육과학기술부(2009). 2009 특수교육통계.

강위영, 정대영(2004). 학습장애아동교육. 서울: 형설출판사.

국립특수교육원(1998). 한국의 특수교육지표.

국립특수교육원(1996). KISE 학습장애선별척도.

국립특수교육원(2001). 특수교육 요구아동 출현율 조사 연구.

김동일, 이대식, 신종호(2009). 학습장애아동의 이해와 교육(2판). 서울: 학지사.

김미숙, 김수진, 김자경 역(2005). 학습장애: 이론, 진단 그리고 교수전략. 서울: 박학사.

김애화(2006). 학습장애학생을 위한 중재연구에 관한 문헌분석. 특수교육저널: 이론과 실천, 7(2). 265-299. 한국특수교육문제연구소.

김윤옥(2006). 학습장애 판별을 위한 중재반응모형(RTI)의 이상과 함정. 특수교육학연구, 41(3), 141-161.

박찬주, 신기명, 안세근(1998). 학습장애 치료교육. 서울: 학지사.

변영계, 강태용(2005). 학습기술: 공부를 잘 하는 방법. 서울: 학지사.

송종용(2000). 학습장애: 공부를 못하는 것도 병이다. 서울: 학지사.

이상훈(1999). 학습장애아의 정의와 사정에 대한 논의. 정서 · 학습장애 연구, 15(2), 101-120.

이소현, 박은혜(2006). 특수아동교육(2판). 서울: 학지사.

이효신(2002). 삽화를 이용한 대체사고전략이 학습장애아동의 읽기와 쓰기 능력에 미친 효과 및 오류 분석. 언어치료연구, 11(2), 23-39. 한국언어치료학회.

정대영(1986). Myklebust의 행동평정척도에 의한 학습장애아의 행동특성 분석. 대구대학교 대학원 미간행 석사학위논문.

중앙일보(2007. 4. 7.).

허승준, 정종희(2004). 이야기 재연 전략 훈련이 학습장애 아동의 읽기 이해력과 유창성 향상에 미치는 효과. 특수교육저널: 이론과 실천. 5(1), 369-387. 한국특수교육문제연구소.

허승준(2005). 학습장애의 진단 및 평가. 학습장애의 학문적 토대확립. 한국학습장애학회 2005 춘계 심포지엄 자료집, 43-60.

허유성(2008). 중학교 읽기 통합수업에서 PBL 기반의 정착적 교수법이 읽기학습장애 및 일반 학생의 학업성취도와 교수-학습 활동에 미치는 영향. 특수교육학연구, 43(1), 145-165. 한국특수교육학회.

장애인 등에 대한 특수교육법(일부개정 2008.2.29. 법률 제8852호)

장애인 등에 대한 특수교육법 시행령(제정 2008.5.26. 대통령령 제20790호)

장애인 등에 대한 특수교육법 시행규칙(제정 2008.6.12. 교육과학기술부령 제5호)

Alley, G., & Deshler, D. (1979). *Teaching the learning disabled adolscent: Strategies and methods*. Denver: Love Publishing.

Armstrong, F. D., Seidel, J. F., & Swales, T. P. (1993). Pediatric HIV infection: A neuropsychological and educational challenge. *Journal of Learning Disabilities, 26*(2), 92-103.

Clark, F., Deshler, D., Schumaker, J., Alley, G., & Warner, M. (1984). Visual imagery and self-questioning: Strategies to improve comprehension of written material. *Journal of Learning Disabilities, 17*(3), 145-149.

Decker, S. N., & DeFires, J. C. (1980). Cognitive abilities in families with reading disabled children. *Journal of learning Disabilities, 13*, 517-522.

Defries, J. C., Gillisk, J. J., & Wadsworth, S. J. (1993). Genes and Genders: A twin study of reading disability. In A. M. Galaburda (Ed.), *Dyslexia and development: Neurological aspects of extra-ordinary brains* (pp. 187-204). Cambridge, MA: Harvard University Press.

Devine, T. G. (1987). *Teaching study skills*. Boston: Allyn and Bacon.

Fuchs, D., Mock, D., Morgan, P. L., & Young, C. (2003). responsiveness-to-Intervention: Definitions, evidence, and implications for the learning disabilities construct. *Learning Disabilities Research and Practice, 18*(3), 157-171.

Gall, M. D., Gall, J. P., Jacobsen, D. R., & Bullock, T. L. (1990). *Tools for learning*. Alexandria, VA: Association for Supervision and Curriculum Development.

Gersten, R., Camine, D., & Woodward, J. (1987). Direct instruction research: The third decade. *Remedial and Special Education, 8*(6), 48-56.

Graham, S., & Miller, L. (1979). Spelling research and practice: A unified approach. *Focus on Exceptional Children 12*(2), 1-16.

Gresham, F. M. (1991). Conceptulizing behavior disorders in terms of resistance to intervention. *School Psychology Review, 20*, 23-36.

Gresham, F. M. (2002). Responsiveness to intervention: An alternative approach to the identification of learning disabilities. In R. Bradley, L. Danielson, & D. P. Hallahan (Eds.), *Identification of learning disabilities: Research to practice* (pp. 467-519). Mahwah, NJ: Erlbaum.

Hallahan, D. P., Lloyd, J. W., Kauffman, J. M., Weiss, M. P., & Martinez, E. A. (2005). *Learning disabilities: Foundation, characteristics, and effective teaching* (3rd ed.). Boston: Allyn and Bacon.

Kirk, S. A. (1963). Behavioral diagnosis and remediation of learning disabilities. In *Proceedings of the Conference on the Exploration into the problems of the Perceptually Handicapped Child*. Evanston, IL: Fund for the Perceptually Handicapped Child.

Lerner, J. W. (2003). *Learning disabilities: theories, diagnosis, and teaching strategies* (9th ed.). Boston: Houghton Mifflin.

Lewis, B. A., & Thompson, L. A. (1992). A study of development of speech and language disorders in twins. *Journal of Speech and Hearing Research, 35*, 1086-1094.

Lewis, R. (1998). Assistive technology and learning disabilities: Today's realities and tomorrow's promises. *Journal of Learning Disabilities, 31*(1), 16-26.

Mercer, C. D., & Pullen, P. C. (2005). *Students with learning disabilities* (6th ed.). Upper Saddle River, NJ: Merrill Prentice Hall.

Morris, R. D., Krawiecki, N. S., Wright, J. A., & Walter, L. W. (1993). Neuropsychological, academic, and adaptive functioning in children who survive inhospital cardiac arrest and resuscitation. *Journal of Learning Disabilities, 26,* 46-51.

National Council for Teachers of Mathematics.(2000). *Principles and standards for school mathematics*. Reston, VA: Author.

National Joint Committee on Learning Disabilities. (1988). Letter to NJCLD member orgarnizations.

Raskind, W. H. (2001). Current Understanding of the Genetic Basis of Reading and Spelling Disability. *Learning Disability Quarterly, 24*, 141-157.

Reynolds, C. A., Hewitt, J. K., Erickson, M. T., Sillberg, J. L., Rutter, M., Simonoff, E., Meyer, J., & Eaves, I. J. (1996). The genetics of children's oral reading performance. *Journal of Child Psychology and Psychiatry, 37*, 425-434.

Reynolds, M. C., & Birch, J. W. (1977). *Teaching exceptional children in all America schools*. Reston, VA: Council for Exceptional Children.

Rovert, J. F., Ehrlich, R. M., Czuchta, D., & Akler, M. (1993). Psychoeducational charateristics of children abd adolescents with insulin-dependent diabetes mellitus. *Journal of Learning Disabilities, 26*(1), 7-22.

Salend, S. J. (2006). *Creating inclusive classrooms: Effective and reflective practces for all students*. Upper Saddle River, NJ: Merrill Prentice Hall.

Smith, C. R. (1994). Learning Disabilities: *The interaction of learner, task, and setting.* Boston: Allyn & Bacon.

Tayler, H. G., & Schatschneider, C. (1992). Academic achievement following childhood brain disease: Implication for the concept of learning disabilities. *Journal of Learning Disabilities, 25,* 630-638.

U.S. Office of Education. (1977). Definition and criteria for defining students as learning disabled. *Federal Resister, 42*(250), 65-84.

Weinstein, C. E., Zimmerman, S. A., & Palmer, D. R. (1988). Assessing learning strategies: The design and development of the LASSI. In C. E. Weinstein, E. T. Goetz, & P. A. Alexander (Eds.), *Learning and study strategies* (pp. 24-40). New York: Academic Press, Inc.

Wood, J. W. (2006). *Teaching students in inclusive settings: adapting and accommodating instruction*. Upper Saddle River, NJ: Merrill Prentice Hall.

• 제 11 장 •

건강장애

| 주요 학습 과제 |

1. 건강장애의 정의와 일반적 특성을 이해한다.
2. 주요 건강장애와 감염성 질환의 유형별 정의와 특성을 살펴보고, 발달 경향을 이해한다.
3. 건강장애아동에게 필요한 교육적 지원과 교사 및 교육 관련자들이 알아야 할 사항을 이해한다.

건강장애(health impairments)는 장애를 가져오는 다양한 상태의 주요한 범주의 하나라고 할 수 있다. 건강장애는 크게 주요건강장애(major health impairments)와 감염성 질환(infectious diseases)으로 나눌 수 있다. 주요건강장애로는 심장질환, 혈액질환, 천식, 낭포성 섬유증, 소아당뇨, 만성 신경쇠약, 소아암 등이 있으며, 감염성 질환으로는 B형 간염, 인간 면역부전 바이러스와 에이즈, 기타 감염성 질환이 있다.

이 장에서는 건강장애의 일반적 특성과 건강장애 가운데 천식과 낭포성 섬유증 암에 대해 중점적으로 살펴보고자 한다. 이렇게 선택한 데는 다음과 같은 몇 가지 이유가 있다. 첫째, 이러한 것들이 장애로 인해 어떻게 신체구조의 기능적 변화가 일어나는지를 대표적으로 설명해 준다. 천식은 호흡기에 영향을 주고, 낭포성 섬유증은 외분비계의 장애를 유발한다. 또한 암은 근골격계, 중추신경계, 림프계와 같은 여러 신체조직에 발생한다. 둘째, 특수교육 분야에 종사하는 교사나 다른 전문가들도 이와 같은 장애에 대한 개인적 경험을 갖고 있지 않는 한 아무도 제대로 된 서비스를 제공하기 어렵다. 셋째, 이러한 건강장애는 각기 다른 경로(치료적 임상 결과)를 갖고 있기 때문에 비교가 가능하다. 예를 들어, 천식은 사망에 이를 수도 있는 반면 관리가 잘될 수도 있다. 낭포성 섬유증은 치료는 할 수 있지만 진행성 불치병이다. 그리고 암은 치료를 통해 그 경과를 지연시키거나 양호한 결과를 유도함으로써 삶을 연장시킬 수 있지만, 시한부를 면하게 하기는 어렵다.

그러므로 장애아동을 지도하는 교육 종사자는 천식, 낭포성 섬유증, 암과 같은 주요 건강장애의 유형별 특성과 교육적 접근에 대해 이해하여 건강장애는 물론 향후 여타의 상황에 직면했을 때도 충분히 대처할 수 있게 될 것이다.

1. 건강장애의 정의

건강장애는 보통 내부장애 또는 장기장애라고도 한다. 예를 들어, 특정 장기(심장, 신장, 간, 폐 등)의 손상이나 결함이 있으면 일상생활을 하는 데 상당한 제한을 받게(「장애인복지법」시행령 제2조 별표 1) 되어 교육기간 동안에도 언제든지 치료 또는 서비스를 지속해야 하므로 특수교육대상자라 할 수 있는 것이다. 그러나 사실상

〈표 11-1〉 건강장애 하위 범주의 분류 기준

하위 범주	분류 기준
심장장애	심장의 기능부전에 따른 호흡곤란 등의 장애로 장기간의 입원 및 치료 등 계속적인 의료적 지원을 받아야 하므로 학습활동이나 일상생활에서 특별한 지원을 지속적으로 요구하는 자
신장장애	신장의 기능부전으로 혈액 투석이나 복막 투석을 지속적으로 받아야 하거나 신장의 기능에 영속적인 장애가 있어 계속적인 의료적 지원을 받아야 하므로 학습활동이나 일상생활에서 특별한 지원을 지속적으로 요구하는 자
일반건강장애	중증 천식, 악성 빈혈, 간질, 혈우병, 백혈병, 폐질환, 소아당뇨병, 만성간염 등의 만성질병으로 인해 입원 및 치료 등 계속적인 의료적 지원을 받아야 하므로 학습활동이나 일상생활에서 특별한 지원을 지속적으로 요구하는 자

이러한 이들은 외형적으로 드러나지 않는다는 이유로 2005년 이전까지는 장애로 인정받지 못하였다.

「장애인 등에 대한 특수교육법」(2008)에서는 건강장애를 만성질환으로 3개월 이상의 장기입원 또는 통원치료 등 계속적인 의료적 지원이 필요해 학교생활 및 학업수행에 어려움이 있는 사람으로 규정하고 있다. 2007년 이전까지 적용되었던 「특수교육진흥법」에서는 건강장애를 "심장장애 · 신장장애 · 간장애 등 만성질환"으로 정의하였다. 한편 정동영, 김형일, 정동일(2001)은 건강장애를 만성적인 질환이나 허약 등으로 인해 장기간의 입원이나 통원치료 등 계속적인 의료적 지원을 받아야 하므로 학습활동이나 일상생활에서 특별한 지원을 지속적으로 요구하는 자로 정의하였다. 그리고 건강장애의 하위 범주를 〈표 11-1〉과 같이 심장장애, 신장장애, 일반건강장애로 구분하였다.

대부분의 건강장애아동은 신체적으로 외견상 장애가 잘 드러나지 않고 인지발달에는 특이 사항을 갖고 있지 않아 또래집단 적응에 어려움이 덜한 것으로 여겨진다. 따라서 그들은 주로 일반학교 일반학급 내에 통합되는 경향이 높다. 그러나 정기적인 진료와 잦은 입원 등으로 정상적인 교육과정 수행이 어렵고, 자연히 다른 아동들에 비해 학업성취도에 지체를 초래할 수 있다. 심할 경우 법정 수업시수를 채우지 못해 학년 유급을 겪기도 한다. 그러나 최근 병원학급 등을 늘리는 추세여서 학업결손에 따른 곤란을 줄여 나가고 있어 그들의 심리사회적 발달에 매우 긍정적인 것으로 받아들여지고 있다.

2. 건강장애의 특성

건강장애는 힘과 체력, 민첩성이 떨어진다. 건강장애는 영구적이거나 일정 기간 지속될 수도 있고, 좋지 않은 효과를 보일 수도 있다. 학교에서 건강장애를 가진 인구는 계속 늘어나고 있는 추세다(Depaepe, Garrison-Kane, & Doelling, 2002). 지난 2001년 국립특수교육원에서 수행한 학령기 장애아동 출현율 조사연구 결과에 따르면, 건강장애는 전체 출현율 2.71% 가운데 0.07%인 2,824명인 것으로 나타났다(정동영, 김형일, 정동일, 2001).

건강장애를 가진 아동은 소속 학교 인근 병원이나 가정에서 교육을 받기도 한다. 이러한 아동의 교육적 요구를 지원하기 위한 방안으로 Council for Exceptional Children(2000)에서는 건강장애아동을 가르치는 사람들에게 요구되는 특별한 지식과 기술들을 구별해 두고 있다. 여기에는 건강장애의 증상과 그것이 발달과 심리, 증세에 미치는 정서적 특성들은 물론, 건강장애를 고려한 학업적응 방안들에 대한 지식들이 포함되어 있다. 또한 교사는 의료적 서비스 제공자로서의 역할과 책무를 이해하고, 합리적이고 실제적이고 보편적이면서도 신뢰성을 주는 정책들을 파악하고, 건강장애인을 지원하는 전문조직들을 잘 알고 있어야 한다는 것도 지적하였다(Council for Exceptional Children, 2000).

우리나라에는 현재 전국적으로 14개 병원학교에서 월평균 450여 명의 장기입원 아동들이 지원을 받고 있다. 그들은 심리사회적으로 장기입원에 따른 유급을 가장 걱정하고 있는데, 병원교육 서비스로 일반 또래와의 학업격차를 줄일 수 있어 아동 및 보호자의 만족도가 매우 높으며 기대 이상의 호응을 얻고 있다. 이에 따라 정부에서도 2008년까지는 시·도교육청별로 1개 이상의 병원학교를 설치·운영하여 장기질환으로 휴학이나 중퇴를 하는 아동에 대한 교육지원을 확대할 계획이다(이유훈, 2006). 이것은 건강장애 분야만이 아니라 지체장애아동의 신체 교정이나 수술 등에 따른 장기결석 시에도 동일하게 적용될 수 있는 문제다.

건강장애의 지체장애와의 주요한 차이는 눈에 쉽게 드러나지 않는다는 점이다. 많은 건강장애인들은 그냥 보아서는 드러나 보이지 않는다. 그러나 그들의 발달상태는 매우 취약하다. 건강장애는 대개 그 증세가 눈에 뜨이지 않아 지금까지 발달이나 학업, 사회성 기술 등을 증진시키는 적응서비스들을 즉각적으로 제공받지 못

하였다. 또한 어떤 건강장애인들은 실제로 그러한 증세를 알 길이 없다. 이렇게 실제로도 그들은 오랫동안 정상적인 기능을 보이며 성장한다. 그 결과, 건강장애인은 천식이나 심장병을 가진 아동으로 구분되어 적극적인 신체활동에 부분적으로밖에 참여하지 못하는 등 아주 나쁜 상황에 빠질 위기를 맞게 되는 것이다. 보이지 않는 장애에 의한 또 다른 결과는 그것을 조절할 수 있는 선택의 기회를 놓칠 수 있다는 것이다. 만약 사람들이 갖고 있는 건강장애를 발견해 내지 못한다면 다른 사람들도 언제든 직면할 수 있는 불안한 상황하에 놓이게 될 수도 있다. 예를 들어, 사지장애를 가진 사람과 친하게 지내는 사람은 의족이나 수족을 한 사람을 금방 알아본다. 그러나 외관상 직접적으로 나타나지 않는 당뇨질환과 같은 경우는 의료적 문제가 보이기 전까지는 아무도 그 사람을 알아보지 못하며, 그에게 인슐린이 필요하다는 사실을 모르고 지낸다.

곽승철 등(1995)은 건강장애아동을 일반학급에서 교육할 때 발생하는 문제로 학교운영, 교육활동, 교사–아동–부모 상호관계 등을 꼽았다. 먼저 학교운영 면에서는 학급 정원이 문제가 된다. 우선 일반학급 내의 학급 인원이 많아 교사가 건강장애아동을 돌보기가 힘들며, 그들을 돌볼 수 있는 전문교사 확보가 어렵다는 것이다. 또한 학급 내에서 사용되는 시설 · 설비와 교재 · 교구가 장애를 고려하지 못하고 있어 개선을 위한 예산 확보가 현실적으로 어렵다는 것이다.

또한 교육활동에서 건강상태를 고려한 교육과정 적용이 문제다. 현재의 실정으로 건강을 고려한 교육과정 편성운영은 어려운 상태이며, 교내의 체계가 확립되지 않아 학교 행사, 체육 등에 대한 배려가 이루어지기 어렵다는 것이다. 이러한 기반 조성이 잘 이루어지지 않다 보니 교사와 학생, 학교와 부모의 관계에서도 건강장애아동에 대한 교육 현실을 타개하기 위한 관계 개선이 무엇보다 시급한 실정이다.

사실상 많은 유형의 건강장애는 영구적이다. 비록 급성이나 특정 시기에 가서 악화되는 경우도 있지만, 대부분은 만성적인 상태로 질환 자체를 관리하며 살아가야 한다. 예를 들어, 당뇨질병 환자는 음식조절이나 운동, 인슐린 사용 등으로 질환을 관리한다. 질환의 관리는 지속적이어야 하며, 개인별로 인슐린을 과도하게 또는 잘못 사용하는 결과를 피해야 한다. 질환의 악화는 적절하고 민첩하게 대응하지 않으면 한순간에 일어날 수도 있다. 천식 질환을 가진 사람들은 치명적인 증세를 예방할 수 있도록 환경을 바꾼다든가 하는 대책을 준비해야 한다. 낭포성 섬유증이나 암을 앓고 있는 건강장애인은 전이를 막거나 억제시키기 위해 공격적인 항생제 치료를 받아야 한다. 관리가 완벽하더라도 예후가 좋지 않은 경우도 있다. 치료는 고통스럽고 신체적으로 지치게 하며, 질환 자체보다 더 악화된 징후를 느끼게 할 수 있다. 이러한 상황에서 의료적인 처방만을 따르도록 동기를 부여하기는 힘들다(Brown, Lourie, & Pao, 2000).

3. 건강장애의 유형

1) 천 식

(1) 정의와 특성

천식(asthma)은 발생 빈도와 병에 걸리는 출현율이 매우 광범위한 특징을 가진 것으로, 아동기에 발생하는 가장 일반적인 폐질환이다(Bloomberg & Strunk, 1992; Kraemer & Bierman, 1983). 학령기 아동의 4.3% 정도가 천식에 걸리는데(Weitzman, Grotmaker, Sobol, & Perrin, 1992), 이러한 수치는 아마도 실제보다 낮은 것이라고 볼 수 있다(Raj, Mishra, Feinsilver, & Fein, 2000). 천식은 생애 주기로 볼 때 유년기나 발달 후기에 주로 발생하며, 그 증상은 경증부터 목숨을 앗아갈 정도까지 그 범위가 매우 넓다(Heller, Alberto, Forney, & Schwartzman, 1996). 천식은 폐에 들어간 담배 연기나 고양이 털과 같이 극히 미세한 먼지나 티끌에 과민한 호흡기 반응의 결과로 발생할 수 있다. 다른 경로로는 호흡기 감염, 알레르기, 기관지 과민성, 천식에 대한 가족력, 성별 등을 들 수 있다(Heller et al., 1996; Morgan & Martinez, 1992). 천식은 폐렴의 원인에 따라 외인성, 내인성, 혼합성, 아스피린성, 운동성, 직업성 등으로 나눌 수 있다(Heller et al., 1996).

천식은 신체의 면역 반응으로 일어난다. 항원은 허파에 들어온 이물질이다. 신체는 항원을 진압하는 항체를 생성한다(Heller et al., 1996). 천식에 대하여 사람들은 기관지의 팽창과 콧물 분비, 근육긴장을 일으키는 화학물질을 폐 안에 분사함으로써 항원들에 대항하는 수많은 항체들을 가지고 있다. 그 결과 기관지가 폐쇄되고 호흡이 곤란해진다. 주요 증상으로는 헐떡임과 기침, 발한, 흉부 결림 등이 따른다. 공격물질에 자꾸만 노출될수록 민감성도 높아지게 된다. 천식을 앓는 사람은 고통이 증가하고 괴로운 증상이 확연히 나타난다. 진단방법으로는 흉부 엑스레이

분석과 폐기능 검사, 혈액 및 땀 검사, 표피 알레르기 검사가 있다(Avery & Rirst, 1994; Haggerty, 1990; Mueller & Eigen, 1992).

(2) 신체적, 인지적, 심리사회적 발달

천식은 호전될 수도 악화될 수도 있는 영구적인 질환이다. 그러나 오래된 천식은 폐에 병변을 일으킬 수 있다(Heller et al., 1996). 천식에 의한 신체적 영향은 극히 적지만, 심리사회적 기능은 매우 심각하다. 천식과 인지기능은 관련이 없으며, 마찬가지로 천식과 신체적 발달 사이에도 특별한 관련이 없다. 다만 운동 원인(exercise-induced)으로 천식에 걸린 아동은 지나치게 운동을 하는 것을 자제하도록 유의해야 한다. 만약 그들의 운동건강에 영향을 받게 되면 수정된 신체교육의 도움을 받도록 해야 한다. 그러나 운동은 신체적 건강을 유지하고 비만을 예방하는 데 중요하다.

한때 천식은 행동·정서에 의해 발생한다고 믿었던 적이 있었다. 부모는 죄의식 때문에 무턱대고 자녀를 과잉보호하였다. 천식발작이 정서적인 결함에 기인한다는 감을 갖게 되면서 자녀가 천벌을 받았다고 생각하였다. 현재는 천식발작이 생화학적이고 신진대사에 기인한다고 알려져 있다. 그러나 지나친 웃음이나 울음과 같은 과도한 정서적 반응이 천식을 발병시키는 호흡활동에 충분히 영향을 줄 수 있다(Hill, 1999). 반복적인 천식발작은 다른 사람들에게 부정적인 정서적·사회적 반응을 불러일으킨다. 감당하기 힘든 발작은 부모와 교사의 과잉보호를 불러올 수 있다. 또 잦은 결석은 학업성취도를 떨어뜨린다. 천식에 대한 빠른 지식 축적이 신체적, 심리사회적 관리의 첫 단계다. 아동은 천식의 성질과 약물관리, 발작 예방 등에 대해 배움으로써 도움을 받는다(Leher, Feldman, Giardino, Song, & Schmaling, 2002). 약물치료를 도와주는 데 자신이 있고 급성 증세를 보이는 동안 침착함을 잃지 않는 교사들은 자신의 학생에게도 자신감을 고취시킨다. 학교와 지역사회 활동에 모두 참여하는 것은 천식을 앓고 있는 건강장애아동을 위해 바람직한 성과라 할 수 있다. 그리고 그것은 그러한 참여의 역동성과 치료 성과가 기억될 때에야 성취될 수 있다.

2) 낭포성 섬유증

(1) 정의와 특성

낭포성 섬유증(cystic fibrosis)은 폐와 다른 주요 신체기관에 영향을 미치는, 유전과 진행을 특성으로 하는 질환이다. 이 질환은 다른 인종 집단에서는 보다 낮은 출현율을 보이지만, 코카서스인(백인계 서양인, Caucasians)들 가운데서는 가장 일반적으로 발생하는 유전성 말기질환이다. 낭포성 섬유증은 인구 2,000명당 1명꼴로 발생하고(Thompson, Gustson, Hamlett, & Spock, 1992), 성별에 따른 출현율의 차이는 없다.

낭포성 섬유증의 유전인자는 7번 염색체에 있다(Weinberger, 1993). 부모 중 한 사람만이라도 낭포성 섬유증 인자의 '운반체'일 경우에는 유전이 일어날 수 있다. 이론상으로 낭포성 섬유증 인자를 지닌 부모에게서 난 자녀가 부모 모두로부터 유전자를 물려받아 질환을 일으킬(부모 모두로부터 인자를 유전받을) 확률은 1/4이고, 부모 중 어느 한쪽으로부터도 그 인자를 물려받지 않아 질환을 일으키지않을 확률도 1/4이다. 그러나 자녀가 인자를 가진 부모 중 어느 한쪽으로부터 유전되어 질환을 일으킬 확률은 1/2로 다른 경우에 비해 두 배로 높다. 따라서 낭포성 섬유증은 부모 중 어느 한 사람만이라도 그 인자를 지니고 있을 경우 자녀에게 유전될 확률이 높다.

낭포성 섬유증은 외분비체계의 질환이다. 이 체계는 땀샘과 같은 신체 표면의 샘을 통해 액체를 분비하거나 호흡기 점액이나 췌액을 신체의 외부로 분비하는 속이 빈 관과 같은 선들로 이루어져 있다. 낭포성 섬유증은 외분비선을 통해 몸 전체로 퍼진다(Heller et al., 1996; Hill, 1999). 낭포성 섬유증의 증상은 호흡기계의 과도한 점액 분비다. 그 결과 허파 내의 작은 기류들이 흐르는 통로를 막아 공기를 효율적으로 받아들일 수 없게 만든다. 산소가 점액질 때문에 허파에 들어가지 못하게 되어 폐의 일부가 팽창된다. 치료를 하지 않으면 점액의 방해로 폐의 팽창된 부분이 파열될 수도 있다. 또한 낭포성 섬유증은 소화기 계통에 침해를 일으키기도 한다. 그것은 췌장에 있는 점액질이 소화를 돕는 췌장액의 정상적인 분비를 방해한다. 소화효소가 분비되지 못하면 음식물은 제대로 소화되지 않고 만성적인 영양실조에 시달리게 된다. 폐와 위의 팽창이 함께 진행되면 복부팽만과 팔다리의 피하지방이 고갈되는 현상이 나타나 매우 야윈 체형을 보이게 된다.

또한 점액질은 간(肝)이나 장(腸), 고환과 같은 다른 신체기관들의 기능에도 해를 끼친다. 점액의 침윤이 진행되는 중에도 그 기관들은 분비작용을 계속한다. 그러한 분비작용이 기관 안에서 방해를 받게 되고, 그 때문에 손상된 세포들이 광범위하게 모여 그대로 낭포(낭포성 섬유증)로 발전하는 것이다.

낭포성 섬유증은 끝까지 진행된다. 결국 폐렴이나 다른 호흡기계의 합병증으로 사망에 이른다. 생존기간은 예후에 따라 10대에서 30대까지로 본다(50대까지 생존한 경우도 있음). 적극적인 항생제 치료와 약물, 심지어는 폐 이식 등으로, 낭포성 섬유증 건강장애인은 이전보다 생존율이 길어지고 있다.

낭포성 섬유증은 태어나면서 발견되는 경우도 있지만, 좀 더 늦게 아동기에 가서 몸무게 미달로 발견되기도 한다. 아동기 진단은 '땀 검사'를 통해 확인된다. 땀 속에 있는 소금 양을 분석하여 진단하는 것이다. 다른 진단법으로는 폐 엑스선 촬영과 효소분석이 있다.

(2) 신체적, 인지적, 심리사회적 발달

낭포성 섬유증은 호흡기 감염이 발생하거나, 몸무게가 제대로 늘어나지 않거나, 소아기의 어떤 문제가 드러나지 않는 한 많은 경우 유아기에 제대로 발견되지 않는다. 어떤 유아는 외과적 수술을 요하는 장 폐색 상태로 태어난다. 소화력이 떨어져 낭포성 섬유증 아동은 영양실조에 걸리거나 또래처럼 자라지 못한다. 더 나아가 잦은 호흡기 감염은 신체적 발달을 지체시킨다. 작은 체구와 늦은 성징의 발달, 팽창된 가슴과 복부와 같은 신체적 기형은 모두 남다른 신체적 특성을 드러내는 것이다(Hill, 1999). 낭포성 섬유증 아동은 인지적 지체를 보이지 않는다. 그러나 학업 면에서는 잦은 결석으로 또래와 간격을 느낄 수 있다. 주의집중은 나이가 들수록 질환이 심해지면서 약해진다. 매일 흉부 물리치료를 하거나 특정한 음식을 섭취하도록 하고 다양한 약물요법을 시도하는 것이 낭포성 섬유증 환자의 가족들에게는 생활의 일부가 된다. 이와 같은 모든 의료적 노력에도 불구하고 낭포성 섬유증을 가진 건강장애인은 계속 호흡곤란을 겪는다. 결과적으로 아동과 그 가족들은 좌절하고 심지어 치료를 하느라 경제력까지 상실하고 만다. 가족들은 일상생활에서 그들의 치료에 매달리느라 시간과 에너지를 다 소비하고, 다른 활동을 할 여유를 갖지 못한다. 어쩌면 그들의 지나친 요구 때문에 일상생활이 무시되는 것인지도 모른다.

학교에서 낭포성 섬유증 아동의 의료적 문제가 발생하면 심리사회적 곤란이 미칠 수도 있다. 이 아동이 기침을 하는 것은 폐의 점액 성분을 제거하는 데 매우 중요하다. 또 그들에게 별도의 방을 마련해 주는 것도 필요하다. 일반아동들은 학교에서 낭포성 섬유증을 앓는 아동이 기침을 시작하게 되면 어떻게 해야 할지 당황한다. 이때 교사는 공공장소에서도 기침을 계속할 수 있도록 허용해 준다. 어떤 교사들은 아동이 기침을 하려고 할 때 신호를 보내도록 하여 개인적인 장소로 옮길 수 있도록 허락한다.

때로는 입원이 친구관계나 학교 사회활동을 방해하기도 한다. 장기간의 결석으로 그 학생은 학교생활의 중요한 시기로부터 단절되었다는 부담을 갖게 된다.

3) 암

(1) 정의와 특성

암(cancer)은 비정상적인 세포가 자라고 퍼지는 것을 특징으로 한 다양한 질환을 총칭하는 용어다(Elmayan, 1993). 이러한 비정상적인 세포의 덩어리를 종양(tumor or neoplasms)이라고 부른다. 만약 그 성장이 국소적이고 보다 통제 가능한 상태라면 종양은 초기(benign)로 간주된다. 그리고 성장이 빠르고 광범위한 세포조직에 침범해서 재발한다면 종양은 악성종양(malignant) 또는 암성(cancerous)으로 간주된다(Heller et al., 1996). 암세포가 혈액이나 림프를 통해 신체의 다른 부위로 떠돌아다니는 것은 전이(metastasize)라고 한다. 암은 왕성하고 치료가 불가능하여 마침내 사람을 죽음에 이르게 한다. 그러나 암이 꼭 치명적인 것이라고 받아들일 것은 아니다. 치료의 목표는 종양의 제거이고 질환의 퇴치며 결국 완전 회복에 이르는 것이다.

미국에서 암은 아동 10만 명당 14명 정도로 발생하며, 연간 약 2만 5,000명이 이 질환으로 사망한다(Behrman, 1992). 암은 1~14세 아동의 두 번째 사망 원인이다(Parker, Tong, Bolden, & Wingo, 1997). 아동기에는 암이 뼈, 근육, 림프조직과 같은 연결조직이나 운반조직에 더 잘 침범하는 반면, 성인에게는 위나 폐, 대장과 같은 기관의 조직에 더 빈번하게 발생하는 경향이 있다.

암을 발견하는 방법은 다양하다. 혈액검사는 의사들이 암세포가 있는지의 여부를 판단하는 데 도움을 준다. 또 혈액 내의 혈소판이 정상인지 아닌지를 통해 그 수를 파악하여 백혈병 같은 암들을 찾아낼 수 있다. 골수도 암을 진단하는 데 도움이

된다. 엑스레이와 스캐닝 기술도 종양을 발견하는 데 사용된다(Behrman, 1992). 악성종양을 발견하기 위해 직접 조직을 떼어 생검(生檢)하는 경우도 있다(Heller et al., 1996). 이러한 검사들은 지속적인 발열이나 국부 통증, 눈이나 피부 상태의 변화, 뭉침현상 같은 특정한 징후를 느낀 후에 주로 이루어진다.

(2) 신체적, 인지적, 심리사회적 발달

암과 그 치료는 신체적 발달을 변화시킨다. 중추신경계 종양은 대근육과 소근육 운동에 영향을 미친다. 백혈병을 가진 아동은 백혈병성 뇌수막염으로 진전될 수 있다. 그래서 머리뼈가 얇고 '약하고' 골절을 입기 쉽다. 약물 투여는 치아의 에나멜을 상하게 하여 치아의 색깔을 변화시킨다. 몇몇 아동기 암들은 비정상적인 신체발달과 인지적 지연을 초래한다. 암이 진행되면 신체가 점차 제 기능을 하지 못하게 된다. 통증이 생기기 시작하면 집중력이 떨어지고 피로가 증가한다. 만약 약물처방이 면역체계를 저하시키는 작용을 한다면 아동은 감염에 취약해진다. 교사는 주변 아동들이 옮길지도 모를 전염성이 높은 질환의 추이에 민감하게 대처해야 한다.

교사는 암의 특별한 유형들을 구분하고, 그것의 최근 치료법은 물론 그러한 암들의 발병과 치료로 신체에 가해지는 제약이 무엇인지 등을 알아두는 것이 좋다. 암을 가진 아동은 신체적 운동을 줄임으로써 상당한 신체적 고통이 발생할 경우 수업시간을 단축함으로써 도움을 받을 수 있을 것이다. 또한 교사는 '다른 날보다는 그날이 더 났다'는 사실과 아동이 제시간에 가능한 범위에서 참여하도록 이끌어 주어야 한다는 것을 깨달아야 한다. 방사능 치료가 학습장애와 관련이 있다(Brown & Madan-Swain, 1993; Williams, Berry, Caldwell, Zolten, & Spence, 1992)고 밝혀진 이래로, 학업적인 편의가 학습적인 요구에 직면하게 되었다.

암은 전염된다는 잘못된 낭설로 다른 사람들에게 공포를 조성한다. 공포와 회피, 거절이 암 환자들에게 전달되면 심리사회적 어려움이 일어난다. 그러므로 암을 앓고 있는 아동을 위해 심리사회적 지원에는 또래교육이 반드시 포함되어야 한다. 그 아동의 가족들은 무엇을 어떻게 그 또래에게 전달해야 하는지에 대해 상담을 받아야 한다. 또래교육에 대한 한 가지 성공적인 방법은 '능력자각 프로그램'을 해 보도록 하는 것이다. 이러한 프로그램은 감정이입과 이해, 장애와 비장애 아동 사이의 접촉 증진을 이끌어 내는 탁월한 성취감을 제공한다. 그들은 장애를 가진 동료 학생을 괴롭히거나 회피하는 행동을 줄여 나가는 이점을 키울 것이다(Denti & Meyers, 1997).

피부문제, 구강 염증, 탈모, 절단과 같은 신체적 모양을 바꿔 버리는 암의 영향이나 치료는 심리사회적으로 나쁜 영향을 담고 있다. 사람들이 또래의 연대감을 위해 함께 머리를 깎는 경우도 있긴 하지만, 개인에 따라서는 탈모를 숨기기 위해 가발을 쓰거나 모자를 쓰기도 한다. 사회사업가나 아동생활 전문가 그리고 심리학자와 그 아동을 치료하는 병원에서 접촉을 갖는 것이 아동을 학교에 성공적으로 복학시키기 위한 전략들을 교사에게 제공할 것이다. 암 치료를 받은 아동들이 발달연령의 지체로 자신감을 잃고 쉽게 지친다는 사실을 기억해 둘 필요가 있다(Visser & Smets, 1998).

암이 비록 전보다 치료율이 더 좋아졌다고는 하지만, 전체 사례를 놓고 볼 때는 아직 결과가 긍정적이지는 못하다. 아동이 죽게 되는 상황이 생기게 되면 교사는 그 사실을 학급 아동과 학교의 다른 사람들에게 알려야 한다. 어떤 가족은 아동들과 학교 관계자들이 장례식에 참석하는 것에 큰 위안을 받는다. 친구를 기리는 또 다른 활동으로는 그 아동과의 일화를 적어 함께 담은 앨범을 만들어 주거나, 그의 죽음을 애도하는 날에 카드나 편지를 보내는 것이 있을 것이다. 때로는 한 통의 전화나 편지, 또는 몇 주가 지나 가정을 방문하는 것도 가족에게 커다란 위로가 될 것이다.

4) 감염성 질환

감염성 질환(infections diseases)에는 직접 감염과 한 사람으로부터 다른 사람으로 전염되는 간접 감염이 있다. 감염성 질환은 네 가지 유형으로 전염된다. 첫째, 습기나 먼지 입자 형태로 공기 중에 이동하는 바이러스나 박테리아와 같은 유형(airborne)이다. 둘째, 닭이나 성적 매개에 의한 질환 같은 접촉성(contact)이다. 셋째, 오염된 물이나 음식 매개물에 의한 전염(vehicle route)이다. 넷째, 매개물에 의한 전염(vectorborne)이다. 이것은 질환원인 미생물을 나르는 유기체를 통해서 전염되는 것이다. 진드기에 물려서 생기는 발진(lyme disease)이 바로 이 유형에 속한다고 할 수 있다. 일반적인 아동기 질환은 수두나 홍역, 이하선염과 같은 전염성이라 할 수 있는데 그 증세가 심하다. 그런데 보통 전염 경로가 정상이고 환자가 전염기간 동안 건강상의 다른 문제가 없다면 금방 낫는다. 영구적인 감염성 질환은 보통 잔류 효과라고 한다.

영구적인 감염성 질환에는 여러 가지가 있지만, 대표적인 것으로는 거대세포바이러스감염(cytomegalovirus infection: CMV)과 인간면역부전바이러스(human immunodeficiency virus: HIV)와 후천성면역결핍증(acquired immune deficiency syndrome: AIDS)이 대표적이다. 특히 이 감염성 질환들을 제시한 것은 다음과 같은 특징 때문이다.

첫째, 시기적으로 자궁 내에서 또는 출산과정에서 전염되는 선천적 감염이거나 출생 후 전염되는 후천성 감염 질환이다. 둘째, 의료, 발달, 교육적 관계에서 주의가 요청된다는 점에서 서로 비슷하게 연관된다. 셋째, 위의 세 질환은 일반 대중에게는 정반대 수준의 지식을 반영하고 있다.

비록 HIV나 AIDS가 보다 공적인 관심을 받고 있지만, CMV는 교육적 측면에서 훨씬 심한 건강 파괴의 잠재력을 가지고 있다. 이러한 질환에서 환자의 강력한 요구는 의료와 발달, 교육적 측면에서의 증상을 관리하는 팀의 필요성을 낳고 있다. 특히 우리나라의 교육환경에서는 감염성 질환에 대한 부정적 인식과 민감한 반응에 따라 학교 관리자, 교사 및 부모의 노력이 매우 중요하다.

4. 건강장애아동의 교육적 지원

천식을 앓는 아동이 학교에서 관리를 소홀이 할수록, 또는 학교를 거르도록 양해를 구해야 할 만큼 상태가 나빠질수록 결석률은 높아질 것이다. 그러므로 교사는 이러한 사실을 사전에 확실히 인지하고 천식을 가진 아동에게 될 수 있는 대로 전형적인 교육 경험을 갖도록 노력해야 한다.

천식이 있는 아동은 또래와 같은 학업 수준에 이를 수 있다(Lindgren et al., 1992). 그러나 천식은 학업 수행을 어렵게 만들 수 있다. 예를 들어, 천식은 아동의 건강을 약화시키고, 밤에는 특히 피로와 주의 산만으로 학업결손을 유발할 수 있다(Diette et al., 2000).

다음 사항들은 교사가 신체적 건강 증진을 위한 천식의 예방과 중재, 학업성취, 심리사회적 조정에 도움을 주는 방법들이다. 천식의 자극 요인들을 감소시키려면 학급환경을 주의 깊게 관찰해 보아야 한다. 바닥 융단은 습기조절로 먼지로부터 청결을 유지해야 한다. 교실 청소는 먼지나 티끌이 일어나므로 천식이 있는 아동이 없을 때 한다. 아동이 솔벤트나 페인트 또는 접착제 같은 물질에 민감할 경우 적당한 통풍을 유지하여야 한다. 분필가루나 마커 냄새를 피할 수 있도록 칠판으로부터 멀리 앉혀야 한다. 토끼나 기니피그 같은 모피 애완동물을 교실에서 기르거나 심지어 박제된 동물을 교실에 두어서는 안 된다. 찬 공기와 접촉할 수 있는 열린 창문에 가까이 가지 않도록 한다. 또 어떤 아동에게는 신체활동에 참여하기에 앞서 공기여과기를 사용하도록 돕는다. 교사는 부모와 학교 보건 담당교사와 아동이 조심해야 할 음식 등에 관해서 상담도 해야 한다.

만약 환경조절로 천식발작을 막는 것이 여의치 않다면 훌륭한 중재기술을 훈련시키는 것이 중요하다. 아동의 호흡을 관찰한다. 주변으로부터 자극물을 옮긴다. 그 아동을 앉히고 약물치료를 돕는다. 깨끗한 유동체를 준다. 적절한 학교 보건 담당교사를 정해 주고 필요할 때 부르도록 한다. 기록을 남긴다. 증세와 양상, 상호 간에 준수해야 할 태도에 관한 정보 등을 기록으로 남긴다(National Institues of Health, 1994; Silkworth & Jones, 1986). 조직적인 태도에 따른 반응으로 교사는 급격한 천식발작이 일어나는 동안 걱정을 덜 수 있고 효과적인 반응을 얻을 수 있다.

간혹 아동은 생명이 위급해지거나 치료도 듣지 않을 만큼 심한 천식 증세를 보이기도 한다. 이러한 의료적 비상사태에 직면하였을 때를 대비하여 교사와 학교 보건 담당교사 등은 의료적 비상 상황 계획을 수립해 두어야 한다. 계획은 항상 부모와 의료 관계자의 공동참여로 수립되어야 하며, 아동 특성이 반영되어야 한다. 그리고 계획에는 누가 학생과 동행할 것인가, (교내 또는 교외로부터) 어떤 원조를 구할 것인가, 누가 약품을 공급하고 누구에게 의료적 처치를 맡길 것인가, 특별한 의료적 중재기술은 무엇인가, 어떤 형태로 또는 어떤 관리인으로 하여금 관리하게 할 것인가와 같은 요소들이 포함되어야 한다. 비상계획의 단계들은 분명하고 항시 준비되어 있어야 한다.

교사는 의료적 비상 상황에서 흔들림 없이 아동을 도울 수 있는 정서적 기반을 갖추고 있어야 한다. 침착하고 잘 조절된 목소리는 교실 안의 모든 아동들에게 안정감을 준다. 의료적 비상 상황을 목격한 아동들은 그 근처에서 떨어져 있거나 사전에 지정된 장소가 있다면 그곳으로 물러나 있어야 한다. 만약 교실로 의료 요원을 불러야 한다면 아동들은 그 아동을 돕기 위해 깨끗한 공간을 준비하도록 해야 한다. 비상 상황이 끝난 후 아동에 대한 후속 조치 또한 조심스럽다. 아동들은 그들의 느낌과 방금 전 그들이 보았던 것에 대해 그 나이에 맞는 설명을 들을 수 있는 대

화 기회를 가져야 한다. 그들의 감정을 보살피는 것은 공포를 없애 주고 그들의 학급 친구가 학교로 돌아왔을 때 긍정적으로 받아들일 수 있도록 도와준다.

모든 영구적 질환과 마찬가지로, 가능한 한 적절히 약물 효과와 의료적 자기관리를 조정하는 방법을 이해하는 것은 천식을 가진 아동에게 중요하다. 자신에게 필요한 적당량의 약물 복용이 필요한 아동에게는 저학년 때부터 약물(약물치료, 약물 투여)지도가 필수적이다. 그러나 고학년이 되면 스스로 약물관리를 하도록 지도해야 한다. 약물 치료나 투약 방법은 학교에서 지속적으로 실시해야 하고, 쉽게 익힐 수 있도록 신속하게 관리해야 한다.

아동의 사생활과 성인의 관리적 측면 사이에서의 협의는 필수적이다. 학생들 중에는 다른 사람에게 자신의 상태가 알려지는 것을 피하기 위해 다른 방에서 약을 복용하도록 양해를 구하는 경우도 있다. 여전히 약물의 과복용과 그 반대의 경우의 문제가 있다. 약물 과복용의 증상은 졸음과 소근육운동의 진전, 약물에 의한 과민반응, 과도한 운동행동, 주의력 상실과 같은 현상이 발생하는 것이다(Klein & Timmerman, 1994). 또 이러한 효과는 약물을 바르게 투여하였을 때도 나타난다. 그래서 교사는 아동마다 보이는 부수 효과가 다르며, 약물 과복용으로 나타나는 현상에 대해서도 기본적으로 알고 있어야 한다.

흡입용 마취기의 잘못된 사용은 천식 약의 불충분한 양의 전달 결과를 초래한다. 이것은 약물로는 더 이상 심각한 발작을 멈추게 하는 데 효과를 볼 수 없게 하는 중대한 상황이다. 만약 약물이 발작을 예방할 수 있는 양만큼 처방되었다면 낮은 약물처방은 천식 증세를 높이는 결과를 가져올 것이다. 교사는 아동이 흡입용 마취기를 바르게 사용하도록 확실히 주지시킴으로써 그들을 도울 수 있다. 천식을 앓는 아동이 왜 약물을 적게 써야 하는지를 아는 것은 매우 중요하다. 그 해답은 그들에게 약물 투약 장소를 선택하도록 맡기는 것만큼 단순하거나 혹은 영구적인 질환과 관련된 독특한 문제를 가진 아동을 돕는 전문가의 상담과 같은 보다 복잡한 해결책을 요구하는 것일 수도 있다.

교사는 아동이 학교에 있는 동안 제공해야 할 의료적 치료 등에 대해 가족과 긴밀하게 협력해야 한다. 흉부 물리치료는 보통 수업 전이나 후에 이루어지지만 아동에게 점액 수치가 높아지면 즉각적인 처치가 필요하다. 한 가지 좋은 전략은 아동의 사생활 보호를 위해 교사만 알 수 있도록 소화효소제와 다른 약물, 각 소금이나 비타민과 같은 구강 보충제를 비치해 두는 것이다. 또는 아동의 사생활 보호를 위해 점심시간이나 간식시간 직전에 신속하게 양호실로 데려가서 약을 먹게 할 수도 있다.

수업 중 화장실 이용을 허락할 때도 사생활 보호가 필수적이다. 낭포성 섬유증 아동은 소화가 덜된 지방 성분 때문에 몸에서 고약한 냄새를 풍기기도 한다. 교사들은 그런 아동이 필요할 때는 언제든지 화장실에 갈 수 있도록 허락해 주어야 한다. 만약 아동이 거북해한다면 다른 아동들이 없을 때 화장실을 이용하도록 해 주거나 양호실, 교무실 같은 또 다른 장소의 화장실을 사용하도록 허락해 준다. 아울러 특수한 탈취제가 도움이 되기도 한다.

학교에 있는 동안 아동이 언제든지 기침을 할 수 있도록 해 주어야 한다. 교사들은 다른 아동과 교직원들에게 기침이 특별히 어떤 전염을 일으키는 것이 아니라는 사실을 알려 주어야 한다. 과도한 신체운동은 점액의 양을 줄이는 데 도움이 되지만 신중하게 판단해야 한다. 아동은 운동 후 땀 때문에 상실한 염분 회복을 위해 각 소금을 복용할 경우도 있다. 또한 증가된 염분량은 점액의 필요도를 높이게 된다.

아동이 항생치료를 받는 동안에 병원학급이나 홈스쿨링을 요청할 경우 그들의 학업을 지원해 주는 것이 중요하다. 미국 등 외국에서는 많은 병원에서 이미 병원 내 보호가 필요한 아동에게 교육서비스를 제공하고 있다. 그러므로 교사는 병원학급 교사들과 긴밀한 관계를 유지해야 한다(Best, Heller, & Vigge, 2005). 학급에 있는 또래 친구와 전화 통화를 하도록 연결해 주는 것도 굉장히 도움이 된다. 또래와는 전자우편과 같은 통신 수단을 통해 우정을 유지해 갈 수 있다. 병원이나 가정에서 이루어지는 교육도 정규과정과 유사하게 제공되도록 노력해야 한다. 학교와 병원과 가정에서의 교육이 성공적으로 이루어지도록 하는 핵심은 지속성과 유연성에 있다.

의료적 주의가 강하게 필요한 사람들을 볼 때 그들이 정상적인 삶으로부터 분리되어 있다는 느낌을 받는 것은 이상한 일이 아니다. 이것은 '학습된 무기력 양상'이 반영된 것이다(Heller et al., 1996). 낭포성 섬유증의 건강장애아동은 그들이 의료적 치료나 운동을 할 때 동료 친구들과 함께 참여하도록, 그리고 다른 학생들과 같은 규칙을 따르도록 자신감을 키워 주어야 한다. 적절한 기준은 바로 '적절성'이다. 예를 들어, 어떤 아동이 피로 때문에 지각하였다면 그에게 할당된 숙제를 마치도록 추가 시간을 주는 것이 적절하다. 그러나 숙제를 면제시켜 주는 것은 적절치 못하다.

암과 같은 영구적인 질환을 갖고 있는 아동에 대해 교사는 병원에서 퇴원한 후 학업결손의 보충을 위해, 사회적 · 학업적으로의 재통합을 위해, 치료나 병의 진행에 의해 변화된 상황을 개선하기 위해 일관성 있는 교육 프로그램을 지속해 나가야 한다. 암과 그 치료를 위한 교육적 처치의 열쇠는 유연성이다. 아동의 치료 일정을 알고 있으면 교육활동을 수립하는 데 도움이 된다. 그리고 결석도 예상할 수 있다. 학생이 병원에서 퇴원하여 다시 학업생활을 시작하면 정상적으로 조정하고 회복하는 감각을 제공해 주어야 한다. 그러므로 학업목표 또한 입원 전에 변경할 수 있도록 유연성 있게 병행해 나가야 한다.

유연성은 자율성으로 확대될 수 있다. 아동에게는 독립심을 고취시키고 학교활동에 적극 참여하도록 자신감을 심어 주되, 그 과정에서 아동이 자칫 신체적 · 사회적 힘이 미치지 못하여 기대를 달성하지 못한다는 좌절감을 느끼지 않도록 유의해야 한다.

암을 앓고 있는 아동은 학교에서 특별한 신체보호 서비스가 필요한 경우도 있을 것이다. 교사는 서비스를 위한 적절한 일정을 마련해야 한다. 그 일정은 학교의 일정에 간섭을 덜 받도록 고려되어야 한다. 아동이 신체적 고통은 물론 입원과 같은 낯선 상황에 보다 긍정적으로 맞서 나갈 수 있도록 자립 프로그램이 고안되어야 한다. 한 전략의 예로, 어린아이에게 입원 준비로 그 절차를 인형을 가지고 실연해 보도록 하는 것이다. 좀 더 나이 든 아동에게는 그들의 질병과 치료에 대해 설명하도록 이점을 준다. 아동이 절차를 실연할 사람과의 훌륭한 관계를 발전시킬 때 최상의 대응책이 생긴다. 학교 장면에서 이것은 아동이 특별한 건강보호 절차를 제공할 알맞은 사람을 가려낼 수 있어야 한다는 것을 의미한다.

만약 암이 신체를 악화시키는 것을 주도한다면 특정한 암 치료와 마찬가지로 아동이 자신의 일상생활에서 필요한 도움을 요구해야 한다. 언제라도 그들의 존엄성은 지켜져야 한다.

요약

건강장애는 장애를 가져오는 다양한 상태의 주요한 범주의 하나라고 할 수 있다. 건강장애에는 심장질환, 혈액질환, 천식, 낭포성 섬유증, 소아당뇨, 만성 신경쇠약, 소아암과 같은 주요건강장애와 B형 간염, 인간면역부전바이러스와 에이즈와 같은 감염성 질환이 있다. 건강장애는 힘과 체력, 민첩성 등을 떨어뜨리며, 영구적이거나 일정 기간 지속될 수 있고 좋지 않은 예후를 보일 수 있다. 학교에서 건강장애아동은 계속 늘어나는 추세에 있으며, 우리나라에는 현재 전국적으로 14개 병원학교에서 450여 명의 장기입원 아동들이 지원을 받고 있다.

건강장애의 지체장애와의 주요한 차이는 눈에 쉽게 드러나지 않는다는 것이다. 그러나 많은 건강장애인들은 그냥 보아서는 드러나 보이지 않는 반면 그들의 발달상태는 매우 취약하다. 건강장애는 대부분 그 증세가 눈에 보이지 않아 지금까지 발달이나 학업, 사회성 기술 등을 증진시키는 서비스로부터 벗어나 있었다. 학교에서는 이러한 건강장애아동을 위한 전문교사가 있어야 하며, 그들을 위한 별도의 시설 · 설비, 교재 · 교구도 마련되어야 한다. 무엇보다 건강장애아동을 위한 교육과정 적용이 필요하다. 사실상 많은 유형의 건강장애는 영구적이다. 비록 급성이나 특정 시기에 가서 악화되는 경우도 있지만, 대부분은 만성적인 상태로 질환 자체를 관리하며 살아가야 한다. 그러므로 학령기 건강장애아동의 교육을 위해 교사와 학생, 학교와 부모의 협력적 관계를 모색하고, 건강장애의 유형별 특성과 신체적, 인지적, 심리사회적 발달을 이해함으로써 그들의 교육적 지원에 최선을 다해야 할 것이다. 아울러 학령기 이후 건강장애인의 직업과 성인기 특성도 파악해 둘 필요가 있다.

참고문헌

곽승철, 김삼섭, 박화문, 안병즙, 전헌선, 정재권, 정진자(1995). 지체부자유아교육. 대구: 대구대학교출판부.

이유훈(2006). 최근의 특수교육의 동향과 정책방향. 2006년 실천특수교육학회 세미나. 미간행 자료.

정동영, 김형일, 정동일(2001). 특수교육요구아동 출현율 조사연구. 경기: 국립특수교육원.

Avery, M. E., & Rirst, L. R. (1994). *Pediatric care.* Baltimore: Williams & Wilkins.

Behrman, R. E. (1992). *Nelson handbook of pediatrics.* Philadelphia: Saunders.

Best, S. J., Heller, K. W., & Bigge, J. L. (2005). *Teaching individuals with physical or multiple disabilities.* New Jersey: Pearson Prentice Hall.

Bloomberg, G. R., & Strunk, R. C. (1992). Crisis in asthma care. *Pediatric Clinics of North America, 39,* 1225-1241.

Brown, L. K., Lourie, K. J., & Pao, M. (2000). Children and adaolescents living with HIV and AIDS: A review. *Journal of Child Psychiatry and Allied Disciplines, 41*(1), 81-96.

Brown, R. T., & Madan-Swain, A. (1993). Cognitive, neuropsychological and academic sequelae in children with leukemia. *Journal of Learning Disabilities, 26,* 74-90.

Council for Exceptional Children. (2000). *The standards for the preparation and licensure of special educations* (4th ed.). Reston, VA: Autor.

Denti, L. G., & Meyers, B. S. (1997). Successful ability awareness programs: The key is in the planning. *Teaching Exceptional Children, 29*(4), 52-54.

DePaepe, P., Garrison-Kane, L., & Doelling, J. (2002). Supporing students with health needs in schools: An overview of selected conditions. *Focus on Exceptional Children, 35*(1), 1-24.

Diette, G. B., Markson, L., Skinner, E. A., Nguyen, T. T. H., Algatt-Bergstrom, P., & Wu, A. W. (2000). Nocturnal asthma in children affects school attendance, school performance, and parents' work attendance. *Archives of Pediatric and Adolescent Medicine, 134,* 923-928.

Elmayan, M. M. (1993). Cancer. In M. G. Brodwin, F. A. Tellez, & S. K. Brodwin (Eds.), *Medical, Pyschosocial, and vocational aspects of disability* (pp. 233-249). Athens, GA: Elliot & Fitzpatrick.

Haggerty, M. C. (1990). Asthma. In D. L. Sextion (Ed.), *Nursing care of the respiratory*

patient (pp. 137-168). Norwalk, CT: Appleton & Lange.

Heller, K. W., Alberto, P. A., Forney, P. E., & Schwartzman, M. N. (1996). Asthma. In K. W. Heller, P. A. Alberto, P. E. Forney, & M. N. Schwartzman (Eds.). *Understanding physical, sensory, and health impairments: Characteristics and educational implications* (pp. 277-295). Pacific Grove, CA: Brooks/Cole.

Hill, J. L. (1999). *Meeting the needs of students with special physical and health care needs.* Upper Saddle River, NJ: Prentice Hall.

Klein, G. L., & Timmerman, V. (1994). *Keys to parenting the asthmatic child.* Hauppauge, NY: Rarron's.

Kraemer, M. J., & Bierman, C. W. (1983). Asthma. In J. Umbreit (Ed.), *Physical disabilities and health impairments: An introduction* (pp. 159-166). Upper Saddle River, NJ: Merrill/Prentice Hall.

Leher, P., Feldman, J., Giardino, N., Song, H. S., & Schmaling, K. (2002). Psychological effects of asthma. *Journal of Consulting and Clinical Psychology, 70*(3), 691-711.

Lindgren, S., Lokshin, B., Stromquist, A., Weinberger, M., Nassif, E., McCubbin, M., et al. (1992). Does asthma or treatment with theophylline limit children's academic performance? *New England Journal of Medicine, 32*, 926-930.

Morgan, W. J., & Martinez, F. D. (1992). Risk factors for developing wheezing and asthma in childhood. *Pediatric Clinics of North America, 39*, 1185-1203.

Mueller, G. A., & Eign, H. (1992). Pediatric Pulmonary function testing in asthma. *Pediatric Clinics of North America, 39*, 1243-1259.

National Institutes of Health: National Asthma Education Program. (1994). *Executive summary: Guidelines for the diagnosis and management of asthma* (Pulication No. 94-3042A). Bethesda, MD: U.S. Department of Health and Human Services, National Heart, Lung, and Blood Institute.

Parker, S. L., Tong, T., Bolden, S., & Wingo, P. A. (1997). Cancer statistics, 1997. *Cancer Journal for Clinicaians, 47*, 5-27.

Raj, A., Mishra, A., Feinsilver, S. H., & Fein, A. M. (2000). An estimate of the prevalence and impact of asthma and related symptoms in a New York City middle school. *Chest, 118*(4), 84S.

Silkworth, C. S., & Jones, D. (1986). Helping the student with asthma. In G. Harson (Ed.), *Managing the schoolage child with achronic health condition: A practical guide for schools, families, and organizations* (pp. 75-93). Wayzata, MN: DCI.

Thompson, R. L., Gustson, K. E., Hamlett, K. W., & Spock, A. (1992). Psychological adjustment of children with cystic fibrosis: The role of child cognitive processes

and maternal adjustment. *Journal of Pediatric Psychology, 17*, 741-755.

Visset, M. R., & Smets, E. M. (1998). Fatigue, depression, and quality of life in cancer patients: How are they related? *Supportive Care in Cancer, 6*, 101-105.

Weinberger, S. E. (1993). Recent advances in pulmonary medicine. *New England Journal of Medicine, 328*, 1389-1397.

Weitzman, M., Gortmaker, S. L., Sobol, A. M., & Perrin, J. M. (1992). Recent trends in the prevalence and severity of childhood asthma. *Journal of the American Medical Association, 268*, 2673-2677.

Williams, J., Berry, D. H., Caldwell, D., Zolten, A. J., & Spence, G. T. (1992). Acomparison of neuropsychological and psychosocial functioning after prophylactic treatment for childhood leukemia in monozygotic twins. *American Journal of Pediatric Hematology/Oncology, 14*(4), 289-296.

http://www.klaw.go.kr/(법제처종합법률정보센터)

http://isori.net/mail/20040127/project1/(아이소리)

http://www.kahp.or.kr/medical/main7_4_74.htm(한국건강관리협회)

• 제 12 장 •

발달지체

| 주요 학습 과제 |

1. 발달지체 개념 도입의 장점을 파악한다.
2. 발달지체 영 · 유아를 위한 조기교육의 필요성에 대한 근거를 살펴본다.
3. 발달지체 영 · 유아를 위한 교육과정 중심 진단(CBA)의 특징과 장점을 이해한다.
4. 개별화가족서비스계획(IFSP)의 구성 요소를 살펴본다.
5. 발달지체 영 · 유아를 위한 일반적인 교수전략을 살펴본다.

2008년부터 시행되고 있는 「장애인 등에 대한 특수교육법」을 통해 우리나라도 '장애유아'의 의무교육과 '장애영아'의 무상교육이 법적 근거를 갖게 되었다. 그러나 영・유아기는 발달이 왕성하게 진행되는 시기이고 또 발달에 일관성이 없기 때문에 어린 시기부터 특정 장애의 진단적 명칭을 부여하는 것은 지양해야 한다는 목소리가 높아지고 있다. 이에 「장애인 등에 대한 특수교육법」에서도 비편견적이면서 비범주적인 '발달지체'를 특수교육 대상자에 새롭게 포함시키고 있다. 이로써 특정 장애를 지닌 영・유아는 물론 발달에 지체를 보이는 영・유아에게도 교육권이 더욱 확대되는 계기가 마련되었다.

이 장에서는 발달지체 영・유아 및 그들의 가족을 이해하여 적절한 서비스를 제공하기 위해 발달지체의 정의, 원인과 예방, 진단 및 평가, 가족지원, 교수방법 등을 살펴보고자 한다.

1. 발달지체의 정의와 진단

1) 정 의

발달지체의 개념은 일반적으로 영・유아가 발달에서 일탈적인 문제를 보이거나 아직 장애명으로 분류되지는 않지만 발달의 한 영역 이상에서 지체를 나타내는 경우를 모두 지칭하는 비범주적 용어다(Graziano, 2002). 일반적으로 발달지체 영・유아는 분명하게 명명할 수 있는 장애(예, 염색체이상의 증후군), 감각적・운동적 장애는 없으나 발달의 한 영역 이상에서 또래의 정상발달 아동들보다 현저하게 지체를 보이는 영・유아를 지칭한다.

여러 가지 발달상의 문제행동을 장애로 분류하지 않고 특수교육 대상자를 가장 포괄적이면서 비편견적으로 나타낼 수 있는 '발달지체'라는 용어가 일반화되어 사용되기 시작한 것은 그리 오래되지 않았다. 그동안 유아의 발달은 8세까지 계속된다는 많은 전문가들의 의견(Division for Early Childhood, 1996)과 영・유아를 장애로 분류할 경우 여러 가지 불이익이 발생한다는 의견이 대두되면서 '발달지체' 용어의 사용이 권장되었는데, 이것이 법적으로 확고하게 된 것은 1997년 미국 장

애인교육법이 개정되면서부터다. 이 법은 9세 이하 아동에게는 '장애'라는 용어를 사용하지 않고 있으며, 대신 '발달지체아동(child with developmental delay)'이라는 용어를 쓰도록 권장하고 있다. 이로써 0~9세의 아동은 특정한 장애명으로 진단받지 않더라도 발달지체 진단을 통하여 특수교육 서비스를 제공받을 수 있게 되었다.

우리나라의 경우 2008년부터 「장애인 등에 대한 특수교육법」이 시행됨으로써 발달지체 개념이 비로소 법적인 근거를 갖게 되었다. 즉, 동법 제15조에서 9개의 장애 범주 외에 발달지체를 특수교육 대상자에 포함시킴으로써 발달에 지체를 보이는 영·유아들이 조기중재 및 특수교육 서비스를 받을 수 있는 장치가 마련된 것이다. 그 이전까지 효력이 있었던 「특수교육진흥법」에서는 학령기 아동과는 다른 평가 방법이나 기준이 필요한 어린 유아들에게도 학령기 아동에게 적합한 진단 기준을 그대로 적용하여 특수교육 대상자를 선정하였다. 그런데 이는 다음과 같은 문제점을 안고 있다. 첫째, 어린 시기에 '장애'라는 명칭을 부과하는 것은 곧 부정적인 낙인을 찍어 이후 발달에 치명적인 결과를 초래할 수 있다. 둘째, 장애의 편견으로 아동은 자신이 가진 고유한 장점 및 능력을 발휘할 수 있는 기회를 놓치거나 인정받지 못할 수 있다. 셋째, 장애 판정을 받게 되면 개인의 전반적인 발달을 고려하는 서비스가 제공되지 못하고 특정 장애에 제한된 서비스만 제공될 수 있으며, 이에 따라 통합교육의 기회도 제한될 수 있다. 넷째, 자녀의 장애 명칭에 대한 부모의 심리적 부담으로 자녀 양육 및 교육에 부정적인 영향을 줄 수 있다. 이런 이유로 그동안 여러 학자들로부터 발달지체 도입이 주장되어 왔고, 그 결과 법적인 효력을 갖게

〈표 12-1〉 발달지체 개념 도입의 장점

- '장애'의 편견에 의한 아동과 그 가족의 심리적 부담감을 감소시켜 아동은 잠재력을, 부모는 부모 효능감과 역량을 키울 수 있다.
- 비범주적 '발달지체'로 진단되면 장애의 유형에 따른 서비스가 아니라 개별 아동의 전반적인 능력, 요구에 맞는 서비스가 제공될 수 있다.
- 발달지체 영·유아들은 특정한 장애로 분류되지 않기 때문에 통합교육에 보다 가까이 접근할 수 있다.
- 뚜렷한 장애를 지니지 않더라도 장애를 가질 위험성이 있는 아동들(발달이 지체된 아동, 발달에 위험 요소를 가지고 있는 아동)도 서비스 대상에 포함되기 때문에 보다 많은 아동들이 조기중재의 혜택을 받을 수 있다.
- 진단·평가에서도 장애의 확인보다는 장애의 예방 및 조기중재에 더욱 중점을 둘 수 있다.

되었다. 발달지체 개념의 도입으로 얻을 수 있는 장점을 살펴보면 〈표 12-1〉과 같이 요약할 수 있다.

그러나 이와 같은 긍정적인 기대에도 불구하고 발달지체라는 용어가 또 하나의 장애 범주로 포함되어 용어의 원래 의도가 손상될 가능성이 제기될 수 있으므로 이에 대한 올바른 인식과 조처가 뒤따라야 한다(이소현, 2007). 중요한 것은 모든 영·유아는 각자 독특한 발달적 요구를 지니고 있을 뿐 일반적인 아동과 마찬가지라는 인식을 갖는 데에 있다.

2) 발달지체의 진단 기준

영·유아의 능력과 수준, 발달의 형태 등은 매우 다양하여서 발달지체의 범주를 한마디로 정의하기는 쉽지 않다. 어떤 경우는 지체가 분명하고 그 영향이 지속되는가 하면, 또 어떤 경우는 시간이 지남에 따라 지체의 정도가 약화되거나 사라지기도 한다. 또 다른 경우는 영·유아기에 발달지체를 정확히 확인할 수 없기도 하다.

발달지체를 규정하기 위해 사용되는 양적 기준은 일반적으로 표준편차(SD; 예, 하나의 발달 영역이 평균에서 −2SD 미만), 백분율(예, 하나 또는 그 이상의 발달 영역에서 25% 지체), 지체된 개월 수(예, 하나 이상의 발달 영역에서 6개월 지체)다. 이처럼 영·유아들이 특수교육 대상자가 되기 위한 발달지체 기준은 다양한데, 보편적으로 다음의 세 가지 진단 기준에 의해서 영·유아의 적격성이 인정되고 있다.

〈표 12-2〉 발달지체의 진단 기준

- 인지, 의사소통, 신체, 사회성 또는 정서, 적응행동에서의 지체아동
- 현재 발달상의 지체 여부와 상관없이 앞으로 지체를 보일 가능성과 관련해 형성된 조건(예, 다운증후군)의 의학적 진단을 받은 아동
- 생물학적으로나 환경적으로 위험 요인을 가지고 있는 아동(예, 저체중, 신생아 호흡기 문제, 산소결핍, 뇌출혈, 감염, 영양결핍, 아동학대 등)

3) 발달지체 영 · 유아 조기교육

(1) 대 상

장애가 있거나 장애의 위험이 있는 아동들을 특수교육 서비스의 수혜대상으로 포함시키기 위해 도입한 '발달지체 영 · 유아'는 현재 우리나라 교육에서 유아특수교육 대상자를 의미한다. 다시 말해, '유아특수교육(early childhood special education)'은 넓은 의미에서 장애를 가졌거나 장애를 가질 위험이 높은 영 · 유아의 발달과 그 가족의 복지 향상을 위해 전문적인 도움을 제공하는 것을 그 목적으로 한다. 발달지체 영 · 유아 조기교육은 일반적으로 0~2세 발달지체아동 및 그 가족에게 제공되는 조기중재(early intervention)와 3~5세 아동에게 제공되는 특수교육 및 관련 서비스인 취학전 특수교육(preschool special education)으로 나눌 수 있다(Bowe, 1995). 이와 같은 구분은 0~2세 발달지체영아 및 그 가족을 위한 조기중재 서비스와 유아기 및 학령기 아동들을 위한 서비스가 아동 및 가족의 요구와 필요, 교육 목표, 방법, 내용, 교사의 역할 등에 있어서 기본적으로 그 체계를 달리해야 함을 의미한다. 종합해 보면, 발달지체 영 · 유아 교육대상자는 ① 이미 형성된 장애를 지니고 있거나, ② 발달상의 지체를 보이거나, ③ 조기에 적절한 교육을 받지 않을 경우 발달지체를 보일 가능성이 있는 위험 아동(children at-risk)을 모두 포함한다.

(2) 필요성 및 목적

유아기는 생애발달에서 매우 중요한 시기로 성장 가능성이 가장 높다. 특히 생애 첫 3년 동안 제공되는 경험과 자극은 이후 발달의 초석이 되며 전 생애에 걸쳐 중요한 역할을 한다(Bloom, 1976; Hunt, 1961; Shore, 1997). 또한 이 시기는 발달의 가소성이 크므로 조기 학습이나 경험은 장애를 최소화하는 데 결정적인 역할을 할 수 있다(Anastasiow, 1996). 즉, 이 시기에 제공되는 조기중재 서비스는 장애 발생을 최대한 예방할 수 있기 때문에 다른 어떤 발달단계보다 중요하다고 할 수 있다. 이는 많은 연구를 통하여 입증되었는데(Heward, 2006), 이런 연구들은 방법론상의 차이는 있지만 모두 조기중재는 그것이 주어지지 않았을 때 나타날 수 있는 부정적인 영향을 감소시킬 수 있다는 의견(Guralnick, 1998)에 동의하고 있다.

많은 연구들을 토대로 발달지체 영 · 유아 조기교육이 궁극적으로 지향하는 목적을 제시하면 다음과 같다(이소현 역, 1995; Heward, 2006).

〈표 12-3〉 발달지체 영·유아 조기교육의 목적

- 장애아동 가족을 지원한다.
- 아동의 적극적인 참여 및 다양한 기술의 습득을 통해 궁극적으로 그들의 독립성을 촉진시킨다.
- 발달지체의 정도를 최소화하여 주요 영역의 발달을 촉진시킨다.
- 아동의 사회적 상호작용 능력을 촉진시킨다.
- 습득한 기술에 대한 일반화 능력을 촉진시킨다.
- 아동이 가정, 학교, 지역사회에서 정상적인 삶을 살 수 있도록 지원한다.
- 순조로운 전이가 될 수 있도록 아동과 그 가족을 지원한다.
- 장애의 발생을 예방하고 최소화한다.

2. 발달지체의 원인과 예방

1) 원 인

발달지체의 원인에는 병, 심리적 외상, 출생 시 손상, 유전적인 요인에 의한 것도 있지만 그 원인이 분명히 밝혀지지 않은 것들도 있다. 일반적으로 장애의 원인이 확실하게 알려져 있는 경우는 30~40%에 불과하며(이소현 2003 재인용), 미확인 다인자성 요인이 전체 원인의 65% 정도에 이르는 것으로 보고되고 있다(이권해, 1995). 발달상 장애를 지닌 아동들은 모두 발달 면에서 지체되어 있지만, 하나의 지체가 반드시 장애를 가져온다고 말할 수는 없다(Graziano, 2002). 따라서 원인이 밝혀진 경우에는 그에 따른 적절한 조처가 필요하고, 원인이 밝혀지지 않은 경우에는 아동의 개별 특성에 따른 조기중재가 필요하다.

발달지체의 원인은 크게 생물학적 요인과 환경적 요인으로 구분할 수 있다. 생물학적 요인에는 유전적 요인, 염색체 이상, 신경전달물질 이상 등이 있고, 환경적 요인에는 출생 시의 문제, 양육환경, 부모의 심리적 건강, 사회경제적 환경 등이 있다 (Gargiulo & Kilgo, 2000).

생물학적 요인들은 그 원인에 따른 예방과 문제 발생 시 빠른 조처가 필요하다는 측면에서 그것을 인식하는 것이 매우 중요하다. 또한 사회환경적 요인도 생물학적 요인처럼 그 증상이 출생 시나 신생아기에 뚜렷하게 나타나지는 않지만, 아동의 발달에 장기적으로 미치는 영향을 고려할 때 매우 중요한 요인으로 작용한다. 여기에는 부정적인 양육환경(예, 불안정한 애착), 낮은 사회경제적 지위, 영양 부족, 부모의

부재, 학대 및 방임 등이 있다. 또한 현대사회의 환경오염에 의한 중독(예, 납, 수은 등), 각종 사고 등 물리적 스트레스와 경쟁, 소외, 좌절 등과 같은 심리적 스트레스도 아동발달에 직·간접적으로 영향을 줄 수 있다.

2) 발달지체 예방

예방적 차원의 서비스는 발달지체 영·유아 조기교육의 주요 목표 중 하나로서 장래의 문제나 장애 발생의 예방을 포함한다(이소현, 2004). 발달지체의 조기예방은 크게 환경적인 위험(빈곤, 학대나 방임, 부모의 약물남용)에 처한 아동, 이미 형성된 위험 요인(다운증후군, 뇌성마비, 이분척추)을 지닌 아동, 생물학적 위험 요인(조산, 저체중)을 지닌 아동을 대상으로 구분해 볼 수 있다(Zervigon-Hakes, 1995). 환경적인 위험에 처한 어린 아동을 위한 예방 프로그램으로는 대표적으로 조기 헤드스타트(Early Head Start)가 있다(Halpern, 2000). 형성된 장애를 지닌 아동을 대상으로 한 조기중재는 환경적 위험 요인을 지닌 아동에 비해서는 상대적으로 덜 입증되어 왔지만, 지금까지의 연구 결과들을 통하여 효과가 있는 것으로 결론이 내려지고 있다(Simeonson, Cooper, & Scheiner, 1982). 또한 생물학적 위험 요인을 지닌 영아를 위한 조기중재 역시 지금까지 수행되어 온 많은 연구 결과들을 통하여 신체적·지적 발달에 긍정적인 영향을 미치는 것으로 인정되고 있다(Achenbach, Howell, Aoki, & Rauh, 1993). 이와 같은 예방적 차원의 조기중재는 장애 발생은 물론 이미 형성된 장애의 부정적인 영향을 최소화하여 이후 아동의 독립적인 삶에 긍정적인 영향을 준다는 점에서 그 당위성을 찾을 수 있다. 이처럼 예방은 장애 및 발달지체의 출현을 원천적으로 방지하는 협의적 예방과 이미 나타난 문제들의 부정적인 영향을 최소화하고 부수적인 문제의 발생을 억제하는 광의적 예방을 모두 포함한다.

우리나라의 경우 1978년부터 페닐케톤뇨증, 갈락토오스 혈증, 단풍당뇨증, 호모시스틴뇨증, 히스티닌 혈증, 선천성 갑상선기능저하증의 6개 정신지체 유발 증상들은 생후 3~7일에 신생아 혈액검사를 통하여 문제 여부가 파악되도록 조치되었다. 이러한 신생아 예방조치는 문제 발생 1개월 이내에 치료를 가능하게 하여 완전한 정상발달이 보장된다. 그러나 효소결핍에 의한 이 질환을 치료하지 않고 방치하면 심한 정신지체를 유발하거나 발달지체를 초래할 수 있으며, 심하면 조기에 사망할 수도 있다. 따라서 장애 발생의 예방을 위해서는 국가 차원의 모자보건대책을 더욱 강화하여, 모든 임산부와 영·유아의 정기검진과 유전상담을 의료보험 급여 대상에 포함시키고 장애의 예방, 조기발견 및 조치 사업을 체계적으로 추진하여야 한다.

3. 발달지체 영·유아의 진단과 평가

장애가 있거나 장애를 가질 위험성이 높은 유아를 되도록 조기에 발견하고 적절한 절차에 따라 진단·평가를 하고, 그 결과에 따라 적절한 교육서비스를 제공하는 것은 장래의 문제점들을 상쇄시킬 수 있다는 기대를 포함한다(Mclean & Odom, 1993). 그러나 영·유아들에게 뚜렷한 장애가 보이지 않을 때는 발달지체를 발견하고 확인하기가 쉽지 않다. 따라서 조기에 적절한 중재를 하기 위해서는 발견단계부터 체계적인 절차가 필요하다.

영·유아기에 이루어지는 발달은 일관성이 없고 비연속적이며 여러 영역의 발달이 균등하지 않을 수 있다. 그러므로 영·유아에게 전통적인 진단절차를 적용하는 것은 문제가 될 수 있다. 따라서 진단은 다양한 방법으로 여러 차례 이루어져야 하며, 학령기 아동에게 적용되는 것과는 다른 방법과 절차가 필요하다.

1) 진단·평가의 단계

'발달지체 영·유아를 위한 진단·평가'는 하나의 단계를 의미하는 것이 아니다. 대상아동을 발견하고, 진단하며, 그들의 강점과 약점을 파악하여 교육계획을 세우고, 적절한 중재를 한 다음, 그 결과를 평가하는 일련의 과정을 모두 포함한다. 이러한 진단·평가의 일련의 단계는 서로 독립적이지만 다음과 같이 상호 연관이 있는 6단계로 나누어 볼 수 있다.

아동 발견 ⇨ 선별 ⇨ 적격성 진단 ⇨ 교육 진단 ⇨ 진전도 점검 ⇨ 프로그램 평가

[그림 12-1] 진단·평가의 단계

출처: Peterson(1987).

① 아동 발견(case finding)은 선별에 의뢰할 필요가 있는 아동을 발견하는 단계이고, ② 선별(screening)은 정상적 발달을 보이지 않아서 보다 심층적인 진단에 의뢰할 필요가 있는지 알아보는 단계이며, ③ 적격성(diagnosis) 진단은 특수교육 및 기타 적절한 중재가 필요한지 알아보는 단계이며, ④ 교육 진단(educational assessment)은 적격성이 확인되면 개별화교육계획을 세우기 위한 자료(현행 수준, 장단점, 장단기 목표 등)를 수집하는 단계이며, ⑤ 진전도 점검(progress monitoring)은 형성평가로서 아동의 현재 수행 수준을 점검하는 단계이며, ⑥ 프로그램 평가(program evaluation)는 중재 프로그램의 질, 아동의 성취 정도, 부모의 만족도 등을 알아보는 단계다. 이 각각의 단계는 고유한 기능과 목적을 지니고 있으며, 그에 따른 특별한 절차를 필요로 한다(Heward, 2006; Meisels, 1991; Peterson, 1987).

(1) 선 별

선별은 보다 전문적인 장애 진단이 필요한지를 판단하는 간략한 과정으로, 선별검사를 통해 각 아동이 정상적인 발달의 범주 안에 속하는지를 알아보고 문제를 지닐 가능성이 있는지를 신속하게 알아보는 것을 목적으로 한다(Campbell, 1991; McLean, Bailey, & Wolery, 1996; Pierangelo & Giuliani, 2002). 따라서 선별검사를 통해 정상발달의 범주 안에 속하지 않거나 발달지체의 위험성이 있는 것으로 판단되면 보다 전문적이며 종합적인 진단을 위한 절차에 의뢰된다. 선별검사의 특징을 종합해 보면 〈표 12-4〉와 같은 사항이 권장된다(Meisels & Provence, 1989; Meisels & Wasik, 1990).

선별검사는 규준 참조적인 표준화 검사가 권장되고 있지만, 이것만으로는 다양한 영역의 문제점들을 파악할 수 없다. 따라서 필요한 경우 표준화 검사도구 외에도 체크리스트나 직접관찰, 부모면담 등과 같은 다양한 절차를 사용해야 한다.

〈표 12-4〉 선별검사의 특징

- 검사는 정확해야 한다.
- 검사는 실시절차가 간편해야 한다.
- 시간과 비용 면에서 경제적이어야 한다.
- 다양한 학문 분야의 전문가들이 쉽게 사용할 수 있어야 한다.
- 실시과정이 표준화되어야 한다(신뢰도, 타당도 검증)
- 발달의 모든 영역을 포함해야 한다.

현재 우리나라에서 번역 혹은 표준화해서 사용하는 선별검사 도구들에는 한국형 덴버(Denver) II, 한국판 DIAL-3, ASQ 부모작성형 아동 모니터링 시스템, 영·유아 언어발달검사, K-CDI 등이 있다.

(2) 적격성 진단

발달의 개관을 제공하는 선별검사와는 달리, 선별검사에 의해 문제점이 나타나는 경우 조기중재나 특수교육 서비스가 필요한 아동을 판별하기 위해 시행되는 적격성 진단은 장애의 조건 및 발달지체의 정도를 알아내고, 발달의 모든 영역에 대한 구체적이고도 포괄적인 정보를 제공한다(Cook, Tessier, & Klein, 2000; McLean et al., 1996). 적격성 진단을 위한 절차는 아동의 행동 및 가정환경에 대한 정보 수집, 임신기간부터 아동의 생육사와 병력, 아동을 직접 관찰하여 얻은 사회성이나 의사소통 등의 일반적 능력에 대한 의견, 표준화 검사 결과의 네 가지 정보를 포함하는 것이 바람직하다(이소현, 2002). 진단 결과는 특수교육과 관련 서비스의 적격성을 판단하는 기초자료가 되기 때문에 표준화 절차를 준수하는 검사, 전문가의 임상 판단, 가족이 포함된 팀 접근을 통해 정보 수집이 이루어져야 한다(Brown & Seklemian, 1993).

대부분의 표준화된 진단도구들은 발달연령 점수, 발달지수, 표준점수, 백분위 등의 규준참조형 점수를 사용하여 평가 결과를 나타낸다. 일반적으로 규준집단의 아동들과 능력을 비교하여 의미 있는 차이를 보이는지를 알아내어 특수교육 적격성을 알아보기 위한 목적의 규준참조형 표준화 검사는 그것만으로는 정확한 정보를 얻지 못한다. 따라서 자연적인 상황에서 아동의 행동을 직접 관찰하고 가족 및 다른 양육자로부터의 추가 정보를 수집하는 것이 바람직하다(Davis et al., 1998). 이는 최근 적격성 진단에서 강조되는 생태학적 관점을 반영한 것으로, 아동과 가장 가까이 있는 가족은 물론 아동의 보육과 교육에 관련된 담당자 및 각 학문 분야의 전문가들이 진단팀을 이루어 다학문적으로 접근해야 함을 강조한 것이다.

(3) 교육 진단

선별과 진단 과정이 끝나게 되면 특수교육 서비스에 대한 적격성 판정을 받은 아동을 대상으로 개별화교육 프로그램(IEP)을 계획한다. 교육진단 단계에서 교사는 유아의 현재 수준(강점 및 약점)을 파악하여 앞으로의 교육목표를 정하게 되는데,

이를 위해 사용되는 진단도구는 적격성 판정을 위해 사용되는 표준화 검사도구와는 달라야 한다. 왜냐하면 적격성 진단을 위해 사용되는 표준화 검사도구 문항은 중재가 필요한 영역과 아동의 발달 수준을 결정하는 데는 유용하지만 구체적이기보다는 일반적이어서 교수목표를 설정하는 데 적절하지 않고, 프로그램 적용에 의해 발생하게 되는 아동발달의 변화를 수시로 측정하는 데 민감하지 않으며, 유아특수교육 프로그램에서 강조하는 행동 유형과 범위를 포함하지 않기 때문이다(Bondurant-Utz & Luciano, 1994). 따라서 이 단계에서는 중재 및 교수 계획을 수립하는 데 도움이 되는 진단도구가 사용되어야 한다(Neisworth & Bagnato, 1996). 이때 사용되는 교육과정 중심의 준거참조형 진단도구는 발달단계에 따른 기술 및 아동의 발달에 필요한 기술들을 일련의 순서에 따라 논리적으로 제시하고 있어 교육 프로그램의 계획에 상당히 유용하다(Meisels & Provence, 1989). 즉, 교육과정 중심 진단(curriculum-based assessment: CBA)은 아동을 규준집단과 비교하지 않고 미리 선정된 발달 준거에 아동이 어느 정도 도달했는지를 알아보는 데 그 목적이 있다.

교육적 진단의 과정을 거쳐 작성된 교육 프로그램이 실시되기 시작하면 아동의 성취에 대해 계속적으로 자료를 수집하게 된다. 이를 통하여 아동의 각 발달 영역에 대한 개별화교육 프로그램의 교육목표들이 성취되고 있는지를 확인할 수 있다. 이때 완성된 수행평가 정보는 유아의 다음 단계의 교육전략을 결정하기 위한 유용한 자료로 사용된다(조광순, 홍은숙, 김영희, 2005). 일반적으로 교육과정 중심의 진단도구는 아동발달의 주요 영역인, 인지, 운동(소근육, 대근육), 의사소통, 적응, 사회성을 모두 포함하기 때문에 아동의 전반적인 현행 수준을 파악하여 교육목표를 세울 수 있게 한다.

현재 국내에서 많이 사용되는 교육과정 중심의 진단도구에는 영 · 유아를 위한 진단 · 평가 프로그램 시스템(AEPS), 장애유아를 위한 캐롤라이나 교육과정(CCPSN), 포테이지 아동발달 지침서 등이 있다.

2) 진단 · 평가의 최상의 실제

지금까지 살펴본 것처럼, 발달지체 영 · 유아를 진단 · 평가하기 위해서는 다양한 진단방법(예, 규준참조 표준화 검사, 교육과정 중심 준거참조검사, 관찰, 면담 등)을 사용해서 아동의 전반적 발달 영역(인지, 운동, 의사소통, 적응, 사회성)을 포괄적으로 진단하여 중재할 수 있어야 한다. 여기서 중요한 것은 가족 및 주 양육자를 포함하는 다양한 전문가들의 협력적 팀 접근이며, 가능하면 아동의 능력을 가장 자연스럽게 보여 줄 수 있는 일상생활에서 자연스럽게 진단하는 것이 권장되고 있다(Gargiulo & Kilgo, 2000; Sandallm, McLean, & Smith, 2000). 특히 발달지체의 가능성을 지니고 있거나 조기중재를 받지 않을 경우 잠재적 발달지체의 가능성이 있는 장애 위험 영·유아에게 서비스의 제공 여부를 결정하게 될 때는 가족과의 면담이 매우 중요하다. 그러므로 양적 진단과 함께 반드시 질적 진단이 동시에 이루어져야 한다.

4. 발달지체 영·유아의 가족지원

1) 가족지원의 정의 및 배경

발달지체 영·유아의 교육에서 가장 중요한 부분 중의 하나는 가족의 참여와 그 가족을 지원하는 것이다. 영·유아는 학령기 아동과는 달리 대부분의 시간을 가족과 함께 보내기 때문에 가족 구성원의 영향을 많이 받는다. 그러나 한편으로는 가족 구성원에게 영향을 줌으로써 양방향적인 관계를 형성한다. 따라서 발달지체 영·유아만을 대상으로 교육적 서비스를 제공하는 것은 불완전한 것이다.

발달지체를 지닌 영·유아들의 부모들은 자녀의 독특한 행동발달 특성을 정확히 인식하지 못하여 적절한 상호작용 형성에 많은 어려움을 겪고 있으며, 자녀의 특수한 문제에 어떻게 대처해야 하는지에 관한 지식 및 의사소통 기술의 부족, 발달지체아동과 정상아동 간의 적절하지 못한 상호작용에서 비롯되는 갈등, 장래에 대한 걱정 등으로 스트레스를 받고 있다(이미선, 김경진, 2000). 또한 그들은 사회로부터 소외되거나 비현실적인 기대와 희망으로 좌절을 경험함으로써 부모로서의 역할을 제대로 하지 못하는 경우가 종종 있다. 이러한 어려움에 처한 부모에게 적절한 대처 방안과 지원을 제공해 주지 못한다면 결국 자녀의 발달 및 가족 전제의 삶의 질에 부정적인 영향을 끼칠 수 있으며, 이런 상황이 장기간 지속될 경우 일부 부모들은 자녀의 교육 및 보호를 포기할 수 있다. 그러나 그들이 외부로부터의 정보를 잘 활용하여 역량을 강화시킨다면 자녀 양육 및 교육에 대한 스트레스는 경감될 수 있

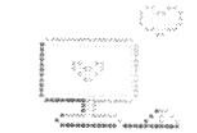

다(Folkman, 1984).

가족지원의 중요성은 발달지체 영 · 유아의 진단과 교육을 하는 데 가족이 전문가로서 인식되고 부모도 개별적인 욕구를 지니고 있다는 사실이 인정되면서 부각되기 시작했다(Bailey, Winton, Rouse, & Turnbull, 1990). 가족지원을 통해 가족의 기능을 강화하기 위해서는 가족의 욕구를 명확히 파악하고 적합한 자원을 발굴하여 제공하는 것이 무엇보다 필요하다. 즉, 가족지원은 장애아동 및 그 가족의 요구를 진단하고, 이러한 요구를 충족시킬 수 있는 다양한 공식적 · 비공식적 자원 및 서비스를 확인한 후, 그 가족으로 하여금 가족의 기능을 강화하는 방법으로 자원을 얻도록 함으로써 부모가 자녀교육에 대한 효율적인 참여능력을 갖추도록 해야 한다(이미선, 김경진, 2000).

2) 가족지원 프로그램

가족지원 프로그램은 개인 및 가족의 기능을 강화하고, 가족 구성원과 가족 전체의 성장과 발달을 향상시키는 방법으로 가족에 대한 자원과 지원의 흐름을 촉진하기 위해 고안된 것이다(Dunst, 1990). 따라서 가족지원 프로그램의 목적은 가족에게 직접적인 서비스를 제공하는 것이 아니라 부모의 능력을 강화하는 것이다(Zigler & Berman, 1983). 가족강화(empowerment)는 가족이 자신이 원하는 것을 얻는 능력으로 정의되며, 이를 통해 점점 더 자신의 삶에 대한 통제능력을 지니게 되는 것을 의미한다(Turnbull & Turnbull, 2001). 이를 위해 가족지원 체제는 가족으로 하여금 필요한 자원을 보다 많이 이용하도록 하고, 가족으로 하여금 그들 스스로 선택하도록 더 많이 격려하고, 가족이 다양한 방법으로 참여하도록 촉진함으로써 가족의 능력을 더 많이 강화시켜야 한다. 가족지원에서는 가족의 필요한 요구를 충족시켜 주는 것은 물론 그러한 요구 충족과정도 매우 중요하다(Bailey et al., 2006). 즉, 가족지원 서비스를 받는 과정에서 가족은 가족이 지닌 스트레스를 관리할 수 있는 능력을 기르고, 그들에게 필요한 구성 요소를 찾고, 스스로 문제를 해결할 수 있는 능력을 향상시킴으로써 발달지체아동에게도 긍정적인 영향을 미치게 되는 것이다(이은정 외, 2007). 발달지체 영 · 유아의 가족들을 지원하는 방법의 예를 제시하면 〈표 12-5〉와 같다.

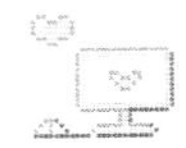

〈표 12-5〉 발달지체 영 · 유아 가족을 지원하기 위한 방법

• 다양한 정보(장애아동, 관련 서비스의 종류 및 이용방법 등) 제공 • 부모교육을 통해 자녀의 발달에 영향을 주는 일반적인 양육 및 교육전략과 자녀의 특정 문제행동을 예방하고 그에 대처할 수 있는 기술 및 방법 제시 • 부모 및 형제자매의 심리적 · 정서적 지원을 위한 상담 및 훈련 프로그램 실시 • 사회적 관계망 구축 및 연계 • 재정적인 지원(예, 가사, 육아, 교육, 의료, 보장구 등) • 발달지체 영 · 유아 보육 및 교육 기회 확대

3) 가족 진단

발달지체 영 · 유아의 진단 및 교육에서 부모가 미치는 영향은 아동발달에 중요하게 작용한다. 생태학적 입장에서 가장 핵심적인 것은 아동의 발달에 중요한 역할을 하는 가족의 영향이다(Meisels & Provence, 1989). 따라서 개별 아동을 위한 적절한 교육을 시작하기 위해서는 해당 아동은 물론 그 가족의 필요와 요구를 정확히 진단하여 가족을 지원해 주어야 한다. 이와 같은 가족 진단은 교수 목표와 서비스에 대한 가족의 우선적인 관심사를 결정하기 위해 전문가들이 정보를 수집하는 과정을 의미한다(Bailey, 1991). 개별 아동이 발달 수준, 성격, 기질, 관심 등에서 저마다 다르듯이, 가족도 그들의 가치관, 사회경제적 지위, 문화적 배경, 가족의 형태 등에 따라 관심 분야와 필요로 하는 지원이 다르게 나타난다. 따라서 가족지원은 가족 진단을 통해 확인된 개별 가족의 요구를 적절한 방법으로 충족시켜 주어야 한다.

즉, 가족 진단은 가족의 관심사(concerns), 필요에 대한 우선순위(priorities), 지원 자원(resources)에 대한 진단이라고 볼 수 있다. 이런 것들을 진단하기 위해 가족 면담, 비형식적 질문지, 관찰 등이 많이 사용되고 있으나 형식적 도구가 사용되기도 한다. 그동안 가족의 요구와 강점 등 가족 진단을 목적으로 개발되어 많이 사용되어 온 도구로는 가족자원척도(Family Resource Scale), 가족지원척도(Family Support Scale), 가족욕구조사(Family Needs Survey Revised), 가족선호도조사(Family Information Preference Inventory) 등이 있다.

4) 개별화가족서비스계획(IFSP)

발달지체 영 · 유아 교육에서 아동중심 접근을 뒷받침한 것이 1975년 미국의 「전장애아교육법」이라면, 가족중심 접근을 뒷받침한 것은 1986년 「장애인교육법」 수정안의 파트 H(후에 파트 C)에 규정된 개별화가족서비스계획(individualized family service plans: IFSP)의 개발과 시행이다. 미국의 「장애인교육법」 파트 C에서는 IFSP에 가족의 장단점, 필요, 자원 등을 포함하여 아동 및 가족에게 필요한 서비스를 제공하도록 하고 있다. 이것은 발달지체 영 · 유아의 교육 및 치료에서 가족의 역할을 인식하고, 가족으로 하여금 이러한 역할을 수행하도록 가족의 참여를 의무화한 것이다. IFSP는 0~2세의 발달지체 영 · 유아와 그 가족에게 조기중재 서비스를 제공하기 위해 만들어진 개별적인 문서(Cripe & Graffeo, 1995)로, 영아와 그 가족을 위한 목표를 계획하고 실행하기 위해 여러 전문가들이 협력하여 가족의 자원들을 찾아 활용할 수 있도록 조직화한 것이다.

미국의 「장애인교육법」 파트 C(1997)에 따르면, 주마다 약간의 차이는 있지만 IFSP는 〈표 12-6〉의 내용을 포함한다. 그 내용상 IEP와 가장 큰 차이점은 '서비스 조정자(service coordinator)'의 명시다. 서비스 조정자는 IFSP를 계획하고 실행하는 사람으로, 여러 분야의 전문가들과의 협력에 책임을 지며 중재를 실시하고 해당 가족이 적절한 서비스에 쉽게 접할 수 있도록 도와주는 역할을 한다.

IFSP는 IFSP 팀에 의해 매년 작성되며, 6개월마다 재검토한 결과가 가족에게 제공되어야 하며, 수립된 계획을 실행에 옮기기 전 그 내용에 대해 반드시 부모의 서면 동의를 받아야 한다(IDEA, 2004). IFSP의 작성과 실행 과정의 대략적인 절차는 [그림 12-2]와 같다(강지인, 2007; 이병인, 2003).

〈표 12-6〉 IFSP의 구성 요소

- 영 · 유아의 현행 수준
- 가족의 관심, 우선순위 및 자원
- 아동과 가족의 주요 성취 목표와 준거, 절차 및 시간계획
- 조기중재 서비스의 종류, 빈도, 강도 및 서비스 전달방법
- 조기중재 서비스 시작일과 예상 종료일
- 조기중재 서비스가 적절하게 제공될 자연적 환경
- 서비스 조정자
- 전환지원 계획

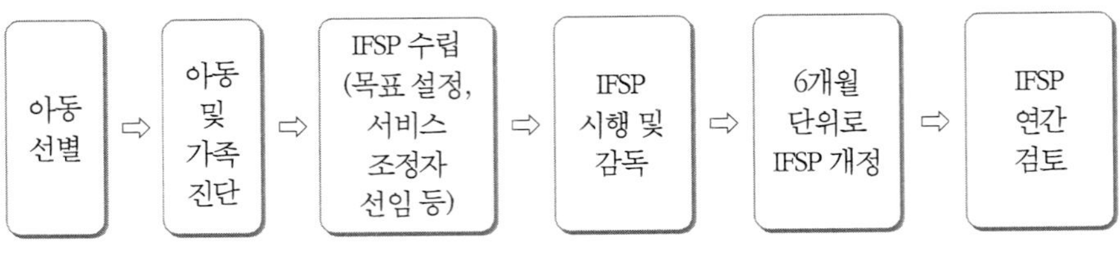

[그림 12-2] IFSP의 실행과정

5. 발달지체 영 · 유아의 교육

발달지체 영 · 유아를 교육하는 가장 주된 목적은 장애의 가능성을 최소화하여 그들이 일상적인 삶에 잘 적응하도록 최대한 도와주는 데 있다. 이를 위해서는 개별 아동의 특성과 요구에 맞는 특정 전략이 필요한 경우가 많다. 그러나 이러한 특정 전략의 실행도 결국 일반적인 교수원리의 바탕 위에서 제공된다. 이에 여기서는 발달지체 영 · 유아를 위한 교육 현장에서 널리 사용되는 일반적인 교수전략을 제시하고자 한다. 발달지체 영 · 유아를 위한 일반적인 교수원리는 〈표 12-7〉의 여섯 가지로 요약될 수 있다(Klein, Ruth, & Richardson-Gibbs, 2006).

〈표 12-7〉 발달지체 영 · 유아를 위한 일반적인 교수전략

- 주의집중 및 동기유발
- 근접발달영역에서의 지도
- 반복적인 실시와 규칙적인 일과
- 과제분석에 의한 단계적 교수
- 아동과의 적절한 의사소통
- 문제행동의 예방

1) 주의집중 및 동기유발

영 · 유아를 교육하는 데 그 효율성을 극대화시키기 위해 가장 핵심적인 것은 개별 아동의 관심사, 즉 동기를 유발하는 것이 무엇인지를 파악하여 적절한 환경을 마련해 주는 것이다. 그러나 나이가 어릴수록 그리고 장애 정도가 심할수록 아동의 관심사를 파악하는 것이 어려울 뿐더러 잘못 파악할 수도 있다. 또한 영 · 유아는

주의집중 시간이 짧아 활동에 지속적으로 참여하기 어려운 경우도 있다. 발달지체 영 · 유아의 관심사나 흥미를 파악하여 활동참여를 지속시키기가 어렵다는 것은 곧 교사가 그것을 위해 특정 방법을 사용해야 함을 의미한다. 이를 위해서는 사건이나 환경 등에 대한 개별 아동의 선호도를 파악하는 것이 중요하다. 즉, 선호하는 환경을 제시하고 선호하는 활동으로 중재함으로써 문제행동이 감소되고 적응행동도 향상될 수 있을 것이다. 개별 아동의 선호도는 교사의 직접관찰이나 양육자와의 면담을 통해서 알 수 있다. 이를 통해 선호 목록을 작성하면 그들의 흥미와 관심을 표현하는 독특한 방식을 관찰할 수 있고 그들을 보다 잘 이해할 수 있게 된다.

2) 근접발달영역에서의 지도

근접발달영역(zone of proximal development: ZPD)은 러시아의 심리학자 Vygotsky에 의해 도입된 개념으로, 아동이 독자적으로 문제를 해결할 수 있는 수준을 나타내는 실제적 발달 수준과 성인이나 또래의 도움을 얻어 해결할 수 있는 잠재적 발달 수준 사이의 격차 또는 거리를 의미한다(Vygotsky, 1980). 실제적 발달 수준은 이미 완료된 발달 수준을 의미하고, 근접발달영역은 미래의 전향적인 발달 수준을 의미한다. [그림 12-3]은 근접발달영역을 나타낸 것이다.

근접발달영역은 혼자서 해결할 수는 없지만 다른 사람의 도움을 받으면 해결할 수 있는 영역으로 적절한 상황에서 아동이 학습할 수 있는 정도를 나타내며, 새로운 인지발달이 일어날 것으로 기대되는 영역이므로 집중적인 지도가 필요한 부분이다. 따라서 발달지체 영 · 유아의 교육 진단에서도 독립적으로 수행할 수 있는 기술과 도움을 제공해도 수행할 수 없는 기술보다는 성인의 도움이 있으면 수행할 수 있는 기술들 중에서 장단기 목표를 설정한다.

근접발달영역의 하한계는 실제적 발달 수준에 의해 고정되어 있지만 상한계인 잠재적 발달 수준은 아동과 성인의 상호작용을 통해서 조종된다. 그래서 교사의 중

영역 A	근접발달영역(ZPD)	영역 B
독립적으로 수행	도움을 받으면 수행 가능	도움을 받아도 수행 불가능

[그림 12-3] 근접발달영역

요한 자질 중의 하나는 아동의 행위와 언어에 민감하게 반응하고 아동의 발달능력을 활성화시킬 수 있도록 적절한 지원을 제공해 주는 것이라고 할 수 있다. 이처럼 성인이 지원을 제공하는 것을 '비계설정(scaffolding)'이라고 한다. 교사의 역할은 개별 아동의 발달 수준과 요구에 맞는 적절한 양과 형태의 지원을 제공하는 것이다. 일반적으로 아동의 현재 발달 수준에 비해 약간 더 어려운 과제를 제시하여 문제를 해결하는 과정에서 도움을 주는 것이 가장 효과적이다. 아동의 잠재적 발달 수준에 비해 지나치게 어려운 과제를 제시하면 아무리 많은 도움을 준다고 하더라도 학습 효과를 기대할 수 없기 때문에 교사의 세심한 관찰과 전략이 필요하다. 비계설정의 유형에는 시범 보이기, 절차 설명하기, 동기 유발하기, 모델 제공하기 등이 있다.

3) 반복적인 실시와 규칙적인 일과

일반적으로 유아는 규칙적이고 일관성 있는 환경을 통해서 자신의 능력을 가장 잘 발휘할 수 있다. 예측 가능한 사건이나 환경은 아동에게 편안함과 자신감을 제공해 주는 반면, 예측 불가능한 사건이나 환경은 아동으로 하여금 불안감을 가중시켜 능력발휘를 방해할 수 있다. 따라서 교사는 하루 일과를 일관성 있게 계획하고, 활동을 여러 번 반복 실시하여 아동이 그것에 친숙할 수 있도록 해야 한다. 또한 새로운 활동이나 특별한 행사를 계획할 때는 시행 전에 미리 아동에게 인지시켜 아동이 새로운 환경에 당황하지 않도록 해야 한다. 또한 활동이 바뀌는 전이(transition)도 아동들에게 스트레스를 줄 수 있다. 그러므로 이때는 다음 활동으로의 전이를 알려 주는 명확한 단서(예, 교사의 손신호, 노래 등)를 제공해 줌으로써 아동이 다음 활동을 예측하고 준비할 수 있도록 도와주어야 한다.

4) 과제분석에 의한 단계적 교수

발달지체 영·유아가 어떤 행동을 수행하지 못할 때는 그 자체가 아동의 발달 수준으로 볼 때 불가능한 것일 수도 있지만, 그 행동에 포함된 여러 개의 단계 중 아동의 현재 수준을 넘는 단계가 있어서 그 행동을 수행하지 못하는 경우도 있다. 후자의 경우라면 하나의 행동을 여러 개의 작은 단계로 나누어 쉬운 단계부터 차례로 지도

〈표 12-8〉 역순 과제분석의 예: 밥상 차리기

① 식탁 위에 식탁보를 깐다.
② 숟가락과 젓가락을 가지런히 놓는다.
③ 컵을 오른쪽 상단에 놓는다.
④ 냅킨 위에 포크를 올려놓는다.
⑤ 반찬 그릇들은 상의 가운데 쪽에 놓는다.
⑥ 식탁의 한 모서리에 밥그릇은 왼편, 국그릇은 오른편에 놓는다.

하는 것이 학습의 효과를 기대할 수 있다. 이러한 전략을 '과제분석'이라고 한다. 예를 들어, 어떤 아동은 바지 입기를 아무 어려움 없이 혼자 할 수 있지만, 어떤 아동은 일련의 단계를 하나씩 가르쳐야만 비로소 바지 입기를 수행할 수 있다.

과제분석에 의한 교수는 하나의 과제를 쉬운 단계부터 지도하는 전진형(forward)과 과제분석의 마지막 단계에서부터 역방향으로 지도하는 후진형(backward)이 있다. '역순 과제분석'으로도 불리는 후진형은 그 방법이 어색할 수 있지만, 특히 중증인 아동들을 지도할 때 매우 효과적이다. 역순 과제분석은 비연속적인 행동으로 단계가 이루어진 경우에 유익하다(예, 밥상 차리기, 옷 입고 벗기).

〈표 12-8〉에서 교사는 ①부터 ⑤까지를 먼저 해 주고(혹은 도와주고), 아동으로 하여금 맨 마지막 단계인 ⑥을 하게 한다. 이를 성공적으로 수행하면 칭찬을 해준다. 그다음 교사는 ①부터 ④까지를 해 주고 아동에게 ⑤와 ⑥을 하게 한다. 이와 같은 방식으로 계속 하면 나중에 아동은 ①부터 ⑥까지를 스스로 할 수 있게 된다. 그리하여 아동은 수행성취에 대한 만족감을 얻을 수 있다. 전진형과 후진형 과제분석 수행의 차이점과 유사점을 보면 〈표 12-9〉와 같다.

〈표 12-9〉 전진형 과제분석과 후진형 과제분석 수행의 유사점과 차이점

유사점	차이점
• 한 번에 한 가지 행동을 가르친다. • 각 구성 요소를 가르치기 위해 촉구(prompt)와 용암법(fading)을 사용한다. 촉구를 통하여 과제를 성공적으로 완성하게 되면 점점 촉구를 줄여 나간다.	• 전진형은 첫 번째 쉬운 단계부터, 후진형은 마지막 단계부터 가르친다. • 후진형에서는 회기마다 행동이 완성된 형태로 끝나기 때문에 아동이 항상 자연적 강화를 받지만, 전진형에서는 아동이 행동을 마무리하지 않기 때문에 마지막 단계를 제외한 회기에서는 인위적인 강화인이 사용된다.

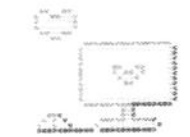

5) 아동과의 적절한 의사소통

성인이 유아에게 제공하는 의사소통 방법은 유아의 잠재력을 극대화할 수도 있고 방해할 수도 있다(Grunwald & Goldberg, 1993). 〈표 12-10〉은 유아의 언어 및 인지 발달에 도움이 되는 성인의 의사소통 전략들이다.

〈표 12-10〉 유아의 언어 및 인지 발달에 도움이 되는 성인의 의사소통 전략

전 략	내 용
유아주도 따르기	의사소통을 시도하는 유아의 행동을 이해하고 적절하게 반응한다.
점진적 연결 (progressive matching)	유아는 현재 능력보다 조금 더 높은 수준의 성인 언어 모델을 통해 가장 잘 배운다. 유아가 두 단어를 조합한다면 교사는 짧은 구와 문장을 사용하고, 유아가 단순한 구나 문장을 사용하면 교사는 좀 더 복잡한 구조를 가진 언어를 사용한다.
단어와 특별한 서술어 사용	단어와 특정 서술어를 일상의 언어 경험에 삽입함으로써 아동으로 하여금 중요한 어휘와 개념을 습득하고 사물, 사건, 특성 간의 복잡한 관계에 대한 내적 표상능력을 촉진시켜 준다.
중요한 단어와 문장의 반복	아동은 새로운 과제나 단어를 학습할 때 어느 정도의 반복이 필요하다. 반복을 통해 아동은 쉽게 기억할 수 있게 된다.
의사소통이 필요한 상황 제공	유아가 원하는 것을 얻기 위해 어떤 방법이든 의사소통을 시도해야만 하는 상황을 만든다.
적절한 속도	너무 빠른 속도로 정보를 제공하면 대부분의 장애유아들은 그것을 수용하기 어려워한다. 따라서 교사는 적절한 속도로 정보를 제공하도록 해야 한다.
충분한 반응시간 제공	많은 장애유아들은 자신이 들은 내용을 처리하는 데 어려움이 있을 뿐만 아니라 말하고자 하는 것을 조직해서 표현하는 데 정상유아보다 좀 더 많은 시간이 필요하다. 따라서 교사는 유아가 외부 정보를 이해하고 정리해서 반응할 때까지 충분히 기다려 주어야 한다.

6) 문제행동의 예방

발달지체 영·유아는 또래의 정상아동보다 문제행동을 보일 가능성이 더 높은데, 이것은 자신의 욕구가 충족되지 않기 때문이다. 그들은 자신이 원하는 것을 얻기 위해 그들 고유의 의사소통 방법(예, 또래 때리기, 자해행동, 도망가기 등)을 사용하는데, 이런 행동들은 특히 통합교육 현장의 커다란 방해물이 되고 있다. 또한 발달지체자녀를 가진 부모의 스트레스도 발달지체 자체보다는 문제행동의 심각성과

〈표 12-11〉 문제행동의 예방전략

- 일관성 있고 예측 가능한 일과표 사용
- 과제를 완수하기 위한 충분한 시간 제공
- 어려운 과제는 작은 단계로 나누어 제공
- 혼란을 야기하는 유발자극 파악하여 제거
- 자신의 의사를 표현할 수 없는 아동을 위해 대체 의사소통 방식 제공
- 규칙을 명확하게 세우고 일관성 있게 실시
- 문제행동이 발생하기 전에 유아에게 많은 관심과 지원 제공

더 관련이 있는 것으로 보고되고 있다(Baker, Blacher, Crnic, & Edelbrock, 2002). 교육 현장에서 교사는 이런 어려움을 극복하기 위해 아동이 문제행동을 보이기 전에 그 행동을 예방할 수 있는 여러 전략들은 많이 사용하고 있다. 특정 전략들은 모든 문제행동들을 완전히 예방하지는 못해도 문제행동의 심각성을 최소화시킬 수는 있다(〈표 12-11〉 참조).

문제행동의 예방 차원에서 최근에는 긍정적 행동지원(positive behavior support: PBS) 전략이 많이 사용되고 있다. 이것은 문제행동에 직접 개입하여 그것을 감소시키거나 제거하는 데 초점을 둔 전통적인 행동수정 전략의 단점을 보완하기 위해 도입되었다. 전통적 행동수정 전략은 그 효과가 오래 지속되지 못하고, 여러 상황에 일반화시키는 것이 어렵고, 그 방법에서 윤리적인 문제 때문에 비판을 받아 왔다(Horner et al., 1990). 이에 반해 긍정적 행동지원 전략은 행동수정 전략처럼 행동의 후속결과에 대해서만 중재를 하는 것이 아니라 선행사건 전략, 행동교수 전략, 결과전략을 사용하여 문제행동을 예방한다. 특히 문제행동이 일어나는 전후 상황을 파악하여 환경을 바꿔 줌으로써 문제행동을 예방하는 데 가장 큰 목적이 있다. 발달지체 영 · 유아의 문제행동에 대한 연구들도 유아의 문제행동 자체보다는 그 원인을 이해하고 문제행동의 발생을 예방하기 위해 선행 자극을 조정하는 것이 더 효과적이라고 밝히고 있다(조광순, 1999; Dunlup & Kern, 1993; Dunlup, Kern, Clarke, & Robins, 1991; Westling & Fox, 1995). 긍정적 행동지원은 최대의 효과를 거두기 위해 철저히 계획을 세우고 일련의 단계적 과정을 밟아야 하는데, 그 실행단계는 〈표 12-12〉와 같다.

긍정적 행동지원은 문제행동의 원인을 아동에만 국한시키지 않고 생태학적인 입장에서 파악하기 때문에 환경수정을 통한 문제 예방, 대체행동의 교수, 의미 있는

〈표 12-12〉 긍정적 행동지원(PBS)의 실행단계

1	문제 상황 인식	문제행동은 관찰 가능한 용어로 자세하게 설명한다(예, 공격적이다 → 자유활동 시간에 자신이 원하는 것을 다른 아동이 갖고 있으면 그 아동을 밀거나 때린다).
2	기능평가	선행사건(antecedents: A), 행동(behaviors: B), 후속결과(consequences: C)를 알아내기 위해 ABC 평가를 한다.
3	목표행동 선정	기능평가의 결과를 토대로 문제행동과 동일한 기능을 가진 바람직한 행동이 무엇인지 결정한다.
4	중재계획	문제행동을 예방하고(선행사건 조정), 목표행동(문제행동을 대체할 수 있는 행동)의 출현을 촉진하는 방법들을 계획한다.
5	중재 실시	중재는 일관성 있게 한다(주위 사람들에게도 중재의 실시를 알려 중재의 일관성을 유지하도록 한다).
6	진도 점검	목표행동이 나타나면 이전에 사용했던 교수전략들을 점차 소거시켜 일반화를 촉진한다.

후속 자극의 제공과 같은 다양하고 포괄적인 전략을 사용한다(Neilsen, 2001). 이런 전략들을 통해 아동은 다양한 상황에서 문제행동의 기능을 대체할 수 있는 의사소통 및 긍정적인 행동기술들을 습득할 수 있다.

요약

이 장에서는 발달지체의 정의, 진단 기준, 원인 및 예방, 진단 · 평가의 종류 및 과정, 발달지체 영 · 유아 가족의 참여 및 그들에 대한 지원, 교수방법에 대해서 알아보았다. '발달지체'는 다른 장에서 소개된 특정 유형의 장애 영역들과는 다른 차원에서 이해해야 한다. 즉, 발달지체는 장애명이 아닌 장래에 장애를 보일 위험성이 높은 영 · 유아를 조기에 발견하여 그들에게 적절한 교육과 기타 서비스를 제공해 줌으로써 특수교육의 필요를 최소화하기 위해 도입한 개념으로 보아야 한다. 2008년도부터 시행되고 있는 「장애인 등에 대한 특수교육법」에 발달지체를 다른 장애 영역과 같이 하나의 장애 유형으로 새로 첨가한 것도 그것이 장애 영역으로 인식되어 나타날 수 있는 부정적인 영향보다, 발달지체 영 · 유아가 조기교육의 시기를 놓치지 않고 제때에 교육을 받을 수 있는 기회를 제도적으로 확대하여 얻을 수 있는 장점이 많기 때문에 도입한 것으로 이해되어야 한다. 이런 취지라면 향후 가장 중요한 과제는 발달지체 영 · 유아의 선별과 진단 그리고 적절한 교육이 연계적으로 이루어질 수 있도록 제도를 마련하고, 그와 관련된 각 기관 및 부처가 공고한 협력을 통해 국가 차원에서 철저한 시행과 감독을 하는 데 있다.

참 고 문 헌

강지인(2007). 미국의 발달지체영아 지원 제도 및 프로그램. 2007 한국 유아특수교육학회 추계학술대회 자료집, 41-62.

이권해(1995). 장애아 예방을 위한 임산부 관리 대책. 한국 아 · 태 장애인 10년 연구 모임 논문집, 91-114.

이미선, 김경진(2000). 장애영 · 유아 가족지원 방안 연구. 안산: 국립특수교육원.

이병인(2003). 발달지체 영 · 유아 개별화가족지원계획 개발 및 시행을 위한 방법론 고찰. 정서 · 행동장애연구, 19(4), 91-120.

이소현(2002). 장애 영 · 유아 진단 및 평가의 최상의 실제. 2002년도 한국유아특수교육학회 학술연구발표논문집, 7-47.

이소현(2003). 유아특수교육. 서울: 학지사.

이소현(2004). 0~2세 발달지체영아들의 특수교육 적격성 인정 및 지원 체계 개발을 위한 고찰. 특수교육학연구, 38(4), 95-122.

이소현(2007). 0~2세 발달지체영아를 위한 지원 체계 수립의 방향 및 과제. 2007 한국 유아특수교육학회 추계학술대회 자료집, 1-39.

이소현 역(1995). 장애영 · 유아를 위한 교육. 서울: 이화여자대학교출판부.

이은정, 문현미, 구원옥, 최미향, 문혜숙, 이상복(2007). 발달지체 유 · 아동의 시설활용관련 인구학적 특성 및 가족지원 현황 조사 연구. 특수교육재활과학연구, 46(2), 219-242.

조광순(1999). 행동장애 유아들을 위한 상황중심 기능평가와 중재. 특수교육학회 1999년도 추계학술연구발표대회, 187-224.

조광순, 홍은숙, 김영희(2005). 발달지체 영 · 유아를 위한 교육과정중심 진단 · 평가 도구의 고찰 및 시사점. 정서 · 행동장애연구, 21(3), 45-78.

Achenbach, T. M., Howell, C. T., Aoki, M. F., & Rauh, V. A. (1993). Nine-year outcome of the Vermont Intervention Program for low birth weight infants. *Pediatrics, 91*, 45-55.

Anastasiow, N. J. (1996). Implications of neurobiological model for early intervention. In S. J. Meisels & J. P. Schnkoff (Eds.), *Handbook of Early Childhood Intervention* (pp. 196-216). New York: Cambridge University Press.

Bailey, D. B. (1991). Issues and perspectives on family assessment. *Infants and Young Children, 4*(1), 26-34.

Bailey, D. B., Bruder, M. B., Hebbeler, K., Carta, J., Defosset, M., Greenwood, C., Kahn, L., Mallik, S., Markowitz, J., Spiker, D., Walker, D., & Barton, L. (2006). Recommended Outcomes for Families of Young Children with Disabilities. *Journal of Early Intervention, 28*(4), 227-251.

Bailey, D. B., Winton, P. J., Rouse, L., & Turnbull, A. P. (1990). Family goals in infants intervention: Analysis and issues. *Journal of Early Intervention, 14*, 15-26.

Baker, B. L., Blacher, J., Crnic, K. A., & Edelbrock, C. (2002). Behavior problems and parenting stress in families of three-year-old children with and without developmental delays. *American Journal on Mental Retardation*, 107, 433-444.

Bloom, B. S. (1976). *Human characteristics and school learning.* New York: McGrow-Hill.

Bondurant-Utz, J. A. & Luciano, L. B. (1994). *A practical guide to infant and preschool assessment in special education.* Boston: Allyn and Bacon.

Bowe, F. G. (1995). *Birth to five: Early childhood special education.* New York: Delmar.

Brown, C. W., & Seklemian, P. (1993). The individualized functional assessment

process for young children with disabilities: Lessons from the Zebley Decision. *Journal of Early Intervention, 17*(3), 239-252.

Campbell, P. (1991). Evaluation and assessment in early intervention for infants and toddlers. *Journal of Early Intervention, 15*(1), 36-45.

Cook, R. E., Tessier, A., & Klein, M. D. (2000). *Adapting early childhood curricula for children in inclusive settings.* Englewood Cliffs, NY: Merrill.

Cripe, J., & Graffeo, J. (1995). *A family's guide to the Individualized Family Service Plan.* Baltimore, MD: Paul Brookes Publishing Co.

Davis, M., Kilgo, J. L., & Gamel-McCormick, M. (1998). *Young children with special needs: A developmentally appropriate approach.* Boston, MA: Allyn & Bacon.

Division for Early Childhood. (1996). *Developmental delay as an eligibility category.* Reston, VA: Division for Early childhood. Council for Exceptional Children.

Dunlup, G., & Kern, L. (1993). Assessment and intervention for children within the instructional curriculum. In J. Reichle & D. P. Wacker (Eds.), *Communicative alternatives to challenging behavior: Integrating functional assessment and intervention strategies* (pp. 177-203). Baltimore, MD: Paul H. Brookes.

Dunlup, G., Kern, L., Clarke, S., & Robins, F. R. (1991). Functional assessment, curricular revision, and behavior problems. *Journal of Applied Behavior Analysis, 24*, 387-397.

Dunst, C. J. (1990). Family support principles: Checklists for program builders and practitioners. *Family Systems Intervention Monograph, 2*(5). Morganton, NC: Family, Infant and Preschool Program, Western Carolina Center.

Folkman, S. K. (1984). Personal Control and Stress and Coping Processes: A Theoretical Analysis. *Journal of Personality and Social Psychology, 46*, 839-852.

Gargiulo, R., & Kilgo, J. L. (2000). *Young children with special needs: An introduction to early childhood special education.* Albany, NY: Delmar.

Graziano, A. M. (2002). *Developmental Disabilities.* Boston: Allyn & Bacon.

Grunwald, L., & Goldberg, J. (1993). The amazing minds of infants. *Life, July*, 46-60.

Guralnick, M. J. (1998). Effectiveness of early intervention or vulnerable children: A developmental perspective. *American Journal of Mental Retardation, 102*(4), 319-345.

Halpern, R. (2000). Early childhood intervention for low-income children and families. In J. P. Shonkoff & S. J. Meisels (Eds.), *Handbook of early childhood intervention* (pp. 387-415). Cambridge University Press.

Heward, W. L. (2006). *Exceptional children: An Introduction to Special Education.*

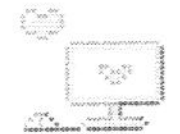

New Jersey: Pearson Education.

Horner, R. H., Dunlup, G., Koegel, R. L., Carr, E. E. G., Sailor, W., Anderson, J., Albin, R. W., & O'Neill, R. E. (1990). Toward a technology of nonaversive behavioral support. *Journal of the Association for Persons with Severe Handicaps, 15*, 125-132.

Hunt, J. M. (1961). *Intelligence and experience*. New York: Ronald Press.

Individualized with Disabilities Education Improvement Act of 2004, P.L. 108-446.

Klein, M. D., Ruth, E. C., & Richardson-Gibbs, A. M. (2006). *Strategies for Including Children with Special Needs in Early Childhood Settings*. Albany, NY: Delmar.

McLean, M., & Odom, S. (1993). Practices for Young Children with and Without Disabilities: A Comparison of DEC and NAEYC Identified. *Topics in Early Childhood Special Education, 13*(3), 274-292.

McLean, M., Bailey, D., & Wolery, M. (Eds.). (1996). *Assessing infants and preschoolers with special needs*. Englewood Cliffs, NY: Prentice-Hall.

Meisels, S. (1991). Dimensions of early identification. *Journal of Early Intervention, 15*, 26-35.

Meisels, S., & Provence, S. (1989). *Screening and assessment: Guidelines for identifying young disables and developmentally vulnerable children their families*. Washington, DC: National Center for Clinical Infant Programs.

Meisels, S. J., & Wasik, B. A. (1990). Who should be served? Identifying children in need of early intervention. In J. P. Shonkoff & S. J. Meisels (Eds.), *Handbook of early childhood intervention* (pp. 605-632). Cambridge University Press.

Neilsen, S. L. (2001). Extending positive behavioral support to young children with challenging behavior. Unpublished doctoral dissertation University of Minnesota.

Neisworth, J., & Bagnato, S. (1996). Assessment for early intervention: Emerging themes and practice. In S. Odom & M. McLean (Eds.), *Early intervention/early childhood special education: Recommended practices* (pp. 23-58). Austin, TX: Pro-Ed.

Peterson, N. L. (1987). *Early intervention for handicapped and at-risk children: An introduction to early childhood-special education*. Denver: Love Publishing.

Pierangelo, R., & Giuliani, G. A. (2002). *Assessment in special education*. Massachusetts: Allyn & Bacon.

Sandall, S., McLean, M. E., & Smith, B. J. (2000). *DEC recommended practices in early intervention/early childhood special education*. Denver, CO: Division for Early Childhoods (DEC) of the Council for Exceptional Children (CEC).

Shore, R. (1997). *Rethinking the brain: New insights into early development.* New York: Families and Work Institute.

Simeonson, R. J., Cooper, D. H., & Scheiner, A. P. (1982). A review and analysis of the effectiveness of early intervention programs. *Pediatrics, 69*, 635-641.

Turnbull, A. P., & Turnbull, H. R. (2001). *Families, Professionals, and Exceptionality: A special partnership.* Columbus, OH: Merrill

Vygotsky, L. (1980). *Mind in Society: The development of higher psychological processes.* Cambridge, MA: Harvard University Press.

Westling, D. L., & Fox, L. (1995). *Teaching Students with Severe Disabilities.* New Jersey: Prentice-Hall.

Zervigon-Hake (1995). Translating research findings into large-scale public programs and policies. *The Future of Children: Long-term Outcomes of Early Childhood Programs, 6*(3), 175-191.

Zigler, E., & Berman, W. (1983). Discerning the future of early childhood intervention. *American Psychologist, 38*, 894-906.

• 제 13 장 •

영재아동

| 주요 학습 과제 |

1. 영재아동 교육의 역사와 최근 동향을 살펴본다.
2. 영재성의 정의를 이해한다.
3. 영재의 판별 기준과 진단도구에 대한 최근의 이슈를 살펴본다.
4. 장애영재란 무엇인지 살펴보고 영역별 특성을 알아본다.
5. 영재아동을 지도하기 위한 일반적인 고려 사항과 지침을 이해한다.

일반적으로 특정한 분야에서 보이는 아주 뛰어난 능력을 '영재성'이라고 한다. 이와 같은 영재성은 학습장애, 주의력결핍장애, 전반적 발달장애를 가진 아동에게도 발견되고 있다. 단지 "종종 장애가 영재성을 가리고 영재성이 장애를 가리기 때문에"(이신동 외 역, 2008) 쉽게 드러나지 않고 있을 뿐이다.

과연 영재성이란 무엇인가? 형성된 영재성은 변하지 않는가? 영재성이 개인 내에서 불변하는 속성이라면 영재성 개발을 표방하는 조기교육의 교육적 효과는 없지 않을까? 학업성적과 별개로 영재를 판별할 수 있다는 영재 판별도구에는 어떤 것이 있을까? 영재 판별도구는 지능검사와는 어떻게 다를까? 선발된 영재교육대상자에게 제공되는 교육서비스는 어떤 것일까? 이 장에서는 이와 같은 의문에 대한 답을 살펴보고 영재아동에 대한 이해를 돕는 자료와 교수방법을 제시하고자 한다.

1. 영재교육의 역사와 최근 동향

2000년에 공포된 「영재교육진흥법」을 토대로 우리나라의 영재교육은 양적·질적 면에서 급속히 확대되고 있다. 그러나 초등에서 중등으로의 교육과정 연계 부족, 과학영재 중심의 교육과정 운영은 여전히 극복해야 할 한계다. 반면에 미국은 영재교육에 대한 연방정부 차원의 관심이 특수교육에 대한 관심보다는 크지 않으나 다양한 영재 프로그램이 학교급별로 운영되고 있어 연계가 잘 이루어져 있다고 볼 수 있다. 우리나라와 미국의 영재교육의 최근 동향을 살펴보고자 한다.

1) 우리나라의 영재교육

(1) 「영재교육진흥법」 제정

「특수교육진흥법」이 1977년에 제정되어 우리나라 특수교육의 기본 토대가 되어 온 것과 달리, 「영재교육진흥법」은 2000년 1월 28일에 공포되었다. 그러므로 우리나라 영재교육은 이제 시작이라고 볼 수 있다. 그러나 2003년 공교육 차원에서 영재교육이 본격적으로 시작되었으며, 현재 제2차 영재교육진흥종합계획(2008~2012년)이 실시되고 있다. 이로 인해 영재 선발시기는 당겨졌고 선발 인원은 늘어났다. 또

〈표 13-1〉 확대되고 있는 영재교육

영재교육대상 확대	0.32% (4,600여 명)→1%(1만 3,000여 명)(2012년까지)
영재학급 확대	110개교 232학급→350개교 661학급
정규 교육과정 내 영재학급 운영	초등학교 · 고등학교 1곳씩 예술 분야(2009년까지) 중학교 수학 · 과학 분야 1곳 시범운영
학교선택권과 영재학급	예술 분야 영재학급 운영 5개 고교 선발(2010까지)
일반계고 영재학급 운영	1학년: 국민공통기본과정을 이수하면서 특별활동 · 재량활동 시 영재교육 2 · 3학년: 별도 영재학급에서 함께 교육
선발시기	초등학교 4학년→3학년, 예술 분야는 초등학교 1학년
선발방식	학교장 · 지도교사 추천→영재성 검사→학문적성검사→면접
소외계층 선발	정원 10% 이내에서 추천서로만 선발

출처: 서울시교육청(2008).

한 정규 교육과정 안에서의 운영도 시범 실시하고 있다. 〈표 13-1〉은 제2차 영재교육진흥종합계획에 따른 서울시교육청의 발전 방안을 예로 든 것이다.

(2) 연계성 부족

초등단계에서의 영재교육대상은 확대되고 있지만, 중 · 고등학생을 위한 영재학급 수는 여전히 부족하다. 따라서 초등 이후의 영재교육과정의 연계성이 요구되고 있다. 〈표 13-2〉는 서울시교육청의 발전 방안으로, 제2차 영재교육진흥종합계획이 완료되는 2012년에도 이 문제는 숙제로 남게 된다.

〈표 13-2〉 영재교육대상자, 영재학급 수 연차별 추진계획

인원수 / 연도	초등학생		중학생		고등학생		총 계	
	학생 수(명)	학급 수	학생 수(명)	학급 수	학생 수(명)	학급 수	학생 수(명)	학급 수
2008	220	11	100	5	–	–	320	16
2009	900	45	1,340	67	460	25	2,700	137
2010	860	43	500	25	400	24	1,800	92
2011	900	45	420	21	440	24	1,760	80
2012	1,180	59	240	12	460	23	1,880	94

* 영재학교 1학급당 15명, 영재학급 1학급당 20명.

출처: 서울시교육청(2008).

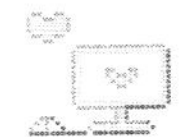

(3) 과학영재 중심 교육과정 운영

현재 진행 중인 영재교육에 대한 또 하나의 문제점은 영재교육 관련 논의의 상당수가 '과학영재'에 초점을 맞춰 진행하고 있다는 것이다. 〈표 13-3〉는 서울시교육청이 발표한 영재교육 운영 영역 확대 연차별 추진계획이다. 인문사회 분야 영재

〈표 13-3〉 영재교육 운영 영역 확대 연차별 추진계획(학급 수: 1학급 20명)

영 역	대 상	2008년	2009년	2010년	2011년	2012년
수학+과학	초3		25	48	48	48
수학	초	49	49	49	60	88
	중	41	67	67	70	76
	고	3	5	14	14	14
과학	초	50	50	50	62	88
	중	45	71	71	71	77
	고	5	28	36	44	44
정보과학	초	11	11	11	22	22
	중	13	22	26	26	26
	고			1	1	1
통합예술	초			11	22	22
음악	초		5	5	5	5
	중	3	3	11	11	11
	고	4	4	6	9	14
국악	초	1	1	1	1	1
	중 · 고	1	1	1	1	1
뮤지컬	초	1	1	1	1	1
	중	1	1	1	1	1
미술	초		6	6	6	6
	중	10	10	13	13	13
	고	8	8	10	13	18
문예	중	2	2	6	13	13
	고			2	5	10
인문사회	중				11	11
	고				7	15
체육	초					5
발명	초		9	18	18	18
	중		6	12	12	12
계		248	385	477	567	661

* 소외계층: 정원의 10% 이내 선발.

출처: 서울시교육청(2008).

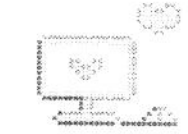

의 선발은 2011년부터 시행하는 것으로 계획되어 있다.

2) 미국의 영재교육

(1) 영재교육 발전을 위한 입법활동

미국의 영재교육은 19세기 말, 심리학자에 의한 영재아동의 특성 연구에서 시작되었다. 그러나 1970년대에 이르기까지 공교육제도 내에서의 관심과 지원은 그리 크지 않았다. 특수한 교육적 요구를 가진 아동의 학업성취를 도와주는 것이 교육적 평등을 이루는 것이라는 관점에서 교육행정 및 교육예산이 집행되었기 때문이다.

본격적인 영재교육은 1972년 미국 의회에 제출된 멀랜드 보고서(Marland report)의 건의를 통해 연방정부 및 주정부가 영재교육에 더욱 관심을 기울이게 되면서부터다. 1988년 연방정부는 주정부 차원에서의 영재교육을 지원하기 위하여 The Jacob K. Javits Gifted and Talented Students Education Act(P.L. 100-297)라는 영재교육법을 재정하였다. 이 법에 근거하여 연방정부는 영재교육 예산을 확보하여 주정부에 지원하고, 민간 영재연구센터 중 우수한 연구 실적을 가진 곳을 국립영재연구센터로 지정하여 연구를 위탁하였다.

이와 같이 미국의 연방정부는 학교교육을 지원하기 위한 법적 근거와 시행 지침을 마련하고 교육예산의 편성에서 결정적인 역할을 하지만 학교교육에 직접 관여하지 않는다. 따라서 주정부마다 자율적으로 영재교육 정책을 수립 · 실행하고 있다. 2008년 현재 50개 주 중 32개 주에서 영재를 판별하는 법을 제정 · 시행하고 있다. 그러나 영재교육을 위한 재정적 도움은 단지 11개 주의 상위 3~5% 아동들에게 주어지며, 14개 주의 1년 영재교육 예산은 50만 달러 미만이고, 8개 주에서는 재정 지원이 전혀 이루어지지 않고 있다(정현철 역, 2008, p. 314).

그러나 '교육적 평등실현'이 보다 강조되고 있는 경향에는 변함이 없다고 보인다. 가장 최근(2002년)에 공포된 교육법인 「낙제아동방지법(NCLB)」에도 영재아동 교육 프로그램을 위한 예산을 따로 규정하고 있지 않기 때문이다. 심지어, 애리조나, 캘리포니아, 버지니아, 펜실베이니아 주 같은 곳에서는 NCLB의 예산을 핵심 교과 및 학생이 부진한 교과의 프로그램이 아닌 영재교육 프로그램에 사용하는 것을 위법으로 규정하고 있다.

현재 영재교육법(Gifted and Talented Students Education Act, 2007)이 미연방 의

회의 심의를 받고 있다. 이 법안은 ① 영재교육 담당교원의 전문성 신장, ② 영재교육에 관한 혁신적 전략의 수행, ③ 각급 영재교육 담당기관에게 제공할 영재교육 관련 자료 및 행정 지원, ④ 도전적이고 높은 수준의 교육과정 구현을 위한 예산 편성에 대하여 규정하고 있어 앞으로 영재교육의 확대가 기대된다.

(2) 영재교육의 연계성

미국의 영재교육은 초등학교부터 고등학교까지 다양한 프로그램으로 비교적 지속적인 연계를 가지고 이루어지고 있다. 우수한 학생을 따로 선발하여 교육하는 영재학교뿐만 아니라, 초등학생과 중학생을 위해서는 대개 임시특별반, 상설특별반, 영재교육센터와 같은 다양한 교내외 프로그램이 운영되고 있다. 고등학생을 위해서는 대학과정의 과목이수(Advanced Placement: AP제도), 이중등록제, 조기학점이수제 등을 활용하고 있다.

2. 영재성의 정의

어떤 사람을 영재라고 보는지는 그 사람이 소속된 사회가 추구하는 가치에 따라 달라진다. 따라서 소속된 사회가 우수하다고 인정하는 자질, 즉 '영재성'도 그 사회가 중요시하는 가치에 따라 다양할 수 있다. 한편 인간의 인지적 능력을 수치화할 수 있는 검사, 즉 지능검사가 개발 · 보급된 이후 높은 지능을 영재성이라고 생각하는 경향은 현재까지 이어져 오고 있다. 그러나 우리 주위에는 지능 및 학업성취 면에서는 높지 않지만 성인이 된 이후 높은 목적의식과 성취 욕구로 특정 분야에서 뛰어난 성취를 이루어 내는 사람들이 많다. 따라서 점점 많은 영재교육학자들은 지능보다는 창의적 산출물을 만들어 내는 '영재행동'에 주목하고 있다.

여기서는 사회의 가치, 지능, 재능이 영재성의 정의에 미치는 영향과 우리나라 영재교육법의 영재의 정의 및 영재행동에 근거한 영재성 정의를 자세히 살펴보고자 한다.

1) 영재성 정의에 영향을 주는 요인

(1) 사회의 가치

플라톤(Plato)은 우등한 지성인을 '금의 인간'으로, 학문적 능력이 떨어지는 사람은 '은의 인간' 및 '동의 인간'으로 분류하였다. 그리고 철학, 형이상학, 과학 등의 교육은 은의 인간 및 동의 인간에게는 너무 어렵다고 하였다(Vernon, Adamson, & Vernon, 1977). 철학적 소양을 가진 인간이라는 그리스 사회의 가치가 영재성을 보이는 사람을 어떻게 교육하는가 하는 문제에 반영된 예라고 볼 수 있다.

이처럼 '누가 영재인가'라는 물음에 대한 답에는 구성원들이 공유하는 사회의 가치가 영향을 준다. 한편 사회의 구성원이 가지고 있는 가치가 다양한 것처럼 영재성의 정의도 다양할 수 있다. 예를 들어, 〈표 13-4〉에 나타난 것처럼 동일 시대, 미국이라는 동일 소속 문화의 영향권 내에서도 연구자에 따라, 다시 말해 연구자가 내면화한 사회적 가치의 중요도에 따라 영재성으로 간주되는 능력이나 성격은 서로 다르게 표현되고 있다.

〈표 13-4〉 연구자에 따라 다양하게 정의되고 있는 영재성의 예

영재교육 연구가	정의 발표 연도	영재성 정의
A. Tannenbaum	1983	인간의 도덕적, 신체적, 감정적, 사회적, 지적 또는 심미적 측면을 고양하는 데 필요한 뛰어난 능력, 혹은 이와 같은 능력에 대한 잠재력
J. F. Feldhusen	1986	아동기에는 탁월한 학습과 수행에 필요한 자질, 성인기에는 탁월한 성취나 수행
Haensley, Reynolds, & Nash	1986	개인적 판단에 따라 최대 효과를 거두기 위해 특정 상황에 적응하는 능력
J. Renzulli	1978	독창적인 산출물이나 작품 개발을 할 수 있는 창의적인 생산성

(2) 지 능

Galton(1822~1911)은 자신의 『유전성 천재(*Heredity Genius*)』라는 저서에서 유전학 연구를 통해 인간의 능력이 유전된다는 결론을 내렸고, 따라서 영재성도 개발 가능성이 없는 타고나는 능력이라고 주장하였다. 한편 인간의 정신능력, 즉 지능을 검사하는 도구를 최초로 고안한 연구자는 Binet다. Binet는 정신지체아동을 판별하여 학교에서 적절한 도움을 주는 데 검사의 목적을 두었다. 나아가 또래 연령 집단

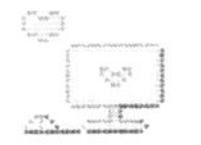

과 비교한 그 아동의 지적 수준 즉, IQ라는 개념을 도출하였다.

영재성이 지능과 동일한 것은 아니라는 점에 누구나 동의하지만, IQ로 측정되는 지능은 영재성의 중요한 판단 기준이다. 심지어 19세기부터 20세기 초에 이르기까지는 지능이 높은 사람을 영재라고 판단하였다.

(3) 재 능

어느 정도 선천적으로 타고나며 주로 아동기에 발현하는 초기의 영재성과 완전히 발달한 성인의 영재성, 다시 말해 재능(talent)이 확연하게 구별된다는 점은 학자들도 명시적이거나 암묵적으로 인정한다(Gagne, 1998). Gagne의 최근 연구(2007)는 재능은 점진적으로 출현하지만 특정 영역의 적성도 훈련을 통하여 재능으로 변환된다는 점을 시사해 준다.

2)「영재교육진흥법」의 정의

「영재교육진흥법」에서는 직접적으로 영재성을 정의하고 있지 않고 영재성을 가진 개인, 즉 '영재'의 개념을 포괄적으로 다음과 같이 정의하고 있다.

> "영재"라 함은 재능이 뛰어난 사람으로서 타고난 잠재력을 계발하기 위하여 특별한 교육을 필요로 하는 자(영재교육진흥법 제2조 제1항), "영재교육"이라 함은 영재를 대상으로 각 개인의 능력과 소질에 맞는 교육 내용과 방법으로 실시하는 교육을 말한다(동법 제2조 제2항).

이와 같은 정의는 주관적 해석의 여지가 크다. 따라서 영재교육기관에서는 영재성 정의에 근거하여 영재를 '판별'하고 있지는 않고,「영재교육진흥법」제5조에서 제시하는 각 영역에 대한 다원화된 평가를 통하여 일정 점수 이상의 사람을 영재교육대상인 영재로 '선발'하고 있다.

> 영재교육기관의 장은 일반적 지능, 특수 학문적성, 창의적 사고능력, 예술적 재능, 신체적 재능, 그 밖의 특별한 재능 중 어느 하나의 사항에 대하여 뛰어나거나 잠재력이 우수한 사람 중 당해 교육기관의 교육 영역 및 목적 등에 적합하다고 인

정하는 자를 영재교육대상자로 선발한다(동법 제5조).

3) 영재행동에 근거한 영재성 정의

Renzulli(1978)는 모든 학습자가 영재행동 발현을 위한 잠재력을 가지고 있다고 주장하였다. 따라서 학습자를 '영재'와 '비영재'로 나눌 것이 아니라 특정 학습자가 특정한 시기에 특정한 활동에서 보이는 행동이 '영재행동'인지 아닌지로 지도의 관점을 전환해야 한다고 제언하였다.

Renzulli에 따르면 영재행동은 '평균 이상의 능력(above average ability)' '높은 과제 집착력(task commitment)' '창의성(creativity)'으로 구성된다. 평균 이상의 능력은 어떤 과제를 수행할 때 일반적으로 필요한 능력을 말한다. 과제 집착력은 과제를 실제로 해내고자 하는 동기를 의미한다. 어떤 과제를 성공적으로 해내기 위해서 과제 집착력이 있어야 한다는 것은 너무나 자명한 사실이다. 창의성은 사고의 유창성, 융통성, 독창성, 경험에의 개방성, 자극에 대한 민감성, 모험심 등이라고 한다.

중요한 것은 평균 이상의 능력, 높은 과제 집착력, 창의성이라는 세 가지 구성 요소 중 어느 한 구성 요소만으로는 영재성이 성립되지 않는다는 것이다. 각각의 구성 요소가 어느 정도 존재하여야 영재행동이 성립한다고 한다. 영재성의 세 고리 개념을 [그림 13-1]과 같이 나타내면 세 고리가 겹쳐지는 부분의 크기가 영재성의 정도가 된다. 개인이 처한 상황, 환경, 과제에 따라서 한 고리가 다른 고리와 겹쳐지는 부분의 크기는 달라질 수 있다. 그리고 세 고리가 모두 겹치는 부분의 크기 또한 달라질 수 있다.

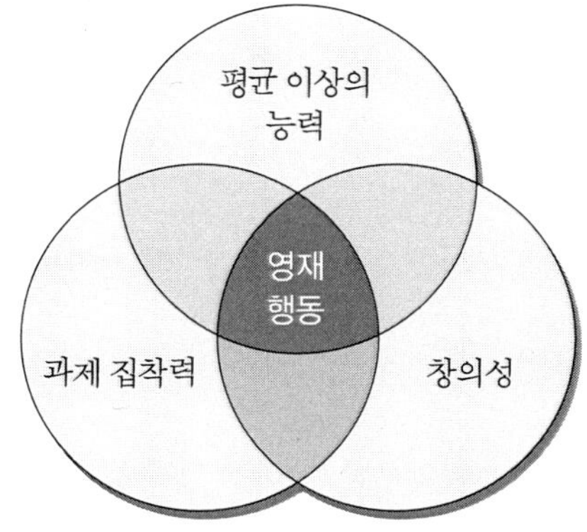

[그림 13-1] Renzulli의 영재성의 세 고리 개념

인간의 내적 변화를 외적 행동으로 설명하고자 하며 관찰 가능한 산출물에 근거하여 영재성을 판별하고자 하는 Renzulli의 이론에서는 행동주의 인간관의 영향이 느껴진다고 볼 수 있다.

3. 영재성 판별

영재성 판별에서 무엇보다 중요한 것은 선행 학습에 의한 학문적 성취와 타고난 영재성을 구분하는 것이다. 여기서는 영재교육대상자 선발의 일반적 절차를 간략히 소개하고, 선행학습 효과의 영향을 받지 않는 타고난 영재성 판별법 개발에 쏟고 있는 최근의 연구를 소개하고자 한다.

1) 영재교육대상자 선발의 일반적 절차

현재 영재교육대상자 선발절차는 교사의 추천, 영재성(창의성, 지능, 동기) 및 학문적성(수학, 과학, 정보과학, 예술 등)을 평가하는 지필고사 및 심층면접으로 이루어진다. 가장 바람직하다고 인정된 영재 판별절차는 없다. 영재 판별의 기본 원칙 내에서 판별하고자 하는 영재성, 검사도구의 특성, 영재교육기관의 실정을 종합적으로 고려하여 기관별로 자체의 세부 기준을 마련하고 있다(박성익 외, 2004).

2) 타고난 영재성 판별을 위한 최근 검사도구

(1) 공간지각능력검사

공간지각 능력은 사물을 머릿속에서 회전시키거나 조작하여 서로 다른 각도에서 보이는 면을 시각화할 수 있는 능력을 말한다. 이러한 능력은 지필고사식 표준화 검사와는 달리 '학습'의 영향을 받지 않는다고 알려져 있다. 존스홉킨스 대학교 부설 영재교육원(Center for Talented Youth: CTY)에서는 공간지각 능력을 영재성 판별도구의 한 구성 요소로 활용하고 있다. [그림 13-2]는 CTY에서 영재성 판별에 사용하는 공간지각능력검사 문항의 예다. 이 검사는 시각기억 소검사(visual memory subtest), 도형의 전개도에서 입체의 완성된 모습을 판별하는 소검사

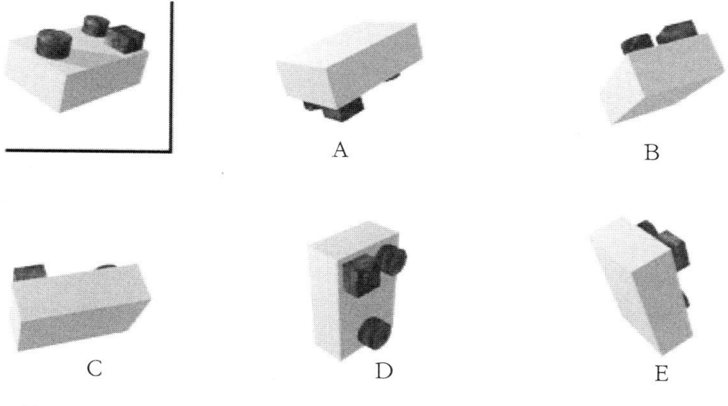

[그림 13-2] 공간지각 능력 판별을 위한 블록 회전 소검사 문항의 예

출처: http://cty.jhu.edu/ts/brsamp.html

(surface developmental subtest), 블록 회전 소검사(제시된 블록이 회전한 모양을 구별해 내는 소검사, block rotation subtest) 등으로 구성되어 있다.

(2) 뇌신경 활동성에 기반한 평가

조선희 등(2005)은 기능성 자기공명영상법(Functional Magnetic Resonance Image: FMRI)을 이용하여 뇌신경 활동성에 기반한 영재성 평가의 가능성을 탐색하였다. 타고난 영재성을 측정하는 한 방법으로 개인이 지닌 뇌신경생리학적 지표를 이용한 것이다. 이 연구는 현재 영재교육을 받고 있는 학생과 일반학생의 지능과 창의력 수준을 비교·분석하기 위해 과학고등학교, 일반고등학교, 실업계 고등학교에 재학 중인 전체 50명의 학생을 대상으로 국제적으로 공인된 인지검사인 RAPM(Raven's Advanced Progressive Matrices), WAIS-R(Wechsler Adult Intelligence Scale-Revised)과 창의성 검사인 TTCT(Torrance Tests of Creative Thinking)를 실시하였다. 인지검사 점수에 기반하여 전체 학생 중 40명을 뽑아 각 20명씩 영재 집단과 일반 집단으로 나누었다. 추론적 사고능력을 요구하는 지능 과제를 수행할 때, 집단별로 두뇌 활동성이 어떻게 다른지를 비교하는 실험이 실시되었다.

그 결과 두 집단 모두 좌우반구의 외측전전두엽 피질(lateral PreFrontal Cortex), 전대상 피질(Anterior cingulate cortex), 후두정엽 피질(posterior parietal corttex)에서 높은 활동성을 보였으나, 영재 집단이 일반 집단에 비해 높게 나타났다.

[그림 13-3]은 영재 집단과 일반 집단의 두뇌활성 지도다. 짙은 회색에서 흰색으

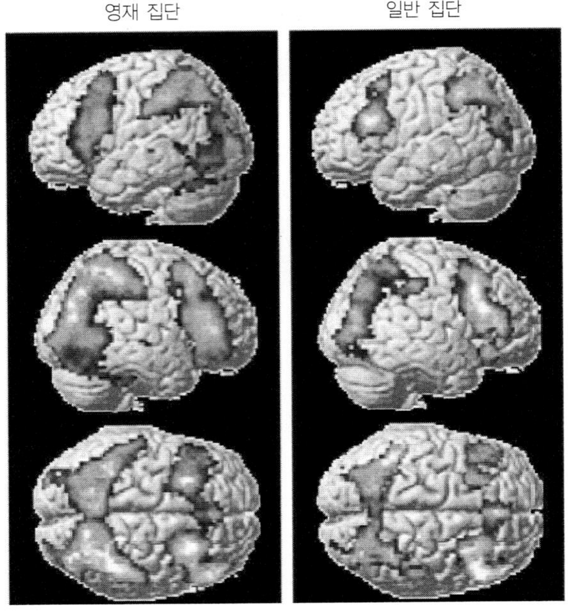

[그림 13-3] 영재 집단과 일반 집단의 두뇌활성 지도

출처: 조선희 등(2005)에서 인용.

로 갈수록 두뇌 활성도가 높은 것으로 해석한다. 개인별 일반지능 수준과 두뇌 활동성 사이의 상관도를 분석한 결과 후두정엽 피질에서 가장 높은 상관도를 보였다. 한편 영재 집단은 일반 집단에 비해 지능지수에서는 월등히 높은 수치를 보였으나 창의력 지수에서는 큰 차이를 보이지 않았다.

3) 인지 과제 수행 중 뇌파 패턴 평가

표준화된 지필검사와 뇌기능 영상을 통한 판별은 인지 수행이 완료된 결과만을 측정대상으로 한다. 하종덕과 송경애(2005)는 기존 판별도구의 이와 같은 문제점을 지적하면서 뇌 인지 수행이 이루어지는 과정적 측면도 고려할 수 있는 판별도구로 뇌파를 도입하였다. 초등학교 4~6학년 과학영재아동 11명, 일반아동 10명을 선정하여 각 집단의 뇌파 특성을 분석하였다. 이 연구에서 영재 집단은 과학적이고 창의적인 문제해결 과제를 수행할 때 좌뇌보다는 우뇌의 활성도가 높았다. 또한 각 반구 모두에서 일반 집단에 비해 세타(theta)파와 알파(alpha)파의 활성도가 높았다. 특정한 과제를 수행 중인 상태에서 아무 과제도 수행하고 있지 않은 상태보다

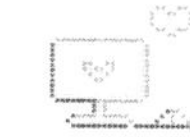

세타파의 활성이 높았다. 그리고 과제 수행 유무에 대한 세타파 활성도 차이는 우뇌가 좌뇌보다 컸다.

특정 과제를 수행할 때 보이는 영재 집단과 일반 집단의 뇌파 특성의 차이는 김경화 등(2005)의 연구에서도 확인되었다. 김경화 등은 '눈감은 안정상태'에서 개별 피험자의 뇌파 패턴이 영재 집단의 뇌파 패턴과 얼마나 일치하는지를 구하는 과학영재 판별지수(gifted index)를 고안하였다. 판별지수의 값이 클수록 피험자의 뇌파 패턴이 영재의 뇌파 패턴과 더 유사한 형태임을 의미한다. 이 연구는 과학영재의 다양한 특성을 고려한 다면적 평가의 대안적 방법으로 뇌파검사 자료의 중요성을 입증한 것이다.

4. 영재교육과정

학년 수준 이상의 뛰어난 성취를 보이는 영재 학습자에게 적합한 교육과정에 대한 관심은 아주 최근까지 그리 활발하지 않았다. 예술 및 스포츠 분야의 어린 영재들은 사사교육(mentorship)을 통하여 재능을 꽃피워 갔지만 인문, 수학, 과학 분야의 어린 영재에 대한 공교육 차원의 배려는 거의 없었다. 여기서는 최근에 정립되고 있는 공교육 내의 영재교육과정을 영재를 위한 학습 집단 편성방법, 학습내용의 종적 계열성에 기초한 속진학습, 횡적 관련성에 근거한 심화학습, 영재아동이 선호하는 교수-학습 모형인 자율연구와 e-러닝 시스템으로 나누어 자세히 살펴보고자 한다.

1) 학습 집단 편성방법

아동의 연령에 따라 학년을 구분하는 학습 집단 편성방법은 Binet의 인지이론에 근거한 것이다. Binet는 인지검사에 근거하여 특정 연령의 평균 아동이 할 수 있는 것은 무엇이고 할 수 없는 것은 무엇인지를 밝히고자 하였다. 하지만 이와 같은 학습 집단 편성방법은 연령별 평균을 벗어난 학습자에게 심각한 문제를 야기한다. 지난 20년간 미국은 교육의 평등권 실현이라는 철학적 배경에서 능력별 학습 편성을 반대하고 통합교육을 지지해 왔다. 따라서 통합교육의 효과성을 지지하는 쪽의 학

〈표 13-5〉 영재교육을 위한 학습 집단 편성방법

편성방법	특 징
전일제 영재교육 프로그램	학교 내의 영재학급, 영재학교
혼합능력 교실 내의 영재 소집단	혼합능력 교실 내에서 영재만으로 소집단 구성 지도
속진교육과정	무학년 교실, 교육과정 압축, 과목별 속진, 조기대학 입학, 월반
과목별 심화학습 집단	과목별로 심화교육 프로그램 제공
다학년 또는 무학년 교실	나이, 학년에 구애 없이 영재 집단 편성
풀아웃(pull out) 심화 프로그램	정규수업 중에 영재 집단을 별도 편성 후 심화교육 프로그램 제공
교실 내 능력별 소집단	특정 과제 수행을 위해 단기간 상용
협동학습 집단	다양한 수준의 학생들이 특정 과제를 수행하고자 팀을 구성하여 상호 간에 도움을 주는 방법
혼합능력 교실	학습자의 능력에 대한 고려 없이 구성된 교실

습 집단 편성에 대한 연구가 주로 이루어져 왔다.

그리하여 학년 수준에 도달하지 못했던 낮은 수준의 학습자는 학년 수준으로 성취하는 학습자를 따라잡을 수 있게 되었다. 하지만 그것은 학년 수준 이상의 뛰어난 성취를 보이는 영재 학습자의 학습권을 보장하기 어렵다는 한계가 있다. 현실적으로 공교육 내에서 영재교육을 위해 학습 집단을 편성할 때에는 Kulik과 Kulik(1990), Rogers(1993)가 제안한 〈표 13-5〉와 같은 방법을 참고하고 있다.

2) 속진학습과 심화학습

속진학습(acceleration)은 영재에게 일반학생이 배우는 것과 똑같은 교육과정과 교과내용을 압축하여 단기간에 빠른 속도로 학습시키는 것을 말한다. 심화학습(enrichment)은 일반교육과정을 다 끝낸 다음 해당 학년 수준의 내용을 보충해 주거나 그 이상의 내용을 학습시키는 것을 말한다. 속진학습과 심화학습 중에서 어느 방법이 영재들에게 더 효과적인지에 대한 연구는 아직 이루어지지 않고 있다. 〈표 13-6〉은 속진학습과 심화학습을 비교한 것이다. 최선의 영재교육 프로그램은 영재들의 학습 요구에 따라서 속진학습과 심화학습을 융통성 있게 병행하는 방식이다(정현철 역, 2008).

〈표 13-6〉 속진학습과 심화학습 비교

구 분	속진학습	심화학습
대상	상위 1~2%	상위 15~20%
목표	지식 습득, 개념 습득	창의성, 문제해결 과정, 탐구방법
진행방식	능력과 성취도 초점	흥미와 관심 초점
선발방법	뛰어난 능력, 성취도, 적성, 신체발달, 사회성 발달, 정서발달	재능과 관심 분야
현실적 문제점	반복학습이 일어나지 않도록 상위 학년과 연계된 종합적인 교육과정 필요	속진을 배제한 심화는 한계가 있음

출처: 정현철 역(2008), p. 343.

3) 자율연구

속진학습과 심화학습의 효율성은 학생을 자율적 연구자로 보고 교사가 학생의 연구를 보조하는 교수-학습 모형에서 보다 높아질 수 있다. 이는 영재의 특성에 근거한다. 창의성은 영재가 가진 중요한 특징 중의 하나인데, 독자적인 연구를 수행할 때 창의성은 가장 잘 개발된다(Van Tassel-Baska, 2003).

하지만 학습 상황에서 요구되는 '자율'은 단순한 행동의 조절뿐만 아니라 인지적 측면과 동기적 측면의 복잡한 상호작용이다. 그리고 '연구'란 일반학교의 제한된 연구가 아닌 전문가 집단이 행하는 연구를 말한다(정현철 역, 2008). 즉, 자율연구에서 학습자는 교사가 주도하거나 지식을 전달하는 것을 지양하고 학생이 스스로 연구문제를 찾고 해결방법을 고안하는 과정을 거치면서 실제 과학자가 수행하는 과정과 유사한 경험을 한다(Boyce, VanTassel-Baska, Burruss, Sher, & Johnson, 1997). 영재교육 교수-학습 모형에 적용하는 자율연구로는 Renzulli(1986)의 삼부심화모형(enrichment triad model), Treffinger(1975)의 자기주도적 학습모형(self-directed learning model), Betts(1986)의 자발적 학습모형(autonomous learner model)이 있다.

4) e-러닝 시스템

e-러닝 시스템은 개별적 접근이 가능하고 시공간적 제약이 극복할 수 있는 교수-학습 모형이다. 따라서 영재아동의 자율적 탐색이 보다 보장되는 교수-학습

형태라고 하겠다. 미국의 대학부설 영재교육연구소에서는 단기 심화학습에서 제공하기 어려운 깊이 있는 지식을 온라인으로 제공하고 있다. 예를 들어, 코네티컷 주립대학교와 버클리 대학교에서 제공하는 e-러닝 시스템을 살펴보자.

Renzulli 학습 시스템(Renzulli Learning System)(http://www.renzullilearning.com)은 코네티컷 주립대학교에서 제공하고 있다. 심화학습 자료는 전체 1만 3,000개의 데이터베이스에서 가입 시 조사하여 둔 학생의 흥미, 학습방식, 주요 과목에 대한 능력을 바탕으로 각 학생에게 적합하게 제공되고 있다. 이 웹에는 일반학생도 참여할 수 있다. 이는 Renzulli의 '모든 학생의 영재행동 계발'이라는 교육적 이념을 느끼게 하는 시스템이다.

웹기반조사과학환경(Web Based Inquire Science Environment)(http://wise.berkeley.edu)은 버클리 대학교에서 운영하며 프로젝트 중심의 심화학습 과제를 제공한다. 학생은 탐구단계(inquiry steps), 자료(evidence), 반성활동(reflection), 도움(hints)으로 구성된 일련의 활동을 통하여 유전자 변형 식물, 지진 예측, 개구리 성장과정 등 다양한 과학 주제에 대한 이해를 심화 학습할 수 있다.

5. 장애영재

Terman(1930)이 지능검사로 영재를 선별하기 시작한 이래, 'IQ가 높고 학업성적이 높다'는 영재에 대한 일반적인 믿음이 있어 왔다(Brody & Mills, 1999). 따라서 지능이 낮거나 지적장애를 가진 학생이 영재일 수 있다고 생각하는 일은 거의 없었다. 하지만 영재성의 정의에서 살펴본 것처럼 '영재행동'과 '산출물'이 영재성 판별 기준의 하나로 받아들여짐으로써 장애를 가지고 있지만 독창적인 산출물을 만들어 내는 영재의 존재가 부각되었다. 이와 같은 장애영재(twice-exceptional gifted)는 학습장애, ADHD, 서번트(자폐성장애) 영역에 많이 존재하고 있다.

1) 학습장애영재

지난 수십 년 동안 높은 인지능력을 가지고 있으면서도 학습장애를 보이는 아동에 대한 사례가 끊이지 않고 발표되어 왔다. 이러한 아동은 학습장애가 뛰어난 영

〈표 13-7〉 학습장애를 가진 영재학생이 사용한 보상전략

전 략	구성 요소
연구와 수행 전략	노트필기 방법, 시험대비 방법, 시간관리, 일별 · 주별 · 월별 과제 및 활동 관리, 시간 활용의 극대화를 위한 주간 · 월간 조직표 사용(작업할 수 있도록 과제를 일정 단위별로 묶는 것), 도서관 이용방법, 쓰기 · 읽기 · 수학적 처리방법
인지/학습전략	수업 중 교사가 학습 교재로 사용하는 그림카드를 이용한 기억전략, 작은 의미 단위로 묶어서 기억하는 기억전략
보상적 지지물	시험시간을 연장하거나, 컴퓨터를 사용하여 시험을 볼 수 있도록 요청함, 난독증인 경우 테이프에 책의 내용을 녹음하여 공부함

재성의 발현을 가리고 또 영재성이 학습장애에 의한 부적응을 가린다. 따라서 교사가 장애영재의 존재 가능성에 대해 미리 인식하고 있지 않으면 판별하기가 어렵다.

Reis, McGuire와 Neu(2000)는 12명의 대학생과의 면접을 통해 학습장애를 가진 우수한 학생들이 어떻게 중등학교 이후 학문적 환경에서 성공할 수 있었는지를 조사하였다. 이 연구에서 학생들은 학습장애를 극복하는 데 필요한 보상전략을 사용하여 능력과 장애 사이의 불일치가 주는 문제점을 해결해 왔다는 것을 발견하였다. 〈표 13-7〉은 학습장애를 가진 영재학생이 학문적 성공을 위해 사용한 보상전략의 예다.

2) ADHD 영재

ADHD의 치료적 접근 중의 하나는 약물치료다. 약물치료는 행동 제한에 효과적이다. 하지만 약물치료로도 아동의 ADHD 증상이 호전되지 않을때, 교사는 그 아동의 ADHD적 성향이 영재성이나 창의성에서 연유하는 것은 아닌지 잘 살펴보아야한다. "많은 영재아동이 전통적인 학교교육 장면에서 ADHD와 같은 행동 성향을 보이고 있다."(Baum, Olenchak, & Owen, 1998; Gorden, 1990)는 보고가 많기 때문이다. 어떤 연구자는 영재아동의 충동적인 행동이 세상을 탐구하는 특별한 욕구라고 긍정적으로 보기도 한다. Piechowski와 Cunningham(1985)은 영재의 과잉행동은 폐쇄적인 시간에 폐쇄적인 순서로 폐쇄적인 공간에서 이루어지는 전통적인 사회의 관습을 호기심과 열의가 앞서가기 때문이라고 설명하였다.

3) 서번트 증후군

자폐성 영재인 서번트(savants)는 극단적으로 높은 재능과 평균 이하의 지능을 동시에 보유한다. 서번트는 대부분 네 영역 중 하나에서 특별한 능력을 나타낸다. 시각미술(사실적 그림), 음악(대부분의 경우 피아니스트), 빠른 암산, 날짜 계산이 그것이다. 서번트는 어떤 표현이나 규칙의 이해가 불가능한 맹목적 모방자로 취급되지만 실제로 단지 모방하는 것이 아니라 그 영역의 규칙에 대한 다른 차원의 이해를 보여 준다(Pring, 2005). 위키디피아(http://en.wikipedia.org/wiki/Autistic_savant)에 소개되어 있는 서번트 증후군의 사례 중 몇 개를 살펴보자.

(1) 알론조 클레몬스(Alonzo Clemons)

클레몬스는 발달장애를 보였으나 어릴 때부터 찰흙으로 동물 조각상을 매우 정밀하게 만들어 냈다. 그는 거의 모든 동물을 한 번만 보고도 조각상을 만든다. 대략 1시간 이내에 조각상 하나를 만드는데, 그가 만드는 찰흙 동물은 세세한 부분에 이르기까지 정확하다.

(2) 레슬리 렘크(Leslie Lemke)

렘크는 출산 예정일보다 일찍 태어났고, 태어나자마자 녹내장, 뇌성마비, 뇌손상 진단을 받았으며 시각을 잃게 되었다. 메이 렘크라는 한 간호사가 6개월된 렘크를 입양하였다. 렘크는 1년이 지나서야 스스로 음식물을 씹을 수 있었으며, 12세 때 처음으로 혼자 일어설 수 있었고, 15세 때 걸음마를 배웠다. 16세가 되던 어느날 렘크는 텔레비전에서 한 번 들은 적이 있는 차이코프스키의 피아노 콘체르토 1번을 연주하였다. 양모인 메이 렘크는 렘크의 피아노 재능을 격려하였고, 28세까지 정기적으로 음악회를 열어 피아노를 치고 노래를 부르게 하였다.

(3) 제임스 헨리 풀런(James Henry Pullen)

풀런은 청각장애이며 말을 못했다. 7세 때 처음으로 '엄마'를 배웠고 그마저 발음도 형편없었다. 하지만 장작에 작은 배를 새기고 그것을 그림으로 그리기 시작했다. 폴런은 생애 대부분을 정신질환자 수용소인 얼스우드 수용소에서 지냈다. 그는 낮에는 작업장에서 일하고 밤에는 수용소의 복도에 그림을 그렸다.

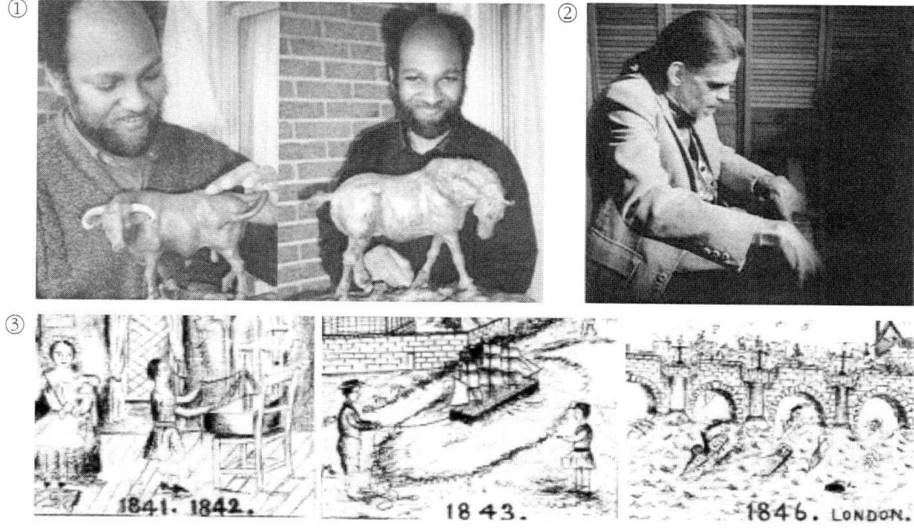

[그림 13-4] 서번트 증후군의 사례

① 자신이 조각한 동물을 보여 주고 있는 클레몬스(출처: http://artsales.com/ARTists/Alonzo_Clemons/index.html), ② 피아노를 치고 있는 렘크(출처: http://www.wisconsinmedicalsociety. org/savant_syndrome/savant_profiles/leslie_lemke), ③ 폴런이 아동기에 그린 그림(출처: http://www.ijpm.org/content/pdf/298/histb.pdf).

6. 영재상담의 기초

영재를 대상으로 하는 많은 연구들은 영재의 지적, 학문적 성취가 또래 아동과 어떻게 다른지를 알아보기 위한 것을 목적으로 한다. 따라서 영재아동의 사회적·정서적 특징이 또래 아동과 어떻게 다른가를 비교하는 연구는 그리 활발하지 않다. 여기서는 영재아동의 정서적 특징과 학습자를 성공으로 이끄는 교사의 특징에 대하여 자세히 알아보고자 한다.

> 일반인들보다 한 걸음 앞서가는 천재는 사람들에게 많은 점수를 받는다. 그러나 남들보다 열 걸음 앞서가는 천재는 황당해 보이기 때문에 사회에서 소외당하기 쉽다. 많은 천재들이 정신과 환자로 오해받기도 한다. 실제로 창의적인 사람 중에 우울증이나 조울증이 있는 경우도 꽤 있다고 한다. 그러므로 우리는 창의적인 사고를 하는 사람을 키워 주고 격려하는 환경과 분위기를 만들어 주어야 한다(나덕렬, 2008, pp. 161-162).

1) 영재아동의 정서적 특징

영재의 지능은 같은 생활연령의 또래집단보다 몇 년 앞선다. 그러면 사회적 · 정서적 측면은 생활연령 집단과 정신연령 집단 중 어디에 가까울까? Lehman과 Erdwins(1981)은 영재의 개인적 · 사회적 성격검사 점수를 같은 생활연령의 아동 및 같은 정신연령의 아동과 비교하였다. 연구 결과에 따르면 영재아동은 정신연령이 같은 아동 집단보다는 생활연령이 같은 아동 집단과 유사하였다. 그리고 영재는 생활연령이 같은 아동보다 유의미하게 적응점수가 높았다고 보고하고 있다. 즉, 덜 공격적이고 덜 파괴적이었으며 행동문제를 덜 일으킨다는 것이다. 이런 결과는 영재의 사회적 · 정서적 특징에 관한 선행 연구(예, Kennedy, 1962; Milgram & Milgram, 1976; Warren & Heist, 1960)의 결과와도 일치하는 것이다.

하지만 소수의 영재가 정서적 적응에 실패하고 있는 것은 사실이다. 1981년 오하이오 주의 라이트 주립대학교에서 Webb의 주도로 '영재아동의 정서개발 프로그램(Nurturing Social-Emotional Development of Gifted Children)'이 시작되었다. 이 연구는 한 영재아동의 갑작스러운 자살이 계기가 되어 자녀의 영재성 때문에 고통을 느끼는 부모를 돕기 위하여 시작되었다.

영재아동이 느끼는 이와 같은 정서적 불안정은 지적 능력과 사회성의 불일치에서 야기된다고 보는 견해가 많다. 경험적 증거는 부족하지만 영재학생은 자살할 위험이 높다는 우려의 목소리는 존재한다(Hayes & Sloat, 1989). Baker(1995)는 영재학생과 일반학생의 우울과 자살 관념화의 만연과 성격을 탐색하였다. 미국 중서부 지역에 거주하는 타고난(exceptionally) 영재학생 32명, 학업 수행이 우수한(academically gifted) 학생 46명, 일반학생 56명이 이 연구에 참여하였다. 연구 결과에 따르면 우울 또는 자살 관념화 수준에서 영재학생과 학업 수행이 우수한 학생은 일반학생과 특별히 구별되지 않았다. 이러한 자료를 근거로 Baker는 우울증을 경험하는 학생은 자신의 문제를 인지하고 중재할 수 있는 훈련을 받을 필요가 있으며, 영재학생은 자신의 정의적 발달을 이해하고 스트레스 요인과 심리적 고통에 대처할 수 있도록 교사의 도움이 필요하다고 지적하였다.

2) 학습자를 성공으로 이끄는 교사의 특징

창의성 분야의 권위자 Paul Torrance(1981)는 성인이 된 영재들에게 '나를 변화시킨 교사'에 대한 질문를 하였다. 〈표 13-8〉은 그 내용들을 정리한 것이다. 공통적으로 들고 있는 것은 용기를 주고 하나의 인격체로 존중해 주며 감정과 관심사를 공유하는 교사의 지도가 자신이 성장하게 된 계기가 되었다는 것이다. 영재아동의 성공적 학교생활, 학습장애 영재아동의 미성취 벗어나기, 혹은 장애영재아동의 영재성 발휘에서 교사는 중요한 역할을 한다. Emerick(1992)은 자신의 능력보다 성취 수준이 낮은 학생들에게 미성취를 극복한 방법을 물어보았는데, 이 연구에 참가한 모든 학생이 특정 교사의 도움이 자신의 미성취 극복에 결정적인 역할을 하였다고 언급했다. 한편 관점을 달리하면 영재아동뿐만 아니라 모든 학습자가 정도 및 학습 영역은 달라도 일종의 '미성취' 상태에 있다고 볼 수 있다. 그러므로 영재아동뿐만 아니라 모든 아동들에게 이러한 교사의 지지는 필요하다. 하지만 일반 학습자가 직면하는 발달문제뿐만 아니라 영재의 특성과 특별한 욕구에 의한 좌절을 겪는 영재아동에게는 더욱 전폭적인 교사의 지지가 필요하다고 하겠다.

〈표 13-8〉 영재아동을 변화시킨 교사의 특징

"친구들과 사귈 수 있도록 도와주셨고, 제게 많은 질문을 해 주셨으며, 제가 어떤 대답을 하더라도 비웃지 않고 들어주셨습니다. 저는 선생님 덕분에 제가 가진 능력이 뛰어나다는 것을 알 수 있었죠."
"모든 것을 이해하고 어떤 일이든 해낼 수 있는 능력이 저에게 있다는 사실을 깨닫게 해 주신 분이었습니다. 저는 선생님과 많은 경험을 함께 나누었고, 그분은 항상 제 감정을 이해해 주셨어요. 그 분을 통해서 배움이란 것이 다른 사람들과 공유할 수 있는 즐겁고 기쁜 일임을 깨우칠 수 있었습니다."
"선생님은 우리가 흥미를 느끼는 어떤 일에 푹 빠질 수 있도록 이끌어 주셨습니다. 친구들 중 몇 명은 지금도 그것과 관련된 직업을 갖기 위해서 노력하고 있어요."
"언제나 격려를 아끼지 않으셨고 특별히 저에게 무엇이 필요한지 관심을 기울여 주셨습니다. 선생님은 제가 자기 자신을 사랑하는 사람이 되고 사회에서 성공하게 되기를 진심으로 바라셨어요."

출처: 지형범 역(2009), p. 66에서 재구성.

요약

영재성이 무엇인지 정의하기는 어렵지만, 어떤 분야의 영재성이든 영재성을 가진 사람은 보면 알 수 있다고 생각하는가? 사실 대부분의 사람들이 영재성을 소수의 사람들이 타고난 변하지 않는 특성으로 생각하지만 이것은 오해다. 모든 아동이 '영재성'이라는 잠재력을 가지고 있으며, 교사는 적절한 개입으로 아동이 가진 영재성이 '영재행동'으로 발현될 수 있도록 도와줄 수 있다.

Renzulli의 영재성의 세 고리 개념을 생각해 보라. 평균 이상의 능력이라는 고리가 현저하게 작아도 창의성, 과제 집착력이라는 고리는 큰 아동이 교실에 있다고 생각해 보자. 예를 들면, 아스퍼거 증후군이라고 하자. 아동의 재능에 초점을 맞춘 개별화교육계획과 장애의 극복에 초점을 둔 개별화교육계획은 교육과정도, 목표하는 인간상도 다를 것이다. 이것이 바로 특수교육을 전공하는 학생에게 영재아동에 대한 이해와 교육이 필요한 이유다.

이 장에서는 영재성이란 무엇인가에 대한 정의가 시대가 요구하는 가치에 따라 달라진다는 것을 배웠다. 2000년에 「영재교육진흥법」이 공포되어 이제 시작단계인 우리나라의 영재교육 현황을 살펴보았고, 1972년 멀랜드 보고서의 건의를 공식적인 시작으로 하는 미국의 영재교육의 역사를 살펴보았다. 지능이라는 단일 개념이 영재 판별도구의 중요한 구성 요소였지만 점점 창의적 산출물의 중요성이 대두되었다. 영재성의 객관적 판별을 위하여 지필검사 및 심층면접을 보완하는 도구로 공간지각능력검사, 기능성 자기공명영상법(fMRI), 뇌파의 특성을 탐색하고 있다. 이러한 검사도구는 선행 학습에 영향을 받지 않는 '타고난' 영재성을 판별할 수 있다고 믿기 때문이다. 영재교육과정에서는 독립적인 연구를 선호하는 영재의 특성에 맞는 자율연구를 중점적으로 소개하였다. 시공간의 제약을 받지 않고 심화학습 자료에 접근할 수 있는 e-러닝 시스템의 운영에 대하여도 살펴보았다. 학습장애 영재아동, ADHD 영재아동, 서번트에 대하여 간략하게 소개하였다. 현장에서 아동을 대할 때 모든 가능성을 항상 열어 놓기를 바라기 때문이다. 자신의 영재성 때문에 아동 자신이 고통을 느낄 수 있다. 그리고 옆에서 그러한 괴로움을 지켜보아야 하는 영재의 부모도 지원이 필요하다. 영재아동은 알아서 잘하는 존재가 아니다. 정서적인 측면에서는 생물학적으로 동일한 또래집단과 동일하다. 영재아동은 방치되어서는 안 되며, 교사의 전폭적인 관심과 지지가 필요하다. 아니, 모든 아동이 교사의 전폭적인 관심과 지지가 필요한 것이다.

참고문헌

김경화, 김규한, 이선길, 허명, 김용진(2005). 뇌파검사 자료를 기반으로 한 과학영재 판별지수(G-Index) 개발과 적용, 영재교육연구, 15(1), 67-84.

나덕렬(2008). 앞쪽형인간: 잠자는 CEO 당신의 앞쪽뇌를 깨워라. 서울: 허원미디어.

박성익, 조석희, 김홍원, 이지현, 윤여홍, 진석언, 한기순(2004). 영재교육학원론. 서울: 교육과학사.

서울시교육청(2008). 영재교육 종합발전 계획.

이신동, 강영심, 최병연 역(2008). 장애영재와 특수영재(영재교육 필독시리즈 7). 서울: 학지사.

정현철 역(2008). 영재교육 기초. 한국교총 영재교육원.

조선희, 김희백, 최유용, 채정호, 이건호(2005). 뇌기능영상 측정법을 이용한 영재성 평가의 타당성 연구. 영재교육연구, 15(2), 101-125.

지형범 역(2009). 영재 대한민국 청소년 10%를 위한 책. 서울: 도서출판 두드림.

하종덕, 송경애(2005). 뇌의 인지기능 특성을 통한 과학 영재성 판별. 영재교육연구, 15(2), 77-100.

Baker, J. A. (1995). Depression and suicidal ideation among academically talented adolescents. *Gifted Child Quarterly, 39*, 218-233

Baum, S. M. (1984). Meeting the needs of learning disabled gifted children. *Roeper Review, 7*, 16-19.

Baum, S. M, & Owen, S. (1988). Learning disabled students: How are they different? *Gifted Child Quarterly, 32*, 321-326.

Baum, S, M, Olenchak, F. R., & Owen, S. (1998). Counseling Multiple Exceptionality, and Psychological Issues. *Gifted Child Quarterly, 42*(2), 96-104.

Betts, G. T. (1986). Autonomous Learner Model for the Gifted and Talented. *Gifted Child Quarterly, 30*(4), 174-177.

Binet, A. (1905). New Methods for the Diagnosis of the Intellectual Level of Subnormals. Classics in the history of psychology at http://psychclassics.yorku.ca/Binet/binet1.htm

Boyce, L. N., VanTassel-Baska, J., Burruss, J. D., Sher, B. T., & Johnson, D. T. (1997). A problem-based curriculum: Parallel learning opportunities for students and teachers. *Journal for the Education of the Gifted, 20*, 363-379.

Brody, L. E., & Mills, C. J. (1999). Gifted children with learning disabilities: A review of the issues. *Journal of the learning disabilities, 30*(3), 282.

Daniels, P. R. (1986). Educator urges schools to identify plan for gifted/learning disabled. *Hilltop Spectrum, 4*(2), 1-6.

Emerick, L. J. (1992). Academic underachievement among the gifted: Students's perceptions of factors that reverse the pattern. *Gifted Child Qquarterly, 36*, 140-146.

Feldhusen, J. F. (1986). A conception of giftedness. In R. J. Sternberg, & J. E. Davidson (Eds.), *Conceptions of gifted*. New York: Cambridge University Press.

Gagne, F. (1998). A proposal for subcategories within gifted or talented populations. *Gifted Child Quarterly, 42*(2), 87-95.

Gagne, F. (2007). Ten Commandments for Academic Talent Development. *Gifted Child Quarterly, 51*, 93-118.

Galton, F. (1969/reprint of 1869 edition). *Hereditary Genius: An Inquiry into its Laws and Consequence*. Macmilan/Fontana, London.

Gordon, M. (1990, May). *The assessment and treatment of ADHD/Hyperactivity*. Keynote Address, annual meeting of New York Association for Children with Learning Disabilities, Syracuse, New York.

Guilford, J. P. (1982). Cognitive psychology's ambiguities: Some suggestted remedies. *Psychological Review, 89*, 48-59.

Haensley, P., Reynolds, C. R., & Nash, W. R. (1986). Giftedness: Coalescence, context, conflict, and commitment. In. R. J. Sternberg & J. E. Davidson (Eds.), *Conceptions of giftedness* (pp. 112-127). New York: Cambridge University Press.

Hayes, M. L., & Sloat, R. S. (1989). Gifted students at risk for suicide. *Roeper Review, 12*, 102-107.

Hollingworth, L. S. (1975/reprint of 1942 edition) *Children Above 180 IQ*. New York: Arno Press.

Kennedy, W. A. (1962). MMPI profiles of gifted adolescents. *Journal of Clinical psychology, 18*, 148-149.

Kulik, J. A. & Kulik, C-L. C. (1990). Ability grouping and gifted students. In N. Colangelo & G. Davis, *Handbook of Gifted Education*. Boston: Allyn and Bacon.

Lehman, E. B., & Erdwins, C. J. (1981). The social and emotional adjustment of young, intellectually gifted children. *Gifted Child Quarterly, 25*(3), 134-137.

Lyons, H. C. (1981) Our most neglected natural resource. *Today's Education, Feb-March*, 15-19.

Lypper, A. (1979) Gifted and Talented Children. *The Congressional Record, 125*, Wed., September 5.

Marland, S. P., Jr. (1972). Education of the gifted and talented: Report to the Congress of the United States by the U.S. Commissioner of Education and background papers submitted to the U.S. Office of Education, 2 vols. Washington, DC: U.S. Government Printing Office. (Government Documents Y4.L 11/2: G36).

Milgram, R. M. & Milgram, N. A. (1976). Creative thinking and creative performance in Israeli children. *Journal of Educational Psychology, 68*, 255-259.

Piechowski, M. M., & Cunningham, K. (1985). Patterns of overexcitability in a group of artists. *The Journal of Creative Behavior, 19*, 153-174.

Pring, L. (2005). Savant talent. *Developmental Medicine and Child Neurology, 47*, 500-503.

Reiff, H. B., Gerber, P. J., & Ginsberg, R. (1992). Learning to achieve: Suggestions from adults with learning disabilities. *Journal of Postsecondary Educations and Disability, 10*(1), 11-23.

Reis, S. M., McGuire, J. M., & Neu , T. W. (2000). Compensation strategies used by high-ability students with learning disabilities who succeed in college. *Gifted Child Quarterly, 44*, 123- 134.

Renzulli, J. S. (1978). What makes giftedness? *Phi Delta Kappan, 60*, 180-184.

Renzulli, J. S. (1986). The three ring conception of giftedness: A developmental model for creative productivity. In R. J. Sternberg, & J. Davidson (Eds.), *Conceptions of Giftedness* (pp. 53-92). New York: Cambridge University Press.

Rogers, K. (1993). Grouping the gifted and talented. *Roeper Review, 16*(1), 8-12.

Tannenbaum, A. J. (1983). *Gifted children: Psychological and educational perspectives.* New York: Macmillan.

Torrance, P. (1981). Predicting the Creativity of Elementary School Children and the Teachers Who Made a Difference. *Gifted Child Quartely, 15*, 56-62.

Treffinger, D. (1975). Teaching for self-directed learning: a priority for the gifted and talented. *Gifted Child Quarterly, 12*(1), 46-59.

Terman, L. M. (1930). Autobiography of Lews M. Terman. In C. Murchison (Ed.), *History of Psychology in Autobiography.* Worcester, MA: Clark University Press.

Van Tassel-Baska, J. (Ed.) (2003). Curriculum for gifted and talented students. In. S. M. Reis (Ed.), *Essential Readings in Gifted Education.* Thousand Oaks, CA: Corwin.

Vernon, P. E., Adamson, G., & Vernon, D. F. (1977). *The psychology and education of gifted children.* Boulder, CO: Westvies Press.

Warren, J. R., & Heist, P. A. (1960). Personality attributes of gifted college students. *Science, 132*, 330-336.

http://cty.jhu.edu/ts/brsamp.html

http://artsales.com/ARTists/Alonzo_Clemons/ index.html

http://www.wisconsinmedicalsociety. org/savant_ syndrome/savant_profiles/leslie_ lemke

http://www.ijpm.org/ content/pdf/298/histb.pdf

제 3 부

특수교육 공학 및 관련 서비스

• 제 14 장 •

특수교육과 컴퓨터

| 주요 학습 과제 |

1. 교육에서 컴퓨터의 역할을 이해한다.
2. 교육용 소프트웨어의 특성, 유형, 평가 시 고려점을 알아본다.
3. 일반 용도와 특수 용도 응용 소프트웨어의 활용에 대해 알아본다.
4. 테크놀로지 통합을 위한 고려사항을 알아본다.
5. ICT 활용교육을 위한 전략을 이해한다.

개인용 컴퓨터가 보급되기 시작하면서 새로운 테크놀로지를 교육에 활용하고자 하는 노력이 지속되어 왔다. 급속한 컴퓨터 테크놀로지의 발달, 지속적인 컴퓨터 보급의 확대, 꾸준한 관련 분야에서의 연구 · 개발 등의 결과, 장애학생을 위한 교수-학습 형태의 변화가 이루어지고 있다.

이 장에서는 교육에서의 컴퓨터 활용 영역을 범주화하여 각 영역에 대해 검토해 보고, 실제 교실에서 교사가 장애학생을 대상으로 컴퓨터를 활용하고자 할 때의 고려 사항과 ICT 활용 수업계획 수립을 위한 전략을 알아보고자 한다.

교육에서 컴퓨터는 다양하게 활용되고 있는데, Taylor(1980)는 사용되는 컴퓨터 프로그램의 종류에 따라 컴퓨터 활용 영역을 다음의 세 범주로 나누고 있다.

- **교사(tutor) 역할:** 컴퓨터가 전통적인 교사의 기능을 담당하여 학습자를 가르치고 관리하는 것을 의미하는 것으로, 교수-학습용 컴퓨터 프로그램을 활용하게 된다.
- **도구(tool) 역할:** 컴퓨터가 교과 영역의 학습을 보조하는 교수-학습과정의 도구로 사용되는 것을 의미하는 것으로, 문서 작성 및 편집 프로그램, 통계 및 회계 프로그램, 통신 프로그램과 같은 응용 소프트웨어를 활용하게 된다.
- **학습자(tutee) 역할:** 컴퓨터가 학습자 역할을 맡고 학습자는 교사의 역할을 하여 컴퓨터가 학습자의 명령을 수행하는 것을 의미하는 것으로, LOGO나 BASIC과 같은 컴퓨터 프로그래밍 언어를 사용하게 된다.

이 장에서는 특수교육에서 보다 일반적으로 접하게 되는 컴퓨터의 교사 역할과 도구 역할을 중심으로 기술하고자 한다.

1. 교사로서의 컴퓨터 활용

컴퓨터가 교사나 교재의 역할을 담당하여 학습자가 컴퓨터로부터 수업을 받게 되는 것이 교사로서의 컴퓨터 활용 영역인데, 이는 가장 흔한 교육적 컴퓨터 활용의 예라고 할 수 있다. 교사의 역할로서 컴퓨터가 활용되는 경우 일반적인 학습 형태는

그래픽, 사운드, 동영상과 같은 멀티미디어 기능을 사용해 개발된 교수-학습용 컴퓨터 프로그램을 사용하는 것이다. 이 프로그램들은 컴퓨터 보조수업(computer-asssited instruction: CAI), 컴퓨터 기반 수업(computer-based instruction: CBI), 코스웨어, 교육용 CD-ROM 타이틀, 교육용 소프트웨어 등으로 불린다. 교육용 소프트웨어는 정규 수업시간에 사용될 수 있고, 보충학습을 위한 자료로 사용될 수도 있다. 또한 교사나 부모의 관리 없이 자율학습을 위한 수단으로도 사용될 수 있다.

1) 교육용 소프트웨어의 특징

교육용 소프트웨어를 사용하는 수업은 전통적인 강의식 수업과는 다른 특징들이 있다. 교육용 소프트웨어를 사용하는 수업의 효과는 교육용 소프트웨어에 얼마나 그 특징들이 잘 반영되어 있느냐에 크게 좌우된다. 그러나 다른 교육매체들과 마찬가지로 수업의 궁극적인 효과는 어떤 학습자를 대상으로 어떤 교육목적하에서 어떤 방식으로 교육용 소프트웨어가 활용되는가에 따라 달라진다. 교육용 소프트웨어의 대표적인 특징들은 다음과 같다(박성익 외, 2003; Belson, 2003; Lewis, 1993).

(1) 상호작용이 가능하다

영화나 텔레비전과 같은 보다 전통적인 교육매체는 학습자와의 상호작용이 가능하지 않았다. 그러나 멀티미디어 기능을 가진 교육용 소프트웨어는 컴퓨터와 학습자 간에 정보를 능동적으로 주고받는 상호작용을 가능하게 한다. 즉, 컴퓨터는 정보를 제시하고, 학습자는 이에 반응하며, 컴퓨터가 학습자의 반응을 판단하고 적절한 정보를 제시한다. 따라서 학습자의 응답에 따라 프로그램의 진행 순서, 속도, 제시되는 정보의 양이 달라질 수 있다.

(2) 개별화된 교수-학습 환경을 제공한다

개별화는 학습자의 특성과 요구에 적절한 학습 경험을 제공하는 것을 의미한다. 즉, 모든 학습자에게 동일한 방식으로 내용을 제시하는 것이 아니라 학습자의 수행 수준이나 흥미에 따라 다른 학습 방식과 내용을 선택할 수 있도록 한다. 이러한 개별화 기능은 학습자가 자신의 요구와 특성에 따라 학습할 수 있는 환경을 제공하여 학습의 효과를 높일 수 있다. 컴퓨터가 제공하는 이 개별화 기능은 장애학생의 다양한 요구를 충족시켜 줄 수 있는 잠재력을 지니고 있다.

(3) 동기유발을 촉진한다

교육용 소프트웨어는 다양한 방식으로 학습 동기를 유발한다. 첫째, 컴퓨터는 학습자의 반응에 따라 그에 적합한 조치를 취해 줄 수 있는데, 이러한 상호작용은 학습자의 능동적인 참여를 유도함으로써 동기를 유발하고 학습의 효과를 높이는 데 기여한다. 둘째, 학습자에게 제시되는 정보는 그래픽, 사운드, 동영상과 같은 다양한 형태를 띠게 되는데, 이는 인쇄물과 같은 보다 정적인 매체에 비해 학습자의 학습 의욕을 높여 줄 가능성이 높다. 셋째, 교육용 소프트웨어를 활용하는 수업에서는 교사 주도의 강의식 수업에서 학습자가 느낄 수도 있는 교사의 위압적 분위기가 없으므로 학습자가 보다 편안한 마음으로 학습할 수 있다. 이는 거듭된 실패 경험으로 학습된 무기력감을 가지고 있는 많은 장애학생들에게 학습 동기를 부여할 수 있다.

(4) 피드백을 제공한다

인쇄매체나 영상매체와 같은 보다 전통적인 매체는 학습자의 반응에 즉각적인 피드백을 제공할 수 없다. 그러나 컴퓨터는 다른 매체에서는 불가능하거나 어려운 즉각적인 피드백이 가능하다. 교육용 소프트웨어는 학습자의 반응을 순간적으로 판단하여 그에 적절한 피드백을 제공할 수 있다. 특히 이렇게 컴퓨터로부터 제공받는 피드백은 학생이 흔히 수업 중에 가질 수 있는 실수에 대한 두려움이나 수치감을 줄여 줌으로써 보다 자신 있고 편하게 학습에 임하도록 하는 효과가 있다. 교육용 소프트웨어의 유형에 따라 다양한 형태의 피드백이 제공될 수 있는데, 학습자의 반응에 따른 피드백 제공시기에 따라 즉각적 피드백과 지연된 피드백, 교정 정도에 따라 단순 피드백(정답 여부만 판단)과 교정적 피드백(이해를 돕기 위한 상세한 설명의 반복적 제공), 피드백의 인위성 정도에 따라 자연적 피드백(실제로 겪을 수 있는 상황을 가상적으로 제공; 예, 회로에 연결된 전구에 불이 들어옴)과 인위적 피드백(설명문 형태 제공; 예, 다시 시도해 보세요) 등으로 구분할 수 있다.

(5) 교육 비용을 절감하고 안전성을 증대시킨다

좋은 교육용 소프트웨어를 개발하기 위해서는 여러 분야의 전문가들의 협력이 필요하다. 이는 많은 시간과 비용이 요구되는 과정이지만 한 번 개발된 프로그램은 상당 기간 동안 지속적으로 많은 학생들을 대상으로 사용할 수 있다는 이점이 있다. 또한 모의실험 유형의 교육용 소프트웨어의 경우 과다한 비용이 들거나 위험부담이 높은 수업내용을 가상적으로 경험해 볼 수 있으므로 경제적이며 안전하다.

(6) 표준화된 학습환경을 제공한다

교육용 소프트웨어는 교수 내용과 방법 면에서 일정한 틀을 유지하고 있기 때문에 가르치는 사람이나 교육환경의 영향으로 인한 차이를 최대한 줄일 수 있다. 따라서 교육용 소프트웨어를 활용할 경우 수업이 일관성 있게 진행됨으로써 모든 학습자에게 표준화된 학습환경을 제공할 수 있다.

2) 교육용 소프트웨어의 유형

교육용 소프트웨어들은 교수 목표나 설계 방식에 따라 다양한 유형으로 구분될 수 있다. 여기서는 개인교수형, 반복연습형, 모의실험형, 게임형의 네 가지 주요 유형에 대해 살펴본다.

(1) 개인교수형

개인교수(tutorial)형은 특정 영역에 관한 새로운 지식과 기술을 가르치고자 할 때 사용할 수 있는 유형의 교육용 소프트웨어다. 이 형태의 프로그램은 먼저 학습목표를 제시하고, 학습할 내용을 비교적 작은 단위로 세분화해서 제공한다. 내용의 학습단계가 끝나면 학습자가 충분히 학습했는지를 확인하기 위해 연습의 기회를 제공한다. 컴퓨터는 학습자의 반응에 따라 피드백을 제공한다. 개인교수형 소프트웨어의 활용 시 학습자는 교사와 일대일 수업에서 가질 수 있는 상호작용을 경험하게 된다. [그림 14-1]과 [그림 14-2]는 개인교수형 소프트웨어의 기본 구조와 그 예다.

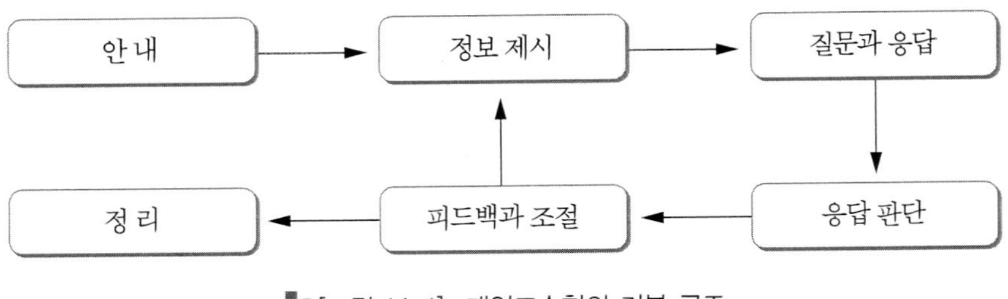

[그림 14-1] 개인교수형의 기본 구조

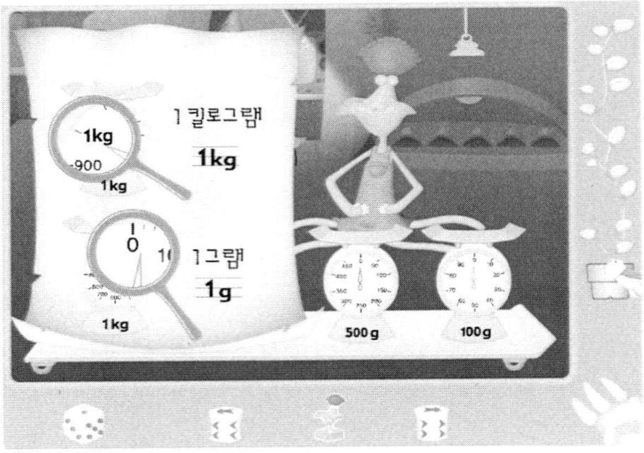

[그림 14-2] 개인교수형 프로그램의 예(신나는 몬스터 마을, 파라다이스복지재단)

(2) 반복연습형

반복연습(drill and practice)형은 새로운 지식과 기술을 습득한 후 학습한 내용에 대한 숙련도를 높이기 위해 사용할 수 있는 프로그램을 말한다. 이 유형은 학습자로 하여금 학습한 개념 또는 기능을 반복적으로 연습하게 함으로써 기대 수준을 달성할 수 있게 한다. 이 유형의 프로그램은 우선 다양한 난이도의 문항들로부터 문항을 선정하는 과정을 거쳐 학습자의 반응을 요구하는 질문을 제시하고, 학습자의 응답을 판단하여 적절한 피드백을 제공하게 된다. 반복연습형은 주로 수학 계산, 어휘학습, 외국어 학습 등에 활용된다. [그림 14-3]과 [그림 14-4]는 반복연습형 소프트웨어의 기본 구조와 그 예다.

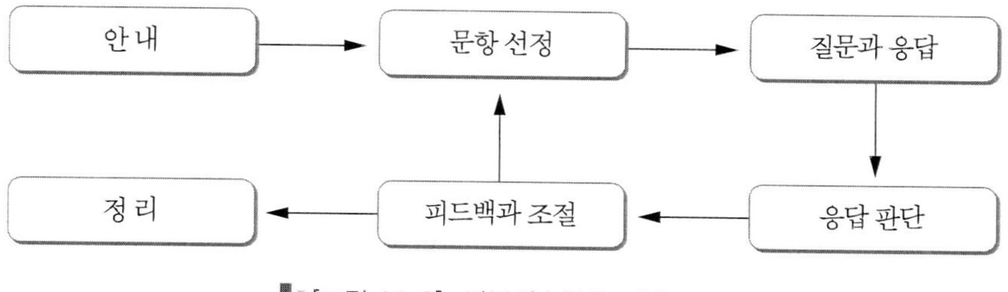

[그림 14-3] 반복연습형의 기본 구조

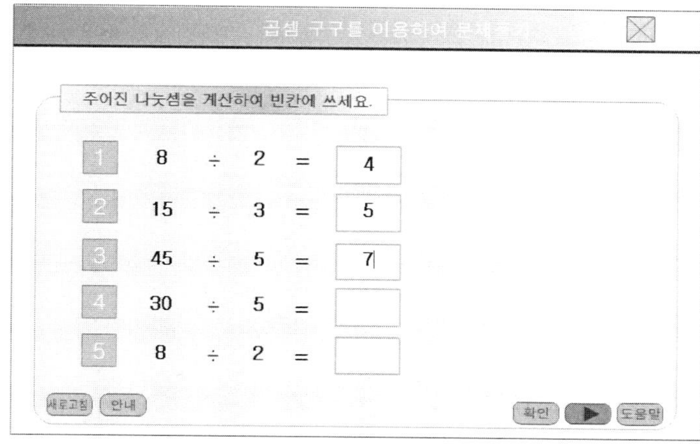

[그림 14-4] 반복연습형 프로그램의 예(나눗셈 계산, 에듀넷)

(3) 모의실험형

모의실험(simulation)형은 실제와 유사한 상황을 컴퓨터를 통하여 학습환경으로 제공함으로써 실제 상황과 관련된 개념이나 원리 등을 학습할 수 있도록 설계된 프로그램이다. 이 유형은 학습자가 실제로 경험해 보기에는 비용과 위험 부담이 큰 경우, 실제로 관찰이 어려운 경우, 관찰하고자 하는 변화가 장시간에 걸쳐 일어나는 과제의 학습에 유용하게 활용될 수 있다. 모의실험형 프로그램은 먼저 실제로 일어날 수 있는 문제 상황을 제시하고, 학습자가 개별적으로 또는 소집단으로 문제해결 방법을 고안하도록 요구하며, 학습자의 반응에 민감하게 대처한다. 이 유형의 프로그램은 과학실험, 의료 실습, 비행기나 자동차 운전 연습, 환경문제, 도시계획 등과 같은 복잡한 상황에서의 문제해결 과정을 학습하고 관련 지식과 원리를 이해하는 데 유용하다. [그림 14-5]와 [그림 14-6]은 모의실험형 소프트웨어의 기본 구조와 그 예다.

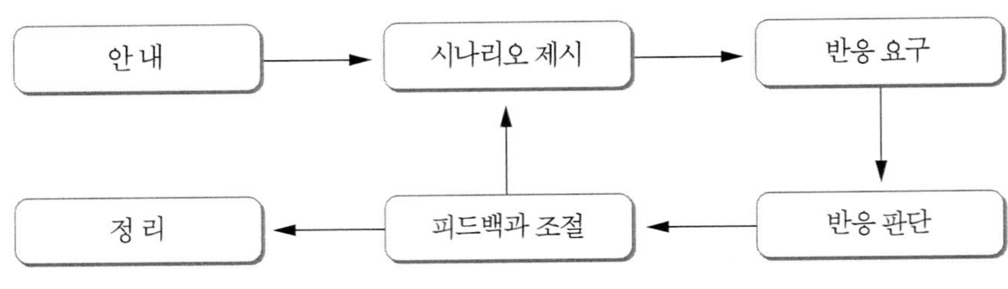

[그림 14-5] 모의실험형의 기본 구조

[그림 14-6] 모의실험형 프로그램의 예(재미있는 과학실험 시리즈, 대교)

(4) 게임형

게임(game)형은 교육용 소프트웨어에 경쟁, 도전과 같은 흥미 유발적 요소를 포함시켜 학습자가 보다 능동적으로 학습에 참여하도록 하는 형태다. 학습자는 게임에 몰입하는 동안 자연스럽게 학습목표를 달성하게 되므로 주로 단순·반복적인 내용을 학습할 때 유용하게 사용될 수 있다. 게임 요소는 앞서 소개된 다른 유형의 교육용 소프트웨어에도 통합적으로 이용될 수 있다. 그러나 강한 흥미 유발적 측면에도 불구하고 지나친 게임 요소의 사용은 학생의 내재적 동기를 방해할 수 있다는 우려도 제기되고 있다. [그림 14-7]과 [그림 14-8]은 게임형 소프트웨어의 기본 구조와 그 예다.

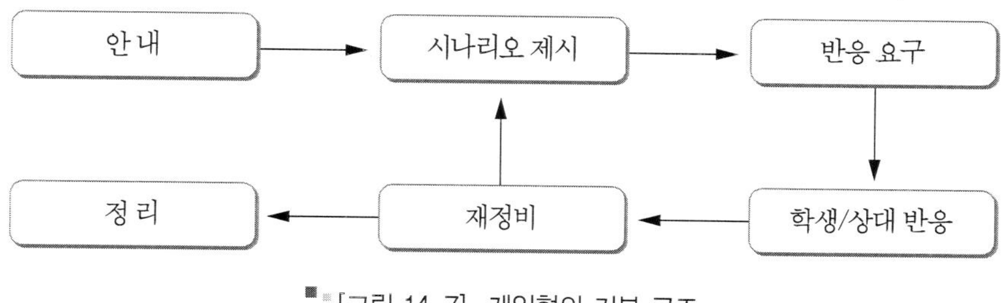

[그림 14-7] 게임형의 기본 구조

[그림 14-8] 게임형 프로그램의 예(타이핑 마법사, 아리수미디어)

3) 교육용 소프트웨어의 평가

교육용 소프트웨어를 개발하기 위해서는 여러 분야의 전문인력의 협력과 많은 시간과 경비가 소요되기 때문에 모든 교사들이 필요에 따라 쉽게 개발할 수 없는 것이 현실이다. 따라서 효과적인 컴퓨터 보조수업을 위해서는 이미 개발되어 시판 중인 교육용 소프트웨어를 평가해 보고, 그 결과에 따라 적절한 교육용 소프트웨어를 선택하는 것이 중요하다. 평가 기준은 학생의 특성과 학습목표에 따라 다양할 수 있지만 일반적으로 내용, 교수전략, 학습지원, 화면 설계, 사용자 요구 측면 등을 중심으로 한다.

평가 시 가장 중요한 점은 동영상, 음향 효과, 애니메이션 등의 현란한 기법 자체에 끌리지 말고 이러한 멀티미디어 요소들을 포함한 여러 측면들이 학습목표의 달성에 얼마나 기여하는가에 초점을 맞추어야 한다는 점이다. 즉, 교사가 사용하고자 하는 장애학생의 특성을 염두에 두고 평가에 임하여 프로그램의 최신 기법들이 오히려 수업의 초점을 흐리고 주의를 분산시켜서 궁극적으로 학습목표 달성에는 도움을 주지 못하는 경우가 발생하지 않도록 해야 한다. 교사는 프로그램이 컴퓨터의 이점을 잘 살려 목표 달성에 기여하는지를 밝히기 위해 평가 기준에 근거해 체계적으로 평가에 임해야 한다. 이를 위해 〈표 14-1〉과 같이 평가 항목을 구조화한 평가표를 이용하는 것이 도움이 된다.

〈표 14-1〉 교육용 소프트웨어 평가표

(1) 기초 정보

제목 제작사

가격

학습 목표

교과목 영역

프로그램의 유형

__ 반복연습 __ 개인교수

__ 모의실험 __ 교육용 게임 __ 기타

프로그램 대상

연령 학년

(2) 프로그램 내용

기술된 목표 달성에 적합한 내용인가?

내용은 정확한가?

최신의 내용인가?

프로그램의 읽기 수준은 학생 수준에 적합한가?

문화, 인종, 성 차별적 요소는 없는가?

학교 교육과정과 연계되어 있는가?

학생의 IEP와 연계되어 있는가?

내용의 범위와 위계는 적절한가?

(3) 교수전략

학생의 활발한 참여가 가능한가?

충분한 예가 제공되는가?

충분한 연습의 기회가 제공되는가?

지시문은 명확하고 간결한가?

진행 속도가 적절한가? __ 적절 __ 부적절 __ 조절 가능

피드백 제공

학생의 모든 반응에 대한 결과가 제공되는가?
정답의 확인이 이루어지는가?
오답일 경우 학생에게 그 사실을 명확히 전달하는가?
오답일 경우 추가 시도가 허용되는가? 추가 시도 횟수:
학생이 정답을 제시하지 못할 경우 정답이 시범적으로 제시되는가?
정답 시범이 제공된 후 학생이 반응할 기회가 주어지는가?
교정적 피드백이 제공되는가?
교정적 피드백은 긍정적으로 기술되어 있는가?

강화와 동기유발

강화가 제시되어 있는가? __ 지속적 __ 간헐적
학생의 동기를 유발하고 유지하는가?
정답확인과 결과를 제공하는가?
학생의 수행에 관한 요약 정보를 제공하는가?
정답에 관한 칭찬으로 문자 메시지를 제공하는가?
정답에 대해 그래픽이나 사운드를 제공하는가?

정보제시 방법

__ 음성 __ 음악 __ 그래픽
__ 문자 __ 동영상 __ 애니메이션

사용자(학생 또는 교사) 조절

프로그램 진행 속도를 조절할 수 있는가?
반응 속도 요구(질문이 주어진 후 얼마나 빨리 답해야 하는지)를 조절할 수 있는가?
메뉴에서 활동을 선택할 수 있는가?
난이도를 선택할 수 있는가?
질문의 수를 선택할 수 있는가?
질문의 유형을 선택할 수 있는가?
항상 메인 메뉴로 돌아갈 수 있는가?
음향을 켜거나 끌 수 있는가?
교수의 순서를 선택할 수 있는가?
시도의 횟수를 선택할 수 있는가?
도움말 기능이 있으며 효과적인가?
시작하기와 끝내기가 자유로운가?

(4) 학습지원

학생이 쉽게 조작할 수 있는가?

교사 자신의 내용을 프로그램에 입력하여 사용할 수 있는가?

학생 수행 자료를 저장할 수 있는가?

교수 내용이나 학생 수행 자료의 인쇄가 가능한가?

지침서가 제공되는가?

__ 프로그램에 대한 간략한 소개를 제공한다.

__ 프로그램의 모든 특성이 상세하고 명확하게 제공된다.

__ 프로그램의 교육과정과의 연계와 수업에의 활용 전략이 제공된다.

__ 학생을 위한 유인물이 제공된다.

__ 프로그램의 필요성, 목표, 사용자 테스트 결과가 제공된다.

장애학생을 위한 조정이 가능한가?

__ 저시력장애 학생 __ 전맹 학생

__ 지체장애 학생 __ 청각장애 학생

__ 기타

(5) 화면 설계

학생에게 불필요한 내용은 생략하고 중요한 내용만 제공하였는가?

동일한 정보가 항상 화면의 동일한 장소에 나타나는가?

아이콘들은 어떤 작용을 하는지 명확한가?

화면의 공간은 적절히 확보되어 있는가?

글씨의 크기는 적당한가?

자간의 공백은 적당한가?

강조를 위한 효과(예, 글자 크기와 모양의 다양화, 깜박임, 하이라이트)는 적절히 사용되었는가?

그래픽은 학생의 이해를 높이기 위해 적절하게 사용되었는가?

(6) 사용자 요구 사항

컴퓨터 사용에 대한 요구

컴퓨터 부팅하기

CD-ROM 타이틀 넣고 실행하기

메뉴로부터 선택하기

학업적 요구

읽기 수준

맞춤법 수준

기타

신체/운동/감각적 요구

키보드 사용

마우스 사용

스위치 사용

시각

청각

기타

정확성 요구

학생은 타이핑 실수를 수정할 수 있는가?

프로그램은 맞춤법이 정확한 정답을 요구하는가?

(7) 총 평

대상 학생을 고려하여 이 프로그램의 적절성을 평가하시오.

__ 부적합 __ 적합 __ 우수

사용 여부

__ 사용 __ 반대 __ 조건부 사용

2. 도구로서의 컴퓨터 활용

컴퓨터의 도구적 활용은 문서 작성 및 편집 프로그램, 전자통신 프로그램과 인터넷, 프레젠테이션 프로그램, 통계 및 회계 프로그램과 같은 일반적인 응용 소프트웨어를 교과 영역의 학습을 지원하는 도구로 사용하는 형태를 말한다. 교사 역할을 담당하는 교육용 소프트웨어를 수반하는 컴퓨터의 활용이 기대했던 효과를 달성하지 못해 왔기 때문에 새로운 관점에서 컴퓨터의 잠재력을 활용하고자 시도되고 있다(박성익 외, 2007; 정해진, 2007). 즉, 전통적인 교육용 소프트웨어는 대개 교재나 교사의 수업내용을 소프트웨어 형식으로 옮겨 놓은 형태였는데, 이 새로운 시도에서는 컴퓨터의 다양한 기능을 사용하여 학습자의 고차적 사고기능을 촉진시키고자 하는 데에 초점을 두고 있다.

마치 계산기가 일련의 문제해결 과정에서 요구되는 계산과정을 수행하는 도구의 역할을 하듯이, 응용 소프트웨어를 수반하는 컴퓨터는 과제 수행을 위한 인지적 기능의 일부를 담당해 줌으로써 학습자가 목적 달성을 위한 다른 과정에 지적 능력을 집중시킬 수 있도록 한다. 컴퓨터를 인지적 도구로 활용하려는 관점은 최근에 더욱 많은 관심을 모으고 있는데(Englert, Manola, & Zhao, 2004; Jonassen, 1999), 이렇게 컴퓨터를 학습자의 학습도구로 사용하는 관점에서는 컴퓨터 활용의 주요 목적으로 작문 실력 배양, 학습 정보의 수집, 분석, 종합, 활용능력 습득과 이를 통한 능동적 · 발견적 · 창의적 학습능력 배양을 들고 있다. 즉, 응용 소프트웨어의 활용을 통해 컴퓨터가 인지적 도구의 역할을 하게 되고, 이는 학습자의 고차적 수준의 사고능력 개발을 촉진시키는 데 효과적으로 사용될 수 있다.

학습도구로 사용될 수 있는 응용 소프트웨어는 일반용도와 특수용도 응용 소프트웨어로 구분할 수 있다(Okolo, 2005).

1) 일반용도 응용 소프트웨어

일반용도 소프트웨어는 문서 작성, 정보처리, 컴퓨터 매개통신, 프레젠테이션 등을 위해 일반적으로 사용할 수 있는 프로그램들을 포함한다.

(1) 문서작성 프로그램 활용

문서작성 프로그램은 컴퓨터를 도구로 삼아 문서를 작성, 편집, 관리하는 소프트웨어를 말한다([그림 14-9] 참조). 이 문서작성 프로그램은 국어 교과를 중심으로 한 작문 연습과 보고서 작성, 기타 학급신문이나 교지 작성 등의 다양한 목적으로 사용될 수 있다. 컴퓨터를 필기도구로 사용하는 문서작성 프로그램은 손으로 직접 쓰는 것에 비해 글을 쓰고 수정하는 과정이 편리하다. 특히 철자법이나 맞춤법과 같은 작문과정의 보다 기초적인 측면을 컴퓨터가 담당해 줄 수 있으므로 학생이 아이디어 조직이나 문장 구사와 같은 상위 과제에 집중할 수 있다. 컴퓨터의 이러한 기능은 작문학습 활동에 대한 학생들의 흥미와 의욕을 불러일으키게 되고, 결과적으로 학생의 작문 수행능력 향상뿐만 아니라 창의성 개발에도 기여할 수 있다는 이점

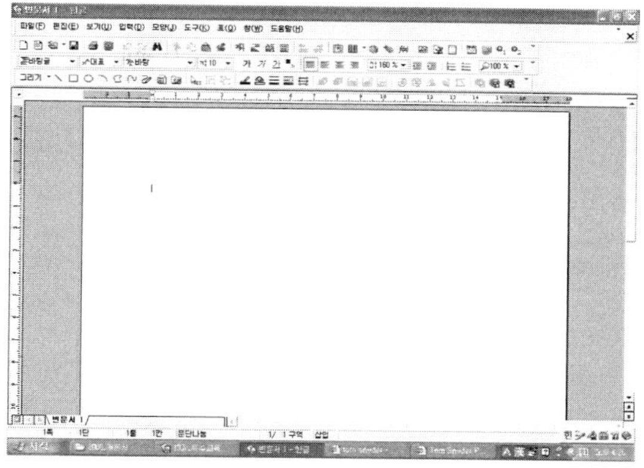

[그림 14-9] 문서작성 프로그램의 예(한글)

을 가지고 있다. 문서작성 프로그램을 활용하여 장애학생의 작문에 대한 부정적 인식을 바꿀 수 있고 작문능력을 향상 시킬 수 있다는 많은 연구 결과가 보고되고 있다(예, Englert et al., 2004; Hallahan, Lloyd, Kauffman, Weiss, & Martinez, 2005).

(2) 데이터베이스 프로그램 활용

데이터베이스는 컴퓨터에 저장된 자료의 집합체를 말한다. 사용자가 필요에 따라 신속하고 편리하게 컴퓨터에 구조화된 자료를 검색, 재배열, 업데이트, 인쇄할 수 있게 지원해 주는 응용 프로그램이 데이터베이스 프로그램이다. 데이터베이스 프로그램은 과학, 지리, 사회, 역사 등과 같이 일련의 사건, 현상, 사물을 다루고 있는 교과의 교수-학습 도구로 사용될 수 있다. 교사와 학생이 데이터베이스 프로그램을 사용하여 성취 가능한 학습목표는 다음과 같다(이화여자대학교 교육공학과, 2001).

- 사건이나 사물 간의 공통점과 차이점을 발견할 수 있다.
- 자료 간의 관련성을 분석할 수 있다.
- 현상 간에 나타난 경향을 관찰 · 탐색할 수 있다.
- 일련의 현상 간에 나타난 경향에 대한 가설을 설정 · 검증 · 보완한다.
- 데이터를 수집하고 사용자 간에 이를 서로 공유하고 활용한다.
- 자료의 목록을 관리하고 업데이트한다.
- 자료를 보다 유용한 형태로 분류 · 배열 · 조작한다.

(3) 회계관리 프로그램 활용

회계관리 프로그램은 수량적 자료를 관리하는 응용 소프트웨어다([그림 14-10] 참조). 컴퓨터의 신속하고도 정확한 계산처리 능력을 이용하여 다양한 연산이 가능하고 작성된 자료를 여러 형태로 보여 줄 수 있다. 회계관리 프로그램의 이러한 기능은 수량적 자료를 다루는 모든 교과에서 효율적으로 사용될 수 있다.

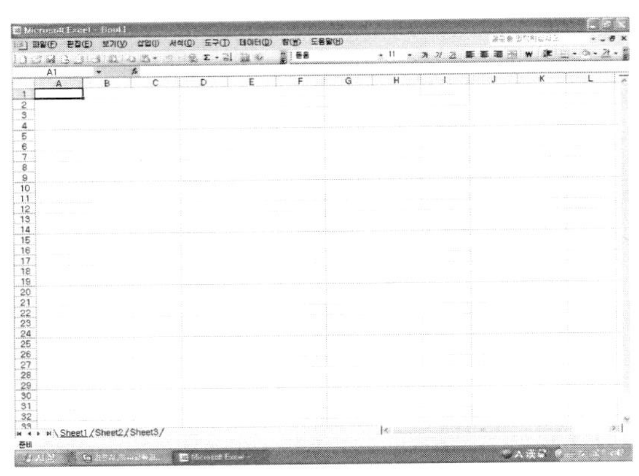

[그림 14-10] 회계관리 프로그램의 예(엑셀)

(4) 컴퓨터 매개통신 활용

컴퓨터 매개통신이란 컴퓨터를 통해 서로 자료를 송신하고 수신하는 의사소통 체계를 의미한다. 컴퓨터 매개 통신은 교수-학습의 도구로 사용되어 전통적인 교육환경에서 불가능했던 학습활동을 가능하게 해 준다. 교사와 학생은 지역과 시간에 제한받지 않고 다른 지역에 있는 교사와 학생들과 정보 교환을 할 수 있고, 공통 주제에 관한 토론과 집단 활동을 할 수 있으며, 자료 수집을 위한 정보 제공 서비스와 전문가의 자문을 받을 수도 있다.

최근에는 전자게시판 서비스와 같이 네트워크를 이용한 컴퓨터 매개통신이 활용됨으로써 학생-학생, 교사-학생 상호작용이 더욱 의미 있게 증대될 수 있다. 이와 같이 컴퓨터 매개통신을 활용한 상호작용은 학생의 성찰적 사고과정을 촉진하게 되어 창의적이고 비판적인 사고력을 향상시킬 수도 있다. 컴퓨터 매개통신을 활용하여 창의적 사고와 같은 고차적 사고기능을 향상시키기 위한 고려 사항은 다음과 같다(임철일, 1999).

- 교실 내 수업활동과 교실 외 학습활동을 통합할 수 있는 환경을 제공한다.
- 학생이 자신의 의견을 쉽게 개진할 수 있으면서도 참여를 유도하는 환경을 제공한다.
- 실제적 문제를 중심으로 학습활동이 전개되도록 한다.
- 팀으로 학습활동을 전개하도록 한다.

(5) 인터넷 활용

인터넷은 다양하고 생동감 있는 정보의 원천으로 활발한 정보 및 의견의 교류를 가능하게 하는 환경을 제공한다. 인터넷의 등장은 교육과정과 교육방법에 큰 변화를 가져왔으며 무한한 교육적 잠재력을 보여 주고 있다. 인터넷은 수업에 다양하게 활용될 수 있는데, 네 가지 주요 유형은 다음과 같다(박성익 외, 2007; 백영균 외, 2006).

① 탐구형

학습자 스스로 다양한 경험을 통해서 지식을 탐구하고 분석하도록 하는 방법이다. 이 유형에서 교사는 학습자의 지적 탐구심을 최대한 유발시킴으로써 학습자 스스로 탐구학습을 할 수 있도록 유도한다. 인터넷이 제공하는 풍부한 자원은 학습자가 능동적으로 참여하여 탐구할 수 있는 효과적인 탐구학습의 장을 제공한다.

② 토론학습형

이 유형의 목표는 다른 학생과 아이디어를 공유하고 다른 학생의 의견을 검토하고 토론함으로써 비판적이고 논리적인 능력을 기르고 학습 과제에 대한 이해를 기르고자 하는 것이다. 인터넷을 통한 토론학습은 실시간 토론에 비해 토론에 앞서 다른 사람의 의견을 읽고 생각할 수 있는 시간적인 여유를 가질 수 있다는 점에서 깊이 있는 토론을 가능하게 한다는 장점이 있다. 또한 문자를 이용한 토론방식은 면대면 토론 상황에서 의사소통에 소극적이고 내성적인 학생이 자신의 의견을 보다 적극적으로 제시할 수 있게 하므로 학습자들이 고루 토론에 참여할 수 있는 기회를 제공한다.

③ 문제중심형

실제적 문제를 중심으로 학습자로 하여금 모든 가능한 해결책을 탐색하고 가장 효과적이고 효율적으로 문제를 해결할 수 있는 방법을 모색해 가는 유형이다. 인터넷 기반 문제중심 학습형은 실생활의 문제를 중심으로 문제를 해결해 가는 과정에서 학습자의 분석력, 종합력, 사고력, 창의력, 문제 해결력과 같은 높은 수준의 사고력을 키울 수 있다는 점에서 전통적인 강의중심 수업의 문제점을 보완할 수 있는 대안으로 관심의 대상이 되고 있다.

④ 협동학습형

인터넷이 가지고 있는 다양한 의사소통 기술을 활용하여 학습자 간 정보와 지식을 공유하고 집단 의사결정 과정을 통하여 학습하는 것을 의미한다. 협동활동은 단순히 교사-학생 협동뿐만 아니라 다른 학교, 다른 지역 사회의 전문가도 참여할 수 있다.

2) 특수용도 응용 소프트웨어

특수용도 소프트웨어는 교과별 학습활동과 관련된 구체적 기능 수행을 지원해 주는 도구다. 그 예로 생각과 질문을 정리해 시각적으로 보여 주는 그래픽 조직 프로그램, 역사적 사건들을 순서대로 정리하여 연관성을 한눈에 볼 수 있게 해 주거나 학생 개별 수행 일정의 수립과 수정을 지원해 줄 수 있는 일정표 제작 프로그램 등이 있다.

(1) 그래픽 조직 프로그램

그래픽 조직 프로그램(graphic organizer)은 의미망(semantic network), 개념도(conceptual map)라고도 불리는데, 인간의 사고구조를 컴퓨터를 통하여 시각화하는 과정을 지원하는 프로그램을 말한다. 이 프로그램은 학생 자신의 머릿속에 있는 지식과 학습과정에서 새롭게 습득한 지식을 일련의 구조화된 형태로 나타내는 과정을 도와준다([그림 14-11], [그림 14-12] 참조).

국내외에서 다양한 프로그램이 개발되고 있는데, 이 그림의 씽크와이즈 프로그램은 머릿속에 떠오르는 생각을 시각화하고 구조화함으로써 논리적이고 창의적인

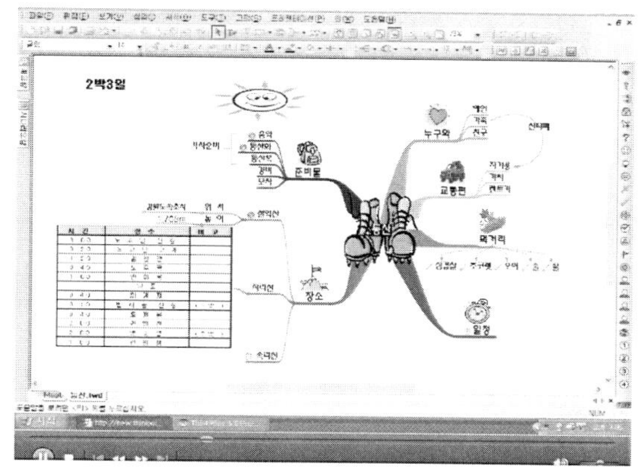

[그림 14-11] 그래픽 조직 프로그램의 예(씽크와이즈, 심테크시스템)

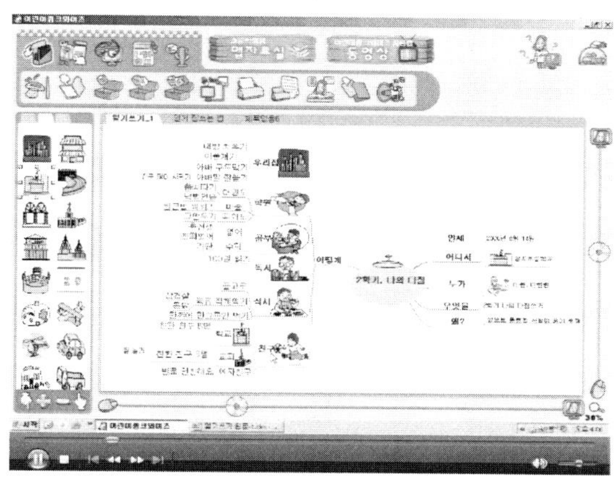

[그림 14-12] 그래픽 조직 프로그램의 예(어린이씽크와이즈, 심테크시스템)

사고와 의사소통의 지원을 목적으로 개발되었다. [그림 14-12]에 예시된 어린이씽크와이즈는 씽크와이즈의 아동판으로 학습 증진에 보다 초점을 두고 개발되었다. 논리적이고 창의적인 사고력 개발과 읽기 및 쓰기 기술 향상 등을 주요 목적으로 하고 있다.

(2) 일정표 제작 프로그램

일정표 제작 프로그램은 역사적 사건들을 순서대로 정리하여 연관성을 한눈에 볼 수 있게 해 주거나, 학생의 개별 수행 일정의 수립과 수정을 지원해 줄 수 있는 기능을 갖고 있다([그림 14-13] 참조).

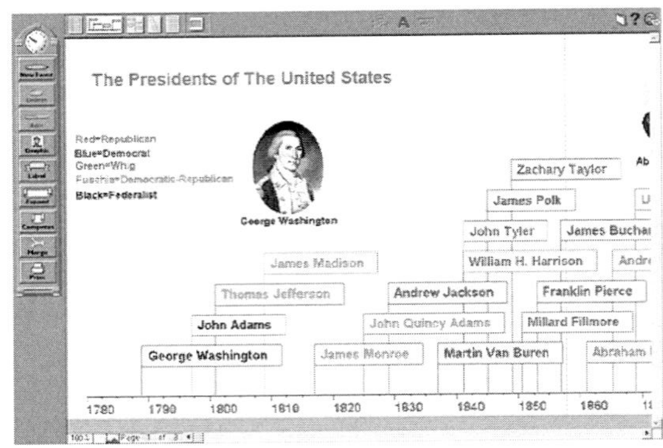

[그림 14-13] 일정표 제작 프로그램의 예
(Timeliner Tom Snyder Productions)

3. 장애학생을 위한 교수-학습에의 컴퓨터 활용

1) 컴퓨터 테크놀로지의 통합을 위한 일반적 고려 사항

컴퓨터의 교육적 활용에 대한 높은 기대와 컴퓨터 기능의 급속한 발전, 컴퓨터 보급의 증가, 다양한 교육용 소프트웨어의 보급과 같은 외적 요인의 변화에도 불구하고 대부분의 교실에서 컴퓨터 사용은 여전히 단편적이고 즉흥적이며 전체 수업과 직접적인 연계성이 없는 경우가 많다(Cuban, 2001; MacArthur, 2001). 연구자들은 테크놀로지가 수업과정에 통합되어 있을 때, 장애학생의 교수-학습 요구에 가장 효과적으로 부응할 수 있다고 주장한다(Lewis & Doorlag, 1991; Okolo, 2005). 즉, 테크놀로지가 전반적인 교육과정과 교수 설계의 틀 속으로 녹아들어야 효과적으로 활용될 수 있다는 것이다. 테크놀로지의 효과적 활용을 위해서는 테크놀로지 자체에 초점을 둘 것이 아니라 테크놀로지가 한 요소로 포함된 교수설계 모형에 초점을 두어야 한다는 시각이 강조되고 있다(Okolo, 2005). 다음에 소개되는 지침들은 테크놀로지 통합을 위한 노력의 틀을 제공한다(Lewis, 1993, pp. 102-103).

- 테크놀로지가 아닌 교육과정부터 시작한다. 개별 학생의 요구와 이를 충족시키기 위한 교육과정이 테크놀로지와 그 사용방법의 선택을 주도해야 한다.
- 테크놀로지가 동기유발 측면에서 지니고 있는 가치를 적극 활용한다. 그러나

단지 보상이나 여가활동으로만 테크놀로지의 용도를 국한시켜서는 안 된다.

- 교사가 가르친 기술을 강화하기 위한 방편으로 테크놀로지를 사용한다. 테크놀로지는 안내를 수반하는 연습활동을 제시할 수 있고, 학생의 반응을 감독하며, 학생에게 즉각적인 피드백을 제공할 수 있다.
- 수업의 목표와 개별 학생의 기술 수준에 적당한 테크놀로지 활동을 선정한다. 아무리 테크놀로지가 현란하고 교수전략이 탁월해도 부적절한 기술을 가르치는 것은 시간 낭비에 불과하다.
- 테크놀로지가 제공하는 맞춤기능을 적극 활용한다. 수업 내용과 방법을 조정할 수 있는 기능들은 학습을 학생의 요구에 맞도록 수정하는 작업을 수월하게 해 준다.
- 학생들이 컴퓨터나 다른 관련 테크놀로지를 사용하여 작업할 때, 교사는 테크놀로지를 사용하지 않는 다른 학습활동에서와 마찬가지로 학생의 과제 진행을 감독한다. 학생의 수행 자료가 테크놀로지에 의해 수집된다면 교수적 결정을 내리는 데 그 정보를 사용한다.
- 학생에게 새로운 정보를 제시할 때 테크놀로지를 사용한다. 테크놀로지의 사용이 정보 제시의 유일한 교수전략은 아니지만, 교사는 테크놀로지를 새로운 정보 제시를 위한 다양한 정보원 중의 하나로 사용할 수 있다.
- 테크놀로지를 통해 교육과정을 풍부하게 확장한다. 테크놀로지는 학생이 다른 방법으로는 접근할 수 없는 경험의 문을 열어 주고, 이러한 경험들은 표준교육과정에 넓이와 깊이를 더해 준다.
- 학생이 테크놀로지를 도구로 사용할 수 있도록 가르치고, 익숙해질 수 있는 연습의 기회를 제공한다. 테크놀로지는 학생이 보다 높은 독립성을 얻게 됨으로써 장애를 우회하거나 보상할 수 있는 기회를 제공한다.
- 테크놀로지의 혜택을 교사에게로 확장한다. 테크놀로지가 학생뿐만 아니라 교사에게도 중요한 도구가 될 때 진정으로 통합되었다고 볼 수 있다.

2) ICT 활용교육을 위한 구체적 전략

ICT(information & communication technology)란 정보기술과 통신기술을 통합한 용어로, 컴퓨터의 교육적 활용과 관련하여 2000년부터 한국교육학술정보원을 중심으로 활발하게 사용되기 시작했다. ICT는 정보를 다루는 하드웨어, 소프트웨

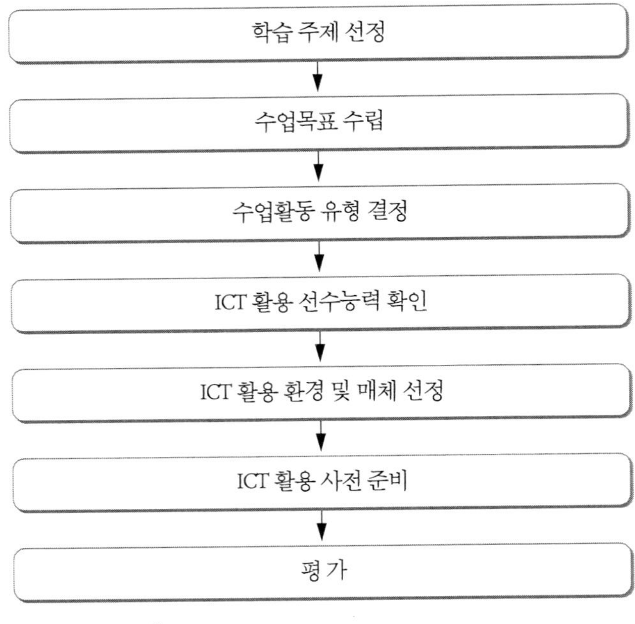

[그림 14-14] ICT 활용 수업 계획

어, 통신 측면의 도구와 이를 활용하여 정보를 수집하고 변형하며 재생산할 수 있는 기능을 포함한다. ICT 활용교육은 각 교과에 정보통신 기술을 도구나 매체로 활용하여 그 교과의 목표를 효과적으로 달성하려는 교육활동이라고 볼 수 있다. 즉, 교육용 소프트웨어 또는 각종 응용 소프트웨어를 이용하여 진행되는 수업이나 인터넷을 활용하는 교수-학습 형태를 의미한다.

교사가 수업에 ICT를 적절히 사용하기 위해서는 일반적인 수업계획 절차와는 다른 수업계획 절차가 필요하다. 한국교육학술정보원(2001)에서는 ICT 활용을 위한 교수-학습 계획전략을 다음과 같이 일곱 단계로 제시하고 있다([그림 14-14] 참조).

(1) 학습 주제 선정

ICT 활용수업의 첫 단계는 단원별 수업계획에 따라 학습 주제를 선정하는 것이다. 교육 과정과 목표를 분석하여 학습 주제를 선정하게 되는데, 이때 ICT 활용을 통하여 학습 효과가 향상될 수 있는 주제인가를 고려해야 한다.

(2) 수업목표 수립

두 번째 단계에서는 수업의 결과 학생이 어떤 행동을 보여 줄 수 있는지에 대해

명확하게 진술한다. 또한 ICT 활용으로 예상되는 효과도 함께 고려한다.

(3) 수업활동 유형 결정

ICT를 활용하는 수업활동의 종류에는 정보 탐색, 정보분석, 정보 안내, 웹 토론, 협력연구, 전문가 교류, 웹 펜팔, 정보 만들기 등이 있는데, 학생의 특성, 학습 주제, 수업방법, 교실환경 등의 여건을 고려하여 수업 유형을 결정한다. 여건에 따라 한 가지 이상의 수업활동 유형이 통합적으로 사용될 수 있다.

(4) ICT 활용 선수능력 확인

ICT 활용수업을 진행하기 위해서는 학생에게 요구되는 ICT 활용능력과 학생의 현재 ICT 활용능력의 수준에 관한 분석이 이루어져야 한다. 분석 결과 요구 수준과 학생 수준에 차이가 있다면 ICT 활용능력 보충계획 수립이 이루어져야 한다.

(5) ICT 활용 환경 및 매체 선정

교사는 매체의 종류별 특성을 파악하고, 학생의 특성 및 수업 여건 등을 고려하여 학습목표 달성에 가장 적합한 ICT를 선택한다. 가능하면 다양한 정보원을 통합적으로 활용한다. 예를 들어, 특정 정보를 수집해야 할 때 학생으로 하여금 인터넷도 검색하고 백과사전 CD-ROM 타이틀도 함께 참고할 수 있도록 한다.

(6) ICT 활용 사전 준비

ICT 활용수업의 경우 그렇지 않은 경우보다 더욱 철저한 사전 준비가 필요하다. 수업활동을 위한 교재와 자료의 준비와 더불어 ICT 매체를 효과적이고 효율적으로 사용할 수 있는 사전 준비와 검토가 필수적이다. ICT 활용을 위한 매체 설치 및 교실환경 정비는 물론 예상치 못했던 기술적 문제 발생 시의 대책도 마련해 두는 것이 중요하다.

(7) 평 가

마지막으로 ICT 활용수업의 평가를 위한 계획이 필요하다. 평가 요소와 방법을 결정한 후 평가도구를 미리 개발한다. 이때 학생의 수업목표 달성 여부뿐만 아니라 기대했던 ICT 활용의 효과성과 관련된 부분도 고려한다.

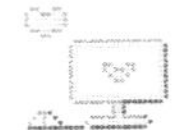

요약

교육에서 컴퓨터는 다양하게 활용되고 있는데, 컴퓨터 활용 영역을 수반하는 컴퓨터 프로그램의 종류에 따라 교사, 학습자, 도구 역할의 세 범주로 나눌 수 있다. 컴퓨터가 교사나 교재의 역할을 담당하여 학습자가 컴퓨터로부터 교수를 받게 되는 것이 교사로서의 컴퓨터 활용 영역으로, 가장 흔한 교육적 컴퓨터 활용의 예라고 할 수 있다. 교사 역할로 컴퓨터가 활용되는 경우에 일반적인 학습 형태는 그래픽, 사운드, 동영상과 같은 멀티미디어 기능을 사용해 개발된 교수-학습용 컴퓨터 프로그램을 사용하는 것이다. 교육용 소프트웨어의 특징은 상호작용의 촉진, 개별화 가능, 피드백 제공, 동기유발, 비용효과성, 표준화된 교수-학습 환경 구축 등을 들 수 있다. 그 유형은 크게 개인교수형, 반복연습형, 모의실험형, 게임형으로 나누어 볼 수 있다.

컴퓨터가 도구로서의 역할을 하기 위해서는 통계 및 회계 프로그램, 문서 작성 및 편집 프로그램, 컴퓨터 매개통신 프로그램, 프레젠테이션 프로그램 등과 같은 다양한 응용 소프트웨어를 활용하게 된다. 마치 계산기가 일련의 문제해결 과정에서 요구되는 계산과정을 수행하는 도구의 역할을 하듯이, 응용 소프트웨어를 수반하는 컴퓨터는 과제 수행을 위한 인지적 기능의 일부를 담당해 줌으로써 학습자가 목적 달성을 위한 다른 과정에 지적 능력을 집중시킬 수 있도록 한다. 이렇게 컴퓨터를 인지적 도구로 활용하려는 관점은 최근에 더욱 많은 관심을 모으고 있다. 교사 역할을 담당하는 교육용 소프트웨어를 수반하는 컴퓨터의 활용이 기대했던 효과를 달성하지 못해 왔기 때문에 새로운 관점에서 컴퓨터의 잠재력을 활용하고자 시도되고 있다. 응용 소프트웨어의 유형에는 문서 작성, 데이터베이스, 회계, 프레젠테이션, 컴퓨터 매개통신 등이 있다.

테크놀로지의 효과적 활용을 위해서는 테크놀로지 자체에 초점을 둘 것이 아니라 테크놀로지가 한 요소로 포함된 교수설계 모형에 초점을 두어야 한다는 시각이 강조되고 있다. 테크놀로지 통합을 위한 노력에 틀을 제공해 줄 수 있는 지침들이 개발되어 있다.

끝으로 교사가 수업에 컴퓨터를 적절히 사용하기 위해서는 일반적인 수업계획 절차와는 다른 수업계획 절차가 필요하다. ICT 활용을 위한 교수-학습 계획전략은 학습 주제 선정, 수업목표 수립, 수업활동 유형 결정, ICT 활용 선수능력 확인, ICT 활용 환경 및 매체 선정, ICT 활용 사전 준비, 평가 등으로 제시할 수 있다.

참 고 문 헌

박성익, 임철일, 이재경, 최정임(2003). 교육방법의 교육공학적 이해. 서울: 교육과학사.

백영균, 박주성, 한승록, 김정겸, 최명숙, 변호승, 박정환, 강신천(2006). 유비쿼터스 시대의 교육방법 및 교육공학(2판). 서울: 학지사.

정해진(2007). 경도장애학생의 사회과 교수-학습을 위한 인지적 도구로서의 컴퓨터 사용 효과와 과제. 특수교육저널: 이론과 실천, 8(4), 615-631.

이화여자대학교 교육공학과(2001). 21세기 교육방법 및 교육공학. 서울: 교육과학사.

임철일(1999). 창의적 사고의 향상을 위하여 컴퓨터 매개 통신을 활용하는 교수-학습 환경 설계 모형에 관한 연구. 교육학연구, 37(2), 271-301.

한국교육학술정보원(2001). ICT 활용 교수-학습 방법 연구: 중학교 과학 교과를 중심으로. 연구보고 KR 2001-2.

Belson, S. I. (2003). *Technology for exceptional learners: Choosing instructional tools to meet students' needs*. Boston: Houghton Mifflin Company.

Cuban, L. (2001). *Oversold and underused computers in the classroom*. Boston, MA: Harvard University Press.

Englert, C. S., Manola, M., & Zhao, Y. (2004). I can do it better on the computer: The effects of technology-enabled scaffolding on young writers' composition. *Journal of Special Education Technology, 19*(1), 1-15.

Hallahan, D. P., Lloyd, J. W., Kauffman, J. M., Weiss, M. P., & Martinez, E. A. (2005). *Learning disabilities: Foundations, characteristics, and effective teaching* (3rd. ed.). Boston: Allyn & Bacon.

Jonassen, D. H. (1999). Designing constructivist learning environment. In C. M. Reigeluth (Ed.), *Instructional design theories and models: A new paradigm of instructional theory* (pp. 215-239). Mahwah, NJ: Lawrence Erlbaum Publishing.

Lewis, R. (1993). *Special education Technology*. Pacific Grove, CA: Brooks/Cole Publishing Co.

Lewis, R. B., & Doorlag, D. H. (1999). *Teaching special students in general education classrooms* (5th ed.). Upper Saddle River, NJ: Prentice Hall.

MacArthur, C. A. (2001). Technology implementation in special education: Understanding teachers beliefs, plans, and decision. In J. Woodward & L. Cuban (Eds.), *Technology, Curriculum and professional development: Adapting schools to meet the needs of students with disabilities* (pp. 115-120). Thousand Oaks,

CA: Corwin Press.

Okolo, C. M. (2005). Interactive technologies and social studies instruction for students with mild disabilities. In D. Edyburn, K. Higgins, & R. Boone (Eds.), *Handbook of special education technology research and practice* (pp. 623-641). Whitefish Bay, WI: Knowledge by Design, Inc.

Taylor, R. (1980). *The computer in the school: Tutor, tool, tutee*. New York: Teachers College Press.

• 제 15 장 •

특수교육 관련 서비스: 보조공학

| 주요 학습 과제 |

1. 보조공학기기와 보조공학서비스를 알아본다.
2. 특수교육 현장에서 필요한 보조공학서비스를 살펴본다.
3. 미국과 한국의 보조공학 지원제도를 살펴본다.

지금까지 국내에서 사용되고 있는 '특수교육 관련 서비스'라는 용어는 정확한 규정 없이 재활서비스, 교육재활서비스, 치료교육활동 등과 같은 여러 가지 용어가 혼용되고 있었다. 각 용어마다 포함하는 서비스의 내용이나 범위에서 조금씩 차이가 있으나, 공통적으로 강조하는 것은 장애학생의 교육적 성취와 발달을 돕기 위한 예방 및 보상, 지원 활동의 성격을 가진다는 점이다. 관련 서비스의 내용에는 개별 아동의 평가, 사정체계와 언어치료, 작업치료, 행동치료, 물리치료 등의 특정 전문 치료서비스의 영역과 아동의 영양 및 건강보호서비스, 가족 상담 및 지원서비스 등이 포함되어 왔다(승지영, 2001). 그러나 과거의 일차적인 재활치료 중심의 접근방법에 더하여 최근에는 과학기술을 활용한 서비스의 필요성이 적극 대두되는 등 재활서비스 패러다임의 변화에 따라 테크놀로지를 활용한 보조공학서비스에 대한 관심과 기대가 확산되고 있고, 이미 선진국에서는 최첨단의 공학적 접근을 통해서 장애인이 가지는 장애를 획기적으로 줄이기 위한 노력을 계속하고 있다(정동훈, 2004). 보조공학은 기능과 독립성, 사회 접근성을 증진시키고 장애인과 비장애인이 동등하게 삶을 영위할 수 있는 방법을 창출해 냄으로써 삶의 질을 높이고 교육과 고용의 기회를 증진시키는 유용한 도구다. 장애학생은 테크놀로지를 통해 자기 주도의 삶을 선택할 수 있고, 이는 재활과정에서 자기 주도의 권한을 증대시킨다(Brodwin, Star, & Cardoso, 2004).

1. 보조공학의 정의와 분류

1) 보조공학기기 및 보조공학서비스

미국의 「장애인에 대한 재활보조기구지원법(Technology-Related Assistance for Individuals with Disabilities Act: TRAID)」(1988)에서는 보조공학기기를 "장애인들의 기능을 향상시키고 유지 · 증진시키기 위해 사용되는 도구로서, 상업적으로 구입이 가능하거나 개조할 수 있으며 주문 제작이 가능한 모든 소재, 기구 또는 생산체계"라고 하였으며, 보조공학서비스는 "장애인이 보조공학기기를 선택, 구입 또는 사용하는 것을 직접적으로 돕는 모든 서비스"라고 하였다. 국내에서도 이러한

정의를 준용하고 있으며, 재활서비스 각 분야의 성격과 내용에 맞게 수정하여 재정의하고 있다.

2) 보조공학의 분류

보조공학은 재활 각 분야에 대한 다양한 기반 지식 위에 테크놀로지를 접목한 활용기술로서 특수교육, 재활치료, 직업재활 등 다양한 영역에서 보조공학의 접목이 시도되고 있다.

특수교육 영역에서의 보조공학은 교과내용 자체의 성격을 변화시키는 것이 아니라 장애학생에게 보조도구를 제공함으로써 그러한 교과내용에 접근할 수 있도록 도와주는 기능을 한다(김종무, 강경숙, 강대식, 2001). 그리고 교과과정에서 보조공학의 사용은 장애학생의 독립성과 적극적인 참여를 증진시켜 주며 기존 교과과정의 폭과 깊이를 심화시켜 개인으로 하여금 다양한 경험을 체험하게 하는 경험 창구의 역할을 하게 된다(박은혜, 황복선, 2000). 이렇듯 보조공학서비스는 장애학생의 독립적인 일상생활을 제고하고 나아가 직업을 갖는 등 사회통합의 목적을 달성하는 중요한 매체로서의 역할을 담당한다. 「장애인 등에 대한 특수교육법」에서는 '특수교육 관련 서비스'를 특수교육대상자의 교육을 효율적으로 실시하기 위하여 필요한 인적 · 물적 자원을 제공하는 서비스로서 상담지원 · 가족지원 · 치료지원 · 보조인력지원 · 보조공학기기지원 · 학습보조기기지원 · 통학지원 및 정보접근지원 등으로 정의하면서 기존의 「특수교육진흥법」에 명시된 치료교육 등의 한정된 내용을 포괄 · 확장한 개념을 내포하고 있다. 아울러 보조공학기기지원 · 학습보조기기지원 · 통학지원 · 정보접근지원 등의 보조공학서비스의 역할을 크게 강조하고 있다. Bryant와 Bryant(2003)는 특수교육에서의 보조공학을 자세(positioning), 이동, 보완대체의사소통(augmentative alternative communication), 컴퓨터 대체접근, 조정된 장난감과 게임(adaptive toys and games), 환경 조정(adaptive environment), 교수 보조(instructional aids)의 7개 범주로 나누어 제시하였다(한경근, 장수진, 2005). 또한 Wisconsin Assistive Technology Initiative(WATI), National Assistive Technology Research Institute(NATRI), Washington Assistive Technology Alliance(WATA) 등에서는 장애학생의 신체적 · 인지적 특성, 기능적 요구, 학교 · 가정 · 지역사회 환경 등을 고려하여 보조공학을 분류하고 있다. WATI(2003)에서

는 쓰기, 의사소통, 읽기 · 학습 · 수학, 레크리에이션과 여가, 일상생활, 이동, 환경 조정, 자세 잡기와 앉기, 보기, 듣기 등으로 장애학생의 생활에서 필수적으로 요구되는 활동을 중심으로 보조공학을 분류하고 있다. NATRI(2003)에서는 보조공학을 장애학생의 전반적인 활동 영역에 따라 분류하고 있는데, 기초생활을 지원할 수 있는 일상생활 보조공학, 여행과 이동을 지원할 수 있는 보조공학, 주변 환경을 적절하게 조절할 수 있는 보조공학, 신체를 보호하고 자세를 지지 · 유지하기 위한 보조공학, 교육과 전환을 위한 보조공학, 운동 및 체력관리와 여가생활에서 활용할 수 있는 보조공학 등으로 분류하고 있다. WATA(2003)에서는 보조공학을 일상생활 지원, 보완대체의사소통, 컴퓨터 사용 및 접근, 환경조정시스템, 가정과 작업장 환경개조, 보철 및 보조기기, 착석 및 자세, 동물을 이용한 지원서비스, 듣기지원 도구, 휠체어 및 이동지원기기(교통 수단) 등으로 분류하고 있다(김영걸, 김용욱, 2006).

작업치료사인 Angelo(1997)는 자신의 저서 『Assistive Technology for Rehabilitation Therapist』에서 보조공학서비스를 앉기자세, 이동, 장난감, 컴퓨터 그리고 다른 주변 물체들을 스스로 조작하기 위한 접근방법, 기능적인 보완대체의사소통 체계, 환경제어 등으로 구분하였다. 이러한 보조공학서비스들은 각 개인의 장애 유형과 정도에 맞게 적절하게 디자인되고 함께 통합되었을 때 개개인이 자기 자신의 삶의 환경 내에서 각종 사물 및 사람들과 상호작용이 가능하도록 도움을 줄 수 있으며, 장애인의 잠재력을 최적의 상태로 이끌어 궁극적으로 개인의 삶의 질을 높이는 데 공헌한다고 보았다.

장애인의 성공적인 직업재활을 위해서 기능적 평가뿐만 아니라 그것을 보완할 수 있는 보조공학의 필요성을 인식하면서 미국 재활법은 직업재활서비스를 받는 장애인이 보조공학이 필요하다고 진단될 때에는 보조공학서비스를 제공하도록 규정하고 있다(변경희, 2001). 그리고 Rubin과 Rossler(2001)는 보조공학의 범주를 일상생활, 의사소통, 컴퓨터 적용, 환경조정장치, 작업장 개조와 변형, 보철구 및 교정, 앉기 및 자세, 시력 및 청력보조기구, 이동보조기구, 수송 수단의 변형 등으로 구분하였다(나운환, 박경순, 정찬동, 2001).

국내에서도 보조공학을 분류한 몇몇 연구가 있었다. 이근민(1999)은 보조공학의 영역을 감각장애인을 위한 보조공학, 대체접근, 보완대체의사소통, 일상생활동작, 이동, 착석 및 자세, 환경 조정, 주택 및 직장 환경개조, 여가활동을 위한 보조공학 등으로 구분하였다. 권혁철(2001)은 RESNA[1]를 참고하여 재활공학을 재활엔지니

어링과 보조공학으로 나누고, 보조공학을 앉기 및 자세, 보완대체의사소통, 일상생활보조기기 처방 및 훈련 서비스, 학습을 위한 컴퓨터 프로그램 개발, 그리고 컴퓨터 개조장치 처방 및 활용 훈련 서비스, 장애인 주거환경 개조를 위한 설계와 환경제어장치 처방 및 활용 훈련 분야로 구분하였다.

이와 같은 국내외 자료를 종합하면 보조공학의 영역은 크게 다섯 영역으로 분류할 수 있는데, ① 앉기 및 자세, ② 컴퓨터 보조교수 및 ICT(information communication technology), 컴퓨터 대체접근 등을 포함하는 컴퓨터 보조공학, ③ 보완대체의사소통, ④ 자조활동 및 여가생활을 위한 보조기기와 이동, 환경 개조 및 조정을 포함한 일상생활보조기기, ⑤ 보조공학서비스를 위한 정책홍보, 재정지원, 서비스 정보 제공, 전달체계 및 임상과 행정을 연계하는 인터페이스 역할, 보조공학서비스의 전반을 관리 · 감독하는 보조공학행정이 이에 포함될 수 있다(정동훈, 2009).

3) 보조공학서비스 전달체계

보조공학서비스 팀의 핵심은 서비스를 필요로 하는 수요자(장애인)다. 그들은 자신의 능력과 욕구, 그리고 서비스로 얻을 수 있는 장점이 무엇인지 누구보다도 잘 알고 있다. 따라서 서비스의 어떠한 과정에서든지 항상 최종 결정권을 가져야 한다. 또한 가족 구성원은 기기 사용 또는 실패에 대한 귀중한 정보 제공의 역할을 한다. 그 밖에 인터페이스 전문가로서 작업치료사 또는 물리치료사, 보완대체의사소통을 위한 언어치료사, 직업재활상담가, 특수교사, 사회복지사, 재활의학과 의사, 재활엔지니어, 보조공학기기 공급자 등이 보조공학서비스팀에서 함께 일할 수 있다(Angelo, 1997).

보조공학서비스팀은 성공적인 서비스를 위해서 먼저 보조공학을 필요로 하는 사람들을 선별(screening)하고, 이를 통해 얻을 수 있는 잠재적인 이득과 필요성 그리고 수요자의 능력을 평가하게 된다. 정확한 장애 진단 · 평가 후에는 적절한 장치나 기기를 선택하고, 필요에 따라 장치를 통합하거나 조립(assembling)하며, 사용자에게 맞춤형 보조공학서비스를 제공하기 위해 주문제작(customizing), 조정(adjusting),

---

1) RESNA(Rehabilitation Engineering and Assistive Technology Society of North America)는 공학을 통한 장애의 극복을 목적으로 1979년 설립되었고, 여러 분야의 재활 전문가가 모여 보조공학 서비스의 발전을 위한 다양한 학술활동 및 임상 전문가 양성을 위한 자격제도를 운영하고 있다.

개조(modifying)의 과정을 거치게 된다. 이러한 모든 과정이 끝나면 보조공학기기의 효율적 사용과 유지를 위한 사용자와 보호자 훈련, 사용과정에서 있을 수 있는 여러 가지 질의에 대한 응답, 지속적인 사후관리가 필요하다. 또한 보조공학기기의 개선을 위해 사용자와 전문가들로부터 정보를 수집하고, 수리 및 보수가 필요한 경우 그에 대한 역할까지 수행해야 한다(Galvin, 1996; Smith, 1987). 보조공학서비스는 평가에서 시작해서 평가로 끝난다고 해도 과언이 아니다. 평가는 사전, 사후, 중간 등 필요에 따라 수시로 이루어지고, 신체능력은 물론 인지력, 지각력, 심리사회적 상태, 요구와 필요 등 다면적인 측면에서 이루어진다. 성공적인 보조공학기기의 선택과 서비스를 위해서는 관련 전문가에 의한 평가와 통합 · 조정의 과정이 필요하다. 보조공학 효율성 측정에는 기능수행력 측정과 사용자의 만족도 측정 그리고 삶의 질 측정 방법이 있다.

2. 보조공학서비스의 영역

1) 앉기 및 자세

올바른 앉기 및 자세(seating and positioning)는 교육 및 학습을 위한 기본이 되며, 이를 통해 읽기, 쓰기, 의사소통 등 학습 능률의 향상과 더불어 독립적인 일상생활 수준을 제고할 수 있다(정동훈, 2007). 중력에 대항하여 일정한 자세를 유지하기 어려운 장애학생은 자세조절 능력과 안정성의 부족으로 능동적 기능훈련이나 일상생활동작의 수행 효율성이 눈에 띄게 감소한다. 장애학생이 작업과 놀이 그리고 학습을 하며 취하는 자세는 연령과 과제에 따라 그 형태가 다르다. 예를 들어, 어린 장애아동인 경우 학교생활에 참여하기 위해서는 휠체어에 의존할 수밖에 없다. 만약 단체로 원을 그려 앉게 되는 활동의 경우에는 비장애아동처럼 장애아동 또한 바닥에 앉기 자세를 취해야 할 것이다. 또한 비장애아동이 놀이를 위하여 기립자세를 취하고 있다면 장애아동도 역시 기립기구(prone stander)를 이용하여 기립자세를 취하게 될 것이다. 비장애아동이 학교생활이나 놀이활동 시 그때의 상황에 맞는 자세를 선택할 수 있는 것처럼 장애아동에게도 그 활동에 맞는 자세를 선택할 수 있도록 해 주어야 한다.

(1) 올바른 앉기 및 자세를 위한 고려 사항

체계적인 평가와 서비스를 위해서는 수요자의 모든 측면을 고려해야 한다. 사용자 및 보호자의 목표와 요구 사항이 무엇인지 확인하고, 신체적 · 기능적 능력과 일상생활동작 등의 수행 방법과 기술에 대한 면밀한 관찰이 필요하다. 뇌성마비 학생의 경우는 과도한 근긴장으로 관절과 척주에 구축이 발생할 수 있고, 중증의 경우 호흡을 할 때 호흡기나 섭식용 튜브(영양제와 약물의 투여를 위해 복부로 삽입하게 되어 있는 튜브)가 필요할 수도 있다. 과긴장과 경직이 있는 장애학생은 운동능력이 심하게 제한되고, 저긴장증의 경우는 대개 축 처진 듯한 구부정한 자세를 취하게 된다. 무정위운동형 뇌성마비 아동은 기능적인 동작 수행을 위해서 자세지지와 같은 외적인 안정성이 필요하다. 또한 뇌병변 및 근육질환을 앓는 아동의 경우 고관절 아탈구 및 족관절 저측굴곡 구축이 많이 나타나므로 이를 예방하거나 진행을 지연시킬 수 있는 착석장치가 필요하다. 이와 같이 의학적 병력과 관련된 상태는 착석자세에 영향을 미치고, 착석시스템의 제작에 사용되는 재료의 선택에도 영향을 줄 수 있다.

착석시스템은 기본적으로 다양한 환경에서 요구되는 여러 가지 기능을 고려해야 한다. 장애학생은 집과 학교 그리고 그 밖의 환경에서 다양한 기능적 활동을 수행하기 때문에 이러한 다양한 환경적 목적에 부합하도록 착석시스템을 제공해야 한다. 가족 또는 특수교사를 통하여 학교 운송 수단이나 학교환경에 대해 알아보아야 한다. 환경과 이동 시스템의 세부적인 항목에 대하여 관심을 기울임으로써 접근 가능한 환경에서 독립적이고 자율적인 생활이 가능하도록 해 주어야 한다. 중증 기능장애가 있는 휠체어 사용자들은 일상생활동작의 기술, 기능의 향상과 보완을 위하여 여러 다른 형태의 보조공학기기들을 필요로 한다. 예를 들어, 언어장애가 있는 휠체어 사용자의 경우 보완대체의사소통 장치를 필요로 하며, 이런 장치는 휠체어에서 쉽게 접근이 가능하고 안전하게 설치되어야 한다.

(2) 휠체어 자세교정 서비스 및 자세유지기구

장애가 있는 소아와 성인은 일반적인 의자나 휠체어에 의해 제공되는 자세지지(postural support)보다 더 많은 자세지지를 필요로 한다. 이를 위해 휠체어나 의자를 개조하거나 장애인을 위해 특수하게 디자인된 착석장치가 필요할 수 있다. 착석장치는 좌석 쿠션과 등받이 그리고 자세지지를 제공해 줄 수 있는 부속 요소로 구

〈표 15-1〉 다양한 자세유지기구

이 름	사 진	설 명
맞춤형 착석장치	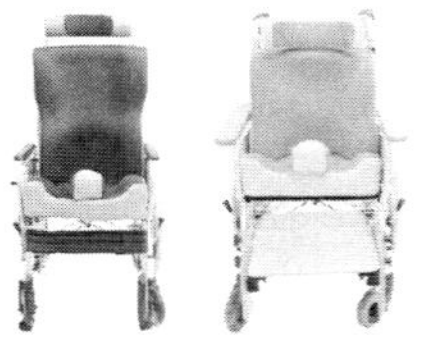	휠체어나 유모차와 같은 이동 보조기기에 설치가 가능하며, 올바른 착석자세를 유지해 주는 맞춤형 자세유지 기구다. 골반자세 교정을 통해 고관절 탈구를 예방하고 척추 변형을 예방 및 지연시키는 효과가 있다. 시트와 등받이는 탈부착이 용이하여 운반이 편리하다.
피더 시트		뇌성마비아동의 앉기자세, 균형감각 교정 등에 사용된다. 뇌병변장애아동의 식사, 놀이, 학습 시 자세 유지에 도움이 된다.
자세교정 코너의자	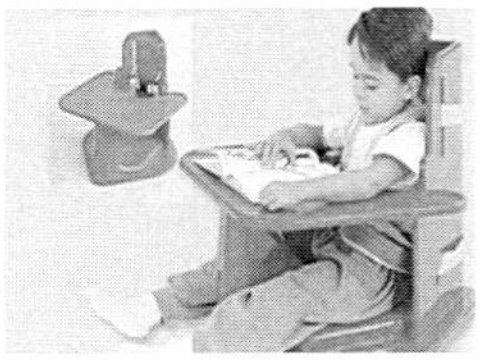	자세 유지를 위한 아동용 의자로, 등받이가 어깨를 감싸주어 장시간 앉아도 편안하다. 바닥면이 있어 옆으로 쓰러지지 않으며 탁자는 떼어낼 수 있고 30°까지 경사 조절이 가능하다.
기립자세 훈련기		보행의 전 단계로 기립자세를 통해 근력 및 감각을 훈련시키도록 자세 유지를 할 수 있다. 사용자에 맞게 전체적인 높낮이 조절이 가능하며 작업대(tray) 및 받침대의 각도조절이 가능하다.
누운 자세 조절 쿠션	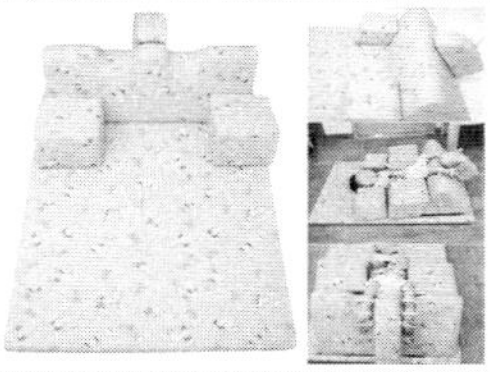	장기간 누워 지낼 때 생기기 쉬운 이차적 자세 변형을 예방하기 위한 맞춤형 쿠션이다. 양 다리를 고정시킴으로써 내전 및 외전으로 인한 탈구를 예방하며, 가슴벨트의 높낮이 조절이 가능하다.
높낮이 조절 책상	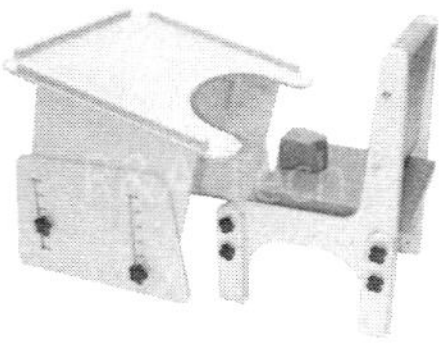	앉은 자세에서 놀이 및 학습에 도움이 된다.
기울기 조절 작업대	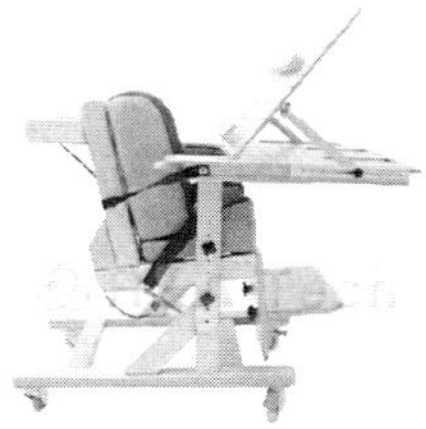	각도 조절형 작업대가 달려 있어 머리조절 능력이 떨어지는 학생이 편안하게 책을 읽거나 학습활동을 할 수 있다.

출처: http://isorimall.com, www.rnashop.co.kr, www.rehabtech.or.kr

성되며, 바퀴 위에 위치하거나 구동장치(mobility system)에 적합하게 디자인될 수 있다(정동훈, 2008). 자세유지기구는 선천적 · 후천적 원인에 의해 신경-근골격계에 중증장애가 발생되어 자세 불안정이 초래된 경우, 자세지지를 통해 편안함과 신체 변형의 지연을 목적으로 제작되는 다양한 도구들을 말한다. 자세유지 기구의 종류에는 맞춤형 착석장치, 높낮이 조절 책상, 유모차, 누운 자세 조절 쿠션, 자동차용 카시트, 기립자세 훈련기 등이 있다(김명옥, 2007; 〈표 15-1〉참조).

착석시스템이 사용자에게 맞춤형으로 제작된 후에는 사용자와 보호자에게 착석시스템의 관리와 사용에 대한 교육을 해야 한다. 교육내용에는 올바른 중립자세, 착석 지구력을 증진시키는 방법, 착석시스템에서의 활동 및 안팎으로의 이동, 벨트와 자세지지물의 조정 및 조절 방법 등이 포함된다.

2) 컴퓨터 보조공학

컴퓨터를 이용한 다양한 업무 수행과 정보 수집은 장애에 의한 직업의 장벽을 무너뜨리고 교육의 기회를 크게 확장시키고 있다. 재활에서 컴퓨터의 역할도 그만큼 크게 증대되었고, 컴퓨터 보조교수, 정보 획득, 직업재활, 취미와 여가 등을 위해 컴퓨터 보조공학이 각광받고 있다. 이는 국내에서도 정보 접근이라는 측면과 어우러져 장애인의 정보화를 위한 다양한 노력과 시도로 이어지고 있다. 보조공학에서 컴퓨터 접근은 '컴퓨터'와 '접근'이라는 단어가 합성되어 두 가지 의미를 가지는 것으로 재해석되고 있다. 하나는 컴퓨터를 통한 정보의 획득이라는 의미이고, 다른 하나는 컴퓨터를 활용한 장애의 극복이라는 의미이다. 디지털 정보화사회에 살고 있는 우리는 정보 습득에 대한 욕구가 크게 증가하고 있고, 개인의 삶의 질도 필요한 정보를 얼마나 쉽게 접근하고 활용할 수 있는가의 유무에 따라 차이를 보이게 될 것이다. 또한 컴퓨터는 정보 접근의 기능 이외에 뇌성마비나 실어증으로 말하기 어려운 장애인에게 목소리를 제공해 주기도 하고, 교육학습을 위한 도구로 사용되기도 하는 등 그 활용 가치가 점점 더 커지고 있다(정동훈, 2009).

일반적인 컴퓨터 접근은 정보 입력을 위해 표준형 키보드와 마우스를 사용하고, 정보 출력을 위해 모니터와 프린터를 사용하는 것이다. 그러나 신체장애와 인지장애 그리고 감각장애가 있는 장애인 등은 표준 입출력장치의 사용이 쉽지 않고 여러 가지 다양한 대체 입출력장치의 사용을 통한 대체접근 방법이 요구된다(Bryant &

Bryant, 2003).

(1) 컴퓨터 대체접근

컴퓨터 대체접근이란 표준화된 입출력장치 및 관련 기기에 접근할 수 없는 장애인에게 다른 수단을 통하여 컴퓨터를 사용하고 원하는 정보를 얻을 수 있게 하는 방법이다. 비장애인의 대표적인 입력장치인 마우스의 경우는 클릭과 드래그 작업을 통해 원하는 정보를 입력할 수 있다. 그러나 불수의 운동이 있고 경직이 있거나 상지의 협응력이 떨어지는 장애인의 경우는 이러한 작업이 매우 힘들다. 이때에는 마우스를 뒤집어 놓은 트랙볼을 사용하는 것이 더 수월할 수 있다. 또한 키보드의 경우도 정확한 입력을 유도하는 키가드(keyguard)를 사용한다면 훨씬 더 쉽게 사용할 수 있을 것이다. 이렇게 컴퓨터 대체 입출력장치의 사용과 주변기기에 더 쉽게 접근할 수 있는 컴퓨터 워크스테이션의 설계는 장애인의 정보 접근성 향상에 필수적이다. 컴퓨터 보조공학은 각 개인의 독특한 특성과 능력, 제한점, 필요 그리고 요구를 고려해야 한다. 컴퓨터 보조공학 입력장치에는 대체 키보드, 키가드, 스위치, 개조 마우스, 포인팅/타이핑 도구, 눈 응시 보드판, 모스코드 등이 있다(〈표 15-2〉 참조). 광학문자인식 시스템, 스캐너, 음성인식 테크놀로지와 같이 대체입력이 가능한 특수 소프트웨어도 있다.

〈표 15-2〉 컴퓨터 대체 입출력장치

장치(기기)	사 진	설 명
한 손 키보드		편마비나 한 손 절단장애인을 위해 특별한 형태와 자판 배열로 빠르고 쉽게 키보드를 사용할 수 있다. 인체공학적 디자인으로 모든 작업을 한 손으로 해도 피로감이 덜하다.
마우스 스틱용 키보드		사지마비 장애인이 마우스 스틱을 사용하여 입력할 수 있도록 설계되었다. 자판 배열은 손가락이나 스틱의 작업을 최소화해서 속도를 올려주고 오타를 감소시킨다.

인텔리 키즈	키보드와 마우스의 기능을 함께 가지고 있는 키보드다. 음성이 나와 시각장애인이 사용하기 적합한 제품이며 학습도구나 의사소통 도구로도 이용 가능하다. 또한 크기 변형이 가능하다.
롤러 트랙볼 플러스	견고하고 쉽게 굴릴 수 있으며, 클릭 버튼과 드래그 버튼이 분리되어 있다. 드래그 버튼이 작동될 때 불빛이 들어온다.
조우스	사지마비 장애인이 입이나 턱, 볼 등 움직일 수 있는 부위를 이용하여 조절할 수 있는 마우스다. 조이스틱을 움직이면 마우스 커서가 움직이며 튜브를 간단하게 불고 빨아서 마우스 버튼을 작동한다.
음절예측 문자입력 소프트웨어	화면 키보드 입력 시 초기 음절을 입력하는 경우 다음 출현할 음절을 예측하여 표시해 줌으로써 키보드 입력이 어렵거나 장애가 있을 때 빠른 입력이 가능한 화면 입력장치 소프트웨어다.
보이스 메이트와 보이스아이 플레이어	문서에 삽입된 심벌을 이용하여 문서의 내용을 음성으로 출력할 수 있는 보조기구이다. 보이스아이는 한글이나 MS-Word로 작성한 문서에 심벌을 삽입하여 출력했을 때 그 문서의 내용을 음성으로 출력할 수 있는 장치다. 보이스메이트는 컴퓨터와 직접 연결하여 사용하는 기기이고, 보이스아이 플레이어는 휴대용 플레이어 장치로 간편하게 문서의 내용을 음성으로 들을 수 있다.

출처: www.atrac.or.kr, www.ablemall.co.kr

(2) 특수교육에서 컴퓨터의 활용(Dell, 1997)

장애아동의 독립성을 증진시키고 학교활동의 적극적인 참여를 위해서 컴퓨터공학의 도움을 얻을 수 있다. 컴퓨터는 실제로 장애의 의미를 변화시키고 있다. 컴퓨터는 새로운 능력을 만들어 냄으로써 장애학생이 학교에 계속해서 다니며 공부할 수 있고 또한 생산적인 일도 가능하게 만들었다.

① 글쓰기 도구로서의 컴퓨터

학교 공부에서 글쓰기는 저학년부터 매우 중요하다. 새로운 것을 배우고 시험과 숙제를 하기 위해서, 그리고 자신의 생각을 표현하기 위해서 글쓰기를 해야 한다. 만약 아동이 연필을 잡을 수 없거나 조작할 수 없다면 이렇게 중요한 활동을 어떻게 할 수 있을까? 근이영양증을 앓고 있는 장애학생은 쉽게 피로해지고 상지관절 운동 범위의 제한이 있기 때문에 표준형 키보드와 마우스 대신 소형 키보드를 사용해서 글쓰기 작업을 할 수 있다. 소형 키보드의 키를 누르기 위해서 막대같이 생긴 금속 연필을 만들어 사용하고, 키를 누르는 횟수를 최소화하기 위해서 단어예측 프로그램도 사용한다.

시각장애의 사용　컴퓨터는 시각장애학생을 위한 글쓰기 도구로 유용하다. 스크린 리더와 점자로 표기되는 휴대용 컴퓨터는 점자 프린터 및 일반 프린터 모두에 연결해서 사용할 수 있다. 과제나 강의노트를 음성을 통해 터치 타이핑한 후에 다시 점자로 피드백을 받는다.

학습장애의 사용　컴퓨터는 글쓰기 과정에 매우 귀중한 도움을 제공한다. 학습장애와 주의력결핍 학생 그리고 신경계 손상 학생들이 컴퓨터를 사용할 수 있다면 글쓰기 능력이 크게 향상된다는 보고가 있다. 종종 읽기능력이 떨어지고 생각을 체계화하는 능력이 부족하고 작문에 어려움이 있는 학생은 자신의 생각을 체계화하고 문법을 기억하며 정확하게 철자를 맞추거나 손으로 글 쓰는 원리를 익히는 데 굉장한 어려움을 가진다. 저조한 읽기능력은 편집 및 고쳐 쓰기의 과정을 방해하기 때문에 글쓰기를 더욱 어렵게 만든다. 이에 따라 극도의 좌절감과 재미없는 글쓰기 과정을 만들고, 많은 아동들이 글쓰기 노력을 포기하게 된다. 그러나 워드프로세싱 프로그램은 과제를 타이핑함으로써 손으로 글 쓰는 문제를 해결해 준다. 마우스의 클릭 횟수를 최소화하면서 오타를 음영으로 표시해 주어 과제 제출 전에 틀린 철자를 수정할 수 있는 소프트웨어 프로그램도 도움이 된다. 간단한 워드프로세서가 지적 생각과 자기 표현을 할 수 있는 기회를 제공해 준다.

음성출력과 단어예측 프로그램　학습장애아동은 특수한 소프트웨어를 사용함으로써 도움을 받을 수 있다. 토킹 워드프로세서는 문장을 음성으로 읽어 준다. 이 프로그램은 매번 키를 누르거나 단어나 문장 그리고 단락을 완성할 때마다 청각적 피드백을 제공한다. 청각적 피드백은 글쓰기 검사를 위해서, 그리고 자신이 실제로

무엇을 썼으며 정확하게 썼는지를 알기 위해서도 중요하다. 음성출력은 또한 철자가 틀린 단어, 불완전한 문장, 띄어쓰기를 하지 않고 계속해서 쓰기와 같은 실수를 인식할 수 있도록 도와준다.

단어예측 소프트웨어는 지체장애인을 위해 개발되었지만, 중증의 학습장애아동에게도 효과적인 철자 쓰기를 제공한다. 또한 철자법이 매우 안 좋은 아동에게 유용하다. 이는 어휘력이 부족하거나 단어 찾기에 문제가 있는 아동에게 선택할 수 있는 장점을 제공한다.

글쓰기 외 멀티미디어 프레젠테이션 문장, 그래픽, 소리와 영상을 조작할 수 있는 컴퓨터의 기능은 글쓰기 과정을 변화시키고 장애학생에게 새로운 선택의 폭을 넓혀 주었다. 학생은 다양한 미디어로부터 정보를 수집할 수 있고 많은 유익한 영상매체 소프트웨어 프로그램 중의 하나를 사용해서 다양한 영상매체에서 수집한 정보를 모두 조직화한다. 특히 학습장애, 행동장애, 주의력결핍 학생은 높은 동기부여를 가지게 된다.

② 가르치는 도구로서의 컴퓨터

학습도구 대부분의 중복장애, 학습장애, 주의력결핍, 정신지체 그리고 자폐 학생들은 매우 산만하고 동기부여가 어렵다. 동시에 그들은 새로운 기술을 익히기 위해서 집중적인 연습이 필요하다. 특수교사는 어떻게 하면 학생이 흥미를 잃지 않고 필요한 반복 연습을 제공할 수 있는가? 예를 들어, 수학은 매우 반복적인 연습이 필요한 과목이므로 컴퓨터 보조교수에 적합하다. 기본적인 수학 요소(덧셈, 뺄셈, 곱셈, 나눗셈), 분수, 시간 계산, 돈 계산, 그리고 대수학과 기하학과 같은 고급수학을 가르치는 다양한 수학 프로그램이 있다. 이러한 프로그램의 대부분은 학생에게 많은 성공 기회를 제공하고, 점진적으로 단계를 올리고, 재미 있고 비판적이지 않은 피드백을 제공함으로써 수학을 연습할 동기를 부여한다. 소프트웨어를 주문 제작함으로써 교사는 자기 학생에게 맞는 문제의 수와 종류를 프로그램에 넣을 수 있다.

몇몇 프로그램은 특수교육 대상학생에게 적합한 반복적인 단어 철자 연습 과제를 제공하고 발음기술을 익혀야 하는 학생에게 도움이 되도록 음성지원이 된다. 이러한 소프트웨어 프로그램들은 수학에서처럼 대부분의 초등학교 교과과정을 다루고 있고, 전통적인 연습 문제지를 대신하거나 변형된 방법으로 사용될 수 있다.

청각장애학생을 위한 교육도구 장애학생이 컴퓨터공학을 통해 새로운 기술을 습득하는 전형적인 사례는 청각장애학생을 위한 스피치 뷰어(speech viewer)의 사용에서 찾아볼 수 있다. 청각장애학생은 모음과 음의 높낮이 그리고 음량을 포함해서 그들이 배워야 할 많은 소리를 볼 수 없고 흉내 낼 수 없기 때문에 정확하게 말하기를 배운다는 것이 매우 어렵다. IBM은 정확한 소리와 학생의 소리를 시각적으로 표시해서 제공함으로써 이러한 문제를 해결할 수 있는 프로그램을 개발하였다. 학생이 컴퓨터에 연결된 마이크로폰에 말을 하면 IBM 스피치뷰어 II(SpeechViewer II)가 그래픽이나 애니메이션 형태로 소리의 정확도를 시각적 피드백으로 제공한다. 이전의 지루하고 좌절감만 주던 과제가 특수한 보조공학의 적용을 통해서 동기부여와 생산적인 학습 경험으로 바뀌게 된다.

조기 언어 및 문해능력의 촉진 유아기부터 아동이 읽기 및 쓰기가 가능한 시기의 조기 언어 및 문해능력(emergent literacy)은 많은 연구와 치료의 중심이 되었다. 특히 발달장애 및 보완대체의사소통 장치를 사용하는 중증의 의사소통장애아동에게 중요한 것으로 인식되어 왔다. 그들은 종종 또래의 비장애아동이 배우는 전통적인 읽기 및 쓰기 기술을 배우지 못하였다. 그러므로 초기의 읽기와 쓰기를 경험하도록 다양한 기회를 제공해야 한다. 전자 이야기책은 독립적으로 이야기를 들을 수 있는 기회를 장애아동에게 제공한다. 그리고 간단한 마우스 클릭으로 단어와 그림을 재생시킬 수 있으므로, 특히 책을 들 수 없거나 책장을 혼자서 넘기지 못하는 아동에게 효과적이다. 아동은 자신이 읽고 싶은 이야기를 선택할 수 있고 각 단어를 클릭하면 정확한 음운을 들을 수 있다.

문제 해결력과 비평적 사고의 제공 컴퓨터는 전통적인 교육과정을 변화시키고 교사의 교수방법과 학생의 학습방법을 변화시킨다. 기계적으로 외우는 방법에 의지하게 하기보다, 컴퓨터는 문제 해결력과 의사결정을 하는 데 적극적으로 학생을 참여시킨다. 이러한 접근방법으로 디자인된 다양한 소프트웨어 프로그램은 특정 문제를 해결할 때까지 지속적인 동기부여를 주면서 학생이 문제에 깊이 관여하

도록 한다. 이 프로그램들을 적용할 수 있는 주요 과목은 보통 과학이나 역사 · 지리를 포함한 사회연구이다. 그러나 통합된 접근방법은 종종 학생에게 종합적으로 읽고 생각하고 문제 해결을 하도록 요구한다. 특정 목적을 달성하면서 학생은 다른 시간과 장소, 과거의 다른 모습으로 대화하는 경험을 갖게 하는 많은 소프트웨어 시리즈가 있다.

이러한 비평적 사고활동에서 특히 흥미로운 것은 매우 효과적으로 장애아동을 참여시킬 수 있다는 점이다. 전통적인 학습활동은 자주 장애아동을 배제시켜 왔으나 이러한 문제해결 프로그램은 컴퓨터를 사용할 수 있는 사람은 누구나 이용하기 쉽다. 읽기가 필요할 때에도 시간이 제한되지 않고, 아동은 내용을 이해할 때까지 필요한 만큼 충분히 사용할 수 있다. 최근의 프로그램은 읽기 요구를 감소시키기 위해 음성출력을 사용한다. 가장 중요한 것은 이러한 프로그램의 다양한 매체(선명한 그래픽, 애니메이션, 음악과 음향 효과들)를 문제행동과 읽기장애 그리고 중증 주의력결핍 아동들이 성공적으로 사용할 수 있도록 하는 것이다. 이는 장애학생이 적극적이고 적절히 수업활동에 참여하고 과제를 배움으로써 교육목표에 도달하는 것을 의미한다.

3) 보완대체의사소통

보완대체의사소통은 보조공학과 의사소통이 연계된 용어이며, 미국언어병리학회(American Speech-Language-Hearing Association: ASHA)는 보완대체의사소통을 의사소통, 즉 말하기와 쓰기 장애가 있는 사람의 장애를 일시적 혹은 영구적으로 보완해 주는 임상치료 행위의 한 영역이라 하였다(Angelo, 1997). 또한 보완대체의사소통 체계는 개인의 의사소통에 사용되는 상징(symbol), 보조도구, 전략, 기법 등을 총체적으로 통합한 것을 말한다. 상징은 몸짓, 사진, 손짓기호, 얼굴 표정, 그림, 낱말, 실물, 선화(line drawings), 블리스상징(Blissymbols) 등과 같은 것을 말하고, 보조도구는 의사소통판, 의사소통책, 컴퓨터 장착기기 등 메시지를 주고받는 데 사용되는 물리적 도구이며, 전략이란 의사소통 기술을 향상시키기 위해 상징, 보조도구, 기법을 보다 효과적으로 사용하는 특정한 계획을 말한다. 기법은 직접선택(direct selection), 스캐닝(scanning), 부호화(encoding) 등 메시지를 전하는 방법을 말한다. 이러한 상징, 보조도구, 전략, 기법은 보완대체의사소통의 중요한 구성 요소다(정해동 외, 1999).

보완대체의사소통 시스템은 크게 보조도구를 사용하는 시스템과 사용하지 않는 시스템으로 나누어진다. 도구를 사용하지 않는 시스템은 일반인에게도 많이 알려져 있는 것으로서 몸짓과 발성, 말하기, 손짓기호, 시선 응시, 머리 끄덕임 등 신체의 여러 부분을 이용하는 것이며, 보조도구를 사용하는 시스템은 개조 키보드, 의사소통판, 시선 응시판, 컴퓨터, 키즈보이스 등 도구를 사용하는 것이다.

(1) 상 징

보조도구를 사용하는 시스템에서 상징은 언어를 표현한다. 상징은 구체적인 것부터 추상적인 것까지 체계적으로 사용해야 한다. 일상에서 사용하는 실물은 의사소통 도구로 사용할 수 있고, 사용자의 물체 확인에 대한 도움이 필요할 때 사용한다. 어린 아동이나 정신지체 장애인은 단어에 대한 말이나 그림을 같이 설명하면서 이해할 수 있도록 구체적인 실물의 제시가 필요하다. 모형은 물체를 작게 복제한 것으로 색상과 모양으로 실물을 표현할 수 있을 것이다. 이것은 물체의 사진이나 그림을 해석할 수 없는 사람이나 시각장애가 있는 사람, 실물이나 모형을 통해 촉각적인 피드백이 필요한 사람에게 사용된다. 사진은 질이 좋은 흑백사진이나 컬러사진을 사용한다. 이것은 물체, 동사(verb), 사람, 장소와 활동을 묘사하기 위해 사용된다. 그림은 폭넓게 사용되는 시스템의 하나이다. 물체에 대한 스케치는 개인이 말하고자 하는 것에 대한 개념을 표현한다. 그림은 대부분 주제별로 의사소통판에 배열한다. 이런 주제들은 때때로 상징 찾기를 쉽게 하기 위해서 색상별로 칠해져 있다. 예를 들어, 모든 음식 아이콘이 노란색으로 되어 있다면 동사들은 빨간색으로 칠할 수 있다(권혁철, 정동훈, 공진용, 2004).

(2) 보조도구

보조도구를 이용한 보완대체의사소통 장치는 크게 하이테크 기기와 로우테크 기기로 나눌 수 있다. 이는 전자장치의 내장으로 전원이 필요한지의 여부로 구별된다. 로우테크 기기는 보완대체의사소통 초기 단계에 사용하며 제작이 쉽고 비용이 적게 든다. 여러 가지 상황에서 사용자의 다양한 능력에 따라 사용될 수 있는 장점이 있고 쉽게 어휘를 추가할 수 있다. 최근에는 컴퓨터공학의 발달로 다양한 하이테크 의사소통 시스템이 개발·보급되고 있다(〈표 15-3〉 참조).

〈표 15-3〉 국내외에서 시판되는 보완대체 의사소통 장치

이 름	사 진	설 명
Kids Voice		상황에 맞는 카테고리를 선택하고 어휘를 모니터상에서 손가락을 이용하여 터치하면 스피커를 통하여 음성이 출력되며, 편집기능을 통하여 원하는 사진, 그림, 소리, 음성 녹음 작업 등을 수행하여 사용자 어휘를 추가 · 삭제 · 수정할 수 있는 국내 제품이다.
Spinning Communi-cator		미리 녹음해 놓은 음성으로 자신의 생각을 나타낼 수 있으며, 음성을 녹음할 수도 있고, 녹음한 음성을 들을 수도 있다. 원판을 돌려 말하고 싶은 그림을 눌러 녹음한 음성을 나오게 할 수 있다.
Digicom 2000(142 Minute)		휴대 가능한 의사소통기기로 필요한 메시지를 녹음하고 사용자가 직접 선택하여 메시지를 출력할 수 있고, 직접선택이 어려운 사람들은 스캐닝 방식을 이용하여 외부 스위치나 조이스틱을 연결하여 쉽게 사용할 수 있다.
TalkTrac Plus with levels		손목에 착용하여 간단한 메시지의 녹음과 출력이 가능한 휴대용 의사소통기기로 8개의 메시지를 저장할 수 있고, 일상생활이나 작업환경에서 꼭 필요한 단어나 짧은 문장을 쉽고 간편하게 사용할 수 있다.
iTalk2 의사소통 기기		2개의 스위치가 있고 각각 8.5초간 녹음하여 사용 가능하며, 간단한 의사소통을 하거나 둘 중 하나를 선택하게 하는 학습을 시키는 데 유용하다.

출처: www.atc.or.kr, www.atrac.or.kr, www.speechmall.co.kr

(3) 기 법

기법이란 메시지를 전하는 방법으로서 크게 직접선택과 간접선택으로 구분된다. 직접선택은 사용자가 사진이나 그림, 물체 등의 상징을 직접 손가락이나 손으로 지적하여 선택하는 것으로, 키보드를 손이나 헤드스틱으로 눌러서 원하는 문자를 입력하는 방식도 이에 해당한다(Bryant & Bryant, 2003). 직접선택은 빠른 입력방식이지만 피로하기 쉽고 힘이 든다는 단점이 있다. 간접선택은 선택과정에서 하나 이상의 단계가 요구되는 접근방법이다. 이러한 방법에는 하나 또는 그 이상의 스위치가

사용된다. 효율성 있는 사용을 위해서 스위치에는 스캐닝이라 불리는 기술이 사용된다. 스캐닝은 알파벳 또는 아이콘이나 그림과 같은 선택 세트에 접근성을 제공한다. 사용자가 하나 또는 그 이상의 스위치를 사용하여 스캐닝을 하더라도 단 하나의 아이템만을 선택 세트에서 선택할 수 있다. 예를 들어, 알파벳으로 된 선택 세트를 사용하여 'Dad'라는 단어를 쓰고자 할 때는 스위치를 이용하여 커서를 움직이고, 커서가 'A, B, C'를 넘어갈 때까지 기다렸다가 'D'에서 커서가 활성화될 때 스위치를 눌러야 한다. 이러한 과정은 단어의 철자가 완벽하게 적힐 때까지 반복되어야 한다. 스캐닝에서 어려운 점은 스위치를 누르는 시기이다. 만일 선택해야 할 단어에 커서가 깜빡일 때 정확하게 누르지 않으면 에러가 발생하고, 사용자는 커서가 다시 그 항목을 지나갈 때까지 기다려야 한다. 'Dad'의 예에서 만약 커서의 움직임을 예상하여 너무 빨리 스위치를 누른다면 'C'가 나타날 것이고 너무 늦게 누른다면 'E'가 나타날 것이다. 스캐닝의 장점은 신체의 어느 한 부위만이라도 수의적 조절이 가능하다면 사용할 수 있다는 것이다. 단점은 직접선택보다 느리고 높은 인지능력이 요구된다는 것이다. 스캐닝에는 자동(automatic) 스캐닝, 역(inverse) 스캐닝, 단계(step) 스캐닝의 세 가지 방법이 있다.

4) 일상생활보조기기

일상생활동작(activities of daily living: ADL)이란 생활에 필요한 모든 동작으로 개인이 일상의 생활을 영위하는 데 절대 필요한 동작군의 총칭이며, 개인이나 가정생활은 물론 사회 구성원의 하나로서 사회와의 관련을 가지고 생활하기 위한 매일의 필요한 모든 동작을 의미한다. 따라서 ADL은 이동, 자조활동, 주변 환경설비와 보장구에 대한 관리, 여가, 가정관리 활동 등을 포함한다(정진우 외, 1991). 장애인은 ADL의 독립성 정도에 따라 삶의 질에 현저한 차이를 보이게 된다. 따라서 최근에는 자립생활을 위한 각종 하이테크 및 로우테크 장치들이 개발 · 보급되고 있다. 그러나 이러한 장치들은 장애의 정도 및 상태에 따른 맞춤형 제작보다는 일반적인 표준 기준에 근거한 대량생산 체제로 제작 · 보급되고 있으므로 크기 및 기능과 외형을 장애에 따라 조정하여 사용해야 될 때가 많다. 또한 일상생활보조기기를 효율적으로 사용하기 위해서는 특수교사나 치료사 그리고 보조공학사 등의 계획적인 사용훈련 과정이 반드시 요구된다. 특수학교에서 제공하는 교육서비스는 일반

적인 교수-학습과 함께 장애학생의 일상생활 기초능력 향상에도 주요 초점이 맞추어져 있다. 그러나 국내 특수학교의 보조공학서비스 환경은 매우 열악한 것으로 조사되었다. 특수학교에서는 의식주에 필요한 보조공학 환경 조성에 노력해야 하며, 학교에서 제한적으로 활용하는 것이 아니라 생활 전반에서 활용할 수 있도록 가정 및 직장 등과 연계한 교육 프로그램의 수립도 필요하다(김영걸, 김용욱, 2006).

(1) 휠체어 및 이동기기

이동장애가 있는 사람들이 가장 많이 사용하는 이동 대체수단은 휠체어이다. 그 밖에 스쿠터도 노인과 장애인이 많이 사용하고 있으며, 크러치(crutch), 지팡이, 보행기 등 각종 보행보조기구가 시중에 판매되고 있다. 과거에는 휠체어 하면 바퀴 달린 의자차 정도로 인식하였으나 최근에는 첨단 재료를 이용하여 각종 목적에 맞는 휠체어들이 속속 등장하여 여가용 휠체어, 스포츠 휠체어, 전동과 수동 양용 휠체어 등이 사용되고 있다. 과거에 주로 목재를 이용하여 만들었기 때문에 목발이라 부르는 크러치도 지금은 나무 목발이 거의 사용되지 않고 가볍고 내구성이 좋은 알루미늄과 두랄루민 합금 등을 이용하여 생산되고 있다. 또한 첨단 의공학의 발달로 계단을 오르내리는 휠체어, 동공의 움직임으로 조절 가능한 휠체어, 내리막길에서 자동으로 속도가 조절되는 휠체어, 휠체어에 탄 상태로 기립이 가능한 스탠딩 휠체어 등이 개발 · 보급되고 있다. 그러나 대부분 수입에 의존하고 고가여서 대중적으로 사용되지는 못하고 있다. 최근 국내에서도 고가의 스탠딩 휠체어를 국산화하여 저렴한 가격에 보급할 수 있는 길이 열리는 등 국내 재활산업의 활로를 개척하고 있다.

(2) 자조활동 및 여가생활을 위한 보조공학기기

장애인은 독립적인 삶을 살고 사회에 온전하게 통합하여 살 권리를 가지고 있다. 독립적인 삶의 영위는 사람이 살아가는 데 기본이 된다. 예를 들어, 정신지체인의 자립생활 기술은 의사소통, 자조활동, 가정생활, 지역사회 활동, 자기관리, 건강과 안전, 여가, 직업생활 등에서 증명되었다. 한 사람의 개인적 필요에 의한 돌봄과 여가활동의 참여, 일을 할 수 있는 기술들은 개인에게 권한을 부여하고 다른 사람으로부터 독립할 수 있도록 해 주는 활동들이다. 보조공학은 독립성을 촉진하고 자신의 환경에 접근하며 관련 직무를 수행할 수 있게 해 준다. 장애인은 이용할 수 있는

〈표 15-4〉 일상생활보조기기

이름	사진	설명
구부러지는 스푼		도구의 손잡이를 잡기 힘든 경우 손 모양에 맞게 손잡이 모양이나 길이를 조절할 수 있다.
알루미늄 접이식 좌변기 (목욕 겸용)		접을 수 있어 이동과 보관이 용이하고 좌변기 높이를 원터치 버튼으로 조절 가능하다.
버튼 후크		단추를 끼우는 데 도움을 주는 보조도구
확대경 손톱깎이		확대경이 부착되어 근거리 물체의 식별이 곤란한 사람들을 위한 손톱깎이

출처: www.atrac.or.kr

보조공학기기와 보조공학서비스가 증가함에 따라 좀 더 독립적인 삶을 영위할 수 있는 능력이 생기게 되었다(Bryant & Bryant, 2003). 〈표 15-4〉에서는 식사, 위생활동, 착의/탈의 등의 자조활동 및 여가생활을 위한 다양한 보조공학기기를 제시하고 있다.

(3) 환경개조 및 조정

환경개조는 물리적 환경을 장애인이 쉽게 접근하고 이용할 수 있도록 설비를 개조하거나 편의시설을 확충하는 것을 의미하며, 환경조정은 장애인 스스로 주변의 사물과 환경을 요구에 맞게 제어할 수 있는 것을 의미한다. 편의시설과 환경은 특정 기준을 정하여 관련 법률에서 그 준수를 강제하고 있다. 환경제어장치는 중증장애인에게 주변 설비나 기기를 작동할 수 있는 방법을 제공해 준다. 환경제어장치, 환경시스템, 환경조절이라는 용어는 하나 또는 여러 개의 전기적 주변 설비나 기기들을 조절할 수 있는 능력을 말한다. 일반적으로 이러한 제어장치는 관절운동 범위가 제한된 근육병 장애인이나 심한 사지마비 장애인처럼 중증의 신체장애가 있는 사람들이 사용한다. 환경제어장치는 사용자의 독립성을 증가시키는 데에 그 목적을 두고 있다. 일반적으로 환경제어장치에 연결된 주변기기는 텔레비전, 비디오카세트 레코더, 전화기, 전등, 컴퓨터, 커튼, 침대 등이다. 또한 환경제어장치는 중증 장애인이 수행하지 못하였던 과제를 실행할 수 있도록 해 준다. 환경제어장치의 사용을 통하여 운동조절에 제한이 있는 중증 장애인도 보호자의 도움 없이 텔레비전을 켜고 사적인 전화를 할 수 있게 된다. 환경제어장치는 직장과 가정 그리고 학교 등에서 쉽게 찾아볼 수 있다. 직장에서 사람들은 환경제어장치를 사용해서 전화를 걸 수 있다. 가정에서는 전동 침대의 위치를 변화시키고, 텔레비전을 켤 수 있으며, 전화를 할 수 있다. 학교에서는 노트필기를 하기 위한 테이프레코더를 작동시키는 데 사용할 수 있다(Angelo, 1997).

일반적으로 환경제어장치는 입력장치와 제어장치 그리고 주변 설비 및 기기로 구성된다. 환경제어장치를 조종하는 입력장치로는 키패드, 키보드, 조이스틱, 스위치 그리고 음성조절장치가 대표적이다. 제어장치는 입력장치로부터 메시지를 받고, 그것이 출력신호로 변환되어 주변기기에 명령이 전달된다. 메시지를 전송하기 위한 제어방법은 초음파, 적외선, 무선조종 그리고 교류전기가 있다. 램프와 전동문 같은 주변 설비 및 기기는 출력신호를 받아 작동하게 된다(Bryant & Bryant, 2003).

5) 보조공학행정

보조공학에서의 행정은 보조공학기기 및 서비스의 전달과정에서 요구되는 각종 제반 사항, 즉 보조공학과 관련된 사항을 관리하거나 운용하는 행위이다. 보조공학서비스를 위한 정책 홍보, 재정지원, 서비스 정보 제공, 전달체계 및 임상과 행정을 연계하는 인터페이스 역할 등 보조공학서비스의 전반을 관리 · 감독하는 일 등이 해당된다.

미국은 「장애인에 대한 재활보조기구지원법」을 통해서 보조공학에 대한 인식 변화가 가시적으로 일어났는데, 이는 이 법의 주요 내용 중에 장애인이 출판, 학교교

육, 세미나, 워크숍, 설명회 등을 통해 보조공학의 혜택을 인식할 수 있는 프로그램이 포함되었기 때문이다. 국내에서도 최근 학계에서 학회, 세미나, 워크숍을 통해 보조공학에 대한 인식을 제고하기 위해 노력하고 있으나, 대부분 전문가와 관련 종사자들을 대상으로 한 것이어서 실질적인 보조공학서비스의 대상이 되는 장애인과 보호자, 전문가, 행정가에 대한 인식 전환이 아쉽다. 실제로 보조공학기기를 사용하는 장애학생 당사자가 보조공학의 필요성을 모르거나 인식한다 하더라도 자신에게 알맞은 보조공학서비스에 대해 지식이 없는 경우에는 국가에서 무상으로 제공하거나 실비로 제공하는 보조공학기기를 신청조차 하지 않는 실정이다(박현옥, 김정현, 2007). 따라서 보조공학행정 전문가는 국가나 지방자치단체 또는 다양한 사회복지사업의 일환으로 이루어지는 보조공학서비스 실태와 정보를 파악하여 수요자에게 제공해야 하며, 보조공학기기의 구입 및 서비스 실시를 위한 각종 재정 지원처를 발굴하고 수요자에게 연결시키는 역할을 수행해야 한다. 또한 정부 각 부처의 보조공학 관련 정책과 사업을 홍보하여 많은 장애인들이 인식할 수 있도록 해야 한다. 각종 서비스 전달체계에 관한 많은 연구들(권혁철, 2006; 오도영, 2007)을 통해 광역권 보조공학서비스센터의 설치를 주장하고 있지만, 센터의 효율적인 서비스 전달체계 구축을 위한 전문가의 역할 설정에 관한 내용은 찾아보기 힘들다. 이들 전문가는 실질적인 세부 영역의 보조공학서비스를 제공하는 임상 전문가와 달리 보조공학서비스에 대한 전반적인 지식과 배경 정보를 갖추고 임상서비스를 받을 수 있도록 매개하는 역할을 수행해야 한다. 즉, 위에서 기술한 보조공학 세부 영역에 대한 기본 지식을 가지고 임상과 행정을 연계하는 인터페이스 전문가를 말한다.

연구에 따르면 일반적으로 보조공학기기의 사용 포기율은 30~40%에 달하고, 선택과정에서 소비자의 활발한 참여는 테크놀로지를 지속적으로 사용하는 데 영향을 미치는 것으로 알려져 있다. 소비자 중심의 접근은 소유권과 책임감을 느끼게 하고, 종종 보조공학을 지속적으로 사용하도록 유도한다(Brodwin et al., 2004). 또한 정확한 보조공학서비스를 위한 효율성 검증과 서비스에 대한 인증제 등이 필요한데(정동훈, 2008), 이러한 보조공학서비스의 전반을 관리 · 감독하는 일도 보조공학행정 전문가의 역할이다.

3. 보조공학 지원제도

1) 미 국

미국에서는 보조공학 관련법이 지속적으로 수정 및 개정되어 왔다. 재활전문가는 입법 변화에 보조를 맞추고 관련 정보 및 법률의 변화를 소비자에게 알려 줄 책임이 있다. 「미국장애인법(American with Disabilities Act: ADA)」은 수많은 장애인들의 직업 획득과 고용 유지를 촉진시키고, 장애인들이 대중교통과 편의시설을 이용하며 사회에서 좀 더 생산적인 일원이 될 수 있도록 제정되었다(Bain & Leger, 1997). 이 법에서는 취학 및 미취학 아동과 고등교육을 받는 모든 사람들에게 보조공학이 포함된 서비스를 의무적으로 제공하도록 명시하고 있다. 1988년 제정된 「장애인에 대한 재활보조기구지원법」에서도 모든 장애인들이 보조공학기기 및 서비스를 이용할 수 있도록 지시하고 있다. 이렇게 장애인의 일생에 걸친 광범위한 테크놀로지의 제공 영역은 각종 사회서비스는 물론 교육과 고용까지도 포함하고 있다. 「장애인교육법(IDEA)」에서는 보조공학기기 및 서비스가 장애아동의 교육 기회를 증진시키기 위해 사용되어야 함을 규정하면서, 각 지역 단위까지 보조공학 관련법 조항을 확대시켰다(정동훈, 2004).

1998년 개정된 「보조공학법(Assistive Technology Act)」의 핵심적인 내용은 보조공학기기를 구입할 수 있는 비용을 장애인에게 직접 지급하지 않는 대신에 연방정부가 각 주에 보조금을 지급하여, 주정부가 주에 거주하는 장애인들의 재활보조기구 및 관련 서비스에 대한 접근성을 제고하도록 주정부에서 운영하는 재활보조기구 관련 프로그램을 개선하도록 하는 것이다(한국장애인고용촉진공단, 2002). 「장애인교육법」에서는 특히 보조공학기기와 보조공학서비스라는 용어를 통합하여 정의하였고, 「장애인에 대한 재활보조기구지원법」에서도 같은 정의를 내렸다. 2년 후 「장애인교육법」 수행 법규에서는 보조공학기기 및 보조공학서비스를 장애아동을 위한 개별화교육 프로그램에서 고려해야 할 '특수교육 관련 서비스' 또는 '추가적인 서비스'로 공표하였다. 그리고 보조공학서비스에는 다음과 같은 내용을 포함시켰다.

- 개인의 일상 환경에서 보조공학서비스를 위한 평가 시행
- 보조공학기기의 구입
- 보조공학기기의 선택, 적용, 수리 또는 교체
- 다른 치료와 중재 또는 서비스와 함께 보조공학의 사용 및 통합
- 사용자 또는 가족을 위한 보조공학 훈련
- 아동 프로그램 관련 전문가를 위한 훈련

「장애인교육법」에서는 출생에서 21세까지 장애아동들의 FAPE(아동의 자유와 적절한 공공교육)를 위해 필요하다면 보조공학 사용을 필수적으로 고려하고 있다. 아동의 특수교육 관련 서비스 또는 추가적인 서비스의 일부로 보조공학기기와 서비스가 필요할 때면 장애아동들이 이용할 수 있어야 하고, 그 사용에 관한 내용이 개별화교육 프로그램 또는 개별화가족서비스계획에 포함되어야 한다(Angelo, 1997). 또한 이 법에는 보조공학 재정지원으로서 여섯 가지의 조항을 두고 있는데, 무료교육, 특수교육, 관련 서비스, 최소제한환경, 절차 보장(procedural safeguards) 그리고 직원 개발(staff development)이 그것이다(RESNA, 1992). 특수교육 법령을 통해 제공되는 다른 서비스들과 조화를 이루어 다학문적 협력팀은 아동에게 필요한 보조공학기기와 서비스가 무엇인지 알아내고 모든 아동들이 서비스를 받을 수 있도록 조치한다.

특수교육 및 재활서비스국(Office of Special Education and Rehabilitative Services: OSERS)의 몇몇 정책 문안에도 보조공학기기 및 서비스를 제공받을 장애아동의 권리를 분명하게 명시하고 있다. 이러한 명시들을 통해 현재 교육 현장에서 보조공학의 필요성이 더욱 강화되고 있고, 공공기관(학교 측)이 장애아동에게 필요한 장치와 서비스를 제공할 수 있도록 독려하고 있다(Angelo, 1997).

2) 한 국

현재 국내에서는 「장애인복지법」, 「특수교육진흥법」(2007년 5월25일에 공포된 「장애인 등에 대한 특수교육법」의 시행 후 폐지됨), 「장애인 고용촉진 및 직업재활법」 「장애인 · 노인 · 임산부 등의 편의증진 보장에 관한 법률」의 4개 장애 관련법이 있다. 형식적으로 보면 의료, 생계, 재활, 서비스 등에 대한 차별은 「장애인복지법」에

서, 교육에서의 차별은 「특수교육진흥법」에서, 고용에서의 차별은 「직업재활법」에서, 그리고 접근에 대한 차별은 「편의증진법」에서 다루고 있다(장애인차별금지법제정추진연대, 2004). 비록 장애의 문제는 일부 법률의 한 조항이나 일부 조항으로만 해결하기에는 너무 광범위한 문제이지만, 기존의 법률들은 거의 선언적 의미만으로 구체적이고 적극적인 실현 방안을 규정하지 못하고 있다. 또한 과학기술의 무한 발달이 진행되고 있는 상황에서 테크놀로지를 이용한 장애의 극복이라는 시대적 요청에 부응하는 보조공학 관련 전문 법률안은 물론이며 보조공학기기나 보조공학서비스에 대한 용어조차도 찾아보기 힘들다. 그러나 2004년 이후 장애인차별금지법 제정 추진 연대가 중심이 되어 추진한 장애인차별금지 및 권리구제 등에 관한 법률안에 보면, 보조공학적 설비 및 도구의 설치 · 운영을 강제하는 '적극적 조치 의무'가 있어 보조공학 관련 전문 법률안 마련의 기반이 되고 있다. 그리고 정보 격차 해소에 관한 법률을 통해 정보통신망 접근과 정보 이용을 보장하기 위한 기기와 서비스 제공을 의무화하는 등 관련 부처에서 보조공학에 대한 관심이 지속적으로 증대되고 있다.

장애인의 교육 부문에서도 지금까지 보조공학서비스에 대한 언급이 거의 없었음이 특징적이다. 종전의 「특수교육진흥법」 제12조의 "특수교육의 편의를 위하여 장애인 · 노인 · 임산부 등의 편의증진 보장에 관한 법률 제2조 2호의 규정에 의한 편의시설을 설치하여야 한다." 정도가 보조공학의 극히 일부를 내포하고 있는 법률 조항이었다. 2007년 5월에 신규 제정된 「장애인 등에 대한 특수교육법」에서는 제2조와 제28조에 특수교육 관련 서비스라는 항목으로 보조공학기기 지원, 학습보조기기 지원, 통학지원 및 정보접근 지원을 의무화함으로써 처음으로 교육 부문에서 보조공학의 내용을 담고 있다.

그러나 모든 법률안의 내용들을 살펴보면 공통적으로 보조공학기기 및 의료 보장구 등 하드웨어적인 내용만을 담고 있으며, 이를 적극적이고 구체적으로 실현할 보조공학서비스를 위한 소프트웨어적인 측면은 다루지 못하고 있다. 그럼에도 불구하고 재활서비스 패러다임의 변화로 테크놀로지를 이용한 재활서비스의 수요가 급증하면서 관련 서비스 내용을 법제화하고 예산을 확보하는 등의 큰 변화가 짧은 시간 안에 이루어지고 있는 것은 다행이라 할 수 있다. 또한 정부부처 산하기관 및 비영리기관에서 보조공학기기를 대여하거나 무상 공급하고 보조공학서비스를 시범적으로 실시함으로써 이에 대한 장애인의 참여와 인식 확대가 이루어지고 있다.

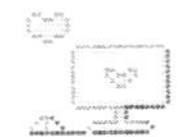

요약

테크놀로지가 우리 삶에 가져다준 변화와 행복은 이루 말로 표현하기 어렵다. 우리는 아침에 일어나 잠자리에 들 때까지 온갖 종류의 기기와 편의 속에서 생활하고 있다. 그러나 우리를 위해 만들어지고 사용되는 이러한 문명의 이기들이 우리를 속박하는 것도 현실이다. 문명의 이기가 가져다준 생활의 편리를 활용하지 못하는 사람에게는 테크놀로지가 하나의 장벽이 되고 좌절감을 느끼며 차별의 논리를 만드는 매체가 될 수도 있다. 보조공학은 이렇게 우리 주변에 산재한 많은 테크놀로지를 활용할 수 있게 해 주는 활용기술이다. 교육 현장, 사회생활, 직장, 여가생활 등 모든 환경에서 보조공학은 필수적으로 요구되고 있다. 최첨단의 하이테크가 우리의 삶을 획기적으로 변화시키고 있으며 여기저기 덧대어 붙인 대수롭지 않은 막대 하나가 할 수 없었던 그 무엇을 스스로 하게 해 주고 있다. 그러나 최첨단의 하이테크만이 능사가 아니며 로우테크나 미드테크(mid-tech) 등 모두가 인간을 위해 적절히 계획하고 활용할 수 있을 때에만 그 역할을 다하는 것이다. 이렇듯 보조공학은 인간과 도구가 조화롭게 상호작용할 수 있는 인터페이스 해결에 초점을 맞춘 과학이다. 그동안 특수교육 현장에서의 보조공학은 컴퓨터를 활용한 교수-학습 프로그램의 설계나 ICT 교육, 정보 접근 등에 집중되었다. 앉기 및 자세, 보완대체 의사소통, 이동기기, 일상생활보조기기 등의 활용에 대해서는 상대적으로 소홀하게 생각되었고 다른 전문가의 역할로 미루어 왔다. 보조공학을 포함한 특수교육 관련 서비스에 대한 정보와 활용 방법에 대한 이해는 장애학생의 교육과 자립생활에 지대한 영향을 미칠 것이다.

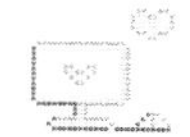

참고문헌

권혁철(2001). 재활공학에 대한 올바른 이해와 미래의 발전방향. 대구대학교 재활과학과 학회지, 2, 11-15.

권혁철(2006). 보조공학 서비스 지원 확대를 통한 장애인 고용 활성화 방안에 대한 토론 자료, 보조공학 산업 및 서비스 발전 방안. 서울: 한국장애인고용촉진공단 보조공학센터.

권혁철, 정동훈, 공진용(2004). 임상적용을 위한 재활보조공학. 서울: 영문출판사.

김명옥(2007). 장애아동 자세유지기구 및 이동기기 제작에 관한 한일 국제세미나. 인천: 노틀담복지관 테크니컬에이드센터.

김영걸, 김용욱(2006). 특수학교 보조공학 환경과 전달체계에 대한 연구. 특수교육 연구, 13(1), 3-26.

김종무, 강경숙, 강대식(2001). 특수교육 정보화 체제 구축방안 연구. 서울: 국립특수교육원.

나운환, 박경순, 정찬동(2001). 지원고용에 있어서 재활공학적 개입에 관한 서설적 연구. 직업재활연구, 11(1), 61-93.

박은혜, 황복선(2000). 보조공학의 교과과정 내 통합을 위한 방법론적 모색. 언어청각장애연구, 5(2), 227-251.

박현옥, 김정현(2007). 통합교육 상황에서 보조공학의 역할. 시각장애연구, 23(1), 133-145.

변경희(2001). 보조공학을 통한 지원고용 활성화 방안. 직업재활연구, 11(1), 117-133.

승지영(2001). 초등 특수학급 학생과 교사의 특수교육 관련서비스 욕구 및 실태조사. 연세대학교 행정대학원 미간행 석사학위논문.

오도영(2007). 한국의 보조공학 서비스 체계와 보조공학 서비스 발전 방안. 제1회 보조 공학 국제세미나 자료집, 123-148. 서울: 한벗재단.

이근민(1999). 장애인을 위한 보조공학적 접근 방안. 중복 · 지체부자유아교육, 33, 1-28.

장애인차별금지법제정추진연대(2004). 장애인차별금지법 대구공청회 자료집.

정동훈(2004). 장애인을 위한 재활보조공학의 이해 및 발전방안 연구. 특수아동교육연구. 6(2), 119-137.

정동훈(2007). 휠체어 사용 학생의 자세변형: 인체측정 자료와 휠체어 크기의 비교. 중복 · 지체부자유아연구, 50(3), 1-21.

정동훈(2008). 수정된 QUEST를 이용한 뇌성마비 장애학생과 부모의 맞춤형 착석 장치 사용 만족도 분석. 중복 · 지체부자유아연구, 51(3), 19-34.

정동훈(2009). 보조공학의 세부 분야별 탐색과 제언. 지성과 창조, 12, 237-270.

정진우, 박찬의, 안소윤, 최재청(1991). 일상생활동작과 기능훈련. 서울: 대학서림.

정해동, 김주영, 박은혜, 박숙자(1999). 장애학생을 위한 보완대체 의사소통 지도. 안산: 국립특수교육원.

한경근, 장수진(2005). 국내 특수교육공학 관련 연구의 동향과 과제. 특수교육학연구, 40(2), 131-150.

한국장애인고용촉진공단(2002). 보조공학을 통한 고용환경개선 연구.

장애인 등에 대한 특수교육법(2007).

Angelo, J. (1997). *Assistive technology for rehabilitation therapists.* Philadelphia: F.A. Davis.

Bain, B.K., & Leger, D. (1997). *Assistive technology: An interdisciplinary approach.* New York: Churchill Livingstone.

Brodwin, M. G., Star, T. & Cardoso, E. (2004). Computer assistive technology for people who have disabilities: Computer adaptations and modifications. *Journal of Rehabilitation, 70*(3), 28-33.

Bryant, D. P., & Bryant, B. R. (2003). Assistive technology for people with disabilities. Boston: Pearson Education, Inc.

Dell, A. G. (1997). Computer use in schools. In B. K. Bain & D. Leger, *Assistive technology: An interdisciplinary approach* (pp. 167-174). New York: Churchill Livingstone.

Galvin, J. (1996). *Assistive technology credentialing review course.* Arlington: RESNA.

National Assistive Technology Research Institute (NATR-I). (2003). http://natri.uky.org

Rubin, S. E. & Rossler, R. T. (2001). *Foundations of the vocational rehabilitation process* (5th ed). Austin, TX: Pro-ed.

Smith, R. (1987). Models of service delivery in rehabilitation technology. In L. Perlman & A. Enders (Eds.), *Rehabilitation technology service delivery: A practical guide.* Washington, DC: RESNA.

Technology-Related Assistance for Individuals with Disabilities Act. (1988). PL 100-407, Title 29, U.S.C. 2201 et seq: U.S. Statutes at Large, 102, 1044-1065.

Washington Assistive Technology Alliance (WATI).(2003). http://wata.org/

Wisconsin Assistive Technology Initiative(2003). http://www.wati.org

www.isorimall.com

www.rnashop.co.kr

www.rehabtech.or.kr

www.atrac.or.kr

www.ablemall.co.kr

www.atc.or.kr

www.atrac.or.kr

www.speechmall.co.kr

www.atrac.or.kr

찾·아·보·기

인명

내용

저자 소개

⊙김희규　단국대학교 대학원 특수교육학과(교육학박사)
현) 나사렛대학교 특수교육과 교수

⊙강정숙　단국대학교 대학원 특수교육학과(교육학박사)
현) 용인대학교 재활보건과학대학원 재활과학과 겸임교수

⊙김은영　일본 효고교육대학 대학원 특수교육학과(교육학박사)
현) 인제대학교 일산백병원 임상감정인지연구소 책임연구원

⊙김의정　미국 텍사스 주립대학교 대학원 특수교육학과(철학박사)
현) 나사렛대학교 특수교육과 교수

⊙김주영　단국대학교 대학원 특수교육학과(교육학박사)
현) 한국재활복지대학 교양과 교수

⊙김형일　단국대학교 대학원 특수교육학과(교육학박사)
현) 나사렛대학교 중등특수교육과 교수

⊙박계신　대구대학교 대학원 특수교육학과(문학박사)
현) 나사렛대학교 유아특수교육과 교수

⊙오세철　대구대학교 대학원 특수교육학과(문학박사)
현) 나사렛대학교 유아특수교육과 교수

⊙옥정달　대구대학교 대학원 특수교육학과(문학박사)
현) 나사렛대학교 중등특수교육과 교수

⊙정동일　공주대학교 대학원 특수교육학과(교육학박사)
현) 한국우진학교 교감

⊙정동훈　대구대학교 대학원 재활공학과(이학박사)
현) 나사렛대학교 재활공학과 교수

⊙정해진　미국 인디애나 주립대학교 특수교육학과(철학박사)
현) 나사렛대학교 재활공학과 교수

⊙채희태　독일 마르부르크 대학교 대학원 특수교육과(철학박사)
현) 나사렛대학교 특수교육과 교수

⊙홍은숙　독일 뮌헨 대학교 대학원 특수교육과(철학박사)
현) 나사렛대학교 유아특수교육과 교수

⊙황복선　미국 밴더빌트 대학교 대학원 특수교육과(철학박사)
현) 나사렛대학교 특수교육과 교수

특수교육학개론

2010년 8월 30일 1판 1쇄 발행
2020년 5월 20일 1판 3쇄 발행

지은이 • 김희규 · 강정숙 · 김은영 · 김의정 · 김주영 · 김형일 · 박계신 · 오세철
옥정달 · 정동일 · 정동훈 · 정해진 · 채희태 · 홍은숙 · 황복선

펴낸이 • 김 진 환

펴낸곳 • (주) 학 지 사
04031 서울특별시 마포구 양화로 15길 20 마인드월드빌딩 5층

대표전화 • 02) 330-5114　팩스 • 02) 324-2345

등록번호 • 제313-2006-000265호

홈페이지 • http://www.hakjisa.co.kr
페이스북 • https://www.facebook.com/hakjisabook

ISBN 978-89-6330-394-9 93370

정가 19,000원

저자와의 협약으로 인지는 생략합니다.
파본은 구입처에서 교환하여 드립니다.